2025년부터 이렇게 달라집니다

분야별·부처별·시기별 주요 제도   대한민국**정부**

본 책의 내용은 2024년 12월 30일 기준으로 작성되었습니다.
수록된 내용 중 예정인 사안은 추후 변동될 수 있으니, 정확한
확인을 위해서는 해당 페이지의 담당부서로 문의하시기 바랍니다.

2025년부터 이렇게 달라집니다

목차

분야별 달라지는 주요 제도

01 금융·재정·조세

R&D 세액공제 점감구조 도입	기획재정부	009
R&D 세액공제 적용대상 확대	기획재정부	010
투자세액공제 점감구조 도입 및 추가분 공제율 상향	기획재정부	011
인구감소지역 주택 취득자에 대한 양도소득세 및 종합부동산세 과세특례 신설	기획재정부	012
비수도권 소재 준공 후 미분양주택에 대한 양도소득세 및 종합부동산세 과세특례 신설	기획재정부	013
장기일반민간임대주택에 대한 장기보유특별공제 특례 적용기한 연장	기획재정부	014
부동산 양도금액 연금계좌 납입 시 양도소득세 과세특례 신설	기획재정부	015
기업의 출산 관련 지원금 비과세	기획재정부	016
자녀세액공제 금액 확대	기획재정부	017
근로장려금(EITC) 맞벌이 가구의 소득상한금액 인상	기획재정부	018
국채 등 비과세 관련 국외투자기구의 비과세 신청 및 원천징수 절차 간소화	기획재정부	019
전자기부금영수증 발급의 활성화	기획재정부	020
해외금융계좌 신고의무 대상 정비	기획재정부	021
해외금융계좌 신고의무 위반 시 과태료 완화	기획재정부	022
국채 등 비과세 관련 비거주자·외국법인의 직접 경정청구 근거 마련	기획재정부	023
외국인 직업운동가에 대한 원천징수 강화	기획재정부	024
해외신탁 자료 제출의무 부여	기획재정부	025
소득산입보완규칙의 시행	기획재정부	026
수소제조용 석유가스(LPG) 부탄에 대한 환급특례 신설	기획재정부	027
친환경차 개별소비세 감면 적용기한 연장 및 재설계	기획재정부	028
무자료 유류 판매자에 대한 교통·에너지·환경세 부과	기획재정부	029

https://whatsnew.moef.go.kr에서도 검색이 가능합니다.

수출입신고필증 발급 대상 확대	기획재정부	030
계약 내용과 다른 물품 관세환급 반입장소 추가	기획재정부	031
세무조사 사전통지 기간 합리화	기획재정부	032
협정관세 사후적용 신청 대상 확대	기획재정부	033
원산지 등 사전심사 제도 개선	기획재정부	034
사전심사서 내용 변경 대상 확대	기획재정부	035
부정행위에 따른 가산세율 상향 조정	기획재정부	036
RCEP 원산지 자율증명 제도 확대	기획재정부	037
창업중소기업 세액감면 제도 합리화	기획재정부	038
수도권 내 이전에 대한 지방이전지원세제 감면대상 축소	기획재정부	039
질병치료 목적의 동물 혈액 부가가치세 면제	기획재정부	040
전자세금계산서 세액공제 적용기한 연장	기획재정부	041
외국인 숙박 부가가치세 환급 대상 확대	기획재정부	042
종업원 할인금액에 대한 근로소득 비과세 기준 마련	기획재정부	043
전자세금계산서 및 전자계산서 발급 세액공제 적용기한 연장	기획재정부	044
납세조합 세액공제 적용기한 연장 및 공제율 조정 등	기획재정부	045
전자기부금영수증 발급 활성화	기획재정부	046
벤처기업 주식매수선택권 행사이익 비과세특례 연장	기획재정부	047
성과공유제 중소기업의 경영성과급 소득세 감면 적용기한 연장	기획재정부	048
중소·중견기업 핵심인력 성과보상기금 만기수령액 중 기업납입금에 대한 소득세 감면요건 완화 및 제도 연장	기획재정부	049
노란우산공제 세제지원 강화	기획재정부	050
결혼세액공제 신설	기획재정부	051
상가임대료 인하 임대사업자에 대한 세액공제 적용기한 연장	기획재정부	052

https://whatsnew.moef.go.kr에서도 검색이 가능합니다.

항목	부처	페이지
중증장애인 직계존속 부양가구에 대한 근로장려금 지원 강화	기획재정부	053
반기 근로장려금 지급액 및 지급 유보 요건 정비	기획재정부	054
건설기계 처분이익 사업소득 분할 과세 특례 신설	기획재정부	055
성실사업자 등에 대한 의료비 등 세액공제 사후관리 합리화	기획재정부	056
소비자 상대업종 추가	기획재정부	057
현금영수증 의무발행업종 확대	기획재정부	058
수영장·체력단련장 시설이용료 신용카드 소득공제 적용 확대	기획재정부	059
통합심층평가의 제도화: 조세·재정지출 평가의 연계	기획재정부	060
현금영수증 의무발행업종 확대	국세청	061
인적용역의 부가가치세 면제범위 확대	국세청	062
「관세조사 중지 사전승인제도」 시행	관세청	063
차세대 국가종합전자조달시스템(나라장터) 개통	조달청	064
조달기업공제조합 설립으로 조달기업의 금융부담 완화	조달청	065
혁신제품 임차 시범구매 도입	조달청	066
국민안전과 직결되는 조달물자의 품질관리 강화	조달청	067
중도상환수수료 산정방식 합리적 개편	금융위원회	068
청년도약계좌 가입자 혜택 강화	금융위원회	069
「서민의 금융생활 지원에 관한 법률」 개정안 시행	금융위원회	070
은행권 스트레스완충자본 제도 시행	금융위원회	071
SNS로 불법추심을 당한 경우에도 채무자대리인 선임 지원	금융위원회	072
불법사금융 피해신고·상담은 금융감독원 ☎1332	금융위원회	073

https://whatsnew.moef.go.kr에서도 검색이 가능합니다.

02 교육·보육·가족

제목	부처	쪽
2025학년도 고등학교 신입생 대상 고교학점제 전면 시행	교육부	080
늘봄학교 지원대상 2학년까지 확대	교육부	081
지역혁신중심 대학지원체계 전면시행	교육부	082
국가장학금 지원 대폭 확대	교육부	083
맞춤형 학업성취도 자율평가 전 학년(초3~고2) 확대 실시	교육부	084
표준보육과정(0~2세) 개정 시행	교육부	085
농번기 돌봄지원 대상 연령 및 돌봄기간 확대	농림축산식품부	086
아이돌봄서비스 정부지원 확대	여성가족부	087
양육비 선지급제 도입	여성가족부	088
한부모가족 아동양육비 등 지원 확대	여성가족부	089
불법촬영물 등 디지털 성범죄 피해 지원 강화	여성가족부	090
저소득 한부모가족 주거지원 확대	여성가족부	091
여성청소년 생리용품 바우처 월 지원금액 인상	여성가족부	092
가정 밖 청소년 자립지원수당 지급 확대	여성가족부	093
여성폭력 피해자 광역단위 통합지원사업 확대	여성가족부	094
미성년 성폭력피해자 자립 지원 강화	여성가족부	095
성범죄자 취업제한 점검·확인 결과 공개방법 개선	여성가족부	096
직업교육훈련 참여촉진수당 신설 및 고부가 직업교육훈련 확대	여성가족부	097
늘봄학교와 연계한 초등 해양교육 강화	해양수산부	098

https://whatsnew.moef.go.kr에서도 검색이 가능합니다.

03 보건·복지·고용

항목	부처	쪽
디지털배지 기반 통합 취업지원서비스 개시	과학기술정보통신부	105
여성농업인 특수건강검진 확대	농림축산식품부	106
모든 가임기 남녀에게 임신 사전건강관리 지원	보건복지부	107
중증장애인생산품 우선구매 비율 상향(1%→1.1%)	보건복지부	108
디딤씨앗통장(아동발달지원계좌) 지원대상 확대	보건복지부	109
응급구조사 업무범위 확대	보건복지부	110
국가건강검진 검사 항목 확대	보건복지부	111
육아휴직 급여인상, 사후지급방식 폐지, 육아기 근로시간 단축 급여 기준금액 상한액 상향	고용노동부	112
「육아지원 3법」 개정 시행	고용노동부	114
출산육아기 대체인력, 업무분담지원금 지원 확대	고용노동부	116
청년일자리도약장려금 확대 개편	고용노동부	117
「상습 임금체불 근절법」 시행	고용노동부	118
폭염 등에 대한 사업주의 보건조치 의무 명확화	고용노동부	119
장애인 표준사업장 무상지원금 '도약지원형' 신설	고용노동부	120
국민내일배움카드 취약계층 지원수준 확대	고용노동부	121
중장년 경력지원제 신설	고용노동부	122
사업주자격 정부인정제 도입	고용노동부	123
빈일자리 재직청년 기술연수 신설	고용노동부	124
뿌리산업분야 교육센터 구축	고용노동부	125
중소기업 채용 관리 솔루션 활용 지원	고용노동부	126
2025년 적용 최저임금	고용노동부	127
근로자 생활안정자금(융자) 이차보전 지원	고용노동부	128
산재근로자 생활안정자금 '자녀양육비' 융자종류 신설	고용노동부	129
「산업재해근로자의 날」 법정기념일 지정	고용노동부	130
위험성평가 인정사업장 심사·관리 강화	고용노동부	131

https://whatsnew.moef.go.kr에서도 검색이 가능합니다.

건설업 산업안전보건관리비 평균 19% 인상	고용노동부	132
청년 특화 취업지원 프로그램	고용노동부	133
소상공인 특화 취업지원 프로그램	고용노동부	134
인구감소지역 청소년 성장 지원	여성가족부	135
기업 인사담당자 대상 다양성 교육 확대	여성가족부	136
해기사 면허 승급을 위한 승무경력기간 조정	해양수산부	137
어업활동 대체 인력 인건비 지원 확대	해양수산부	138
「선내 안전·보건 및 사고예방 기준」 시행	해양수산부	139
보훈대상자 자녀의 기업체 보훈특별고용 지원연령 상향	국가보훈부	140
식약처, 신규 위생용품 안전관리 강화	식품의약품안전처	141
국내 최초 생약 및 한약(생약)제제 품질관리 전문기관 '생약안전연구원' 설립	식품의약품안전처	142
「디지털의료제품법」 시행	식품의약품안전처	143
맞춤형건강기능식품 제도 시행	식품의약품안전처	144
화장품 안전성 평가 도입 기반 마련	식품의약품안전처	145
백신 임상시험 검체 분석 자동화시스템 구축	식품의약품안전처	146
유럽 의료기기법(MDR) 시행에 따른 국내 의료기기 업체 수출지원	식품의약품안전처	147
의료제품분야 국제표준화 회의 국내 개최	식품의약품안전처	148
C형간염 항체검사 국가건강검진 도입	질병관리청	149
「손상 예방 및 관리에 관한 법률」 시행	질병관리청	150
후천성면역결핍증 확인검사기관 확대	질병관리청	151
사할린동포 영주귀국 및 정착 지원 강화	재외동포청	152

04 문화·체육·관광

| 청소년의 '법 위반 유발행위'에 따른 게임물제공사업자 행정처분 면제 | 문화체육관광부 | 156 |
| 인구감소지역에 소규모 관광단지 제도 도입 | 문화체육관광부 | 157 |

https://whatsnew.moef.go.kr에서도 검색이 가능합니다.

통합문화이용권 1인당 지원금이 연간 14만원(7.7% 증)으로 인상	문화체육관광부	158
대중문화예술분야 불공정행위를 근절할 「대중문화예술산업발전법」 개정	문화체육관광부	159
문화산업 완성보증 확대 개편	문화체육관광부	160
해양레저관광산업 육성을 위한 근거법령 마련	해양수산부	161
규제 허가절차 간소화를 위한 '국가유산영향진단' 제도 시행	국가유산청	162
재외동포와의 소통 플랫폼 신규 개설·운영	재외동포청	163

05 환경·기상

배출권거래제 소량배출사업장 과태료 부과기준 완화	환경부	172
배출권 이월제한 기준 완화	환경부	173
배출권 위탁거래 도입	환경부	174
중소·중견기업 성장지원을 위한 녹색전환보증 시행	환경부	175
공공부문 「바이오가스 생산목표제」 시행	환경부	176
신규화학물질 등록기준 조정	환경부	177
유해화학물질 위험도 등에 따른 안전관리 체계 개선	환경부	178
탄소중립포인트제 인센티브 지급항목 개편	환경부	179
청년·다자녀가구 대상 전기자동차 보조금지원 확대 등	환경부	180
국가하천 승격에 따른 하천관리 강화	환경부	181
가축분뇨 배출·처리에 대한 규제 합리화	환경부	183
폐수관로 기술진단 의무화	환경부	184
완충저류시설 기술진단 의무화	환경부	185
정수장 위생안전 인증제 시행	환경부	186
수도사업 통합 기반 마련	환경부	187
환경영향평가, 유연성 높인다	환경부	188
시·도 조례에 따른 환경영향평가 대상사업 확대 시행	환경부	189

https://whatsnew.moef.go.kr에서도 검색이 가능합니다.

제목	부처	쪽
야생동물 영업(판매·수입·생산·위탁관리) 허가제도 시행	환경부	190
야생동물 수입·유통 관리 강화	환경부	191
종이팩 재활용방법 확대	환경부	192
저소득층 어린이 대상 환경보건이용권 지급	환경부	193
'환경조사-분쟁조정-피해구제' 원스톱 서비스 시행	환경부	194
해양 기후변화 감시예측 정보 통합생산	해양수산부	195
「해양이용영향평가법」 시행	해양수산부	196
갯벌생태해설사 양성교육 실시	해양수산부	197
「선박재활용법」 시행	해양수산부	198
환경친화적 선박 및 기자재 인증제도 확대·개선	해양수산부	199
위험기상을 빠르게 알리는 긴급재난문자 확대	기상청	200
선제적 폭염 정보 제공	기상청	201
「해수면 온도에 대한 기후예측」 시범 서비스	기상청	202
도로위험 기상정보 정규 서비스	기상청	203
지진해일 특·정보 발표 체계 개선	기상청	204

06 산업·중소기업·에너지

제목	부처	쪽
모바일·스마트기기 등 방송통신기자재의 충전 및 데이터 전송 방식 일원화	과학기술정보통신부	209
「국가자원안보 특별법」 시행	산업통상자원부	210
통상조약 등에 따른 피해기업 대상 기술·경영 혁신 지원	산업통상자원부	211
「이산화탄소저장활용법」 시행	산업통상자원부	212
「전기산업발전기본법」 시행	산업통상자원부	213
도시가스요금 경감 지원 대신신청	산업통상자원부	214
산업단지 태양광 등 신재생에너지 사업 지원	산업통상자원부	215
광산안전관리직원 통합관리 체계 구축	산업통상자원부	216

https://whatsnew.moef.go.kr에서도 검색이 가능합니다.

항목	부처	쪽
항만배후단지 업무지원·편의시설 입주자격 확대	해양수산부	217
「항만기술산업의 육성 및 지원에 관한 법률」 시행	해양수산부	218
해양수산 창업투자 지원사업 신규 추진	해양수산부	219
소상공인 스마트·디지털화 지원	중소벤처기업부	220
점포철거비 확대 등 소상공인 폐업 지원	중소벤처기업부	221
소상공인 특화 취업 프로그램 신설	중소벤처기업부	222
지역경제 정책지원을 위한 분기 지역내총생산(GRDP) 공표	통계청	223
특허·실용신안 우선심사 신청대상 확대	특허청	224
특허·실용신안 발명자 정정제도 개선	특허청	225

07 국토·교통

항목	부처	쪽
주택 청약 시 비아파트 무주택 간주 기준 완화	국토교통부	230
드론·로봇으로 택배물품을 배송할 수 있습니다	국토교통부	231
도시계획시설에 더욱 다양한 편익시설 설치 허용	국토교통부	232
노후 저층 주거지 개선 위한 뉴:빌리지 사업 본격 추진	국토교통부	233
공공건축물 제로에너지건축물 인증 의무등급 상향	국토교통부	234
디지털 트윈국토 기반 공장 인허가 사전진단 서비스 제공	국토교통부	235
도시형 생활주택 건축면적 제한 완화	국토교통부	236
공동주택 장기수선계획의 수립기준 현실화	국토교통부	237
공공공사 주요 구조부 동영상 촬영 의무화	국토교통부	238
성범죄자 등 강력범죄자의 배달업 종사 제한	국토교통부	239
성범죄자 등 강력범죄자의 장애인콜택시 운전자격 제한	국토교통부	240
장애인콜택시 통합예약시스템 시범운영 실시	국토교통부	241
승용차(비사업용) 최초 검사주기 완화 및 수검기간 확대	국토교통부	242

https://whatsnew.moef.go.kr에서도 검색이 가능합니다.

자동차등록번호판 봉인제 폐지	국토교통부	243
전기차 배터리 안전성 인증제 및 이력관리제 시행	국토교통부	244
레벨4 자율주행차 판매·운행제도 마련	국토교통부	245
안성-구리 고속도로 개통	국토교통부	246
교통약자(노인, 장애인, 국가유공자 등)의 승차권 구매 접근성 강화	국토교통부	247
철도종사자 음주·약물 상태로 업무 시 처벌 실효성 강화	국토교통부	248
K-패스 다자녀 가구 혜택 및 적용 지역 확대	국토교통부	249
「자율운항선박법」 시행으로 무인선박시대 기반 마련	해양수산부	250
노후 국고여객선 적기대체 건조를 위한 펀드 도입	해양수산부	251
지방관리항만 재개발 사무의 지방 이양	해양수산부	252
제3차 연안정비 기본계획(변경) 수립	해양수산부	253
항만운송(관련)사업 등록 전산화	해양수산부	254
항만건설장비(지반개량기) 교육기관 지정·운영	해양수산부	255
2025년 신조 국고여객선 투입으로 선박·이용객 안전 확보	해양수산부	256

08 농림·수산·식품

생활인구 유입을 위한 빈집 활용 지원 신설	농림축산식품부	265
개사육농장주 및 개식용 도축상인 전·폐업 지원	농림축산식품부	266
산업단지 내 수직농장 입주허용	농림축산식품부	267
농업용 지게차, 건설기계에서 농업기계로 전환	농림축산식품부	268
농업수입안정보험 확대	농림축산식품부	269
농작물재해보험 대상 품목 지역 확대	농림축산식품부	270
수직농장 농지 입지규제 완화	농림축산식품부	271
농촌체류형 쉼터 도입	농림축산식품부	272

https://whatsnew.moef.go.kr에서도 검색이 가능합니다.

항목	부처	쪽
K-미식 장 벨트 관광 프로그램 운영	농림축산식품부	273
벼 재배면적 조정제 시행	농림축산식품부	274
'농식품 바우처' 본사업 추진	농림축산식품부	275
농촌형 비즈니스 모델 발굴 지원	농림축산식품부	276
반려동물 영업자 CCTV 설치의무장소 구체화 및 전 업종으로 확대	농림축산식품부	277
동물병원 진료비 게시 대상 항목 확대	농림축산식품부	278
제1회 국가 '동물보호의 날' 시행	농림축산식품부	279
7년만의 단가 인상으로 친환경농가 소득 지원 강화	농림축산식품부	280
기본형 공익직불제 면적직불금 지급단가 인상	농림축산식품부	282
청년농업인의 융복합사업 확장을 위한 제도 개선	농림축산식품부	283
수출지원사업 신청 방식 간소화	농림축산식품부	284
K-푸드의 글로벌 경쟁력 제고를 위한 남도국제미식산업박람회 개최	농림축산식품부	285
그린바이오 벤처기업 전문 육성기관 구축	농림축산식품부	286
그린바이오산업 전방위적 육성 지원 강화	농림축산식품부	287
중소 식품기업, 국가식품클러스터 공유주방(공장)으로 제품 생산 가능	농림축산식품부	288
동물용 백신에 시드 로트 시스템(Seed Lot System) 도입	농림축산식품부	289
위험도 기반 소(牛) 브루셀라병 예찰 체계로 개편	농림축산식품부	290
신종 해외 가축질병 유입차단을 위한 예찰·방제 실시	농림축산식품부	291
전략작물직불금 대상 품목 확대 및 직불금 단가 인상	농림축산식품부	292
저탄소 축산활동 지원 프로그램 확대	농림축산식품부	293
친환경축산직불금 지급 단가·한도 인상 및 유기지속 신규 도입	농림축산식품부	294
가축개량기관 지정 요건 상 인력의 자격요건 완화	농림축산식품부	295
가축검정기관 지정 요건 상 인력의 자격요건 완화	농림축산식품부	296
음식점 전자메뉴판(태블릿 PC) 원산지 표시 방법 개선	농림축산식품부	297
물류기기 임차비용 지원 확대 및 통합관리시스템 구축	농림축산식품부	298
소규모어가 직불금 지급대상 확대	해양수산부	299
'양식업 면허 심사·평가제' 시행	해양수산부	300
감척어선을 활용한 불법·폐어구 수거사업 본격 추진	해양수산부	301

https://whatsnew.moef.go.kr에서도 검색이 가능합니다.

우리나라 연근해 수역 참다랑어 어획한도량 증가	해양수산부	302
어선원보험 적용범위를 3톤 미만 어선까지 확대	해양수산부	303
수산종자생산업 허가종류 확대	해양수산부	304
친환경 수산물 배합사료 직불제 지원 확대	해양수산부	305
임산물 명예감시원 운영을 통한 민간 감시기능 강화	산림청	306
'흰점박이꽃무지분' 비료 제조·판매 허용	농촌진흥청	307
국고보조금 시범사업 온라인 의무교육 전환	농촌진흥청	308
노지 스마트기술 융복합 실증모델 확산 사업 추진	농촌진흥청	309
우수 치유농업시설 인증제도 실시	농촌진흥청	310
고령자 등 영양 취약계층 식품 소비정보 서비스 제공	농촌진흥청	311

09 국방·병무

2025년 병 봉급 인상	국방부	315
장병내일준비적금 재정지원금 인상	국방부	316
군인의 공무상 재해 추정제도(공상추정제) 시행	국방부	317
동원훈련 및 동미참훈련 명칭 변경	국방부	318
동원훈련 II형 훈련비와 작계훈련 교통비 지급	국방부	319
「20세 병역판정검사 후 입영」 시범 실시	병무청	320
사회복무요원 국외여행허가 추천서 온라인 발급	병무청	321
공군 병 모집 시 한국사·한국어능력시험 가산점 등 폐지	병무청	322
사회복지시설, 특수학교 등 사회복무요원 특별휴가 확대	병무청	323
여군예비역 전체 병력동원소집 지정	병무청	324
병역기피 등 병역법 위반자 수형사유 병역감면 제외	병무청	325
소기업·창업기업 등에 대한 입찰참가 지원 및 방산기업 재정부담 완화	방위사업청	326

https://whatsnew.moef.go.kr에서도 검색이 가능합니다.

함정 성능보장과 승조원의 안전보장 강화	방위사업청	327
상생발전을 위한 국방과학기술료 고시 개정	방위사업청	328
방위산업기술 보호기반 강화를 위한 「방위산업기술 보호법」 개정	방위사업청	329
방위산업 분야 공급망 안정화 선도사업자 운영규정 제정	방위사업청	330

10 행정·안전·질서

형사공탁 악용을 막는 「형사소송법」, 「공탁법」 개정	법무부	339
「범죄피해자 보호법」 및 시행령·시행규칙 시행	법무부	340
모바일 등기신청 제도 도입 및 신탁등기 주의사항 신설	법무부	341
「민사소송 등에서의 전자문서 이용 등에 관한 법률」 시행	법무부	343
법인 지점·분사무소 등기부 폐지 등 법인등기 제도 개선	법무부	344
범죄피해자 일상 회복을 위한 생계 지원 강화	법무부	346
「수용자 의료관리지침」 개정	법무부	347
모바일 외국인등록증 도입	법무부	348
17세 이상 국민 누구나 모바일 주민등록증 발급	행정안전부	349
공공서비스 맞춤 안내(혜택알리미) 서비스 개시	행정안전부	350
고향사랑기부금 연간 상한액 2,000만원으로 확대	행정안전부	351
주소정보시설 개선으로 건물·장소를 더 쉽게 찾을 수 있습니다	행정안전부	352
전국적인 안전문화 붐조성을 위한 안전 한바퀴 추진	행정안전부	354

https://whatsnew.moef.go.kr에서도 검색이 가능합니다.

제목	부처	쪽
외국인에 대한 포용적인 재난안전 정보 제공	행정안전부	355
적의 직접적인 위해행위로 인한 국민 피해 지원 근거 마련	행정안전부	356
풍수해 생활권 종합정비사업 확대 추진	행정안전부	357
어선원 안전·보건 관리체계 구축 제도 시행	해양수산부	358
소형어선(2명 이내) 탑승 시 구명조끼 착용 의무화	해양수산부	359
해운분야 안전투자 공시제도 도입	해양수산부	360
음주운전 후 음주측정방해행위 처벌	경찰청	361
자동차운전면허시험에 사용되는 차종 확대	경찰청	362
경비업무의 종류에 혼잡·교통유도경비업무 신설	경찰청	363
연립주택 및 다세대주택 간이스프링클러 등 설치 의무화	소방청	364
차량용소화기 의무화, 5인승 이상 승용자동차로 확대	소방청	365
건축물의 제연설비 설치기준 개선 및 신뢰성 강화	소방청	366
장기재직 소방공무원 국립묘지(국립호국원) 안장	소방청	367
국가 공인 민간봉사단체 '해양재난구조대' 정식 출범	해양경찰청	368
재외동포 국내 정착 지원사업 시행	재외동포청	369
한국 휴대전화 없는 재외국민의 국내 온라인 서비스 접근성 향상	재외동포청	370
소비자 우롱하는 '눈속임 상술(다크패턴)'에 대한 규율 확대	공정거래위원회	371
경제적 대가를 받고 제품 추천·보증을 하는 경우 표시 의무화	공정거래위원회	372
ESG경영 관련 행위의 하도급 법령 위반 여부에 대한 지침 명확화	공정거래위원회	373
재외국민 본인확인서비스 인증서 발급으로 국내 인터넷서비스 활용 가능	방송통신위원회	374
갱신제도 도입 등 원자로조종면허 관리체계 개선	원자력안전위원회	376
핵연료주기시설 허가체계 개편	원자력안전위원회	377
마이데이터 제도(개인정보 전송요구권) 시행	개인정보보호위원회	378

https://whatsnew.moef.go.kr에서도 검색이 가능합니다.

2025년부터 이렇게 달라집니다

부처별 달라지는 주요 제도

기획재정부

R&D 세액공제 점감구조 도입	009
R&D 세액공제 적용대상 확대	010
투자세액공제 점감구조 도입 및 추가분 공제율 상향	011
인구감소지역 주택 취득자에 대한 양도소득세 및 종합부동산세 과세특례 신설	012
비수도권 소재 준공 후 미분양주택에 대한 양도소득세 및 종합부동산세 과세특례 신설	013
장기일반민간임대주택에 대한 장기보유특별공제 특례 적용기한 연장	014
부동산 양도금액 연금계좌 납입 시 양도소득세 과세특례 신설	015
기업의 출산 관련 지원금 비과세	016
자녀세액공제 금액 확대	017
근로장려금(EITC) 맞벌이 가구의 소득상한금액 인상	018
국채 등 비과세 관련 국외투자기구의 비과세 신청 및 원천징수 절차 간소화	019
전자기부금영수증 발급의 활성화	020
해외금융계좌 신고의무 대상 정비	021
해외금융계좌 신고의무 위반 시 과태료 완화	022
국채 등 비과세 관련 비거주자·외국법인의 직접 경정청구 근거 마련	023
외국인 직업운동가에 대한 원천징수 강화	024
해외신탁 자료 제출의무 부여	025
소득산입보완규칙의 시행	026
수소제조용 석유가스(LPG) 부탄에 대한 환급특례 신설	027
친환경차 개별소비세 감면 적용기한 연장 및 재설계	028
무자료 유류 판매자에 대한 교통·에너지·환경세 부과	029

https://whatsnew.moef.go.kr에서도 검색이 가능합니다.

제목	페이지
수출입신고필증 발급 대상 확대	030
계약 내용과 다른 물품 관세환급 반입장소 추가	031
세무조사 사전통지 기간 합리화	032
협정관세 사후적용 신청 대상 확대	033
원산지 등 사전심사 제도 개선	034
사전심사서 내용 변경 대상 확대	035
부정행위에 따른 가산세율 상향 조정	036
RCEP 원산지 자율증명 제도 확대	037
창업중소기업 세액감면 제도 합리화	038
수도권 내 이전에 대한 지방이전지원세제 감면대상 축소	039
질병치료 목적의 동물 혈액 부가가치세 면제	040
전자세금계산서 세액공제 적용기한 연장	041
외국인 숙박 부가가치세 환급 대상 확대	042
종업원 할인금액에 대한 근로소득 비과세 기준 마련	043
전자세금계산서 및 전자계산서 발급 세액공제 적용기한 연장	044
납세조합 세액공제 적용기한 연장 및 공제율 조정 등	045
전자기부금영수증 발급 활성화	046
벤처기업 주식매수선택권 행사이익 비과세특례 연장	047
성과공유제 중소기업의 경영성과급 소득세 감면 적용기한 연장	048
중소·중견기업 핵심인력 성과보상기금 만기수령액 중 기업납입금에 대한 소득세 감면요건 완화 및 제도 연장	049
노란우산공제 세제지원 강화	050
결혼세액공제 신설	051
상가임대료 인하 임대사업자에 대한 세액공제 적용기한 연장	052

https://whatsnew.moef.go.kr에서도 검색이 가능합니다.

중증장애인 직계존속 부양가구에 대한 근로장려금 지원 강화	053
반기 근로장려금 지급액 및 지급 유보 요건 정비	054
건설기계 처분이익 사업소득 분할 과세 특례 신설	055
성실사업자 등에 대한 의료비 등 세액공제 사후관리 합리화	056
소비자 상대업종 추가	057
현금영수증 의무발행업종 확대	058
수영장·체력단련장 시설이용료 신용카드 소득공제 적용 확대	059
통합심층평가의 제도화: 조세·재정지출 평가의 연계	060

교육부

2025학년도 고등학교 신입생 대상 고교학점제 전면 시행	080
늘봄학교 지원대상 2학년까지 확대	081
지역혁신중심 대학지원체계 전면시행	082
국가장학금 지원 대폭 확대	083
맞춤형 학업성취도 자율평가 전 학년(초3~고2) 확대 실시	084
표준보육과정(0~2세) 개정 시행	085

https://whatsnew.moef.go.kr에서도 검색이 가능합니다.

과학기술정보통신부

디지털배지 기반 통합 취업지원서비스 개시	105
모바일·스마트기기 등 방송통신기자재의 충전 및 데이터 전송 방식 일원화	209

법무부

형사공탁 악용을 막는 「형사소송법」, 「공탁법」 개정	339
「범죄피해자 보호법」 및 시행령·시행규칙 시행	340
모바일 등기신청 제도 도입 및 신탁등기 주의사항 신설	341
「민사소송 등에서의 전자문서 이용 등에 관한 법률」 시행	343
법인 지점·분사무소 등기부 폐지 등 법인등기 제도 개선	344
범죄피해자 일상 회복을 위한 생계 지원 강화	346
「수용자 의료관리지침」 개정	347
모바일 외국인등록증 도입	348

국방부

2025년 병 봉급 인상	315
장병내일준비적금 재정지원금 인상	316
군인의 공무상 재해 추정제도(공상추정제) 시행	317
동원훈련 및 동미참훈련 명칭 변경	318
동원훈련 II형 훈련비와 작계훈련 교통비 지급	319

https://whatsnew.moef.go.kr 에서도 검색이 가능합니다.

행정안전부

17세 이상 국민 누구나 모바일 주민등록증 발급	349
공공서비스 맞춤 안내(혜택알리미) 서비스 개시	350
고향사랑기부금 연간 상한액 2,000만원으로 확대	351
주소정보시설 개선으로 건물·장소를 더 쉽게 찾을 수 있습니다	352
전국적인 안전문화 붐조성을 위한 안전 한바퀴 추진	354
외국인에 대한 포용적인 재난안전 정보 제공	355
적의 직접적인 위해행위로 인한 피해 지원 근거 마련	356
풍수해 생활권 종합정비사업 확대 추진	357

문화체육관광부

청소년의 '법 위반 유발행위'에 따른 게임물제공사업자 행정처분 면제	156
인구감소지역에 소규모 관광단지 제도 도입	157
통합문화이용권 1인당 지원금이 연간 14만원(7.7% 증)으로 인상	158
대중문화예술분야 불공정행위를 근절할 「대중문화예술산업발전법」 개정	159
문화산업 완성보증 확대 개편	160

https://whatsnew.moef.go.kr에서도 검색이 가능합니다.

농림축산식품부

항목	페이지
농번기 돌봄지원 대상 연령 및 돌봄기간 확대	086
여성농업인 특수건강검진 확대	106
생활인구 유입을 위한 빈집 활용 지원 신설	265
개사육농장주 및 개식용 도축상인 전·폐업 지원	266
산업단지 내 수직농장 입주허용	267
농업용 지게차, 건설기계에서 농업기계로 전환	268
농업수입안정보험 확대	269
농작물재해보험 대상 품목 지역 확대	270
수직농장 농지 입지규제 완화	271
농촌체류형 쉼터 도입	272
K-미식 장 벨트 관광 프로그램 운영	273
벼 재배면적 조정제 시행	274
'농식품 바우처' 본사업 추진	275
농촌형 비즈니스 모델 발굴 지원	276
반려동물 영업자 CCTV 설치의무장소 구체화 및 전 업종으로 확대	277
동물병원 진료비 게시 대상 항목 확대	278
제1회 국가 '동물보호의 날' 시행	279
7년만의 단가 인상으로 친환경농가 소득 지원 강화	280
기본형 공익직불제 면적직불금 지급단가 인상	282
청년농업인의 융복합사업 확장을 위한 제도 개선	283
수출지원사업 신청 방식 간소화	284
K-푸드의 글로벌 경쟁력 제고를 위한 남도국제미식산업박람회 개최	285
그린바이오 벤처기업 전문 육성기관 구축	286
그린바이오산업 전방위적 육성 지원 강화	287
중소 식품기업, 국가식품클러스터 공유주방(공장)으로 제품 생산 가능	288

https://whatsnew.moef.go.kr에서도 검색이 가능합니다.

동물용 백신에 시드 로트 시스템(Seed Lot System) 도입	289
위험도 기반 소(牛) 브루셀라병 예찰 체계로 개편	290
신종 해외 가축질병 유입차단을 위한 예찰·방제 실시	291
전략작물직불금 대상 품목 확대 및 직불금 단가 인상	292
저탄소 축산활동 지원 프로그램 확대	293
친환경축산직불금 지급 단가·한도 인상 및 유기지속 신규 도입	294
가축개량기관 지정 요건 상 인력의 자격요건 완화	295
가축검정기관 지정 요건 상 인력의 자격요건 완화	296
음식점 전자메뉴판(태블릿 PC) 원산지 표시 방법 개선	297
물류기기 임차비용 지원 확대 및 통합관리시스템 구축	298

산업통상자원부

「국가자원안보 특별법」 시행	210
통상조약 등에 따른 피해기업 대상 기술·경영 혁신 지원	211
「이산화탄소저장활용법」 시행	212
「전기산업발전기본법」 시행	213
도시가스요금 경감 지원 대신신청	214
산업단지 태양광 등 신재생에너지 사업 지원	215
광산안전관리직원 통합관리 체계 구축	216

https://whatsnew.moef.go.kr에서도 검색이 가능합니다.

보건복지부

모든 가임기 남녀에게 임신 사전건강관리 지원	107
중증장애인생산품 우선구매 비율 상향(1%→1.1%)	108
디딤씨앗통장(아동발달지원계좌) 지원대상 확대	109
응급구조사 업무범위 확대	110
국가건강검진 검사 항목 확대	111

환경부

배출권거래제 소량배출사업장 과태료 부과기준 완화	172
배출권 이월제한 기준 완화	173
배출권 위탁거래 도입	174
중소·중견기업 성장지원을 위한 녹색전환보증 시행	175
공공부문 「바이오가스 생산목표제」 시행	176
신규화학물질 등록기준 조정	177
유해화학물질 위험도 등에 따른 안전관리 체계 개선	178
탄소중립포인트제 인센티브 지급항목 개편	179
청년·다자녀가구 대상 전기자동차 보조금지원 확대 등	180
국가하천 승격에 따른 하천관리 강화	181
가축분뇨 배출·처리에 대한 규제 합리화	183
폐수관로 기술진단 의무화	184
완충저류시설 기술진단 의무화	185
정수장 위생안전 인증제 시행	186

https://whatsnew.moef.go.kr에서도 검색이 가능합니다.

수도사업 통합 기반 마련	187
환경영향평가, 유연성 높인다	188
시·도 조례에 따른 환경영향평가 대상사업 확대 시행	189
야생동물 영업(판매·수입·생산·위탁관리) 허가제도 시행	190
야생동물 수입·유통 관리 강화	191
종이팩 재활용방법 확대	192
저소득층 어린이 대상 환경보건이용권 지급	193
'환경조사–분쟁조정–피해구제' 원스톱 서비스 시행	194

고용노동부

육아휴직 급여인상, 사후지급방식 폐지, 육아기 근로시간 단축 급여 기준금액 상한액 상향	112
「육아지원 3법」 개정 시행	114
출산육아기 대체인력, 업무분담지원금 지원 확대	116
청년일자리도약장려금 확대 개편	117
「상습 임금체불 근절법」 시행	118
폭염 등에 대한 사업주의 보건조치 의무 명확화	119
장애인 표준사업장 무상지원금 '도약지원형' 신설	120
국민내일배움카드 취약계층 지원수준 확대	121
중장년 경력지원제 신설	122
사업주자격 정부인정제 도입	123
빈일자리 재직청년 기술연수 신설	124
뿌리산업분야 교육센터 구축	125
중소기업 채용 관리 솔루션 활용 지원	126
2025년 적용 최저임금	127

https://whatsnew.moef.go.kr에서도 검색이 가능합니다.

항목	페이지
근로자 생활안정자금(융자) 이차보전 지원	128
산재근로자 생활안정자금 '자녀양육비' 융자종류 신설	129
「산업재해근로자의 날」 법정기념일 지정	130
위험성평가 인정사업장 심사·관리 강화	131
건설업 산업안전보건관리비 평균 19% 인상	132
청년 특화 취업지원 프로그램	133
소상공인 특화 취업지원 프로그램	134

여성가족부

항목	페이지
아이돌봄서비스 정부지원 확대	087
양육비 선지급제 도입	088
한부모가족 아동양육비 등 지원 확대	089
불법촬영물 등 디지털 성범죄 피해 지원 강화	090
저소득 한부모가족 주거지원 확대	091
여성청소년 생리용품 바우처 월 지원금액 인상	092
가정 밖 청소년 자립지원수당 지급 확대	093
여성폭력 피해자 광역단위 통합지원사업 확대	094
미성년 성폭력피해자 자립 지원 강화	095
성범죄자 취업제한 점검·확인 결과 공개방법 개선	096
직업교육훈련 참여촉진수당 신설 및 고부가 직업교육훈련 확대	097
인구감소지역 청소년 성장 지원	135
기업 인사담당자 대상 다양성 교육 확대	136

https://whatsnew.moef.go.kr 에서도 검색이 가능합니다.

국토교통부

주택 청약 시 비아파트 무주택 간주 기준 완화	230
드론·로봇으로 택배물품을 배송할 수 있습니다	231
도시계획시설에 더욱 다양한 편익시설 설치 허용	232
노후 저층 주거지 개선 위한 뉴:빌리지 사업 본격 추진	233
공공건축물 제로에너지건축물 인증 의무등급 상향	234
디지털 트윈국토 기반 공장 인허가 사전진단 서비스 제공	235
도시형 생활주택 건축면적 제한 완화	236
공동주택 장기수선계획의 수립기준 현실화	237
공공공사 주요 구조부 동영상 촬영 의무화	238
성범죄자 등 강력범죄자의 배달업 종사 제한	239
성범죄자 등 강력범죄자의 장애인콜택시 운전자격 제한	240
장애인콜택시 통합예약시스템 시범운영 실시	241
승용차(비사업용) 최초 검사주기 완화 및 수검기간 확대	242
자동차등록번호판 봉인제 폐지	243
전기차 배터리 안전성 인증제 및 이력관리제 시행	244
레벨4 자율주행차 판매·운행제도 마련	245
안성-구리 고속도로 개통	246
교통약자(노인, 장애인, 국가유공자 등)의 승차권 구매 접근성 강화	247
철도종사자 음주·약물 상태로 업무 시 처벌 실효성 강화	248
K-패스 다자녀 가구 혜택 및 적용 지역 확대	249

https://whatsnew.moef.go.kr에서도 검색이 가능합니다.

해양수산부

늘봄학교와 연계한 초등 해양교육 강화	098
해기사 면허 승급을 위한 승무경력기간 조정	137
어업활동 대체 인력 인건비 지원 확대	138
「선내 안전·보건 및 사고예방 기준」 시행	139
해양레저관광산업 육성을 위한 근거법령 마련	161
해양 기후변화 감시예측 정보 통합생산	195
「해양이용영향평가법」 시행	196
갯벌생태해설사 양성교육 실시	197
「선박재활용법」 시행	198
환경친화적 선박 및 기자재 인증제도 확대·개선	199
항만배후단지 업무지원·편의시설 입주자격 확대	217
「항만기술산업의 육성 및 지원에 관한 법률」 시행	218
해양수산 창업투자 지원사업 신규 추진	219
「자율운항선박법」 시행으로 무인선박시대 기반 마련	250
노후 국고여객선 적기대체 건조를 위한 펀드 도입	251
지방관리항만 재개발 사무의 지방 이양	252
제3차 연안정비 기본계획(변경) 수립	253
항만운송(관련)사업 등록 전산화	254
항만건설장비(지반개량기) 교육기관 지정·운영	255
2025년 신조 국고여객선 투입으로 선박·이용객 안전 확보	256
소규모어가 직불금 지급대상 확대	299
'양식업 면허 심사·평가제' 시행	300
감척어선을 활용한 불법·폐어구 수거사업 본격 추진	301
우리나라 연근해 수역 참다랑어 어획한도량 증가	302
어선원보험 적용범위를 3톤 미만 어선까지 확대	303

https://whatsnew.moef.go.kr에서도 검색이 가능합니다.

수산종자생산업 허가종류 확대	304
친환경 수산물 배합사료 직불제 지원 확대	305
어선원 안전·보건 관리체계 구축 제도 시행	358
소형어선(2명 이내) 탑승 시 구명조끼 착용 의무화	359
해운분야 안전투자 공시제도 도입	360

중소벤처기업부

소상공인 스마트·디지털화 지원	220
점포철거비 확대 등 소상공인 폐업 지원	221
소상공인 특화 취업 프로그램 신설	222

국가보훈부

| 보훈대상자 자녀의 기업체 보훈특별고용 지원연령 상향 | 140 |

https://whatsnew.moef.go.kr에서도 검색이 가능합니다.

식품의약품안전처

식약처, 신규 위생용품 안전관리 강화	141
국내 최초 생약 및 한약(생약)제제 품질관리 전문기관 '생약안전연구원' 설립	142
「디지털의료제품법」 시행	143
맞춤형건강기능식품 제도 시행	144
화장품 안전성 평가 도입 기반 마련	145
백신 임상시험 검체 분석 자동화시스템 구축	146
유럽 의료기기법(MDR) 시행에 따른 국내 의료기기 업체 수출지원	147
의료제품분야 국제표준화 회의 국내 개최	148

국세청

현금영수증 의무발행업종 확대	061
인적용역의 부가가치세 면제범위 확대	062

관세청

「관세조사 중지 사전승인제도」 시행	063

https://whatsnew.moef.go.kr에서도 검색이 가능합니다.

조달청

차세대 국가종합전자조달시스템(나라장터) 개통	064
조달기업공제조합 설립으로 조달기업의 금융부담 완화	065
혁신제품 임차 시범구매 도입	066
국민안전과 직결되는 조달물자의 품질관리 강화	067

통계청

지역경제 정책지원을 위한 분기 지역내총생산(GRDP) 공표	223

병무청

「20세 병역판정검사 후 입영」 시범 실시	320
사회복무요원 국외여행허가 추천서 온라인 발급	321
공군 병 모집 시 한국사·한국어능력시험 가산점 등 폐지	322
사회복지시설, 특수학교 등 사회복무요원 특별휴가 확대	323
여군예비역 전체 병력동원소집 지정	324
병역기피 등 병역법 위반자 수형사유 병역감면 제외	325

https://whatsnew.moef.go.kr에서도 검색이 가능합니다.

방위사업청

소기업·창업기업 등에 대한 입찰참가 지원 및 방산기업 재정부담 완화	326
함정 성능보장과 승조원의 안전보장 강화	327
상생발전을 위한 국방과학기술료 고시 개정	328
방위산업기술 보호기반 강화를 위한 「방위산업기술 보호법」 개정	329
방위산업 분야 공급망 안정화 선도사업자 운영규정 제정	330

경찰청

음주운전 후 음주측정방해행위 처벌	361
자동차운전면허시험에 사용되는 차종 확대	362
경비업무의 종류에 혼잡·교통유도경비업무 신설	363

소방청

연립주택 및 다세대주택 간이스프링클러 등 설치 의무화	364
차량용소화기 의무화, 5인승 이상 승용자동차로 확대	365
건축물의 제연설비 설치기준 개선 및 신뢰성 강화	366
장기재직 소방공무원 국립묘지(국립호국원) 안장	367

https://whatsnew.moef.go.kr에서도 검색이 가능합니다.

산림청

임산물 명예감시원 운영을 통한 민간 감시기능 강화	306

특허청

특허·실용신안 우선심사 신청대상 확대	224
특허·실용신안 발명자 정정제도 개선	225

기상청

위험기상을 빠르게 알리는 긴급재난문자 확대	200
선제적 폭염 정보 제공	201
「해수면 온도에 대한 기후예측」 시범 서비스	202
도로위험 기상정보 정규 서비스	203
지진해일 특·정보 발표 체계 개선	204

https://whatsnew.moef.go.kr에서도 검색이 가능합니다.

농촌진흥청

'흰점박이꽃무지분' 비료 제조·판매 허용	307
국고보조금 시범사업 온라인 의무교육 전환	308
노지 스마트기술 융복합 실증모델 확산 사업 추진	309
우수 치유농업시설 인증제도 실시	310
고령자 등 영양 취약계층 식품 소비정보 서비스 제공	311

해양경찰청

국가 공인 민간봉사단체 '해양재난구조대' 정식 출범	368

국가유산청

규제 허가절차 간소화를 위한 '국가유산영향진단' 제도 시행	162

질병관리청

C형간염 항체검사 국가건강검진 도입	149
「손상 예방 및 관리에 관한 법률」 시행	150
후천성면역결핍증 확인검사기관 확대	151

https://whatsnew.moef.go.kr에서도 검색이 가능합니다.

재외동포청

사할린동포 영주귀국 및 정착 지원 강화	152
재외동포와의 소통 플랫폼 신규 개설·운영	163
재외동포 국내 정착 지원사업 시행	369
한국 휴대전화 없는 재외국민의 국내 온라인 서비스 접근성 향상	370

공정거래위원회

소비자 우롱하는 '눈속임 상술(다크패턴)'에 대한 규율 확대	371
경제적 대가를 받고 제품 추천·보증을 하는 경우 표시 의무화	372
ESG경영 관련 행위의 하도급 법령 위반 여부에 대한 지침 명확화	373

금융위원회

중도상환수수료 산정방식 합리적 개편	068
청년도약계좌 가입자 혜택 강화	069
「서민의 금융생활 지원에 관한 법률」 개정안 시행	070
은행권 스트레스완충자본 제도 시행	071

https://whatsnew.moef.go.kr에서도 검색이 가능합니다.

SNS로 불법추심을 당한 경우에도 채무자대리인 선임 지원　　072
불법사금융 피해신고·상담은 금융감독원 ☎1332　　073

방송통신위원회

재외국민 본인확인서비스 인증서 발급으로 국내 인터넷서비스 활용 가능　　374

원자력안전위원회

갱신제도 도입 등 원자로조종면허 관리체계 개선　　376
핵연료주기시설 허가체계 개편　　377

개인정보보호위원회

마이데이터 제도(개인정보 전송요구권) 시행　　378

https://whatsnew.moef.go.kr에서도 검색이 가능합니다.

시기별 달라지는 주요 제도

1월

항목	부처	쪽
R&D 세액공제 점감구조 도입	기획재정부	009
R&D 세액공제 적용대상 확대	기획재정부	010
투자세액공제 점감구조 도입 및 추가분 공제율 상향	기획재정부	011
인구감소지역 주택 취득자에 대한 양도소득세 및 종합부동산세 과세특례 신설	기획재정부	012
비수도권 소재 준공 후 미분양주택에 대한 양도소득세 및 종합부동산세 과세특례 신설	기획재정부	013
장기일반민간임대주택에 대한 장기보유특별공제 특례 적용기한 연장	기획재정부	014
부동산 양도금액 연금계좌 납입 시 양도소득세 과세특례 신설	기획재정부	015
기업의 출산 관련 지원금 비과세	기획재정부	016
자녀세액공제 금액 확대	기획재정부	017
근로장려금(EITC) 맞벌이 가구의 소득상한금액 인상	기획재정부	018
국채 등 비과세 관련 국외투자기구의 비과세 신청 및 원천징수 절차 간소화	기획재정부	019
전자기부금영수증 발급의 활성화	기획재정부	020
해외금융계좌 신고의무 대상 정비	기획재정부	021
해외금융계좌 신고의무 위반 시 과태료 완화	기획재정부	022
국채 등 비과세 관련 비거주자·외국법인의 직접 경정청구 근거 마련	기획재정부	023
외국인 직업운동가에 대한 원천징수 강화	기획재정부	024
해외신탁 자료 제출의무 부여	기획재정부	025
소득산입보완규칙의 시행	기획재정부	026
친환경차 개별소비세 감면 적용기한 연장 및 재설계	기획재정부	028
무자료 유류 판매자에 대한 교통·에너지·환경세 부과	기획재정부	029
수출입신고필증 발급 대상 확대	기획재정부	030

https://whatsnew.moef.go.kr에서도 검색이 가능합니다.

계약 내용과 다른 물품 관세환급 반입장소 추가	기획재정부	031
세무조사 사전통지 기간 합리화	기획재정부	032
협정관세 사후적용 신청 대상 확대	기획재정부	033
원산지 등 사전심사 제도 개선	기획재정부	034
사전심사서 내용 변경 대상 확대	기획재정부	035
부정행위에 따른 가산세율 상향 조정	기획재정부	036
RCEP 원산지 자율증명 제도 확대	기획재정부	037
창업중소기업 세액감면 제도 합리화	기획재정부	038
수도권 내 이전에 대한 지방이전지원세제 감면대상 축소	기획재정부	039
질병치료 목적의 동물 혈액 부가가치세 면제	기획재정부	040
전자세금계산서 세액공제 적용기한 연장	기획재정부	041
외국인 숙박 부가가치세 환급 대상 확대	기획재정부	042
종업원 할인금액에 대한 근로소득 비과세 기준 마련	기획재정부	043
전자세금계산서 및 전자계산서 발급 세액공제 적용기한 연장	기획재정부	044
납세조합 세액공제 적용기한 연장 및 공제율 조정 등	기획재정부	045
전자기부금영수증 발급 활성화	기획재정부	046
벤처기업 주식매수선택권 행사이익 비과세특례 연장	기획재정부	047
성과공유제 중소기업의 경영성과급 소득세 감면 적용기한 연장	기획재정부	048
중소·중견기업 핵심인력 성과보상기금 만기수령액 중 기업납입금에 대한 소득세 감면요건 완화 및 제도 연장	기획재정부	049
노란우산공제 세제지원 강화	기획재정부	050
결혼세액공제 신설	기획재정부	051
상가임대료 인하 임대사업자에 대한 세액공제 적용기한 연장	기획재정부	052
중증장애인 직계존속 부양가구에 대한 근로장려금 지원 강화	기획재정부	053
반기 근로장려금 지급액 및 지급 유보 요건 정비	기획재정부	054
건설기계 처분이익 사업소득 분할 과세 특례 신설	기획재정부	055
성실사업자 등에 대한 의료비 등 세액공제 사후관리 합리화	기획재정부	056
소비자 상대업종 추가	기획재정부	057
현금영수증 의무발행업종 확대	기획재정부	058

https://whatsnew.moef.go.kr 에서도 검색이 가능합니다.

항목	부처	쪽
현금영수증 의무발행업종 확대	국세청	061
인적용역의 부가가치세 면제범위 확대	국세청	062
「관세조사 중지 사전승인제도」 시행	관세청	063
조달기업공제조합 설립으로 조달기업의 금융부담 완화	조달청	065
혁신제품 임차 시범구매 도입	조달청	066
국민안전과 직결되는 조달물자의 품질관리 강화	조달청	067
중도상환수수료 산정방식 합리적 개편	금융위원회	068
청년도약계좌 가입자 혜택 강화	금융위원회	069
불법사금융 피해신고·상담은 금융감독원 ☎1332	금융위원회	073
지역혁신중심 대학지원체계 전면시행	교육부	082
농번기 돌봄지원 대상 연령 및 돌봄기간 확대	농림축산식품부	086
아이돌봄서비스 정부지원 확대	여성가족부	087
한부모가족 아동양육비 등 지원 확대	여성가족부	089
저소득 한부모가족 주거지원 확대	여성가족부	091
여성청소년 생리용품 바우처 월 지원금액 인상	여성가족부	092
가정 밖 청소년 자립지원수당 지급 확대	여성가족부	093
여성폭력 피해자 광역단위 통합지원사업 확대	여성가족부	094
미성년 성폭력피해자 자립 지원 강화	여성가족부	095
성범죄자 취업제한 점검·확인결과 공개방법 개선	여성가족부	096
직업교육훈련 참여촉진수당 신설 및 고부가 직업교육훈련 확대	여성가족부	097
여성농업인 특수건강검진 확대	농림축산식품부	106
모든 가임기 남녀에게 임신 사전건강관리 지원	보건복지부	107
중증장애인생산품 우선구매 비율 상향(1%→1.1%)	보건복지부	108
디딤씨앗통장(아동발달지원계좌) 지원대상 확대	보건복지부	109
응급구조사 업무범위 확대	보건복지부	110
국가건강검진 검사 항목 확대	보건복지부	111
육아휴직 급여인상, 사후지급방식 폐지, 육아기 근로시간 단축 급여 기준금액 상한액 상향	고용노동부	112
출산육아기 대체인력, 업무분담지원금 지원확대	고용노동부	116

https://whatsnew.moef.go.kr에서도 검색이 가능합니다.

제목	부처	쪽
청년일자리도약장려금 확대 개편	고용노동부	117
국민내일배움카드 취약계층 지원수준 확대	고용노동부	121
중장년 경력지원제 신설	고용노동부	122
뿌리산업분야 교육센터 구축	고용노동부	125
2025년 적용 최저임금	고용노동부	127
근로자 생활안정자금(융자) 이차보전 지원	고용노동부	128
산재근로자 생활안정자금 '자녀양육비' 융자종류 신설	고용노동부	129
「산업재해근로자의 날」 법정기념일 지정	고용노동부	130
위험성평가 인정사업장 심사·관리 강화	고용노동부	131
건설업 산업안전보건관리비 평균 19% 인상	고용노동부	132
청년 특화 취업지원 프로그램	고용노동부	133
소상공인 특화 취업지원 프로그램	고용노동부	134
기업 인사담당자 대상 다양성 교육 확대	여성가족부	136
어업활동 대체 인력 인건비 지원 확대	해양수산부	138
「선내 안전·보건 및 사고예방 기준」 시행	해양수산부	139
보훈대상자 자녀의 기업체 보훈특별고용 지원연령 상향	국가보훈부	140
「디지털의료제품법」 시행	식품의약품안전처	143
맞춤형건강기능식품 제도 시행	식품의약품안전처	144
화장품 안전성 평가 도입 기반 마련	식품의약품안전처	145
유럽 의료기기법(MDR) 시행에 따른 국내 의료기기 업체 수출지원	식품의약품안전처	147
C형간염 항체검사 국가건강검진 도입	질병관리청	149
「손상 예방 및 관리에 관한 법률」 시행	질병관리청	150
해양레저관광산업 육성을 위한 근거법령 마련	해양수산부	161
중소·중견기업 성장지원을 위한 녹색전환보증 시행	환경부	175
공공부문 「바이오가스 생산목표제」 시행	환경부	176
신규화학물질 등록기준 조정	환경부	177
국가하천 승격에 따른 하천관리 강화	환경부	181
폐수관로 기술진단 의무화	환경부	184
완충저류시설 기술진단 의무화	환경부	185

https://whatsnew.moef.go.kr에서도 검색이 가능합니다.

정수장 위생안전 인증제 시행	환경부	**186**
'환경조사–분쟁조정–피해구제' 원스톱 서비스 시행	환경부	**194**
「해양이용영향평가법」 시행	해양수산부	**196**
통상조약 등에 따른 피해기업 대상 기술·경영 혁신 지원	산업통상자원부	**211**
「전기산업발전기본법」 시행	산업통상자원부	**213**
「항만기술산업의 육성 및 지원에 관한 법률」 시행	해양수산부	**218**
드론·로봇으로 택배물품을 배송할 수 있습니다	국토교통부	**231**
도시계획시설에 더욱 다양한 편익시설 설치 허용	국토교통부	**232**
노후 저층 주거지 개선 위한 뉴:빌리지 사업 본격 추진	국토교통부	**233**
공공건축물 제로에너지건축물 인증 의무등급 상향	국토교통부	**234**
도시형 생활주택 건축면적 제한 완화	국토교통부	**236**
공공공사 주요 구조부 동영상 촬영 의무화	국토교통부	**238**
성범죄자 등 강력범죄자의 배달업 종사 제한	국토교통부	**239**
성범죄자 등 강력범죄자의 장애인콜택시 운전자격 제한	국토교통부	**240**
승용차(비사업용) 최초 검사주기 완화 및 수검기간 확대	국토교통부	**242**
안성–구리 고속도로 개통	국토교통부	**246**
「자율운항선박법」 시행으로 무인선박시대 기반 마련	해양수산부	**250**
농업수입안정보험 확대	농림축산식품부	**269**
농작물재해보험 대상 품목 지역 확대	농림축산식품부	**270**
수직농장 농지 입지규제 완화	농림축산식품부	**271**
농촌체류형 쉼터 도입	농림축산식품부	**272**
벼 재배면적 조정제 시행	농림축산식품부	**274**
동물병원 진료비 게시 대상 항목 확대	농림축산식품부	**278**
청년농업인의 융복합사업 확장을 위한 제도 개선	농림축산식품부	**283**
수출지원사업 신청 방식 간소화	농림축산식품부	**284**
그린바이오산업 전방위적 육성 지원 강화	농림축산식품부	**287**
중소 식품기업, 국가식품클러스터 공유주방(공장)으로 제품 생산 가능	농림축산식품부	**288**
동물용 백신에 시드 로트 시스템(Seed Lot System) 도입	농림축산식품부	**289**
위험도 기반 소(牛) 브루셀라병 예찰 체계로 개편	농림축산식품부	**290**

https://whatsnew.moef.go.kr에서도 검색이 가능합니다.

제목	부처	쪽
전략작물직불금 대상 품목 확대 및 직불금 단가 인상	농림축산식품부	292
저탄소 축산활동 지원 프로그램 확대	농림축산식품부	293
음식점 전자메뉴판(태블릿 PC) 원산지 표시 방법 개선	농림축산식품부	297
물류기기 임차비용 지원 확대 및 통합관리시스템 구축	농림축산식품부	298
'양식업 면허 심사·평가제' 시행	해양수산부	300
감척어선을 활용한 불법·폐어구 수거사업 본격 추진	해양수산부	301
우리나라 연근해 수역 참다랑어 어획한도량 증가	해양수산부	302
어선원보험 적용범위를 3톤 미만 어선까지 확대	해양수산부	303
수산종자생산업 허가종류 확대	해양수산부	304
친환경 수산물 배합사료 직불제 지원 확대	해양수산부	305
'흰점박이꽃무지분' 비료 제조·판매 허용	농촌진흥청	307
국고보조금 시범사업 온라인 의무교육 전환	농촌진흥청	308
노지 스마트기술 융복합 실증모델 확산 사업 추진	농촌진흥청	309
고령자 등 영양 취약계층 식품 소비정보 서비스 제공	농촌진흥청	311
2025년 병 봉급 인상	국방부	315
장병내일준비적금 재정지원금 인상	국방부	316
군인의 공무상 재해 추정제도(공상추정제) 시행	국방부	317
동원훈련 및 동미참훈련 명칭 변경	국방부	318
동원훈련 II형 훈련비와 작계훈련 교통비 지급	국방부	319
「20세 병역판정검사 후 입영」 시범 실시	병무청	320
사회복무요원 국외여행허가 추천서 온라인 발급	병무청	321
사회복지시설, 특수학교 등 사회복무요원 특별휴가 확대	병무청	323
여군예비역 전체 병력동원소집 지정	병무청	324
병역기피 등 병역법 위반자 수형사유 병역감면 제외	병무청	325
상생발전을 위한 국방과학기술료 고시 개정	방위사업청	328
형사공탁 악용을 막는 「형사소송법」, 「공탁법」 개정	법무부	339
모바일 등기신청 제도 도입 및 신탁등기 주의사항 신설	법무부	341
「민사소송 등에서의 전자문서 이용 등에 관한 법률」 시행	법무부	343
법인 지점·분사무소 등기부 폐지 등 법인등기 제도 개선	법무부	344

https://whatsnew.moef.go.kr 에서도 검색이 가능합니다.

범죄피해자 일상 회복을 위한 생계 지원 강화	법무부	346
고향사랑기부금 연간 상한액 2,000만원으로 확대	행정안전부	351
주소정보시설 개선으로 건물·장소를 더 쉽게 찾을 수 있습니다	행정안전부	352
풍수해 생활권 종합정비사업 확대 추진	행정안전부	357
어선원 안전·보건 관리체계 구축 제도 시행	해양수산부	358
경비업무의 종류에 혼잡·교통유도경비업무 신설	경찰청	363
국가 공인 민간봉사단체 '해양재난구조대' 정식 출범	해양경찰청	368
재외동포 국내 정착 지원사업 시행	재외동포청	369
한국 휴대전화 없는 재외국민의 국내 온라인 서비스 접근성 향상	재외동포청	370
ESG경영 관련 행위의 하도급 법령 위반 여부에 대한 지침 명확화	공정거래위원회	373

2월

「육아지원 3법」 개정 시행	고용노동부	114
의료제품분야 국제표준화 회의 국내 개최	식품의약품안전처	148
통합문화이용권 1인당 지원금이 연간 14만원(7.7% 증)으로 인상	문화체육관광부	158
규제 허가절차 간소화를 위한 '국가유산영향진단' 제도 시행	국가유산청	162
배출권거래제 소량배출사업장 과태료 부과기준 완화	환경부	172
탄소중립포인트제 인센티브 지급항목 개편	환경부	179
시·도 조례에 따른 환경영향평가 대상사업 확대 시행	환경부	189
모바일·스마트기기 등 방송통신기자재의 충전 및 데이터 전송 방식 일원화	과학기술정보통신부	209
「국가자원안보 특별법」 시행	산업통상자원부	210
「이산화탄소저장활용법」 시행	산업통상자원부	212
광산안전관리직원 통합관리 체계 구축	산업통상자원부	216
디지털 트윈국토 기반 공장 인허가 사전진단 서비스 제공	국토교통부	235
자동차등록번호판 봉인제 폐지	국토교통부	243
전기차 배터리 안전성 인증제 및 이력관리제 시행	국토교통부	244

https://whatsnew.moef.go.kr에서도 검색이 가능합니다.

소기업·창업기업 등에 대한 입찰참가 지원 및 방산기업 재정부담 완화	방위사업청	326
함정 성능보장과 승조원의 안전보장 강화	방위사업청	327
장기재직 소방공무원 국립묘지(국립호국원) 안장	소방방재청	367
소비자 우롱하는 '눈속임 상술(다크패턴)'에 대한 규율 확대	공정거래위원회	371

3월

통합심층평가의 제도화: 조세·재정지출 평가의 연계	기획재정부	060
「서민의 금융생활 지원에 관한 법률」 개정안 시행	금융위원회	070
2025학년도 고등학교 신입생 대상 고교학점제 전면 시행	교육부	080
늘봄학교 지원대상 2학년까지 확대	교육부	081
맞춤형 학업성취도 자율평가 전 학년(초3~고2) 확대 실시	교육부	084
표준보육과정(0~2세) 개정 시행	교육부	085
늘봄학교와 연계한 초등 해양교육 강화	해양수산부	098
중소기업 채용 관리 솔루션 활용 지원	고용노동부	126
갯벌생태해설사 양성교육 실시	해양수산부	197
도시가스요금 경감 지원 대신신청	산업통상자원부	214
산업단지 태양광 등 신재생에너지 사업 지원	산업통상자원부	215
레벨4 자율주행차 판매·운행제도 마련	국토교통부	245
노후 국고여객선 적기대체 건조를 위한 펀드 도입	해양수산부	251
'농식품 바우처' 본사업 추진	농림축산식품부	275
농촌형 비즈니스 모델 발굴 지원	농림축산식품부	276
친환경축산직불금 지급 단가·한도 인상 및 유기지속 신규 도입	농림축산식품부	294
가축개량기관 지정 요건 상 인력의 자격요건 완화	농림축산식품부	295
가축검정기관 지정 요건 상 인력의 자격요건 완화	농림축산식품부	296
「범죄피해자 보호법」 및 시행령·시행규칙 시행	법무부	340
마이데이터 제도(개인정보 전송요구권) 시행	개인정보보호위원회	378

https://whatsnew.moef.go.kr에서도 검색이 가능합니다.

2025년부터 이렇게 달라집니다

4월

수소제조용 석유가스(LPG) 부탄에 대한 환급특례 신설	기획재정부	027
불법촬영물 등 디지털성범죄 피해 지원 강화	여성가족부	090
빈일자리 재직청년 기술연수 신설	고용노동부	124
국내 최초 생약 및 한약(생약)제제 품질관리 전문기관 '생약안전연구원' 설립	식품의약품안전처	142
청소년의 '법 위반 유발행위'에 따른 게임물제공사업자 행정처분 면제	문화체육관광부	156
인구감소지역에 소규모 관광단지 제도 도입	문화체육관광부	157
대중문화예술분야 불공정행위를 근절할 「대중문화예술산업발전법」 개정	문화체육관광부	159
문화산업 완성보증 확대 개편	문화체육관광부	160
수도사업 통합 기반 마련	환경부	187
신종 해외 가축질병 유입차단을 위한 예찰·방제 실시	농림축산식품부	291

5월

위험기상을 빠르게 알리는 긴급재난문자 확대	기상청	200
장애인콜택시 통합예약시스템 시범운영 실시	국토교통부	241
K-패스 다자녀 가구 혜택 및 적용 지역 확대	국토교통부	249
지방관리항만 재개발 사무의 지방 이양	해양수산부	252

https://whatsnew.moef.go.kr에서도 검색이 가능합니다.

6월

폭염 등에 대한 사업주의 보건조치 의무 명확화	고용노동부	119
식약처, 신규 위생용품 안전관리 강화	식품의약품안전처	141
재외동포와의 소통 플랫폼 신규 개설·운영	재외동포청	163
배출권 이월제한 기준 완화	환경부	173
「선박재활용법」 시행	해양수산부	198
선제적 폭염 정보 제공	기상청	201
지역경제 정책지원을 위한 분기 지역내총생산(GRDP) 공표	통계청	223
공군병 모집 시 한국사·한국어능력시험 가산점 등 폐지	병무청	322
방위산업기술 보호기반 강화를 위한 「방위산업기술 보호법」 개정	방위사업청	329
음주운전 후 음주측정방해행위 처벌	경찰청	361

7월

수영장·체력단련장 시설 이용료 신용카드 소득공제 적용 확대	기획재정부	059
양육비 선지급제 도입	여성가족부	088
백신 임상시험 검체 분석 자동화시스템 구축	식품의약품안전처	146
사할린동포 영주귀국 및 정착 지원 강화	재외동포청	152
해운분야 안전투자 공시제도 도입	해양수산부	360

https://whatsnew.moef.go.kr 에서도 검색이 가능합니다.

2024. 하반기

항목	부처	페이지
SNS로 불법추심을 당한 경우에도 채무자대리인 선임 지원	금융위원회	072
사업주자격 정부인정제 도입	고용노동부	123
해기사 면허 승급을 위한 승무경력기간 조정	해양수산부	137
청년·다자녀가구 대상 전기자동차 보조금지원 확대 등	환경부	180
가축분뇨 배출·처리에 대한 규제 합리화	환경부	183
항만배후단지 업무지원·편의시설 입주자격 확대	해양수산부	217
특허·실용신안 우선심사 신청대상 확대	특허청	224
특허·실용신안 발명자 정정제도 개선	특허청	225
주택 청약 시 비아파트 무주택 간주 기준 완화	국토교통부	230
공동주택 장기수선계획의 수립기준 현실화	국토교통부	237
산업단지 내 수직농장 입주허용	농림축산식품부	267
소규모어가 직불금 지급대상 확대	해양수산부	299
임산물 명예감시원 운영을 통한 민간 감시기능 강화	산림청	306
우수 치유농업시설 인증제도 실시	농촌진흥청	310
방위산업 분야 공급망 안정화 선도사업자 운영규정 제정	방위사업청	330
「수용자 의료관리지침」 개정	법무부	347
17세 이상 국민 누구나 모바일 주민등록증 발급	행정안전부	349
연립주택 및 다세대주택 간이스프링클러 등 설치 의무화	소방방재청	364
차량용소화기 의무화, 5인승 이상 승용자동차로 확대	소방방재청	365
건축물의 제연설비 설치기준 개선 및 신뢰성 강화	소방방재청	367
경제적 대가를 받고 제품 추천·보증을 하는 경우 표시 의무화	공정거래위원회	372
재외국민 본인확인서비스 인증서 발급으로 국내 인터넷서비스 활용 가능	방송통신위원회	374
갱신제도 도입 등 원자로조종면허 관리체계 개선	원자력안전위원회	376

https://whatsnew.moef.go.kr에서도 검색이 가능합니다.

2025. 상반기

제목	부처	페이지
차세대 국가종합전자조달시스템(나라장터) 개통	조달청	064
은행권 스트레스완충자본 제도 시행	금융위원회	071
국가장학금 지원 대폭 확대	교육부	083
디지털배지 기반 통합 취업지원서비스 개시	과학기술정보통신부	105
장애인 표준사업장 무상지원금 '도약지원형' 신설	고용노동부	120
인구감소지역 청소년 성장 지원	여성가족부	135
후천성면역결핍증 확인검사기관 확대	질병관리청	151
종이팩 재활용방법 확대	환경부	192
저소득층 어린이 대상 환경보건이용권 지급	환경부	193
환경친화적 선박 및 기자재 인증제도 확대·개선	해양수산부	199
해양수산 창업투자 지원사업 신규 추진	해양수산부	219
소상공인 스마트·디지털화 지원	중소벤처기업부	220
점포철거비 확대 등 소상공인 폐업 지원	중소벤처기업부	221
소상공인 특화 취업 프로그램 신설	중소벤처기업부	222
교통약자(노인, 장애인, 국가유공자 등)의 승차권 구매 접근성 강화	국토교통부	247
철도종사자 음주·약물 상태로 업무 시 처벌 실효성 강화	국토교통부	248
제3차 연안정비 기본계획(변경) 수립	해양수산부	253
항만운송(관련)사업 등록 전산화	해양수산부	254
항만건설장비(지반개량기) 교육기관 지정·운영	해양수산부	255
생활인구 유입을 위한 빈집 활용 지원 신설	농림축산식품부	265
개사육농장주 및 개식용 도축상인 전·폐업 지원	농림축산식품부	266
농업용 지게차, 건설기계에서 농업기계로 전환	농림축산식품부	268
K-미식 장 벨트 관광 프로그램 운영	농림축산식품부	273
반려동물 영업자 CCTV 설치의무장소 구체화 및 전 업종으로 확대	농림축산식품부	277
7년만의 단가 인상으로 친환경농가 소득 지원 강화	농림축산식품부	280
기본형 공익직불제 면적직불금 지급단가 인상	농림축산식품부	282

https://whatsnew.moef.go.kr에서도 검색이 가능합니다.

모바일 외국인등록증 도입	법무부	348
공공서비스 맞춤 안내(혜택알리미) 서비스 개시	행정안전부	350
전국적인 안전문화 붐조성을 위한 안전 한바퀴 추진	행정안전부	354
적의 직접적인 위해행위로 인한 피해 지원 근거 마련	행정안전부	356
자동차운전면허시험에 사용되는 차종 확대	경찰청	362

2025. 하반기

「상습 임금체불 근절법」 시행	고용노동부	118
배출권 위탁거래 도입	환경부	174
유해화학물질 위험도 등에 따른 안전관리 체계 개선	환경부	178
환경영향평가, 유연성 높인다	환경부	188
야생동물 영업(판매·수입·생산·위탁관리) 허가제도 시행	환경부	190
야생동물 수입·유통 관리 강화	환경부	191
해양 기후변화 감시예측 정보 통합생산	해양수산부	195
「해수면 온도에 대한 기후예측」 시범 서비스	기상청	202
도로위험 기상정보 정규 서비스	기상청	203
지진해일 특·정보 발표 체계 개선	기상청	204
2025년 신조 국고여객선 투입으로 선박·이용객 안전 확보	해양수산부	256
제1회 국가 '동물보호의 날' 시행	농림축산식품부	279
K-푸드의 글로벌 경쟁력 제고를 위한 남도국제미식산업박람회 개최	농림축산식품부	285
그린바이오 벤처기업 전문 육성기관 구축	농림축산식품부	286
외국인에 대한 포용적인 재난안전 정보 제공	행정안전부	355
소형어선(2명 이내) 탑승 시 구명조끼 착용 의무화	해양수산부	359
핵연료주기시설 허가체계 개편	원자력안전위원회	377

https://whatsnew.moef.go.kr에서도 검색이 가능합니다.

2025년부터 이렇게 달라집니다

분야별
달라지는 주요제도

01 금융·재정·조세
02 교육·보육·가족
03 보건·복지·고용
04 문화·체육·관광
05 환경·기상
06 산업·중소기업·에너지
07 국토·교통
08 농림·수산·식품
09 국방·병무
10 행정·안전·질서

**2025년부터
이렇게 달라집니다**

01
금융·재정·조세

01 기획재정부

R&D 세액공제 점감구조 도입

시행일: 2025년 1월 1일

자세한 내용은 P.9

- R&D 세액공제에 점감구조를 도입하여 중소기업의 성장에 따른 세액공제율 하락폭을 축소

기존

구분(%)	당기분 대	당기분 중견	당기분 중소	추가분[1]
일반	2	8~15[2]	25	-
신성장·원천기술	20	30		최대 10
국가전략기술	30	40		

[1] 추가분: 최대 10%(R&D 지출액/매출액×3)
[2] (~3년)15%, (3~5년)10%, (5년~)8%

→

변경

구분(%)	당기분 대	당기분 중견	당기분 중소	추가분[1]
일반	2	8~20[2]	25	-
신성장·원천기술	20	20,25[3]	30	최대 10
국가전략기술	30	30,35[4]	40	

[1] 추가분: 최대 10%(R&D 지출액/매출액×3)
[2] (~3년)20%, (4~5년)15%, (6년~)8%
[3] (~3년)25%, (4년~)20%
[4] (~3년)35%, (4년~)30%

02 기획재정부

R&D 세액공제 적용대상 확대

시행일: 2025년 1월 1일

자세한 내용은 P.10

- R&D 세액공제 적용대상 인건비의 연구 전담요건을 완화하고 공제대상 비용 범위를 확대

구분	기존	변경
인건비	국가전략기술, 신성장·원천기술과 일반 R&D를 공동수행하는 경우 일반 R&D 적용	주된 시간을 국가전략기술 또는 신성장·원천기술에 투입한 경우 투입시간만큼 안분
R&D용 시설임차료	일반 연구개발에만 적용	국가전략기술, 신성장·원천기술 연구개발에도 적용

인건비 공제 ↑, 공제 적용대상 ↑

03 기획재정부

투자세액공제 점감구조 도입 및 추가분 공제율 상향

시행일: 2025년 1월 1일

자세한 내용은 P.11

- 투자세액공제에 점감구조를 도입하고 투자증가분에 대한 공제율을 상향

기존

구 분(%)	당기분			증가분[1]
	대	중견	중소	
일반	1	5	10	3
신성장·원천기술	3	6	12	
국가전략기술	15	25		4

[1] 당해연도 투자액−직전 3년 평균 투자액

→

변경

구 분(%)	당기분			증가분[1]
	대	중견	중소	
일반	1	5, 7.5[2]	10	10
신성장·원천기술	3	6, 9[3]	12	
국가전략기술	15	15, 20[4]	25	

[1] (당해연도 투자액−직전 3년 평균 투자액)
[2] (~3년)7.5%, (4년~)5%
[3] (~3년)9%, (4년~)6%
[4] (~3년)20%, (4년~)15%

04 기획재정부

인구감소지역 주택 취득자에 대한 양도소득세 및 종합부동산세 과세특례 신설

시행일: 2025년 1월 1일

자세한 내용은 P.12

- 인구감소지역 주택 취득자에 대한 양도소득세와 종합부동산세 과세특례 신설
  - 기존 1주택자가 다음 요건을 충족하는 주택 1채를 신규 취득 시 1주택자로 간주하고, 1세대 1주택 특례*를 적용

    * (양도소득세) 12억원 비과세 및 장기보유특별공제 최대 80%
      (종합부동산세) 기본공제 12억원(다주택자 9억원)
                   및 고령자·장기보유 세액공제 최대 80%

  ** 주택요건(아래 요건을 모두 충족)

신규취득 주택요건	소재지	인구감소지역 (수도권, 광역시 제외, 수도권 내 접경지역 및 광역시 내 군지역 포함)
	가액상한	공시가격 4억원
	취득기한	2024. 1. 4.~2026. 12. 31.
효과		1주택자로 간주, 양도소득세 및 종합부동산세 1세대 1주택 특례 적용

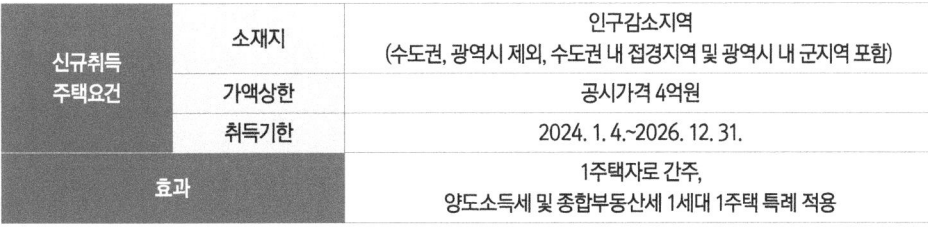

05 기획재정부

비수도권 소재 준공 후 미분양주택에 대한 양도소득세 및 종합부동산세 과세특례 신설

시행일: 2025년 1월 1일

자세한 내용은 P.13

- 기존 1주택자가 준공 후 미분양주택을 취득하는 경우 1세대 1주택 특례*를 적용
  * (양도소득세) 12억원 비과세 및 장기보유특별공제 최대 80%
    (종합부동산세) 기본공제 12억원(다주택자 9억원) 및 고령자·장기보유 세액공제 최대 80%
  ** 주택요건(아래 요건을 모두 충족)

신규취득 주택요건	소재지	수도권 밖의 지역
	규모	전용면적 85m², 취득가액 6억원 이하
	취득기한	2024. 1. 10.~2025. 12. 31.
효과		1주택자로 간주, 양도소득세 및 종합부동산세 1세대 1주택 특례 적용

06 기획재정부

장기일반민간임대주택에 대한 장기보유특별공제 특례 적용기한 연장

시행일: 2025년 1월 1일

자세한 내용은 P.14

- 장기일반민간임대주택 등에 대한 양도소득세 과세특례의 적용기한을 연장
  * 적용기한 : 2024. 12. 31.(변경전) → 2027. 12. 31.(변경후)
  ** 적용요건(아래 요건을 모두 충족)

① (전용면적) 85m² 이하
② (임대기간) 10년 이상
③ (인상률 상한) 전년 대비 5%
④ (기준시가) 수도권 6억원 이하, 비수도권 3억원 이하

- 임대기간 중 발생한 양도차익에 장기보유특별공제율 70% 적용

07 기획재정부

부동산 양도금액 연금계좌 납입 시 양도소득세 과세특례 신설

자세한 내용은 P.15

시행일: 2025년 1월 1일

- 부동산 양도금액 연금계좌 납입 시 양도소득세 과세특례를 신설(2027. 12. 31.까지)
  - 기초연금 수급자 대상 요건 충족 시 해당 부동산 양도소득세액에서 연금계좌납입액(1억원 한도)의 10%를 세액공제

  *적용요건

| 부동산 양도 당시 1주택 또는 무주택 세대 | + | 양도 부동산을 10년 이상 보유 | + | 부동산 양도금액을 연금계좌에 납입 |

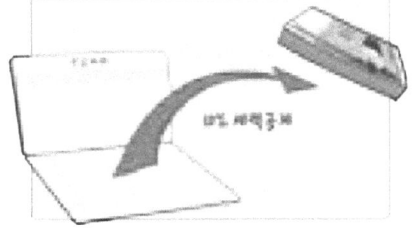

08 기획재정부

기업의 출산 관련 지원금 비과세

자세한 내용은 P.16

시행일: 2025년 1월 1일

- 기업이 근로자(친족인 특수관계자 제외)에게 지급한 출산지원금에 대해서는 근로소득을 전액 비과세

① 근로자 본인 또는 배우자의 출산 관련
② 출생일 이후 2년 이내(최대 2회)
③ 공통 지급규정에 따라 사용자로부터 지급받는 급여

09 기획재정부

자녀세액공제 금액 확대

시행일: 2025년 1월 1일

- 양육비 부담 완화를 위해 자녀·손자녀에 대한 자녀세액공제 금액을 확대
  - (대상) 기본공제 대상자인 8세 이상의 자녀 또는 손자녀
  - (공제금액)

기존	변경
첫째 15만원, 둘째 20만원, 셋째 이후 인당 30만원	첫째 25만원, 둘째 30만원, 셋째 이후 인당 40만원

10 기획재정부

근로장려금(EITC) 맞벌이 가구의 소득상한금액 인상

시행일: 2025년 1월 1일

- 맞벌이 가구 소득상한금액(연 3,800만원)을 단독가구 소득상한금액(연 2,200만원)의 두 배 수준인 연 4,400만원으로 확대
  - (총소득 기준) 연 3,800만원 → 연 4,400만원

11 기획재정부

자세한 내용은 P.19

국채 등 비과세 관련 국외투자기구의 비과세 신청 및 원천징수 절차 간소화

시행일: 2025년 1월 1일

- 국외투자기구 및 외국인투자자의 납세편의 제고를 위해 국외투자기구 비과세 신청 절차가 간소화

기존	변경
• 비과세 신청 및 원천징수 절차 간소화 적용 – 공모국외투자기구	• 비과세 신청 및 원천징수 절차 간소화 적용 대상 확대 – 공모국외투자기구, 사모국외투자기구

- 사모·공모국외투자기구 모두 해당 국외투자기구 명의로 비과세 신청이 가능하며 하위투자자별 정보를 취합할 필요 없이 국외투자기구의 거주자증명서를 제출
- 사모·공모펀드를 구분하지 않는 국제 추세에 맞추어 조세제도를 선진화한 것으로서, 펀드투자자의 편의를 높여줄 것으로 기대

12 금융위원회

자세한 내용은 P.68

중도상환수수료 산정방식 합리적 개편

시행일: 2025년 1월 13일

- 금융권의 획일적인 중도상환수수료를 합리적으로 개편하는 「금융소비자보호에 관한 감독규정」이 시행됩니다.
- 중도상환수수료에 ❶ 자금운용 차질에 따른 손실 비용 및 ❷ 대출 관련 행정·모집비용 등 실비용 외 다른 비용의 부과도 금지됩니다.

13 금융위원회　　　　　　　　　　　　　　　자세한 내용은 P.69
청년도약계좌 가입자 혜택 강화

시행일: 2025년

- 청년도약계좌 정부기여금이 **월 최대 2.4만원→3.3만원, 5년간 최대 144만원→198만원**까지 확대됩니다.
- 성실납입자(2년 이상, 누적 800만원 이상)는 **5~10점 신용점수**를 추가로 받게 됩니다.
- 누적 납입원금의 **최대 40%까지 부분인출**이 가능합니다.

정부기여금 지원확대	월 최대 2.4만원 → 3.3만원 5년간 최대 144만원 → 198만원	
신용점수 추가가점	최소 5~10점 이상	
부분인출 서비스 신규 도입	2년 이상 가입자로 누적 납입금액의 최대 40% 이내	

R&D 세액공제 점감구조 도입

기획재정부 조세특례제도과(☎ 044-215-4131)

R&D 세액공제에 점감구조를 도입하여 중소기업의 성장에 따른 세액공제율 하락폭을 축소합니다.

구 분(%)	당기분			추가분[1]
	대	중견	중소	
일반	2	8~15[2]	25	-
신성장·원천기술	20		30	최대 10
국가전략기술	30		40	

[1] 추가분: 최대 10%(R&D 지출액/매출액×3)
[2] (~3년)15%, (3~5년)10%, (5년~)8%

구 분(%)	당기분			추가분[1]
	대	중견	중소	
일반	2	8~20[2]	25	-
신성장·원천기술	20	20, 25[3]	30	최대 10
국가전략기술	30	30, 35[4]	40	

[1] 추가분: 최대 10%(R&D 지출액/매출액×3)
[2] (~3년)20%, (4~5년)15%, (6년~)8%
[3] (~3년)25%, (4년~)20%
[4] (~3년)35%, (4년~)30%

개정내용은 2025년 1월 1일 이후 개시하는 과세연도 분부터 적용합니다.

참고 기획재정부 누리집〉보도자료〉2024년 세법개정안 발표(2024. 7.)

〈 R&D 세액공제 점감구조 도입 〉

- **추진배경** 중소기업 성장 지원
- **주요내용** R&D 세액공제 점감구조 도입
- **시 행 일** 2025년 1월 1일 이후 개시하는 과세연도 분부터 적용

https://whatsnew.moef.go.kr
01 금융·재정·조세

R&D 세액공제 적용대상 확대

기획재정부 조세특례제도과(☎ 044-215-4131)

R&D 세액공제 적용대상 인건비의 연구 전담요건을 완화하고 공제대상 비용 범위를 확대합니다.

❖ (인건비) 국가전략기술, 신성장·원천기술과 일반 R&D를 공동수행하는 경우 일반 R&D 적용 → 주된 시간을 국가전략기술 또는 신성장·원천기술에 투입한 경우 투입시간만큼 안분

❖ (소프트웨어 대여·구입비) 문화상품 제작목적 한정 → 요건 삭제

개정내용은 영 시행일이 속하는 과세연도에 지출하는 분부터 적용합니다.

참고 기획재정부 누리집〉보도자료〉2024년 세법개정안 발표(2024. 7.)

〈 R&D 세액공제 적용대상 확대 〉

추진배경	기업의 연구개발 지원 확대
주요내용	R&D 세액공제 적용대상 확대
시 행 일	2025년 1월 1일(영 시행일이 속하는 과세연도에 지출하는 분부터 적용)

투자세액공제 점감구조 도입 및 추가분 공제율 상향

기획재정부 조세특례제도과(☎ 044-215-4131)

투자세액공제에 점감구조를 도입하고 투자증가분에 대한 공제율을 상향하여 시행합니다.

구 분(%)	당기분			증가분[1]
	대	중견	중소	
일반	1	5	10	3
신성장·원천기술	3	6	12	3
국가전략기술	15		25	4

[1] (당해연도 투자액 - 직전 3년 평균 투자액)

➡

구 분(%)	당기분			증가분[1]
	대	중견	중소	
일반	1	5, 7.5[2]	10	10
신성장·원천기술	3	6, 9[3]	12	10
국가전략기술	15	15, 20[4]	25	10

[1] (당해연도 투자액 - 직전 3년 평균 투자액)
[2] (~3년)7.5%, (4년~)5%
[3] (~3년)9%, (4년~)6%
[4] (~3년)20%, (4년~)15%

개정내용은 2025년 1월 1일 이후 개시하는 과세연도에 투자하는 분부터 적용합니다.

참고 기획재정부 누리집〉보도자료〉2024년 세법개정안 발표(2024. 7.)

〈 투자세액공제 점감구조 도입 및 추가분 공제율 상향 〉

추진배경 중소기업 성장 지원, 글로벌 경쟁력 확보
주요내용 투자세액공제 점감구조 도입 및 증가분 공제율 상향
시 행 일 2025년 1월 1일 이후 개시하는 과세연도에 투자하는 분부터 적용

01 금융·재정·조세

인구감소지역 주택 취득자에 대한 양도소득세 및 종합부동산세 과세특례 신설

기획재정부 재산세제과(☎ 044-215-4312, 4313)

인구감소지역 지역경제 활성화를 지원하기 위하여 인구감소지역 주택 취득자에 대한 양도소득세 및 종합부동산세 과세특례를 신설합니다.

❖ 기존 1주택자*가 다음 요건을 충족하는 주택 1채를 신규 취득 시 1주택자로 간주하고, 1세대 1주택 특례**를 적용합니다.

   * 주택이 아닌 분양권 또는 조합원입주권을 1개 보유한 경우도 포함

   ** (양도소득세) 12억원 비과세 및 장기보유특별공제 최대 80%

   (종합부동산세) 기본공제 12억원(다주택자 9억원) 및 고령자·장기보유 세액공제 최대 80%

❖ (주택요건) 아래 요건을 모두 충족

   ❶ (소재지) 인구감소지역(다만, 수도권·광역시는 제외하되 수도권 내 접경지역 및 광역시 내 군지역은 포함)
      - 기존 1주택과 동일한 시·군·구 소재 신규 주택 취득은 제외
   ❷ (가액상한) 공시가격 4억원*

      * (양도소득세) 취득시 공시가격 기준 / (종합부동산세) 과세기준일 공시가격 기준
   ❸ (취득기한) 2024년 1월 4일~2026년 12월 31일

개정내용은 2025년 1월 1일 이후 결정 또는 경정하는 분부터 적용됩니다.

> **참고** 기획재정부 누리집>보도자료>2024년 세법개정안 발표(2024. 7.)

< 인구감소지역 주택 취득자에 대한 양도소득세 및 종합부동산세 과세특례 신설 >

추진배경	인구감소지역 지역경제 활성화 지원
주요내용	1주택자가(2024년 1월 14일~2026년 12월 31일) 인구감소지역 내 1채의 주택(공시가격 4억원 이하) 취득 시 1세대 1주택 특례 적용
시 행 일	2025년 1월 1일

비수도권 소재 준공 후 미분양주택에 대한 양도소득세 및 종합부동산세 과세특례 신설

기획재정부 재산세제과(☎ 044-215-4312, 4313)

원활한 주택공급을 지원하기 위해 기존 1주택자가 준공 후 미분양주택을 취득하는 경우 1세대 1주택 특례*를 적용합니다.

* (양도소득세) 12억원 비과세 및 장기보유특별공제 최대 80%
  (종합부동산세) 기본공제 12억원(다주택자 9억원) 및 고령자·장기보유 세액공제 최대 80%

❖ (주택요건) 아래 요건을 모두 충족
  ❶ 2024년 1월 10일~2025년 12월 31일 기간 중 취득
  ❷ 수도권 밖의 지역 소재
  ❸ 전용면적 85m², 취득가액 6억원 이하

개정내용은 2025년 1월 1일 이후 결정 또는 경정하는 분부터 적용됩니다.

참고 기획재정부 누리집〉보도자료〉2024년 세법개정안 발표(2024. 7.)

〈 비수도권 소재 준공 후 미분양주택에 대한 양도소득세 및 종합부동산세 과세특례 신설 〉

추진배경	원활한 주택공급 지원
주요내용	1주택자가 2024년 1월 10일~2025년 12월 31일 수도권 밖의 준공 후 미분양주택(전용면적 85m², 취득가액 6억원 이하) 취득 시 1세대 1주택 특례 적용(조세특례제한법)
시 행 일	2025년 1월 1일

01 금융·재정·조세

장기일반민간임대주택에 대한 장기보유특별공제 특례 적용기한 연장

기획재정부 재산세제과(☎ 044-215-4313)

임대주택 공급을 지원하기 위해 장기일반민간임대주택* 등에 대한 양도소득세 과세특례의 적용기한을 연장합니다.

* 「민간임대주택에 관한 특별법」상 민간건설임대주택인 공공지원민간임대주택 또는 장기일반민간임대주택

❖ (적용요건) 아래 요건을 모두 충족
  ❶ (전용면적) 85m² 이하
  ❷ (임대기간) 10년 이상
  ❸ (인상률 상한) 전년 대비 5%
  ❹ (기준시가) 수도권 6억 원 이하, 비수도권 3억원 이하

❖ (지원내용) 임대기간 중 발생한 양도차익에 장기보유특별공제율 70% 적용

❖ (적용기한) 2024년 12월 31일(변경 전) → 2027년 12월 31일(변경 후)

개정내용은 2025년 1월 1일 이후 결정 또는 경정하는 분부터 적용됩니다.

참고 기획재정부 누리집〉보도자료〉2024년 세법개정안 발표(2024. 7.)

〈 장기일반민간임대주택에 대한 장기보유특별공제 특례 적용기한 연장 〉

추진배경	임대주택 공급 지원
주요내용	임대주택 공급을 지원하기 위해 장기일반민간임대주택 등에 대한 양도소득세 과세특례의 적용기한을 연장(조세특례제한법)
시 행 일	2025년 1월 1일

www.moef.go.kr
기획재정부

부동산 양도금액 연금계좌 납입 시 양도소득세 과세특례 신설

기획재정부 재산세제과(☎ 044-215-4313)

노후생활 안정 지원을 위해 부동산(주택, 토지, 건물) 양도금액 연금계좌 납입 시 양도소득세 과세특례를 신설합니다.

❖ (적용대상) 기초연금 수급자

❖ (적용요건) 아래 요건을 모두 충족
  ❶ 부동산 양도 당시 1주택 또는 무주택 세대
  ❷ 양도 부동산을 10년 이상 보유
  ❸ 부동산 양도금액을 연금계좌에 납입

❖ (과세특례) 해당 부동산 양도소득세액에서 연금계좌납입액(1억원 한도)의 10%를 세액공제

❖ (사후관리) 연금 수령 외의 방식으로 전부 또는 일부 인출 시 세액공제액 추징

❖ (적용기한) 2027년 12월 31일

개정내용은 2025년 1월 1일 이후 양도하는 분부터 적용됩니다.

> **참고** 기획재정부 누리집〉보도자료〉2024년 세법개정안 발표(2024. 7.)

〈 부동산 양도금액 연금계좌 납입 시 양도소득세 과세특례 신설 〉

추진배경	부동산 연금화를 통해 노후생활 안정 지원
주요내용	부동산(주택, 토지, 건물) 양도금액 연금계좌 납입 시 해당 부동산 양도소득세액에서 연금계좌납입액 (1억원 한도)의 10%를 세액공제
적용기한	2027년 12월 31일
시 행 일	2025년 1월 1일

https://whatsnew.moef.go.kr

01 금융·재정·조세

기업의 출산 관련 지원금 비과세

기획재정부 소득세제과(☎ 044-215-4211)

기업이 근로자(친족인 특수관계자 제외)에게 지급한 출산지원금에 대해서는 근로소득을 전액 비과세합니다.

❖ (대상) ❶ 근로자 본인 또는 배우자의 출산 관련
　　　　 ❷ 출생일 이후 2년 이내(최대 2회)
　　　　 ❸ 공통 지급규정에 따라 사용자로부터 지급받는 급여

❖ (한도) 전액 비과세(한도 없음)

개정내용은 2024년 1월 1일 이후 기업이 지급한 출산지원금을 지급받는 분부터 적용합니다.

> 참고　기획재정부 누리집〉보도자료〉2024년 세법개정안 발표(2024. 7.)

〈 기업의 출산 관련 지원금 비과세 〉

추진배경	출산·양육에 따른 비용부담 완화
주요내용	기업의 출산지원금 비과세
시 행 일	2025년 1월 1일

www.moef.go.kr
기획재정부

자녀세액공제 금액 확대

기획재정부 소득세제과(☎ 044-215-4211)

양육비 부담 완화를 위해 자녀·손자녀(8~20세)에 대한 자녀세액공제 금액을 확대합니다.

❖ (대상) 기본공제 대상자인 8세 이상의 자녀 또는 손자녀

❖ (공제금액) 첫째 25만원, 둘째 30만원, 셋째 이후 인당 40만원
  * (현행) 첫째 15만원, 둘째 20만원, 셋째 이후 인당 30만원

개정내용은 2025년 1월 1일 이후 발생하는 소득 분부터 적용합니다.

참고 기획재정부 누리집〉보도자료〉2024년 세법개정안 발표(2024. 7. 25.)

〈 자녀세액공제 금액 확대 〉

추진배경	출산·양육에 따른 비용부담 완화
주요내용	자녀세액공제 금액 확대
시 행 일	2025년 1월 1일

01 금융·재정·조세

근로장려금(EITC) 맞벌이 가구의 소득상한금액 인상

기획재정부 소득세제과(☎ 044-215-4215)

혼인으로 인해 근로장려금 수급에 불리해지지 않도록 맞벌이 가구 소득상한금액(연 3,800만원)을 단독가구 소득상한금액(연 2,200만원)의 두 배 수준인 연 4,400만원으로 확대합니다.

❖ (총소득 기준) 연 3,800만원 → 연 4,400만원

  * (근로장려금) 소득이 적어 생활에 어려움을 겪는 근로자 및 사업자 가구를 대상으로 근로를 장려하고 실질적인 소득 지원을 목적으로 하는 제도

개정내용은 2025년 1월 1일 이후 신청하는 분부터 적용합니다.

참고 기획재정부 누리집〉보도자료〉2024년 세법개정안 발표(2024. 7. 25.)

〈 근로장려금(EITC) 맞벌이 가구의 소득상한금액 인상 〉

추진배경	일하는 저소득 결혼가구 지원 강화
주요내용	(맞벌이 가구 소득요건) 연 3,800만원 → 연 4,400만원
시 행 일	2025년 1월 1일

www.moef.go.kr
기획재정부

국채 등 비과세 관련 국외투자기구의 비과세 신청 및 원천징수 절차 간소화

기획재정부 국제조세제도과(☎ 044-215-4653)

국외투자기구 비과세 신청절차 간소화 관련 「소득세법」·「법인세법」·「소득세법 시행령」·「법인세법 시행령」이 개정됩니다.

❖ 국채 등에 대해 국외투자기구를 통한 투자 시 사모국외투자기구도 공모국외투자기구와 동일하게 간소한 비과세 신청 절차를 적용합니다.

- 사모·공모국외투자기구 모두 해당 국외투자기구 명의로 비과세 신청이 가능하며 하위투자자별 정보를 취합할 필요 없이 국외투자기구의 거주자증명서를 제출하면 됩니다.

❖ 또한, 기존에는 거주자·내국법인에 대한 원천징수의무를 공모국외투자기구만 면제하였으나, 2025년부터 사모국외투자기구의 원천징수의무도 면제하여 원천징수 절차를 간소화합니다.

이번 개정은 사모·공모펀드를 구분하지 않는 국제 추세에 맞추어 조세제도를 선진화한 것으로서, 펀드 투자자의 편의를 높여줄 것으로 기대됩니다.

❖ 또한, 2024년 10월 발표된 한국의 세계국채지수(WGBI) 편입 결정 시에도 긍정적인 영향이 있었을 것으로 판단됩니다.

개정내용은 2025년 1월 1일 이후 지급하는 분부터 적용됩니다.

참고 기획재정부 누리집>보도자료>2024년 세법개정안 발표(2024. 7.)

〈 국채 등 비과세 관련 국외투자기구 비과세 신청 및 원천징수 절차 간소화 〉

추진배경	국외투자기구 및 외국인투자자의 납세편의 제고
주요내용	• 공·사모국외투자기구 모두 비과세 신청 시 해당 펀드명의로 신청 가능 • 공·사모국외투자기구 모두 원천징수의무 해제
시 행 일	2025년 1월 1일 이후 지급하는 분부터 적용

https://whatsnew.moef.go.kr

01 금융·재정·조세

전자기부금영수증 발급의 활성화

기획재정부 법인세제과(☎ 044-215-4223)

투명한 기부문화 정착 및 기부자 편의 증진을 위해 전자기부금영수증 발급이 활성화됩니다.

❖ 직전 사업연도 기부금영수증 총 발급금액이 일정 규모 이상의 기부금단체는 기부받은 날이 속하는 해의 다음 연도 1월 10일까지 전자기부금영수증을 발급하여야 합니다.

참고 기획재정부 누리집〉보도자료〉"2024년 세법개정안 발표"

〈 전자기부금영수증 발급 활성화 〉

추진배경	기부자의 납세 편의 제고
주요내용	기부금영수증 발급액이 일정 규모 이상인 기부금 단체의 경우 전자기부금 영수증을 발급하도록 함
시 행 일	2025년 1월 1일

해외금융계좌 신고의무 대상 정비

기획재정부 국제조세제도과(☎ 044-215-4651)

납세자 권리보호 강화를 위해 해외금융계좌 신고 의무 대상 관련 「국제조세조정에 관한 법률」이 개정됩니다.

❖ 기존 해외금융계좌 신고 면제대상이던 단기 거주 재외국민의 거주기간 요건을 '국내 거소를 둔 기간의 합계가 183일 이하'에서 '182일 이하'로 조정하였습니다.

❖ 또한, 조세조약에 따라 체약상대국 거주자로 인정된 거주자 및 해외신탁명세서 제출자를 해외금융계좌 신고 면제대상에 새롭게 포함하였습니다.

개정내용은 2025년 1월 1일 이후 신고의무가 발생하는 분부터 적용됩니다.

참고 기획재정부 누리집>보도자료>2024년 세법개정안 발표(2024. 7.)

〈 해외금융계좌 신고의무 대상 정비 〉

추진배경	납세자 권리보호 강화
주요내용	해외금융계좌 신고의무 면제대상 재외국민의 거주기간 요건을 조정하고, 조세조약에 따라 체약상대국 거주자로 인정된 거주자 및 해외신탁명세서 제출자를 신고의무 면제대상에 추가
시 행 일	2025년 1월 1일 이후 신고의무가 발생하는 분부터 적용

https://whatsnew.moef.go.kr

01 금융·재정·조세

해외금융계좌 신고의무 위반 시 과태료 완화

기획재정부 국제조세제도과(☎ 044-215-4651)

해외금융계좌 신고의무 위반에 대한 과태료 부과기준을 합리화하기 위해 「국제조세조정에 관한 법률 시행령」이 개정됩니다.

❖ 해외금융계좌를 미신고하거나 과소신고한 경우의 과태료율이 10~20%(누진율)에서 10%(단일율)로, 한도가 20억원에서 10억원으로 조정됩니다.

❖ 또한, 해외금융계좌 신고의무 위반에 대해 미소명하거나 거짓소명한 경우의 과태료율이 20%에서 10%로 조정됩니다.

개정내용은 2025년 1월 1일 이후 신고의무가 발생하는 분부터 적용됩니다.

참고 기획재정부 누리집〉보도자료〉2024년 세법개정안 발표(2024. 7.)

〈 해외금융계좌 신고의무 위반 시 과태료 완화 〉

추진배경	해외금융계좌 신고의무 위반에 대한 과태료 부과기준 합리화
주요내용	• 해외금융계좌 미신고·과소신고 과태료율 및 한도 인하 • 해외금융계좌 신고의무 위반에 대한 미소명·거짓소명 과태료율 인하
적용기한	2027년 12월 31일
시 행 일	2025년 1월 1일 이후 신고의무가 발생하는 분부터 적용

국채 등 비과세 관련 비거주자·외국법인의 직접 경정청구 근거 마련

기획재정부 국제조세제도과(☎ 044-215-4653)

외국인투자자의 납세편의 제고를 위해 「소득세법」·「법인세법」·「소득세법 시행령」·「법인세법 시행령」이 개정됩니다.

❖ 비거주자·외국법인은 원칙적으로 직접 경정청구를 할 수 없으나, 국채 등 이자·양도소득 비과세를 적용 받으려는 비거주자·외국법인은 직접 경정청구를 할 수 있게 됩니다.

개정내용은 2025년 1월 1일 이후 경정청구하는 분부터 적용됩니다.

참고 기획재정부 누리집〉보도자료〉2024년 세법개정안 발표(2024. 7.)

〈 국채 등 비과세 관련 비거주자·외국법인의 직접 경정청구 근거 마련 〉

추진배경	외국인투자자 납세편의 제고
주요내용	국채 등 이자·양도소득 비과세를 적용받으려는 비거주자·외국법인이 직접 경정청구 가능
시 행 일	2025년 1월 1일 이후 경정청구하는 분부터 적용

01 금융·재정·조세

외국인 직업운동가에 대한 원천징수 강화

기획재정부 국제조세제도과(☎ 044-215-4653)

외국인 직업운동가에 대한 세원관리를 강화하기 위해 외국인 직업운동가 원천징수 관련 「소득세법」이 개정됩니다.

❖ 본래 계약기간이 3년 이하인 외국인 선수에 대해 20% 원천세율을 적용하였으나, 계약기간에 상관없이 모든 외국인 직업운동가 소득에 대하여 20%의 원천세율을 적용하도록 개정하였습니다.

개정내용은 2025년 1월 1일 이후 지급하는 분부터 적용됩니다.

참고 기획재정부 누리집〉보도자료〉2024년 세법개정안 발표(2024. 7.)

〈 외국인 직업운동가에 대한 원천징수 강화 〉

추진배경	외국인 직업운동가에 대한 세원관리 강화
주요내용	계약기간에 상관없이 모든 외국인 직업운동가 소득에 대하여 20%의 원천세율 적용
시 행 일	2025년 1월 1일 이후 지급하는 분부터 적용

해외신탁 자료 제출의무 부여

기획재정부 국제조세제도과(☎ 044-215-4651)

역외 세원관리를 강화하기 위해 해외신탁 자료 제출 관련 「국제조세조정에 관한 법률」을 개정하였습니다.

❖ 거주자·내국법인이 해외신탁*을 설정하거나 해외신탁에 재산을 이전하는 경우 위탁자는 건별 1회 자료를 제출해야 합니다.

  * 외국 법령에 따른 신탁 중 「신탁법」에 따른 신탁과 유사한 것

❖ 또한, 거주자·내국법인인 위탁자가 신탁재산을 실질적으로 지배·통제*하는 경우 위탁자는 매년 자료를 제출해야 합니다.

  * 위탁자가 신탁해지 권리, 수익자를 지정·변경할 수 있는 권리, 종료 후 잔여재산을 귀속 받을 권리를 보유하는 경우 등

개정내용은 2025년 1월 1일 이후 개시하는 과세연도에 자료 제출의무가 발생하는 분부터 적용됩니다.

참고 기획재정부 누리집〉보도자료〉2023년 세법개정안 발표(2023. 7.)

〈 해외신탁 자료 제출의무 부여 〉

추진배경	해외신탁 자료 제출을 통한 역외 세원관리 강화
주요내용	• 거주자·내국법인이 해외신탁 설정 또는 재산 이전 시 위탁자는 건별 1회 자료 제출 • 거주자·내국법인인 위탁자가 신탁재산을 실질적으로 지배·통제하는 경우 위탁자는 매년 자료 제출
시 행 일	2025년 1월 1일 이후 개시하는 과세연도에 자료 제출의무가 발생하는 분부터 적용

01 금융·재정·조세

소득산입보완규칙의 시행

기획재정부 신국제조세규범과(☎ 044-215-4663)

글로벌최저한세의 과세규칙 중 소득산입규칙*이 적용되지 않는 추가세액을 과세하는 소득산입보완규칙이 시행됩니다.

　* 모기업 소재지국에서 자회사 추가세액(실효세율 기준 15% 미달 분)을 과세

❖ 이는 추가세액을 해당 다국적기업그룹의 구성기업이 소재한 국가들로 배분*하여 해당 국가에서 과세하는 방식입니다.

　* 종업원수와 유형자산 순장부가액을 고려하여 배분

개정내용은 2025년 1월 1일 이후 개시하는 사업연도 분부터 적용됩니다.

참고 기획재정부 누리집〉보도자료〉2023년 세법개정안 보도자료

〈 소득산입보완규칙의 시행 〉

추진배경 국가 간 조세 경쟁을 방지하여 공정한 경쟁 환경을 조성
주요내용 소득산입규칙이 적용되지 않는 추가세액을 해당 다국적기업그룹의 구성기업이 소재한 국가들에 납부
시 행 일 2025년 1월 1일

www.moef.go.kr
기획재정부

수소제조용 석유가스(LPG) 부탄에 대한 환급특례 신설

기획재정부 환경에너지세제과(☎ 044-215-4331)

수소경제 활성화 지원 등을 위해 수소제조용 LPG 부탄을 개별소비세 환급 특례대상에 추가합니다.

❖ (환급대상) 가정용 부탄(기존), 수소제조용 부탄(신설)

❖ (환급세액) LPG 부탄과 프로판 간 차액*

  * LPG 부탄(275원/kg)과 LPG 프로판(14원/kg) 간 세액의 차액(261원/kg)

개정내용은 2025년 4월 1일 이후 제조장 반출 및 수입신고분부터 적용합니다.

참고 | 기획재정부 누리집〉보도자료〉2024년 세법개정안 발표(2024. 7.)

〈 수소제조용 석유가스(LPG) 부탄에 대한 환급특례 신설 〉

추진배경	수소경제 활성화 지원
주요내용	수소제조용 부탄 세액과 프로판 세액의 차액 환급
시 행 일	2025년 4월 1일 이후 제조장 반출 또는 수입신고 분부터 적용

01 금융·재정·조세

친환경차 개별소비세 감면 적용기한 연장 및 재설계

기획재정부 환경에너지세제과 (☎ 044-215-4333)

친환경자동차 보급지원을 위해 개별소비세 감면 적용기한을 2년 연장합니다(~2026년 말).

❖ 또한, 하이브리드 차량에 대해서는 감면한도를 조정합니다.

〈친환경차 개별소비세 감면 한도 조정내용〉

구분	하이브리드	전기차	수소전기차
현 행	100만원	300만원	400만원
개정안	70만원		

개정내용은 2025년 1월 1일 이후 제조장 반출 및 수입신고 분부터 적용합니다.

참고 기획재정부 누리집>보도자료>2024년 세법개정안 발표(2024. 7.)

〈 친환경차 개별소비세 감면 적용기한 연장 및 재설계 〉

- **추진배경** 친환경자동차 보급 지원
- **주요내용** 친환경자동차 개별소비세 감면 적용기한 연장 및 재설계
- **시 행 일** 2025년 1월 1일 이후 제조장 반출 및 수입신고 분부터 적용

무자료 유류 판매자에 대한 교통·에너지·환경세 부과

기획재정부 환경에너지세제과(☎ 044-215-4331)

세금계산서·계산서 등 증빙자료를 발급받지 않고 유류를 공급받아 '판매하는 자' 등에게도 교통·에너지·환경세를 부과할 수 있도록 하여

❖ 면세유의 부정유통 규모가 축소될 것으로 기대됩니다.

참고 기획재정부 누리집〉보도자료〉2024년 세법개정안 발표(2024. 7.)

〈 무자료 유류 판매자에 대한 교통·에너지·환경세 부과 〉

추진배경	유류 부정유통 방지
주요내용	무자료 유류 판매자에 대한 교통·에너지·환경세 부과
시 행 일	2025년 1월 1일 이후 판매하거나 보관하는 분부터 적용

https://whatsnew.moef.go.kr

01 금융·재정·조세

수출입신고필증 발급 대상 확대

기획재정부 관세제도과 (☎ 044-215-4417)

화주 편의 제고를 위해 '신고 명의인이 아닌 화주*'에게도 수출입신고필증을 발급할 수 있도록 「관세법」이 개정**됩니다.

　* 화주: 화물을 자기의 책임 아래 수출입하는 사람

　** 단, 국가관세종합정보시스템의 전산처리설비를 이용해 신고를 수리한 경우에 한함

❖ 수출입신고는 화주 또는 관세사 등의 명의로 할 수 있는데, 현재 수출입신고필증은 신고 명의인에게만 발급할 수 있습니다.

❖ 따라서 관세사 등을 통해 수출입을 신고한 화주는 세무신고·무역금융 신청 등을 위해 신고필증이 필요한 경우, 관세사 등을 통해 발급받아야 했습니다.

신고 명의인이 아닌 화주도 직접 신고필증을 발급받을 수 있게 되면서 화주 편의가 제고될 것으로 기대됩니다.

참고 기획재정부 누리집〉보도자료 「2024년 세법개정안 발표」

〈 수출입신고필증 발급 대상 확대 〉

추진배경	수출입 화주 편의 제고
주요내용	수출입 신고 명의인이 아닌 화주에게도 수출입신고필증 발급 * 단, 국가관세종합정보시스템의 전산처리설비를 이용해 신고를 수리한 경우에 한함
시 행 일	2025년 1월 1일(법 시행 전에 신고를 수리한 경우에도 적용)

계약 내용과 다른 물품 관세환급 반입장소 추가

기획재정부 관세제도과(☎ 044-215-4412)

2025년 1월 1일부터 계약 내용과 다른 수입물품을 국제우편물로 수출하는 경우 관세환급 지원을 위해 지정 반입장소에 통관우체국*을 추가합니다.

* 통관우체국: 국제우편물류센터, 인천해상교환국, 부산국제우체국

❖ (대상) 해당 수입 물품을 수입신고 수리일부터 1년 이내에 지정장소에 반입한 후 수출하는 경우

❖ (지정 반입장소) 보세구역, 자유무역지역 중 관세청장이 고시하는 장소, 통관우체국(추가)

참고 기획재정부 누리집〉보도자료〉「2024년 세법개정안」발표

〈 계약 내용과 다른 물품 관세환급 반입장소 추가 〉

추진배경	계약 내용과 다른 물품을 국제우편물로 수출하는 경우 통관우체국을 지정 반입장소로 규정하지 않아 관세환급에 애로 발생
주요내용	국제우편물은 통관우체국을 통해 수출해야 하므로 통관우체국을 관세환급을 위한 지정 반입장소에 추가
시 행 일	2025년 1월 1일

01 금융·재정·조세

세무조사 사전통지 기간 합리화

기획재정부 조세법령운용팀(☎ 044-215-4151)

납세자의 예측가능성 제고 및 자기방어권 보장을 위해 세무조사의 사전통지 기간을 확대(15일 → 20일)하였습니다.

개정내용은 2025년 1월 1일 이후 통지하는 분부터 적용됩니다.

참고 기획재정부 누리집〉보도자료〉2024년 세법개정안 보도자료

〈 세무조사 사전통지 기간 합리화 〉

- **추진배경** 세무조사 사전통지 기간 15일의 경우 납세자가 세무조사에 대해 충분히 대비하기에는 준비기간이 부족
- **주요내용** 세무조사의 사전통지 기간 확대(조사 15일 전 → 20일 전)
- **시 행 일** 2025년 1월 1일

협정관세 사후적용 신청 대상 확대

기획재정부 자유무역협정관세이행과(☎ 044-215-4471)

수입물품의 품목분류가 변경*되어 수입자가 세액을 수정신고한 경우에도 협정관세의 사후적용 신청이 가능하도록 개정됩니다.

* 관세법(§87)에서 정한 경우: 사전심사·재심사한 품목분류의 변경 또는 부득이한 사유로 관세청장이 품목분류를 변경한 경우

참고 기획재정부 누리집〉보도자료〉"2024 세법개정안 발표"

〈 협정관세 사후적용 신청 대상 확대 〉

- **추진배경** 협정관세 사후적용 신청대상 확대로 수입자의 편의 제고
- **주요내용** 품목분류 사전심사 결정의 변경 등 사유로 수입자 스스로 부족세액을 수정신고하는 때에도 사후적용을 신청할 수 있도록 허용함
- **시 행 일** 2025년 1월 1일(단, 시행 전 수정신고한 경우에 대해서도 적용)

01 금융·재정·조세

원산지 등 사전심사 제도 개선

기획재정부 자유무역협정관세이행과(☎ 044-215-4471)

원산지 등 사전심사 제도* 개선을 위해 활용대상 및 심사범위가 확대됩니다.

　*협정관세율 적용 기초 사항을 수입신고 전에 관세청이 미리 심사하는 제도

❖ (활용대상) 협정에서 정하지 않은 경우에도 사전심사 신청가능

❖ (심사범위) '실행 관세율 등 그 밖에 협정에서 정하는 사항' 추가

심사범위는 「자유무역협정의 이행을 위한 관세법의 특례에 관한 법률 시행령」을 2025년 3월 중 개정하여 시행 예정입니다.

> **참고** 기획재정부 누리집〉보도자료〉"2024 세법개정안 발표"

〈 원산지 등 사전심사 제도 개선 〉

추진배경	사전심사 제도 활용대상과 심사범위를 확대하여 사전심사 제도 활성화 및 협정의 활용 촉진
주요내용	'협정에서 사전심사에 관한 사항을 정하지 않은 경우'에도 사전심사 신청을 허용하는 등 사전심사 제도 개선
시 행 일	(활용대상) 2025년 1월 1일 (심사범위) 「자유무역협정의 이행을 위한 관세법의 특례에 관한 법률 시행령」 시행일

사전심사서 내용 변경 대상 확대

기획재정부 자유무역협정관세이행과(☎ 044-215-4471)

협정에서 정하지 않은 경우에도 사전심사서*의 내용을 변경할 수 있도록 개정됩니다.

* 원산지 등을 사전심사한 결과를 기재한 서류로서 사전심사 신청인에게 교부

참고 기획재정부 누리집〉보도자료〉"2024 세법개정안 발표"

〈 사전심사서 내용 변경 대상 확대 〉

- **추진배경** 협정과 관계없이 사전심사 내용 변경을 허용하여 제도를 합리화
- **주요내용** 협정과 관계없이 대통령령이 정한 사유가 있는 경우 사전심사서 내용을 변경 가능하도록 하여 관련 규정이 없는 협정의 경우에도 국내법에 근거하여 내용을 변경할 수 있도록 허용
- **시 행 일** 2025년 1월 1일

01 금융·재정·조세

부정행위에 따른 가산세율 상향 조정

기획재정부 자유무역협정관세이행과(☎ 044-215-4471)

가산세 적용 합리화를 위하여 부정한 행위로 인한 신고불성실 가산세율을 상향 조정(40%→60%)합니다.

참고 기획재정부 누리집〉보도자료〉"2024 세법개정안 발표"

〈 부정행위에 따른 가산세율 상향 조정 〉

- **추진배경** 원산지증명서 위조 등 부정한 행위에 의한 신고불성실 가산세율을 「국세기본법」상 가산세율 수준인 부족 세액의 60%로 상향하여 법간 정합성을 제고하고 성실신고를 유도할 필요
- **주요내용** (부정한 행위에 의한 신고불성실 가산세율 상향) 부족세액의 40% → 60%
- **시 행 일** 2025년 1월 1일 수입신고하는 분부터 적용

RCEP 원산지 자율증명 제도 확대

기획재정부 자유무역협정관세이행과(☎ 044-215-4472)

RCEP*에 따라 일본·호주·뉴질랜드로부터 수입하거나 해당 나라로 수출하는 물품에 대해서 수출자 또는 생산자가 자율적으로 원산지증명서를 작성할 수 있도록 개정됩니다.

* 역내포괄적경제동반자협정(Regional Comprehensive Economic Partnership)

참고 기획재정부 누리집〉보도자료 "내년부터 일본 수출시 원산지 증명이 간소화된다"

〈 RCEP 원산지 자율증명 제도 확대 〉

추진배경	수출입기업의 편의 제고를 위해 원산지증명 절차 간소화
주요내용	일본·호주·뉴질랜드와 수출입하는 물품의 경우 수출자·생산자가 자율적으로 원산지증명서 작성 가능
시 행 일	2025년 1월 1일 이후 원산지증명서를 작성하는 경우부터

https://whatsnew.moef.go.kr
01 금융·재정·조세

창업중소기업 세액감면 제도 합리화

기획재정부 자유무역협정관세이행과(☎ 044-215-4471)

창업중소기업 세액감면 제도의 ❶ 업종 우대감면율 적용기한 종료, ❷ 수도권 감면율 축소, ❸ 고용증대 추가감면 상향하는 등 제도를 합리화합니다.

구분	기본 감면		추가 감면
	수도권 과밀억제권역	수도권 과밀억제권역 밖	
창업 중소기업	-	5년 50% (신성장서비스 우대)	상시 근로자 증가율 × 50%
청년·생계형	5년 50%	5년 100%	
벤처기업 등	5년 50% (신성장서비스업 우대)		

구분	기본 감면			추가 감면
	수도권 과밀억제권역	수도권 과밀억제권역 밖		
		수도권	수도권 밖*	
창업 중소기업	-	5년 25%	5년 50%	상시 근로자 증가율 × 100%
청년·생계형	5년 50%	5년 75%	5년 100%	
벤처기업 등	5년 50%			

* 수도권 인구감소지역 포함

개정내용은 2025년 1월 1일 이후 창업하는 분부터 적용됩니다.
(수도권 감면율 조정은 2026년 1월 1일 이후 창업하는 분부터 적용)

참고 기획재정부 누리집〉보도자료〉2024년 세법개정안 발표(2024. 7.)

〈 창업중소기업 세액감면 제도 합리화 〉

추진배경 중소기업 창업 지원, 지역균형발전 지원
주요내용 감면율 정비 등 제도 합리화
시 행 일 2025년 1월 1일 이후 창업하는 분부터 적용

수도권 내 이전에 대한 지방이전지원 세제 감면대상 축소

기획재정부 조세특례제도과(☎ 044-215-4133)

수도권과밀억제권역의 공장을 수도권 안으로 이전하는 경우를 감면 대상에서 제외*합니다.

  * 개정 전에는 중소기업이 공장과 본사를 동시에 이전하는 경우, 수도권 과밀억제권역에서 성장관리권역 및 자연보전권역으로 이전하는 경우에도 감면 적용

❖ 다만, 수도권 내 인구감소지역으로 이전하는 경우에는 이전과 동일하게 감면을 적용합니다.

개정내용은 2025년 1월 1일 이후 공장을 이전하는 분부터 적용됩니다.

참고 기획재정부 누리집〉보도자료〉2024년 세법개정안 발표(2024. 7.)

〈 수도권 내 이전에 대한 지방이전지원세제 감면대상 축소 〉

추진배경	지역균형발전 지원
주요내용	수도권 내 이전에 대한 지방이전지원세제 감면대상 축소
시 행 일	2025년 1월 1일 이후 전자신고하는 분부터 적용

01 금융·재정·조세

질병치료 목적의 동물 혈액 부가가치세 면제

기획재정부 부가가치세제과(☎ 044-215-4322)

동물의 질병 치료를 지원하기 위해 사람의 혈액뿐만 아니라, 치료·예방·진단용 동물 혈액에 대해서도 부가가치세를 면제합니다.

❖ 개정내용은 2025년 1월 1일 이후 공급 분부터 적용됩니다.

참고 기획재정부 누리집〉보도자료〉2024년 세법개정 보도자료

〈 질병치료 목적의 동물 혈액 부가가치세 면제 〉

추진배경 동물 질병 치료 지원

주요내용
- (현행) 사람의 혈액에 대한 부가가치세 면제
- (개정) 면제대상에 질병치료 목적의 동물 혈액을 추가

시 행 일 2025년 1월 1일

전자세금계산서 세액공제 적용기한 연장

기획재정부 부가가치세제과(☎ 044-215-4321)

납세협력 비용 절감과 세원투명성 제고에 기여하는 전자세금계산서의 세액공제 적용 기한을 2027년까지 연장합니다.

❖ 직전 연도 공급가액 3억원 미만 개인사업자는 건당 200원의 세액공제를 연간 100만원 한도에서 받을 수 있습니다.

❖ 개정내용은 2025년 1월 1일 이후 공급 분부터 적용됩니다.

참고 기획재정부 누리집〉보도자료〉2024년 세법개정 보도자료

〈 전자세금계산서 세액공제 적용기한 연장 〉

추진배경	허위·가공 세금계산서 발급·수취 가능성을 낮추어 거래투명성 강화
주요내용	공급가액 3억원 미만 개인사업자는 건당 200원 세액공제(연간 한도 100만원)
시 행 일	2025년 1월 1일

01 금융·재정·조세

외국인 숙박 부가가치세 환급 대상 확대

기획재정부 부가가치세제과(☎ 044-215-4323)

외국인관광객 등의 다양한 숙박 형태를 고려하여 환급 대상 숙박업에 휴양콘도미니엄업을 추가합니다.

❖ 외국인관광객이 특례적용관광숙박시설*에서 30박 이하의 숙박용역을 공급받은 경우 부가가치세를 환급받을 수 있습니다.

　*「관광진흥법」상 관광숙박업(호텔업, 휴양콘도미니엄업)의 시설

❖ 개정내용은 2025년 1월 1일 이후 공급 분부터 적용됩니다.

참고 기획재정부 누리집〉보도자료〉2024년 세법개정 보도자료

〈 외국인 숙박 부가가치세 환급 대상 확대 〉

추진배경	외국인관광객 등의 다양한 숙박 형태를 고려하여 제도의 실효성 제고
주요내용	외국인 숙박 부가가치세 환급 대상 관광숙박업에 휴양콘도미니엄업 추가
시 행 일	2025년 1월 1일

종업원 할인금액에 대한 근로소득 비과세 기준 마련

기획재정부 소득세제과(☎ 044-215-4211)

기업이 종업원에게 제공하는 자사·계열사 제품 및 서비스의 할인혜택에 대한 근로소득 비과세 기준을 마련하였습니다.

❖ (대상자) 자사 및 계열사의 종업원

❖ (대상금액) 종업원등이 자사·계열사의 재화 또는 용역을 시가보다 할인하여 공급받은 경우 할인받은 금액

❖ (비과세 금액) Max(시가의 20%, 연 240만원)

개정내용은 2025년 1월 1일 이후 발생하는 소득 분부터 적용합니다.

> 참고 기획재정부 누리집>보도자료>2024년 세법개정안 발표(2024. 7. 25.)

〈 종업원 할인금액에 대한 근로소득 비과세 기준 마련 〉

추진배경 종업원 할인금액에 대한 비과세 기준 합리화
주요내용 (비과세 금액) Max(시가의 20%, 연 240만원)
시 행 일 2025년 1월 1일

01 금융·재정·조세

전자세금계산서 및 전자계산서 발급 세액공제 적용기한 연장

기획재정부 부가가치세제과(☎ 044-215-4321)
기획재정부 소득세제과(☎ 044-215-4212)

전자세금계산서 및 전자계산서 활성화를 위해 발급·전송에 대한 세액공제 적용기한을 3년 연장(~2027. 12. 31.)합니다.

❖ (공제방식) 부가가치세(전자세금계산서), 종합소득세(전자계산서)에서 공제

❖ (적용대상) 직전연도 공급가액 또는 사업장별 총수입금액 3억원 미만 개인사업자 또는 신규사업자(개인)

❖ (공제금액) 건당 200원(연간 100만원 한도)

참고 기획재정부 누리집〉보도자료〉2024년 세법개정안 발표(2024. 7. 25.)

〈 전자세금계산서 및 전자계산서 발급 세액공제 적용기한 연장 〉

추진배경	전자세금계산서 및 전자계산서 발급 세액공제 적용기한 연장
주요내용	전자세금계산서 및 전자계산서 발급 세액공제 적용기한 3년 연장
시 행 일	2025년 1월 1일

www.moef.go.kr
기획재정부

납세조합 세액공제 적용기한 연장 및 공제율 조정 등

기획재정부 소득세제과(☎ 044-215-4212)

납세조합* 세액공제 및 교부금 지원수준을 합리화합니다.

  * 세원포착이 어려운 업종의 납세자 등이 조합을 결성하여 세금을 납부할 수 있도록 하는 제도

❖ (근로자) 성실신고 유도를 위해 납세조합 세액공제 적용기한을 3년 연장(~2027. 12. 31.)하되, 세액공제율 및 조합 교부금 조정*

  * (공제율) 소득세액의 5% → 3% (교부금) 납부세액의 2~10% → 1~10%

❖ (사업자) 납세조합 세액공제 적용기한 종료 및 교부금 폐지

개정내용은 2025년 1월 1일 이후 발생하는 소득에 대한 세액공제 및 교부금부터 적용합니다.

참고 기획재정부 누리집〉보도자료〉2024년 세법개정안 발표(2024. 7. 25.)

〈 납세조합 세액공제 적용기한 연장 및 공제율 조정 등 〉

추진배경	납세조합 세액공제·교부금 지원수준 합리화
주요내용	• 납세조합 조합원 세액공제 근로자 공제율 축소(5% → 3%) • 납세조합 교부금 조정(2~10% → 1~10%) 및 사업자 교부금 폐지
시 행 일	2025년 1월 1일

분야별(부처별) 달라지는 주요제도　**45**

01 금융·재정·조세

전자기부금영수증 발급 활성화

기획재정부 소득세제과(☎ 044-215-4211)

2025년 1월 1일부터 기부자 납세 편의 제고를 위해 요건을 충족하는 기부금 단체는 전자기부금영수증 발급을 의무화합니다.

❖ (대상) 직전 연도 기부금영수증 발급합계액이 일정 금액* 이상인 법인

   * 구체적 금액은 대통령령으로 위임

❖ (발급기한) 기부받은 날이 속하는 연도의 다음 연도 1월 10일

개정내용은 2025년 1월 1일 이후 기부받은 분부터 적용합니다.

참고   기획재정부 누리집〉보도자료〉2024년 세법개정안 발표(2024. 7. 25.)

〈 전자기부금영수증 발급 활성화 〉

추진배경	기부자 납세편의 제고를 통한 기부 활성화
주요내용	전자기부금영수증 발급 의무화
시 행 일	2025년 1월 1일

벤처기업 주식매수선택권 행사이익 비과세특례 연장

기획재정부 소득세제과(☎ 044-215-4215)

벤처기업 우수인력 유치를 위해 벤처기업 주식매수선택권 행사이익 비과세 특례* 제도의 적용기한이 3년 연장됩니다.

  * 벤처기업으로부터 부여받은 주식매수선택권 행사이익을 연간 2억 한도 비과세 등

참고 기획재정부 누리집〉보도자료〉2024년 세법개정안 발표(2024. 7. 25.)

〈 벤처기업 주식매수선택권 행사이익 비과세특례 연장 〉

추진배경	우수인력의 벤처기업 유입 촉진
주요내용	벤처기업 주식매수선택권 행사이익 비과세 특례 제도 적용기한 3년 연장
시 행 일	2025년 1월 1일

https://whatsnew.moef.go.kr

01 금융·재정·조세

성과공유제 중소기업의 경영성과급 소득세 감면 적용기한 연장

기획재정부 소득세제과(☎ 044-215-4215)

중소기업 근로자 장기재직 유도 등을 위해 성과공유 중소기업의 경영성과급 소득세 감면* 제도의 적용기한이 3년 연장됩니다.

* 경영목표 설정 및 목표 달성에 따른 성과급 지급을 사전 서면 약정하고 근로자에게 지급하는 성과급에 대한 소득세 감면

참고 기획재정부 누리집〉보도자료〉2024년 세법개정안 발표(2024. 7. 25.)

〈 성과공유제 중소기업의 경영성과급 소득세 감면 적용기한 연장 〉

추진배경	대·중소기업 임금격차 축소 지원
주요내용	성과공유제 중소기업의 경영성과급 소득세 감면 제도 적용기한 3년 연장
시 행 일	2025년 1월 1일

중소·중견기업 핵심인력 성과보상기금 만기수령액 중 기업납입금에 대한 소득세 감면요건 완화 및 제도 연장

기획재정부 소득세제과(☎ 044-215-4215)

중소기업 인력유입 촉진 및 자산형성 확대를 위한 중소·중견기업 핵심인력 성과보상기금* 만기수령액 중 기업납입금에 대한 소득세 감면 제도의 적용기한이 3년 연장됩니다.

* 핵심인력 내일채움공제 및 청년재직자 내일채움공제

❖ (감면요건 단축) 가입 최소기간을 5년에서 3년으로 축소

개정내용은 2025년 1월 1일 이후 가입하는 분부터 적용합니다.

참고 기획재정부 누리집〉보도자료〉2024년 세법개정안 발표(2024. 7. 25.)

〈 중소·중견기업 핵심인력 성과보상기금 만기수령액 중
기업납입금에 대한 소득세 감면요건 완화 및 제도 연장 〉

추진배경	중소기업 인력유입 촉진 및 자산형성 확대
주요내용	성과보상기금으로부터 수령하는 공제금에 대한 소득세 감면 제도 • (감면요건 단축) 성과보상기금 5년 이상 가입한 중소·중견 근로자 → 3년 이상 • (적용기한 연장) 2024년 12월 31일 → 2027년 12월 31일
시 행 일	2025년 1월 1일

https://whatsnew.moef.go.kr

01 금융·재정·조세

노란우산공제 세제지원 강화

기획재정부 소득세제과(☎ 044-215-4212)

소기업·소상공인의 사회안전망 강화를 위해 노란우산공제 소득공제 한도를 상향하고 법인대표자 공제기준을 완화합니다.

❖ (소득공제 한도 상향)
   사업(근로)소득 4천만원 이하 500만원 → 600만원
   　　　　　　　4천만원~1억원 이하 300만원 → 400만원

❖ (공제기준 완화) 총급여 8천만원 이하인 법인대표자에 대해 소득공제 허용

개정내용은 2025년 1월 1일 이후 납입하는 분부터 적용합니다.

> 참고 기획재정부 누리집〉보도자료〉2024년 세법개정안 발표(2024. 7. 25.)

〈 노란우산공제 세제지원 강화 〉

추진배경	소기업·소상공인에 대한 사회안전망 강화
주요내용	• (적용대상 확대) 총급여 7천만원 이하 법인대표자 → 8천만원 • (공제한도 상향) 사업(근로) 소득금액 　- 4천만원 이하자 공제한도 500만원 → 600만원 　- 1억원 이하자 공제한도 300만원 → 400만원
시행일	2025년 1월 1일

www.moef.go.kr
기획재정부

결혼세액공제 신설

기획재정부 소득세제과(☎ 044-215-4211)

결혼비용 지원을 위해 혼인신고 시 부부에게 최대 100만원 세액공제(부부 1인당 50만원)하는 결혼세액공제 제도를 신설합니다.

❖ (대상) 혼인신고를 한 거주자

❖ (적용연도) 혼인신고를 한 해(생애 1회)

❖ (공제금액) 50만원

❖ (적용기간) 2024년~2026년 혼인신고 분

개정내용은 2025년 1월 1일 이후 과세표준을 신고하거나 연말정산하는 분부터 적용합니다.

참고 기획재정부 누리집〉보도자료〉2024년 세법개정안 발표(2024. 7. 25.)

〈 결혼세액공제 신설 〉

추진배경	결혼비용 지원
주요내용	2024년 1월 1일 이후 혼인신고 분부터 3년간(2024~2026년) 결혼세액공제 적용
시 행 일	2025년 1월 1일

01 금융·재정·조세

상가임대료 인하 임대사업자에 대한 세액공제 적용기한 연장

기획재정부 소득세제과(☎ 044-215-4212)

소상공인 임대료 안정을 위해 상가임대료 인하액에 대한 세액공제* 제도의 적용기한을 1년 연장합니다.

* 부동산임대사업자가 소상공인에게 임대료 인하 시 인하액의 70%(종합소득금액 1억원 초과 시 50%)를 소득·법인세에서 공제

참고 기획재정부 누리집〉보도자료〉2024년 세법개정안 발표(2024. 7. 25.)

〈 상가임대료 인하 임대사업자에 대한 세액공제 적용기한 연장 〉

추진배경	소상공인의 임차료 부담 경감
주요내용	상가임대료 인하 임대사업자의 임대료 인하액 세액공제 제도 적용기한 1년 연장
시 행 일	2025년 1월 1일

중증장애인 직계존속 부양가구에 대한 근로장려금 지원 강화

기획재정부 소득세제과(☎ 044-215-4215)

근로장려금 지급대상 홑벌이 가구의 부양직계존속 거주요건에서 직계존속이 장애인인 경우 거주요건을 완화*하였습니다.

* 장애인이 질병 치료·요양 목적 일시퇴거 시 거주요건 적용 배제(부양가족 인정)

개정내용은 2025년 1월 1일 이후 신청하는 분부터 적용합니다.

참고 기획재정부 누리집>보도자료>2024년 세법개정안 발표(2024. 7. 25.)

〈 중증장애인 직계존속 부양가구에 대한 근로장려금 지원 강화 〉

- **추진배경** 장애인에 대한 근로장려금 지원요건 합리화
- **주요내용** 장애인이 질병 치료·요양 목적 일시퇴거 시 거주요건 적용 배제(부양가족 인정)
- **시 행 일** 2025년 1월 1일

01 금융·재정·조세

반기 근로장려금 지급액 및 지급 유보 요건 정비

기획재정부 소득세제과(☎ 044-215-4215)

납세협력비용 완화를 위해 하반기 근로장려금 지급 금액을 명확화*하고 장려금 지급유보 요건을 조정**하였습니다.

* (하반기분) 연간 산정액에서 상반기 지급금액(35%)을 차감한 금액

** 상반기 근로장려금 지급 시, 정산에 따른 환수가 예상되는 경우

개정내용은 2025년 1월 1일 이후 신청하는 분부터 적용합니다.

참고 기획재정부 누리집〉보도자료〉2024년 세법개정안 발표(2024. 7. 25.)

〈 반기 근로장려금 지급액 및 지급 유보 요건 정비 〉

추진배경	납세협력비용 완화
주요내용	하반기 근로장려금 지급 금액 명확화 및 장려금 지급유보 요건 정비
시 행 일	2025년 1월 1일

건설기계 처분이익 사업소득 분할 과세 특례 신설

기획재정부 소득세제과(☎ 044-215-4212)

건설기계 처분 시 발생하는 사업소득에 대해 다른 건설기계의 대체취득을 조건으로 처분이익에 대한 분할 과세특례를 신설하였습니다.

* (현행) 건설기계(2018년 이후 취득) 처분이익에 대해 사업소득으로 과세
   (개정안) 건설기계 대체취득 시 처분이익(1,000만원 초과분 대상) 3년 분할 과세

개정내용은 2025년 1월 1일 이후 양도하는 분부터 적용합니다.

참고 기획재정부 누리집〉보도자료〉2024년 세법개정안 발표(2024. 7. 25.)

〈 건설기계 처분이익 사업소득 분할 과세 특례 신설 〉

추진배경 개인사업자의 건설기계 처분에 따른 세부담 완화
주요내용 건설기계 대체취득 시 처분이익(1,000만원 초과분 대상) 3년 분할 과세
시 행 일 2025년 1월 1일

01 금융·재정·조세

성실사업자 등에 대한 의료비 등 세액공제 사후관리 합리화

기획재정부 소득세제과(☎ 044-215-4212)

성실사업자·성실신고확인대상자에 대한 의료비·교육비·월세 세액공제의 추징요건인 과소신고 범위를 조정하였습니다.

* (현행) 수입금액 20% 이상 과소신고 또는 필요경비 20% 이상 과대계상
  (개정안) 사업소득금액 (성실사업자) 20% / (성실신고확인대상자) 10% 이상 과소신고

개정내용은 2025년 1월 1일 이후 개시하는 과세기간에 대한 추징사유가 발생하는 분부터 적용합니다.

참고 기획재정부 누리집〉보도자료〉2024년 세법개정안 발표(2024. 7. 25.)

〈 성실사업자 등에 대한 의료비 등 세액공제 사후관리 합리화 〉

추진배경	세액공제 사후관리기준 합리화
주요내용	성실사업자·성실신고확인대상사업자의 의료비 등 세액공제 사후관리기준 조정
시 행 일	2025년 1월 1일

소비자 상대업종 추가

기획재정부 소득세제과(☎ 044-215-4212)

소득파악 및 세원양성화 제고를 위해 소비자 상대업종을 추가하였습니다.

❖ (대상) 애완동물 장묘·보호서비스업, 유사의료업

개정내용은 2025년 1월 1일 이후 재화나 용역을 공급하는 분부터 적용합니다.

> **참고** 기획재정부 누리집〉보도자료〉2023년 세법개정 후속 시행령 개정안 발표(2024. 1. 23.)

〈 소비자 상대업종 추가 〉

추진배경	소득파악 및 세원양성화 제고
주요내용	소비자 상대업종에 애완동물 장묘·보호서비스업, 유사의료업 추가
시 행 일	2025년 1월 1일

01 금융·재정·조세

현금영수증 의무발행업종 확대

기획재정부 소득세제과(☎ 044-215-4212)

소득파악 및 세원양성화 제고를 위해 현금영수증 의무발행 대상*을 확대하였습니다.

* 건당 거래금액 10만원 이상 현금거래 시 소비자 요구가 없더라도 현금영수증을 의무적으로 발급

❖ (대상) 13개 업종 추가* 및 1개 업종 정정**

* ① 여행사업, ② 기타 여행보조 및 예약 서비스업, ③ 수영장 운영업, ④ 스쿼시장 등 그 외 기타 스포츠시설 운영업, ⑤ 실외경기장 운영업, ⑥ 실내경기장 운영업, ⑦ 종합스포츠시설 운영업, ⑧ 볼링장 운영업, ⑨ 스키장 운영업, ⑩ 의복 액세서리 및 모조 장신구 소매업, ⑪ 컴퓨터 및 주변기기 수리업, ⑫ 앰뷸런스 서비스업, ⑬ 애완동물 장묘 및 보호서비스업

** 독서실 운영업에 스터디카페 포함

개정내용은 2025년 1월 1일 이후 재화나 용역을 공급하는 분부터 적용합니다.

참고 기획재정부 누리집〉보도자료〉2023년 세법개정 후속 시행령 개정안 발표(2024. 1. 23.)

〈 현금영수증 의무발행업종 확대 〉

추진배경	소득파악 및 세원양성화 제고
주요내용	여행사업, 수영장운영업 등 현금영수증 의무발행 대상 확대 및 정정
시 행 일	2025년 1월 1일

www.moef.go.kr
기획재정부

수영장·체력단련장 시설이용료 신용카드 소득공제 적용 확대

기획재정부 소득세제과(☎ 044-215-4211)

서민·중산층 체육활동 지원을 위해 수영장·체력단련장 시설이용료에 대해 신용카드 소득공제 적용을 확대하였습니다.

❖ (대상) 총급여 7,000만원 이하 거주자

❖ (공제율) 30%(추가공제한도 300만원에 포함)

개정내용은 2025년 7월 1일 이후 지출하는 분부터 적용합니다.

참고 기획재정부 홈페이지〉보도자료〉2024년 세법개정안 발표(2024. 7. 25.)

〈 수영장·체력단련장 시설이용료 신용카드 소득공제 적용 확대 〉

추진배경	서민·중산층의 체육시설 이용료 부담 완화
주요내용	신용카드 소득공제 추가공제 항목 추가
시 행 일	2025년 7월 1일

01 금융·재정·조세

기획재정부

통합심층평가의 제도화: 조세·재정지출 평가의 연계

기획재정부 재정제도과(☎ 044-215-5491)

조세지출과 재정지출의 통합심층평가*를 제도화하여 더 효과적인 성과평가와 더 효율적인 정부지출을 지원합니다.

  * 그간 조세특례 심층평가와 재정사업 심층평가는 별도로 시행 중

❖ 현재, ❶ 고용장려 사업군과 ❷ 문화콘텐츠진흥 사업군에 대해 통합심층평가가 시범 시행 중입니다(2024. 10.~2025. 2.).

❖ 이번 시범평가 과정에서 확인된 장단점을 반영하여 평가방법을 개선하고, 평가결과의 환류방안도 마련될 예정입니다(2025. 3.~2025. 4.).

〈 재정사업과 조세지출을 연계한 통합심층평가 도입 〉

추진배경	재정사업과 조세지출의 연계를 통한 국가재원의 효율적 배분 필요
주요내용	• 재정사업과 조세지출 간 연계가 필요한 사업군에 대한 통합심층평가 도입 • 통합심층평가 방법의 개선 및 평가결과 환류
시 행 일	2025년 3월 ~ 4월

현금영수증 의무발행업종 확대

국세청 부가가치세과 (☎ 044-204-3222)

2025년 현금영수증 의무발행업종으로 13개 업종이 추가되고 1개 업종이 정정됩니다.

※ 추가: 의복 액세서리 및 모조 장신구 소매업, 여행사업, 기타 여행 보조 및 예약 서비스업, 앰뷸런스 서비스업, 실내 경기장 운영업, 실외 경기장 운영업, 스키장 운영업, 종합 스포츠 시설 운영업, 수영장 운영업, 볼링장 운영업, 그 외 기타 스포츠시설 운영업, 컴퓨터 및 주변기기 수리업, 애완동물 장묘 및 보호서비스업(13개)
정정: 독서실 운영업에 스터디카페 포함(1개)

❖ 이들 업종의 사업자는 2025년 1월 1일부터 거래 건당 10만원 이상(부가가치세 포함) 현금거래 시 거래상대방이 현금영수증 발급을 요구하지 않더라도 반드시 발급해야 합니다.

- 거래상대방의 인적사항을 모르는 경우에도 거래일로부터 5일 이내에 국세청 지정번호 (010-000-1234)로 발급하여야 합니다.

현금영수증을 미발급하는 경우 의무발행업종 사업자에게 미발급 금액의 20%에 해당하는 가산세가 부과됩니다.

〈 현금영수증 의무발행업종 13개 확대 〉

추진배경 자영사업자의 세원투명성 확보
주요내용 13개 업종이 현금영수증 의무발행업종에 추가되어 현금영수증 제도 확대
시 행 일 2025년 1월 1일

01 금융·재정·조세

인적용역의 부가가치세 면제범위 확대

국세청 개인납세국 부가가치세과(☎ 044-204-3227)

2025년 1월 1일부터 인적용역의 부가가치세 면제범위가 확대 시행됩니다.(부가령 제42조 제2호 아, 자목)

❖ 개인, 법인 또는 법인격 없는 사단·재단, 그 밖의 단체가 독립된 자격으로 용역을 공급하고 대가를 받는 다음 각 목의 인적용역으로,

> ▣ 부가가치세법 시행령 제42조 제2호
>
> 아. 「직업안정법」에 따른 근로자공급 용역
> 자. 다른사업자의 사업장(다른 사업자가 제공하거나 지정한 경우로서 그 사업자가 지배·관리하는 장소를 포함한다)에서 그 사업자의 시설 또는 설비를 이용하여 물건의 제조·수리, 건설, 그 밖에 이와 유사한 것으로서 기획재정부령으로 정하는 작업을 수행하기 위한 단순 인력 공급용역(「파견근로자 보호 등에 관한 법률」에 따른 근로자파견 용역은 제외한다)

❖ 제조·수리, 건설 용역을 제공하는 사업자가 자기의 시설 또는 설비 없이 단순 인력만을 제공하는 경우에는 해당 용역은 2025년 1월 1일 이후 공급분부터 부가가치세가 면제됩니다.

❖ 단, 「파견근로자 보호 등에 관한 법률」에 따른 근로자 파견과 적법하게 제공하는 도급의 경우에는 현행과 동일하게 과세됩니다.

〈 인적용역의 부가가치세 면제범위 확대 〉

추진배경	부가가치세 세원 투명성 확보
주요내용	단순 인력 공급용역 등 인적용역에 대해서는 부가가치세 면세범위를 확대
시 행 일	2025년 1월 1일

「관세조사 중지 사전승인제도」 시행

관세청 기업심사과(☎ 042-481-7656)

반복적 관세조사 중지로 납세자가 체감하는 조사기간이 장기화되는 것을 해소하기 위해 「관세조사 중지 사전승인제도」가 시행됩니다.

❖ 세관의 관세조사팀에서 3회를 초과하여 관세조사를 중지하려는 경우 앞으로는 납세자보호담당관의 승인을 받아야 조사 중지가 가능합니다.

❖ 납세자의 권익을 보호하기 위해 관세조사 절차요건을 강화하는 제도이며, 납세자보호담당관이 관세조사 중지사유 등을 엄격하게 검토할 계획입니다.

❖ 다만, 납세자의 요청에 의한 관세조사 중지는 상기 횟수에서 제외됩니다.

동 제도는 2025년 1월 1일 이후 착수하는 관세조사부터 적용됩니다.

참고 관세법령정보포털〉행정규칙〉관세조사 운영에 관한 훈령(발령일자 2024. 10. 31.)

〈「관세조사 운영에 관한 훈령」 시행〉

추진배경	납세자 권익 보호를 위한 관세조사 도입
주요내용	반복적 조사 중지로 납세자가 체감하는 조사기간이 장기화되는 것을 해소하기 위해 '관세조사 중지 승인제도*' 신설 * 조사팀이 3회 초과 중지(납세자 신청에 의한 중지건 제외)시 납보관이 검토·승인
시 행 일	2025년 1월 1일 이후 착수하는 관세조사부터 적용

01 금융·재정·조세

차세대 국가종합전자조달시스템(나라장터) 개통

조달청 차세대나라장터 구축추진단 총괄기획팀(☎ 042-724-6344)

2025년 상반기부터 디지털 신기술을 이용하여 사용자 친화형 시스템으로 전면 개편한 '차세대 나라장터'를 개통합니다.

2002년 개통 후 20여년 써 온 현재 나라장터를 대체할 차세대 나라장터에서는,

❖ 첫째, 클라우드 기반 플랫폼으로 지연 및 장애를 최소화하여 안정성이 크게 강화됩니다.

❖ 둘째, AI를 활용한 맞춤형 정보를 제공하는 조달비서와 프로세스바 도입, 모바일 확대 등으로 사용자 편의성을 대폭 제고합니다.

❖ 셋째, 다양한 인증수단을 허용하고, 온라인 자동 보증신청 등으로 기업 부담을 최소화합니다.

❖ 또한, 공공기관 자체조달시스템을 나라장터로 통합하여 공공조달플랫폼을 일원화함으로써 조달기업은 한 번의 등록으로 모든 공공조달업무를 나라장터를 통해 이용 가능하게 됩니다.

〈 차세대 나라장터 개통 〉

추진배경	2002년 개통되어 노후화된 나라장터를 디지털 신기술을 이용하여 전면개편하고, 공공기관 자체조달시스템을 통합하여 사용자 편의성, 보안성, 안정성 등 제고
주요내용	• 나라장터 外 e-발주, 쇼핑몰 등 개별기능 중심 시스템을 조달절차 중심으로 재설계하고, 빅데이터·클라우드 등 신기술 도입으로 편의성, 안정성 제고 • 공공기관 자체조달시스템 25개를 나라장터로 통합하여 기업불편 해소 및 예산중복투자 방지 등 효과
시 행 일	2025년 상반기 개통예정

조달기업공제조합 설립으로 조달기업의 금융부담 완화

조달청 구매사업국 구매총괄과(☎ 042-724-7266)

초기 창업기업을 비롯한 중소·벤처 조달기업의 금융부담 경감을 지원하는 「조달기업공제조합*」을 운영합니다.

* 「조달사업에 관한 법률」에 근거하여 설립되는 법인으로, 조달계약을 체결한 사업자 간 상호협동을 통해 조달기업 대상 보증·공제 및 자금융자 사업 등을 운영하여 경제활동을 진흥시키는 것을 목적으로 하며, 2024년 8월 13일 설립완료

❖ 조달기업은 공제조합을 통해 계약·입찰·선금 등 각종 보증서를 발급하는 경우, 타 공제조합과 민간 보증회사 대비 낮은 보증수수료를 내게 되어 비용부담이 대폭 줄어듭니다.

❖ 또한 경영상담·진단, 기술향상 및 교육훈련을 통해 조달기업의 경쟁력을 강화할 수 있습니다.

❖ 아울러 공제조합이 제공하는 저금리 자금융자 사업을 활용하여 기업의 경영 안정성을 높이고 경제적 어려움을 극복할 수 있습니다.

참고 조달청 누리집〉보도자료〉"조달기업의 보증수수료 부담 확 줄어든다.(2024. 7. 5.)"

〈 중소·벤처 조달기업의 금융부담 완화를 위한 조달기업공제조합 설립 〉

추진배경 조달계약을 체결한 기업은 보증수수료가 비싼 민간 보증기관만을 이용할 수 있어, 비용부담이 지속적으로 증대됨에 따라 낮은 보증수수료율을 기반으로 하는 조달기업공제조합 설립 필요성 대두

주요내용
- 계약·입찰·선금 등 각종 보증서 발급 시 타 공제조합 및 민간보증회사 대비 낮은 보증수수료 부과
- 경영상담·교육, 기술향상 및 교육훈련 등 조달기업 성장 지원
- 조합원 대상 저금리 자금융자 사업을 통한 금융부담 완화

01 금융·재정·조세

혁신제품 임차 시범구매 도입

조달청 신성장판로지원과(☎ 042-724-7564)

기존에 없던 혁신기술이 적용된 제품을 정부가 '첫번째 구매자'가 되어 다양한 공공 현장에서 품질과 성능을 검증하는 시범구매에 임차방식을 새롭게 도입합니다.

❖ 기존에는 제품을 구매하여 테스트하는 방식만 있어, 의료기기, R&D장비와 같이 고가제품이거나 여러 환경에서 테스트가 필요한 제품에 대해서는 시범구매하기가 어려웠습니다.

「국가계약법 시행령」을 개정하여 제품을 구매하지 않고 일정기간 임차하여 테스트하는 임차 시범구매를 도입합니다.

❖ 제품 특성을 고려하여 기업과 기관이 시범구매 시 '임차'와 '구매' 중 선택할 수 있으며 임차방식도 장·단기 임차 및 구독 등 다양하게 운영할 계획입니다.

「국가계약법 시행령」은 2024년 12월 중 개정 예정이며, 임차 시범구매는 2025년 1월부터 시행합니다.

〈 임차 시범구매 도입 〉

- **추진배경**
  - 다양한 현장 수요에 대응할 수 있도록 시범구매 방식 다양화 필요
  - 동일한 재원으로 혁신제품 성과를 높이고 수혜대상 확대 가능
- **주요내용**
  - (대상) 고가장비, 다양한 환경 및 사용자 기반 성능개량 필요 제품, 재임차 가능 제품, 유지관리비 부담 제품
  - (운영) 제품 특성에 맞게 기관 및 기업이 시범구매 방식(임차/구매) 선택, 임차는 장기, 단기, 구독 등 임차기간과 방식을 다양하게 운영

국민안전과 직결되는 조달물자의 품질관리 강화

조달청 조달품질원 품질총괄과 (☎ 054-716-8021)

국민의 생명·안전과 직결되는 안전관리물자의 품질관리를 더욱 강화합니다.

* (안전관리물자) 국민의 생활안전, 생명보호, 보건위생과 관련된 조달물자를 안전관리물자로 지정하고, 품질점검 및 직접생산확인 점검 계획을 수립하여 중점 품질관리

조달청은 국민 생명과 안전에 영향을 미치는 35개 품명을 안전관리물자 대상으로 신규지정하여 중점 품질관리를 시행하고,

❖ 안전중요도가 낮거나 관리가 불필요한 17개 품명은 지정 제외하여 업체의 부담은 경감시키고 행정 효율성은 높여 나갑니다.

❖ 이에 따라, 안전관리물자 대상 품명은 기존 257개에서 18개 증가한 275개로 확대됩니다.

당초	개정			지정결과 (a+b-c)
257개 세부품명 (125 품명 및 19 세부품명) (a)	신규지정 (b)	재분류 (당초 257개 재검토)		
		지정유지	폐지 (c)	
	35개 세부품명	240개 세부품명	17개 세부품명	275개 세부품명 (※ 현행대비 18개 증가)

「조달청 안전관리물자 품질관리 업무규정」은 2024년 10월 개정하여 2025년 1월부터 시행 예정입니다.

〈 국민안전 밀접한 정부조달물자의 품질관리 강화 〉

추진배경 국민 생명·안전과 직결되는 안전관리물자의 엄격한 품질관리 필요

주요내용
- 안전사고 발생 및 언론보도 등 사회적 현안이 발생한 물품, 수요기관 및 계약부서 요청 물품 등 국민 안전과 직결되는 조달물자를 안전관리물자로 추가
- 효율적인 관리를 위해 지정단위를 계약규격과 동일한 세부품명으로 지정

시행일 「조달청 안전관리물자 품질관리 업무규정」개정안 시행일(2025. 1. 1.)부터 시행

01 금융·재정·조세

중도상환수수료 산정방식 합리적 개편

금융위원회 가계금융과(☎ 02-2100-2523)

2025년 1월 13일부터 금융회사의 중도상환수수료 산정방식을 합리적으로 개편하는 「금융소비자보호에 관한 감독규정」(2024. 7. 10. 금융위 의결)이 시행됩니다.

❖ 그동안 금융권에서는 구체적인 산정 기준 없이 획일적으로, 중도상환수수료를 부과하고 있었으나,

❖ 감독규정 개정안이 시행되면 중도상환수수료에 ❶ 자금운용 차질에 따른 손실비용 및 ❷ 대출관련 행정·모집비용 등 실비용 외에 다른 비용의 부과가 금지됩니다.

이를 통해 국민들이 유리한 대출로 갈아타거나, 대출금을 조기에 갚아 나가는 데 도움이 될 것으로 기대됩니다.

> **참고** 금융위원회 누리집>보도자료) "중도상환수수료 제도개선을 위한 「금융소비자보호 감독규정」 개정안 금융위원회 의결(2024. 7. 10.)"

〈 중도상환수수료 산정방식 합리적 개편 〉

추진배경	그간 중도상환수수료는 영업행위 특성 등 고려 없이 사실상 동일한 수준으로 운영 → 소비자 부담 합리화에 어려움
주요내용	중도상환수수료에 ① 자금운용 차질에 따른 손실 비용 및 ② 대출 관련 행정·모집비용 등 실비용 외에 다른 비용 부과 금지
시 행 일	2025년 1월 13일

청년도약계좌 가입자 혜택 강화

금융위원회 청년정책과(☎ 02-2100-1686)

청년도약계좌 정부기여금 지원이 확대됩니다.

❖ 월 최대 2.4만원 → 3.3만원, 5년간 최대 144만원 → 198만원까지 확대되어 더 많은 정부기여금을 지급하여 적극적으로 저축할 수 있는 저축 유인과 동력을 제공합니다.

2025년부터는 청년도약계좌 성실납입 시(2년 이상, 누적 800만원 이상) 신용점수 추가 가점(최소 5~10점 이상)을 받을 수 있습니다.

❖ 이에 따라, 저축유인 제고 및 금융이력 부족으로 신용도가 저평가 되고 있는 청년층의 신용축적을 지원합니다.

2025년에는 청년도약계좌 만기 전 납입액 일부인출이 가능한 부분인출서비스가 신규로 도입됩니다.

❖ 청년도약계좌 2년 이상 가입자로 누적 납입원금의 최대 40% 이내로 부분인출이 가능하며 긴급한 자금수요에 대처하고 적금납입·자산형성이 지속적으로 가능합니다.

참고
금융위원회 누리집>보도자료>청년도약계좌 도입 1년 보도자료
금융위원회 누리집>보도자료>하반기 운영점검회의 보도자료
기획재정부 누리집>보도자료>경제관계장관회의 보도자료

〈 청년도약계좌 가입자 혜택 강화 〉

추진배경	보다 많은 청년이 청년도약계좌를 통해 중장기적으로 자산을 형성해나갈 수 있도록 가입 혜택을 강화
주요내용	• 청년도약계좌 모든 소득 구간에서 매칭 한도를 납입한도까지 확대하고 확대된 구간에 매칭비율 추가로 3%를 적용하여 정부기여금 지원을 확대 • 성실납입한(2년 이상, 누적 800만원 이상) 청년도약계좌 가입자에 대해서 신용점수 추가 가점을 지원 • 긴급한 자금수요에 대응하기 위해서 만기 전 부분인출 서비스를 도입
시 행 일	2025년

https://whatsnew.moef.go.kr
01 금융·재정·조세

「서민의 금융생활 지원에 관한 법률」 개정안 시행

금융위원회 서민금융과(☎ 02-2100-2613)

「서민의 금융생활 지원에 관한 법률」 개정안(2024. 9. 20. 공포)이 2025년 3월 21일부터 시행됩니다.

❖ 이 개정안이 시행되면, 은행권이 서민금융진흥원에 출연하는 공통출연요율* 부과 범위의 하한 기준이 0.06%로 신설됩니다. (2026. 10. 8.까지 적용)

* 공통출연료 : 금융회사 가계대출금의 평균잔액 x 출연요율

동 법률 개정안은 고금리·고물가 상황이 장기화됨에 따라 서민 등 취약계층에 대한 정책서민금융 지원 필요성이 증가하고 있는 상황에서 안정적인 정책서민금융 기반을 마련하기 위한 조치입니다.

이를 통해 정책서민금융 공급을 위한 보증 재원을 추가적으로 확보할 수 있을 것으로 기대됩니다.

참고 국민참여입법센터〉입법현황〉국회입법현황〉"서민의 금융생활 지원에 관한 법률 일부개정법률안(대안)"(의안번호 2203269)

〈 「서민의 금융생활 지원에 관한 법률」 개정안 시행 〉

추진배경	정책서민금융의 지속적·안정적 공급을 위한 재원을 확보하기 위하여, 「서민의 금융생활 지원에 관한 법률」 개정안 시행
주요내용	은행권이 서민금융진흥원에 출연하는 공통출연요율 부과범위의 하한기준을 신설(0.06%)
시 행 일	2025년 3월 21일

www.fsc.go.kr
금융위원회

은행권 스트레스완충자본 제도 시행

금융위원회 은행과(☎ 02-2100-2953)

대내외 불확실성의 확대에 대비하여 국내 은행 및 은행지주회사(이하 '은행 등')의 손실흡수능력을 선제적으로 확충하기 위한 '스트레스완충자본' 제도가 도입됩니다.

❖ 은행 등은 위기상황분석*(스트레스테스트) 결과 보통주자본비율 하락수준에 따라 추가자본(최대 2.5%p)을 적립해야 합니다.

　* 위기상황을 가정(예: 금리, 환율, 성장률 등)하고 위기상황 하에서 은행의 적정자본 유지 여부 등 손실흡수
　　능력을 점검

❖ 은행 등이 스트레스완충자본을 포함한 최저자본 규제비율*을 준수하지 못할 경우 이익배당, 상여금 지급 등이 제한될 수 있습니다.

　* 보통주규제비율 : ① 4.5% + ② 자본보전완충자본 2.5% + ③ 경기대응완충자본(현 1%) + ④ 금융체계상
　　중요 은행·은행지주(D-SIB) 선정시 1% + ⑤ 스트레스완충자본(SCB) → (D-SIB) 9% + SCB, (기타) 8%
　　+ SCB

스트레스완충자본 제도는 「은행업감독규정」 등 개정 및 금융위 정례회의 의결을 거쳐 2025년 중 시행(도입시기 추후 결정)할 계획입니다.

> **참고**　금융위원회 누리집〉보도자료〉"[보도참고자료] 은행권 스트레스완충자본 도입(은행업감독규정 등 개정안 규정변경예고)(2024. 9. 11.~9. 21.)"

〈 은행권 스트레스완충자본 제도 시행 〉

추진배경	예상치 못한 위기상황이 발생하더라도 은행기능을 유지할 수 있도록 은행권 손실흡수능력 확충 필요성 제기
주요내용	• 은행·은행지주회사에 대해 위기상황분석(스트레스테스트)을 실시하여 자본비율 하락폭과 리스크 평가등급을 고려하여 자본규제비율 상향 • 은행·은행지주회사 자본비율이 해당 규제비율에 미달하는 경우 다른 자본건전성 관련 규제와 동일하게 이익배당 등 제한
시행일	2025년 중 시행(도입시기 추후 결정)

https://whatsnew.moef.go.kr

01 금융·재정·조세

SNS로 불법추심을 당한 경우에도 채무자대리인 선임 지원

금융위원회 가계금융과(☎ 02-2100-2511)

SNS, 모바일 메신저 등으로 불법사금융 피해를 입은 경우에도 채무자대리인 선임을 지원합니다.

그간 채무자대리인 제도 신청 시, 전화번호 등 불법사금융업자의 특정 정보는 필수요건이었으나

❖ 2024년 11월부터 불법사금융업자의 SNS, 모바일메신저 아이디(ID)만 알아도 채무자대리인 제도를 이용할 수 있도록 신청요건을 완화했습니다.

한편, 2024년 7월부터는 채무자대리인 지원대상을 채무당사자의 가족·지인 등 관계인*으로 확대·시행하고 있습니다.

* ① 채무자와 동거하거나 생계를 같이하는 자(가족, 친구 등)
  ② 채무자의 친족(친인척 등)
  ③ 채무자가 근무하는 장소에 함께 근무하는 자(직장동료 등)

❖ 불법사금융업자 등으로부터 불법 추심피해(우려)가 있거나 최고금리(연 20%) 초과 대출을 받은 채무당사자 및 관계인분들은 채무자대리인 선임 지원을 통해 피해구제 받을 수 있습니다.

〈 채무자대리인 신청 요건 완화 〉

추진배경	온라인 환경 변화에 따라 불법추심 수법도 SNS 등으로 변질되어 채무자대리인 신청요건 완화를 통해 채무자대리인 선임을 폭넓게 지원
주요내용	채무자대리인 신청요건을 완화하여 SNS·모바일 메신저 아이디(ID)만으로도 채무자대리인 선임지원
시 행 일	2024년 11월

www.fsc.go.kr
금융위원회

불법사금융 피해신고·상담은 금융감독원 ☎1332

금융위원회 가계금융과(☎ 02-2100-2511)

불법사금융 피해 발생 시 금융감독원 1332로 전화하면 불법사금융 피해신고 및 피해대응 방법 등을 종합적으로 안내받을 수 있습니다.

금융감독원은 최고금리 위반, 불법추심 등 불법사금융 피해신고를 접수 받아 경찰, 서민금융진흥원 등 관계기관과 연계하여

❖ 불법사금융 피해자들을 원스톱으로 지원하는 불법사금융 피해신고·상담의 전담창구 역할을 하고 있습니다.

1332로 전화하면, 금융감독원에서 피해내용에 대한 불법여부를 확인한 후 수사기관 신고 안내 또는 수사 의뢰를 진행할 수 있으며,

❖ 특히, 피해자분들의 동의하에 경찰을 통해 가해자에게 불법추심을 즉시 중단하도록 구두·서면 경고를 할 수 있고, 범죄 피해자에 대한 안전조치(임시숙소, 스마트워치 제공 등) 등의 지원받을 수 있습니다.

❖ 또한, 1332를 통해 채무자대리인 제도를 신청할 수 있습니다. 채무자대리인을 선임하게 되면 법률구조공단 변호사가 피해(우려)자분들을 불법사금융으로부터 보호하고 구제받을 수 있도록 도와드립니다.

❖ 이 밖에도 서민금융진흥원의 정책서민금융상품 상담을 연계하여 피해자를 실질적으로 보호할 수 있는 수단을 안내하고 있습니다.

〈 불법사금융 피해신고·상담은 금융감독원 ☎1332 〉

추진배경	불법사금융 피해 신고 및 대응 요령 등을 몰라서 피해 받는 일이 없도록 불법사금융 신고는 '금융감독원 ☎1332'로 알기 쉽게 홍보
주요내용	불법사금융 피해 발생 시, 금융감독원 1332로 전화하면 불법사금융 피해 신고 및 피해 대응 방법 등을 종합적으로 안내
시행일	2025년 1월

**2025년부터
이렇게 달라집니다**

02

교육·보육·가족

01 교육부

2025학년도 고등학교 신입생 대상 고교학점제 전면 시행

시행일: 2025년 3월

- 고교학점제가 전면 도입됩니다.
- 학생은 진로와 적성에 따라 과목을 선택하고, 3년간 192학점 이상 이수하면 졸업이 인정됩니다.

02 교육부

늘봄학교 지원대상 2학년까지 확대

시행일: 2025년 3월

- 지금까지는 초등 1학년을 우선 대상으로 전국 모든 초등학교에서 늘봄학교를 운영했습니다.
- 이제부터는 대상을 초등학교 1~2학년 학생으로 확대합니다. 또한 맞춤형 프로그램이 연간 매일 2시간 무료로 제공됩니다.

03 교육부
지역혁신중심 대학지원체계 전면시행
시행일: 2025년 1월

- 그간의 대학지원은 교육부 등 중앙부처 중심으로 이루어져, 지역의 여건과 특성을 충분히 고려하기 어려웠습니다.
- 지자체는 대학과 협력적 동반관계를 구축하고 지역의 상황에 맞는 대학재정지원계획을 수립하여 지역과 대학의 동반 성장을 도모합니다.

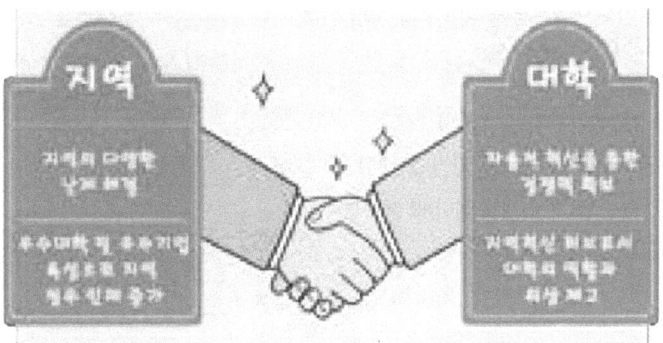

04 교육부
국가장학금 지원 대폭 확대
시행일: 2025학년도

- 국가장학금 Ⅰ유형·다자녀 장학금 지원대상 8구간 이하(100만명) → 9구간 이하로 확대(총150만명), 최대 100만원 등 지원
    - 국가근로장학금 수혜대상 14만명 → 20만명 확대, 지원단가 인상
    - 주거안정장학금 신설: 저소득 대학생 대상 연간 최대 240만원 지원

05 여성가족부
아이돌봄서비스 정부지원 확대
시행일: 2025년 1월 1일

- **아이돌봄서비스 이용가구의 양육부담 경감을 위해 정부지원 확대**
  - 정부지원 가구 : (2024) 11만 가구 → (2025) 12만 가구
  - 정부지원 대상 : (2024) 기준중위소득 150% 이하
    → (2025) 200% 이하
  - 정부지원 비율이 상대적으로 낮았던 구간* 정부지원
    비율 상향(2025)
    * 기준 중위소득(120~150%),
      취학아동(6~12세)가구 등(5~10%)
  - 영아돌봄 수당* 신설(시간당 1,500원)(2025)
    * 업무강도가 높은 영아(36개월 이하)를 돌보는
      아이돌보미에게 추가 지원

06 여성가족부
양육비 선지급제 도입
시행일: 2025년 7월 1일

- 양육비를 못 받고 있는 한부모가족에게 국가가 양육비를 우선 지급하고, 이를 비양육자에게 회수합니다.
  * 따르지 않을 시 국세 강제징수의 예에 따라 징수함
- 중위소득 150% 이하 가구의 자녀 1인당 월 20만원을 만 18세까지 지원합니다.

07 여성가족부
한부모가족 아동양육비 등 지원 확대
시행일 : 2025년 1월 1일

- 한부모가족에 자녀 1인당 월 23만원 지급(기준중위소득 63% 이하)
- 24세 이하 청소년 한부모에게 월 37만원 지급(기준중위소득 65% 이하)
- 초·중·고등학생 자녀까지 학용품비 지원 확대
  (1인당 연 9만 3천원)
- 자동차 재산기준 완화:
  차량가액 500만원 미만 → 1,000만원 미만

08 여성가족부
불법촬영물 등 디지털성범죄 피해 지원 강화
시행일 : 「성폭력방지법」 2025년 4월 17일

- 디지털 성범죄 피해자에 대한 보호와 지원이 강화됩니다.

  - 삭제지원 주체를 지방자치단체까지 확대
  - 디지털성범죄피해자지원센터 운영 및 피해자 신상정보 삭제지원 근거 마련
  - 지역특화상담소 확대(14개소 → 15개소)
  - 예방교육 콘텐츠 확대(3종 → 5종)

02 교육·보육·가족

2025학년도 고등학교 신입생 대상 고교학점제 전면 시행

교육부 2022개정교육과정지원팀(☎ 044-203-6729)

고교학점제는 학생이 자신의 진로와 적성에 따라 과목을 선택하고, 학점이수 인정기준을 충족하면 학점을 취득하여 졸업하는 제도입니다.

이를 위해 교육부와 시도교육청은 2017년부터 학생 선택 중심 교육과정을 단계적으로 확대하면서 고교학점제 전면 도입을 준비해왔습니다.

❖ 고교학점제가 도입되면 학생은 자신의 진로와 적성에 따라 자신만의 시간표를 만들어 학교생활을 하게 됩니다.

❖ 학교와 교육청은 학생에게 진로·학업 설계 컨설팅을 제공하거나 공동교육과정, 온라인학교 등을 통해 다양한 과목 선택을 지원합니다.

▶ (공동교육과정) 학교 내 개설이 어려운 선택 과목을 주변 학교 또는 지역사회(대학/기관) 간 연계·협력을 통해 운영하는 교육과정
▶ (온라인학교) 학교 또는 공동교육과정으로는 개설이 어려운 과목에 대해 온라인 실시간 쌍방향 수업을 제공하는 각종학교
▶ (학교 밖 교육) 학생 수요로 대학 등 지역사회 기관(대학/기관)에서 이루어지는 교육

최소한의 학업을 성취하여 졸업할 수 있도록 졸업 요건을 정하는 한편, 학생에게 최소한의 성취수준을 보장할 수 있는 다양한 예방·보충 지도를 제공하는 등 학생의 학업성취를 학교가 책임지고 지원합니다.

참고 교육부 누리집〉교육개혁 9대 과제〉고교학점제

〈 고교학점제 전면 시행 〉

추진배경 미래 사회 대응을 위해 주도성과 책임감을 지닌 인재 양성 필요
주요내용 학생이 자신의 진로·적성에 따라 과목을 선택하고, 이수 기준에 도달한 과목에 대해 학점을 취득·누적하여 졸업
※ 2025학년도 고1부터 3년간 192학점 이상의 학점 취득 시 졸업 인정
시 행 일 2025년 3월

늘봄학교 지원대상 2학년까지 확대

교육부 늘봄학교정책과(☎ 044-203-6604)

2025년 1학기부터 늘봄학교 지원대상이 초등학교 2학년까지 확대됩니다.

늘봄학교는 정규수업 외에 학교와 지역사회의 다양한 교육자원을 연계하여 학생 성장·발달을 위한 종합 교육프로그램을 제공합니다.

❖ 2024년에는 초등 1학년을 우선 대상으로 전국 모든 초등학교에서 늘봄학교를 운영하였으나,

❖ 2025년에는 희망하는 초등학교 1~2학년이 모두 늘봄학교에 참여할 수 있고, 맞춤형 프로그램이 연간 매일 2시간 무료로 제공됩니다.

❖ 또한, 지역대학, 공공기관과의 협력을 강화하여 질 높은 교육프로그램의 공급도 대폭 확대할 예정입니다.

참고 교육부 누리집>늘봄학교

〈 늘봄학교 지원대상 확대 〉

추진배경	교육기회 보장을 통한 교육격차 해소 및 사교육비 경감 등 자녀 양육 부담 완화로 여성 경력단절, 초저출산 문제 극복(국정과제 84-2)
주요내용	희망하는 초1~2 누구나 이용 및 양질의 맞춤형 프로그램 2시간 무료 제공
시행일	2025년 3월

02 교육·보육·가족

지역혁신중심 대학지원체계 전면시행

교육부 지역인재정책과(☎ 044-203-6241)

지역혁신중심 대학지원체계(RISE*)가 2025년부터 전국에서 본격적으로 시행됩니다.

* RISE(Regional Innovation System & Education)

❖ 그간의 대학지원은 교육부 등 중앙부처 중심으로 이루어져, 지역의 여건과 특성을 충분히 고려하기 어려웠습니다.

❖ 이에, 교육부는 2조원 이상의 대학재정지원권한을 지자체에 위임하고, 지자체는 대학과 협력적 동반관계를 구축하고 지역의 상황에 맞는 대학재정지원계획을 수립하여 지역과 대학의 동반성장을 도모합니다.

* 지역별 RISE 5개년(2025~2029년) 계획에 따라 사업수행 대학 공모·선정을 통해 시행

❖ 또한, RISE를 중심으로 범부처의 다양한 지역, 대학 지원 사업들을 연계하여 재정지원의 효과성을 극대화합니다.

이를 통해 지역과 대학이 동반성장하는 '지역인재양성 – 취창업 – 정주'의 지역발전 생태계가 구축될 것으로 기대합니다.

참고 교육부누리집〉보도자료〉"지역혁신 대학지원체계(라이즈), 2025년 전국 시행(2024. 12. 27.)"

〈 지역혁신중심 대학지원체계(RISE) 시행 〉

추진배경 인구구조·산업구조 급변에 따른 지역-대학의 공동위기 상황에서 대학의 과감한 혁신과 지역과 대학의 동반성장 추진 필요

주요내용 교육부는 대학재정지원 권한을 지자체에 위임하고 지자체는 대학과 협력적 동반 관계를 구축하여 지역발전 전략과 연계한 대학지원 계획(RISE계획) 시행

시 행 일 2025년 1월

국가장학금 지원 대폭 확대

교육부 청년장학지원과(☎ 044-203-6272)

2025년 대학생 가구의 학자금 부담 완화 및 안정적인 학업 여건 지원을 위한 국가장학금* 지원이 대폭 확대됩니다.

* 소득과 연계하여 대학 등록금을 차등적으로 지원하는 제도로 국가장학금 Ⅰ유형, 다자녀 장학금 등으로 구성

국가장학금은 경제적 여건과 관계없이 대학교육을 받을 수 있도록 소득수준에 따라 등록금을 차등 지원하는 제도로 2012년부터 시행하고 있습니다.

2025년 국가장학금 예산은 5조 3,050억원으로 전년 대비 약 5,846억원 확대 편성되었습니다.

❖ 국가장학금 Ⅰ유형과 다자녀 장학금 지원 대상을 8구간 이하(100만명)에서 9구간 이하로 확대하여 총 150만명의 학생에게 최대 100만원 등*을 지원하고,

   * 다자녀 첫째, 둘째는 최대 135만원, 셋째 이상은 최대 200만원

❖ 국가근로장학금 수혜 대상을 14만명에서 20만명으로 확대 및 지원단가를 인상하고,

❖ 주거안정장학금을 신설하여 원거리 진학으로 통학에 어려움을 겪는 저소득 대학생에게 연간 최대 240만원의 주거 관련 비용을 지원할 예정입니다.

〈 국가장학금 지원 확대 주요 내용 〉

추진배경 대학생 가구의 학자금 부담 완화 및 안정적인 학업여건 조성 지원

주요내용
- 국가장학금 Ⅰ유형·다자녀 장학금 지원 대상 8구간 이하(100만명)에서 9구간 이하(150만명)로 확대
- 대학생 근로장학금 수혜 대상 14만명에서 20만명으로 확대 및 지원단가 인상
- 주거안정장학금을 신설하여 원거리 진학으로 통학이 어려운 저소득(기초·차상위) 대학생에게 연간 최대 240만원의 주거 관련 비용 지원

시행일 2025학년도

02 교육·보육·가족

맞춤형 학업성취도 자율평가 전 학년(초3~고2) 확대 실시

교육부 기초학력진로교육과(☎ 044-203-6735)

2025년 3월부터 초3~고2 전 학년을 대상으로 맞춤형 학업성취도 자율평가를 확대 실시하여 학력진단을 강화합니다.

❖ 평가는 컴퓨터 기반 평가(CBT) 방식으로 실시되며, 학생은 학교에서 컴퓨터, 노트북, 태블릿 PC 등을 이용하여 참여합니다.

※ 초3은 발달 수준, 정보 기기 활용 경험 차이 등을 고려하여 지필평가 병행

❖ 대규모 인원의 응시에 대비하여 컴퓨터 기반 평가가 원활히 시행될 수 있도록 시스템을 고도화하고,

❖ 연수, 매뉴얼 제공, 중앙콜센터 운영 등으로 현장을 지원하여 개별학교의 원활한 평가 시행을 도울 계획입니다.

평가 결과는 교과별 성취수준(4~1수준)과 교과 기반 정의적 특성(흥미, 자신감 등) 등 정보를 담아 학생, 학교(급)에 제공되며, 학교는 진단 결과를 교수·학습에 활용할 수 있습니다.

〈 맞춤형 학업성취도 자율평가 전 학년(초3~고2) 확대 시행 〉

추진배경	희망하는 모든 학교(급)를 대상으로 일정 기간 자율적인 평가 참여를 지원하여 학업성취도 진단 기회 제공 필요
주요내용	맞춤형 학업성취도 자율평가 대상의 전 학년(초3~고2) 확대를 통해 학력 진단을 강화하고 학생별 맞춤형 학습 지원
시 행 일	2025년 3~4월

표준보육과정(0~2세) 개정 시행

교육부 교육보육과정지원과(☎ 044-203-7128)

국가 수준의 보육과정인 '표준보육과정' 0~2세 부분을 개정하여 2025년 3월부터 시행합니다.

❖ 새로운 '표준보육과정'에서는 0~2세 영아의 놀이를 통한 배움을 강조하고, 3~5세 교육과정인 '누리과정'과의 연계를 강화하였습니다.

* 「영유아보육법 시행규칙」 제30조(보육과정) 별표 8의4 및 「표준보육과정 고시」 일부개정

❖ 영역별 내용 중 0~1세와 2세의 구분이 모호한 부분 등을 통합하고 전체적으로 교사가 이해하기 쉬운 언어로 바꿔 실행력을 강조하였습니다.

❖ 새로운 표준보육과정이 현장에서 잘 적용될 수 있도록 해설서와 현장지원자료*를 함께 개발·보급하였습니다.

* 0~1세, 2세, 모든 영아(장애·장애위험·이주배경 영아 등)

참고 교육부 누리집〉보도자료〉"[보도자료] 아이가 행복하고 부모가 신뢰하는 표준보육과정(0~2세)를 위한 대국민 공청회 개최(2024. 9. 25.)" 및 "[보도자료] 2024 개정 표준보육과정(0-2세) 확정 발표"

〈 표준보육과정(0~2세) 일부 개정 〉

추진배경	0~2세 놀이를 통한 배움 및 3~5세 누리과정 연계 강화
주요내용	• 0~2세 표준보육과정의 '기본생활', '신체운동' 영역을 '신체운동·건강' 영역으로 통합, 0~2세 영역별 목표 통합, 영역별 내용 일부 수정 및 통합 • 해설서와 현장지원자료 및 연수를 통한 개정 표준보육과정 실행 역량 강화 추진
시 행 일	2025년 3월 1일

02 교육·보육·가족

농번기 돌봄지원 대상 연령 및 돌봄기간 확대

농림축산식품부 농촌여성정책팀(☎ 044-201-1566)

농촌 지역의 농번기 동안의 주말 돌봄 수요의 증가에 맞춰, 농번기 돌봄지원 사업의 대상 연령 및 돌봄기간을 확대합니다.

❖ 기존 2세에서 초등학교 2학년까지 이용이 가능하였던 아이돌봄방 대상연령을 초등학교 4학년까지 확대합니다.

❖ 또한, 운영기간을 최대 8개월에서 10개월까지 연장합니다.

이를 통해 농촌지역 농업인들의 농번기 보육 부담을 덜어줄 것으로 기대됩니다.

〈 농번기 돌봄지원 대상연령 및 돌봄기간 확대 〉

추진배경	2014년부터 돌봄시설이 부족한 농촌에서 농번기 주말 동안 학부모의 보육부담을 덜어주기 위해 농번기 아이돌봄방 운영
주요내용	• 농번기 아이돌봄방의 대상연령은 기존 '2세~초2'에서 '초4'까지 확대 • 돌봄방 운영기간을 '4~8개월'에서 '4~10개월'로 확대
시행일	2025년 1월

아이돌봄서비스 정부지원 확대

여성가족부 가족문화과(☎ 02-2100-6365)

아이돌봄서비스 지원가구에 대한 정부지원 비율을 확대하고 지원가구 대상을 12만 가구로 늘립니다.

* 지원가구: (2024) 11만 가구 → (2025) 12만 가구

아이돌봄서비스 이용요금 정부지원 대상을 기준 중위소득 200% 이하 가구까지 확대하고, 영아돌봄수당*(시간당 1,500원)을 신설하여 영아돌봄 서비스 활성화를 추진합니다.

* 영아(36개월 이하)를 돌보는 아이돌보미에게 돌봄수당 추가지원

❖ 정부지원 비율이 낮았던 '다(기준 중위소득 120~150%)'형과 '초등학교 취학아동가구(6~12세 자녀)'의 정부지원 비율을 상향 지원합니다.

2024년 지원율(요금 11,630원)

소득기준 (기준 중위소득)	정부지원 비율		
	1자녀		다자녀
	0~5세	6~12세	
가 75% 이하	85%	75%	본인 부담금의 10% 추가지원
나 75~120%	60%	30%	
다 120~150%	20%	15%	
라 150% 초과	-	-	-

2025년 지원율(요금 12,180원)

소득기준 (기준 중위소득)	정부지원 비율		
	1자녀		다자녀
	0~5세	6~12세	
가 75% 이하	85%	75%	본인 부담금의 10% 추가지원
나 75~120%	60%	40%	
다 120~150%	30%	20%	
라 150~200%	15%	10%	
마 200% 초과	-	-	-

> **참고** 여성가족부 누리집〉보도자료)"아이돌봄서비스 정부지원 확대 및 영아돌봄 서비스 활성화 추진"

〈 아이돌봄서비스 정부지원 확대 〉

추진배경 맞벌이가구 등의 양육공백 최소화 및 양육비용 부담 경감, 시설보육의 사각지대 보완

주요내용
- 아이돌봄서비스 정부지원 확대(기준 중위소득 200% 이하 가구)
- 정부지원비율 확대(다형, 취학아동가구 등)
- 영아돌봄 수당 신설(시간당 1,500원)

시행일 2025년 1월 1일

02 교육·보육·가족

양육비 선지급제 도입

여성가족부 가족지원과(☎ 02-2100-6347)

2025년 7월부터 양육비 선지급제가 도입됩니다.

❖ 양육비를 못 받고 있는 한부모가족에게 국가가 양육비를 우선 지급하고, 이를 비양육자에게 회수하는 제도입니다.

❖ 양육비 채권이 있으나 지급받지 못하는 중위소득 150%* 이하 가구의 자녀 1인당 월 20만원을 만 18세까지 지원합니다.

   * 2인 가구 기준 589만 8,987원, 3인 가구 기준 753만 8,030원

❖ 양육비가 선지급 된 경우 비양육자에게 회수하고, 이에 따르지 않을 시 국세 강제징수의 예에 따라 징수합니다.

양육비 선지급제 도입으로 비양육자로부터 보호받지 못하는 자녀에게 국가가 일정 수준의 양육비를 보장함으로써 한부모가족의 안정적인 양육환경 조성에 기여할 것으로 기대됩니다.

〈 양육비 선지급제 도입 〉

추진배경	아동양육과 생계활동을 홀로 책임지는 한부모가족에 대한 지원 확대를 통해 안정적인 자녀양육 환경 조성 필요
주요내용	양육비 선지급제 도입 • (지원대상) 양육비 채권이 있으나 지급받지 못하는 기준 중위소득 150% 이하 가구의 만 18세 이하 미성년 자녀 • (지원내용) 자녀 1인당 월 20만원, 만 18세 이하까지
시 행 일	2025년 7월 1일

한부모가족 아동양육비 등 지원 확대

여성가족부 가족지원과(☎ 02-2100-6351)

2025년에 한부모가족 아동양육비 등 지원이 대폭 확대됩니다.

❖ 미혼모·부 등 저소득 한부모가족(기준중위소득 63%이하)의 자녀 양육 부담을 덜 수 있도록 아동양육비 지원금액을 자녀 1인당 월 21만 원에서 월 23만 원으로 인상합니다.

- 24세 이하 청소년한부모(기준중위소득 65%이하)의 경우, 아동양육비 지원금액을 월 35만원에서 월 37만원으로 인상합니다.

❖ 또한, 학용품비(1인당 연 9만 3,000원) 지원대상을 중·고등학생 자녀에서 초등학생 자녀까지 확대합니다.

한부모가족 지원대상자 선정을 위한 자동차 재산 기준을 완화합니다.

❖ 소득기준 판정시 자동차 재산 기준을 차량가액 '500만원 미만'에서 '1,000만원 미만'으로 완화하여, 더 많은 한부모가족이 복지 지원을 받을 수 있게 됩니다.

〈 한부모가족 아동양육비 등 지원 확대 〉

추진배경 아동양육과 생계활동을 홀로 책임지는 한부모가족에 대한 지원 확대를 통해 안정적인 자녀양육 환경 조성 필요

주요내용
- 한부모가족 복지급여 인상 및 지원대상 확대
  - 아동양육비: (2024) 월 21만원 → (2025) 월 23만원
    ↳ 청소년한부모: (2024) 월 35만원 → (2025) 월 37만원
  - 학용품비: (2024) 중·고등학생 → (2025) 초·중·고등학생
- 월 4.17% 소득환산 적용 자동차 재산 기준 완화
  - (2024) 차량가액 500만원 미만 또는 차령 10년 이상 → (2025) 차량가액 1,000만원 미만 또는 차령 10년 이상
    * 승용차일 경우 2,000cc 미만(다자녀 가구는 2,500cc 미만)

시행일 2025년 1월 1일

불법촬영물 등 디지털 성범죄 피해 지원 강화

여성가족부 디지털성범죄방지과(☎ 02-2100-6162)

불법촬영물 삭제 지원 등 디지털 성범죄 피해 지원이 강화됩니다.

❖ 불법촬영물 등 삭제 지원 주체가 지방자치단체까지 확대되고, 중앙과 지역의 디지털성범죄 피해자지원센터 설치·운영 근거가 신설되어 전국 단위 디지털 성범죄 피해 지원이 이뤄집니다.

❖ 또한 피해자의 신상정보 삭제 지원을 위한 법적 근거가 마련되어 신상정보 유포로 인한 2차 피해 방지 및 신속한 일상 회복을 지원합니다.

❖ 개정 내용은 2025년 4월 17일부터 시행됩니다.

  * 「성폭력방지 및 피해자보호 등에 관한 법률」 개정(2024. 10. 공포)

피해자 거주지 근거리에서 상담, 수사기관·법원 동행, 치유 회복프로그램 등 맞춤형 지원을 제공하는 디지털 성범죄 지역특화상담소를 확대 운영합니다.

  * (2024) 14개소 → (2025) 15개소(강원 추가)

또한, 불법합성물(딥페이크) 위험성 인지 등 아동·청소년 대상 예방교육 콘텐츠를 확대합니다.

  * (2024) 3종 → (2025) 5종 개발·보급

참고 여성가족부 누리집〉보도자료 "아동·청소년 딥페이크 성착취 처벌 및 피해자 보호·지원 강화"

〈 디지털 성범죄 피해 지원 체계 강화 〉

추진배경 디지털 성범죄 피해자 보호·지원 강화

주요내용
- (법 개정) 삭제 지원 주체를 지방자치단체까지 확대, 중앙과 지역 디지털성범죄피해자지원센터 운영 및 피해자 신상정보 삭제 지원 근거 마련 등
- (인프라 확대) 디지털 성범죄 지역특화상담소 1개소 확대(2025. 1.~)
- (예방교육) 디지털 성범죄 예방교육 콘텐츠 확대(2024년 3종 → 2025년 5종)

시 행 일 「성폭력방지법」 2025년 4월 17일 시행

저소득 한부모가족 주거지원 확대

여성가족부 가족지원과(☎ 02-2100-6348)

한부모가족복지시설의 입소기준을 완화하고 거주 기간을 연장합니다.

❖ 한부모가족복지시설 중 출산지원시설은 입소가 소득에 관계없이 가능합니다.

  ※ 복지부 지역상담기관을 통해 연계된 위기임산부는 모든 유형의 한부모가족복지시설 입소 가능 (2024. 7. 19. 기시행)

❖ '인구위기지역'에 설치·운영 중인 한부모가족복지시설은 한부모의 소득에 관계없이 입소 가능하며, 퇴소 후 재가 생활 곤란 시 시설 입소 기간을 연장할 수 있습니다.

LH 공동생활가정형 매입임대 주거지원도 강화합니다.

❖ 매입임대 운영호수를 306호에서 326호까지 확대 추진하고, 임대보증금 지원 상한액을 1,000만원에서 1,100만원으로 인상하여 지원합니다.

〈 저소득 한부모가족 주거지원 확대 〉

추진배경 저소득 한부모가족의 안정적인 주거와 자립 준비 지원 확대

주요내용
- 한부모가족복지시설 입소기준(중위소득 100% 이하) 면제
  - 임신 및 출산 후 1년 이내 한부모(미혼자 포함)로서 출산지원시설 입소 시
  - '인구위기지역'에 설치·운영 중인 한부모가족복지시설* 입소 시
    *(2024년 12월 기준) 부산 서구, 대구 남구, 대구 서구, 충남 서천군, 전남 함평군, 경북 울진군
- LH 공동생활가정형 매입임대주택 지원 확대
  - (2024) 306호, 보증금 1,000만원까지 → (2025) 326호, 보증금 1,100만원

시행일 2025년 1월 1일

02 교육·보육·가족

여성청소년 생리용품 바우처 월 지원금액 인상

여성가족부 청소년정책과(☎ 02-2100-6243)

여성청소년의 권익 증진 및 건강한 성장 지원을 위해 생리용품 바우처 월 지원금액을 인상합니다.

❖ 생리용품 바우처 지원금액이 월 13,000원에서 월 14,000원으로 인상되어, 보다 다양한 제품을 선택할 수 있게 되는 등 이용자 선택권이 강화됩니다.

❖ 복지로 누리집(http://www.bokjiro.go.kr)·앱, 행정복지센터에서 신청 가능합니다.

〈 여성청소년 생리용품 바우처 월 지원금액 인상 〉

추진배경	취약계층 여성청소년 생리용품 지원을 통해 여성청소년의 권익 증진 및 건강한 성장 지원 강화
주요내용	• 여성청소년 생리용품 바우처 월 지원금액 인상 - 월 13,000원 → 월 14,000원
시 행 일	2025년 1월 1일

가정 밖 청소년 자립지원수당 지급 확대

여성가족부 청소년자립지원과(☎ 02-2100-6278, 6279)

청소년쉼터 및 청소년자립지원관을 퇴소한 가정 밖 청소년의 안정적인 자립기반 마련을 지원하기 위해 자립지원수당을 지원하고 있습니다.

❖ 2025년부터 시설 퇴소 가정 밖 청소년에게 지급하는 자립지원수당이 인상(월40만원 → 월50만원)되고 대상자(340명 → 440명)가 확대됩니다.

❖ 시설 퇴소 가정 밖 청소년의 경제적 부담을 완화하여 보다 안정적으로 사회에 정착할 수 있도록 하였습니다.

〈 가정 밖 청소년 자립지원수당 〉

추진배경 청소년쉼터, 청소년자립지원관 퇴소 청소년에게 자립지원수당 지급을 통해 안정적인 자립 기반 마련지원

주요내용
- (지원 요건) 청소년쉼터, 청소년자립지원관 퇴소일로부터 5년 이내인 자로서 다음 모두에 해당하는 경우
  * 청소년자립지원관은 요건 충족 시 사례관리 중 신청·지급 가능
  - 만 18세 이후 퇴소한 자(청소년쉼터는 2021년 1월 이후 퇴소자, 청소년자립지원관의 경우 2024년 1월 이후 요건에 해당하게 된 자)
  - 퇴소일(또는 사례관리일) 기준, 쉼터 입소기간 또는 청소년자립지원관 사례관리 기간을 합산하여 과거 3년 동안 2년 이상 보호받은 자(직전 6개월은 연속하여 보호받았을 것)
- (지원 내용) 월 50만원 현금 지급(최장 5년)

시행일 2025년 1월 1일

02 교육·보육·가족

여성폭력 피해자 광역단위 통합지원사업 확대

여성가족부 권익정책과(☎ 02-2100-6306)

복합피해 등 개별 지원기관에서 대응하기 어려웠던 고난도 사례와 상담소미설치 지역을 찾아가는 방문 상담 등 여성폭력 피해자에 대한 맞춤형 통합지원사업을 확대 실시합니다.

❖ 여성긴급전화 1366센터 중심 '1366 통합지원단'을 운영*하여 광역 단위 지역 자원을 연계한 통합지원 서비스를 제공하고 있습니다.

  * (2024년) 서울·부산·대전·울산·경기 1366센터 5개소

❖ 사업성과를 바탕으로 '1366 통합지원단' 운영 기관을 2025년 11개소로 확대할 예정입니다.

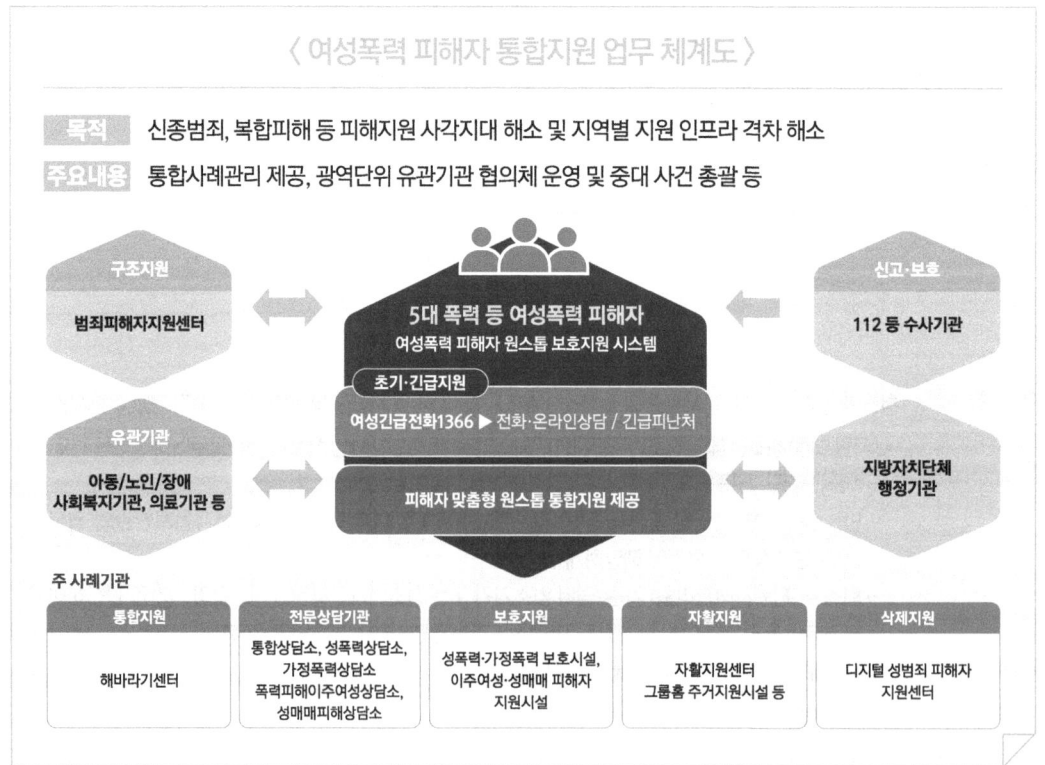

미성년 성폭력피해자 자립 지원 강화

여성가족부 성폭력방지과(☎ 02-2100-6396)

2025년부터 미성년 성폭력피해자에게 지급되는 퇴소자립지원금이 인상되고, 퇴소자립지원수당을 신설하여 지급합니다.

❖ 원가정의 보호·지원을 받기 어려운 미성년 성폭력피해자가 성폭력 보호시설에 일정기간 입소 후 퇴소한 경우 지급되며,
  - 성폭력 보호시설 퇴소 이후 주거·생활·교육 등 경제적 부담을 덜고, 나아가 안정적으로 사회 정착을 할 수 있도록 지원합니다.

❖ 2011년 제도 시행 이후 줄곧 유지되었던 퇴소자립지원금이 기존 500만원에서 1,000만원으로 인상되며, 신설된 퇴소자립지원수당은 월 50만원씩 최대 5년간 지원합니다.

❖ 퇴소자립지원금 및 수당은 보호시설을 통해 지방자치단체로 신청할 수 있습니다.

〈 미성년 성폭력피해자 자립지원 확대 및 강화 〉

추진배경	원가정의 보호·지원을 받을 수 없는 미성년 성폭력피해자의 경제적 부담을 완화하고 안정적 사회 정착에 기여

주요내용	• 미성년 성폭력피해자 퇴소자립지원금 인상
	  - (단가 인상) (2024) 500만원 → (2025) 1,000만원
	• 미성년 성폭력피해자 퇴소자립지원수당 신설·지원
	  - (지원 내용) 보호시설 퇴소 후 최대 5년간 월 50만원 지원

시행일	2025년 1월 1일

02 교육·보육·가족

성범죄자 취업제한 점검·확인 결과 공개방법 개선

여성가족부 아동청소년성보호과(☎ 02-2100-6416)

2025년 1월 1일 이후 실시되는 성범죄자 취업제한 점검·확인 결과에 대한 공개방법이 개선됩니다.

❖ 성범죄자 취업제한 점검·확인 결과 공개는 취업제한 대상자가 취업하거나 운영하고 있는 아동·청소년 관련기관을 지역주민에게 알리기 위한 것으로,

❖ 성범죄로 취업제한 명령을 선고받은 자가 아동·청소년 관련기관 등에 취업·운영하고 있는지 등을 지자체, 교육청 등이 연 1회 이상 점검·확인하고 그 결과를 2개월 이내 해당 기관의 누리집에 공개(3~12개월)하도록 개선하였습니다.

❖ 이를 통해 지역 주민이 관련 정보를 보다 쉽고 빠르게 확인할 수 있으며, 각 점검 기관의 책임성이 강화될 것으로 기대됩니다.

> **참고** 여성가족부 누리집〉보도자료〉"성범죄자 취업제한 점검·확인 결과 지자체 및 교육청 등 누리집에 공개"

〈 성범죄자 취업제한 점검·확인 결과 공개방법 개선 〉

추진배경	성범죄자 취업제한 점검·확인 결과를 지역주민들이 보다 쉽고 빠르게 확인할 수 있도록 하고자 함
주요내용	각 점검기관(지자체, 교육청 등)이 성범죄자 취업제한 점검을 연 1회 이상 실시하고, 그 결과를 각 해당기관 누리집에 공개(3~12개월)하도록 함
시 행 일	2025년 1월 1일

직업교육훈련 참여촉진수당 신설 및 고부가 직업교육훈련 확대

여성가족부 경력단절여성지원과(☎ 02-2100-6204)

직업교육훈련 참여기간 동안 경력단절여성 등이 경제적 부담을 덜고 교육 및 구직활동에 집중할 수 있도록 직업교육훈련 참여촉진 수당을 신설합니다.

디지털 전환 가속화 및 급변하는 산업·노동시장에 대응하여 경력단절여성 등의 기술 및 숙련수준 제고를 위한 고부가가치 직업교육훈련이 확대됩니다.

* (2022) 66개 → (2023) 74개 → (2024) 79개 → (2025) 89개

〈 직업교육훈련 참여촉진 수당 신설 〉

추진배경	직업교육훈련 참여기간 동안 경력단절여성 등이 경제적 부담을 덜고 교육 및 구직활동에 집중하도록 지원
주요내용	훈련 80% 이상 출석 시 1개월 당 10만원 지급, 최대 4회
시행일	2025년 1월

늘봄학교와 연계한 초등 해양교육 강화

해양수산부 해양정책과(☎ 044-200-5226)

초등학교 기초 해양교육 강화와 국가 돌봄 달성을 위해 해양교육 프로그램과 초등 늘봄학교 프로그램을 연계하여 최대 900차시(학기당 8~40차시)를 제공합니다.

* (2024) 150차시 이상 → (2025) 900차시 이상

❖ 교육부와의 협업으로 확보한 5억 3,100만원은 늘봄학교 맞춤형 프로그램(3식)* 개발과 늘봄학교 전문 강사연수 과정(초등 교원 등 대상)을 운영하여 초등학교 내 해양교육 안착을 지원합니다.

* 초등 3~4학년, 초등 5~6학년, 해양환경교육 각 1식

❖ 또한, 학교 자율시간에(초등 3~6학년 대상) 활용할 수 있는 해양환경 이동교실, 교과서 안 해양박물관 등 해양교육 프로그램을 보급·확대할 계획입니다.

늘봄학교 해양교육 프로그램은 8개 기관이 12개 지역을 맡아 34개교(학급)에 제공할 예정입니다.

〈 2025년 교육부 협업 늘봄학교 프로그램 계획 〉

(단위: 학급)

세부 프로그램	대상지역	1학기	여름방학	2학기	겨울방학	계
① 해양교육센터	서울 등 5개	8	6	6	-	20
② 국립해양박물관	부산	1	-	1	-	2
③ 국립해양과학관	강원, 경북	1	-	1	-	2
④ 국립해양생물자원관	충남, 전북	1	-	1	-	2
⑤ 국립등대박물관	경북	1	-	1	-	2
⑥ 국립인천해양박물관	인천	1	-	1	-	2
⑦ 한국해양교통안전공단	세종, 충남	2	-	-	-	2
⑧ 국가해양환경교육센터	서울, 부산	1	-	1	-	2
계		16	6	12	-	34

2025년부터 이렇게 달라집니다

03 보건·복지·고용

01 고용노동부

육아휴직 급여인상, 사후지급방식 폐지, 육아기 근로시간 단축 급여 기준금액 상한액 상향

시행일: 2025년 1월 1일

- 육아휴직 급여: (월 최대) 150만원 → 250만원
- 부모 모두 육아휴직 시: (첫달) 200만원 → 250만원
- 한부모 근로자 육아휴직 시: (첫 3개월) 250만원 → 300만원
- 육아기 근로시간 단축 급여 산출 시 월 통상임금 상한액: (최대) 200만원 → 220만원

02 고용노동부

「육아지원 3법」 개정 시행
- 남녀고용평등법, 고용보험법, 근로기준법

시행일: 2025년 2월 23일

- 육아휴직: 1년(3회) → **1년 6개월(4회 분할 사용 가능)**
- 배우자 출산 휴가: 10일 → **20일(4회 분할 사용 가능)**
- 난임 치료 휴가: 3일(유급 1일) → **6일(유급 2일)**
- 육아기 근로시간 단축: 8세 → 12세, 최대 3년
- 출산 전후 휴가(미숙아 출산 시): 90일 → 100일
- 임신기 근로시간 단축 기간: 12주 이내 또는 36주 이후 → 12주 이내 또는 **32주 이후**

※ 혜택 적용 확대 : 2019년 9월 30일 이전에 육아휴직을 모두 소진한 근로자도 혜택 적용 가능

03 고용노동부
출산육아기 대체인력, 업무분담지원금 지원 확대
자세한 내용은 P.116
시행일: 2025년 1월 1일

- 대체인력 지원금: 월 80만원 → 월 120만원 지원 / 육아휴직, 파견근로자에 대해서도 지원
- 업무 분담 지원금: 월 20만원 지원 / 육아휴직에 대해서도 지원(2024. 7. 1. 신설)

04 고용노동부
청년일자리도약장려금 확대 개편
자세한 내용은 P.117
시행일: 2025년 1월 1일

- 사업주와 근로자를 지원하여 청년 신규 일자리 창출하기 위한 「청년일자리도약장려금」을 기존 모든 업종의 취업애로청년에서 빈일자리 업종의 모든 청년으로 추가 확대하였습니다.

2025년	
I유형	II유형(신설)
모든 업종	빈일자리 업종
취업애로청년	모든 청년
1년	2년
720만원〈1년 지원〉	720만원〈1년 지원〉
-	480만원 〈2년〉 *18·24개월차 각 240만원
5.5만명	4.5만명

* 빈일자리업종 : 조선업, 뿌리산업 등 제조업, 농업, 해운업, 수산업 등

05 고용노동부

「상습 임금체불 근절법」 시행

시행일: 2025년 10월 23일

- 이제 상습적으로 임금을 체불한 사업주(상습체불사업주)는 신용제재, 정부 등 보조금 및 지원금 제한, 공공입찰 불이익의 제재를 받게 됩니다.

06 고용노동부

폭염 등에 대한 사업주의 보건조치 의무 명확화

시행일: 2025년 6월 1일

- 사업주에게 '폭염 등에 근로자가 장시간 노출됨으로써 발생하는 건강장해'를 예방할 의무가 부과되고, 폭염 취약사업장에는 온열질환 예방물품이 지원됩니다.

07 식품의약품안전처

식약처, 신규 위생용품 안전관리 강화

자세한 내용은 P.141

시행일: 2025년 6월 14일

- 2025년 6월 14일부터 문신용 염료 및 구강관리용품을 식약처 소관 위생용품으로 관리함으로써 안전관리가 강화됩니다.
- 위생용품 신규편입 제품
  - 구강관리용품: 칫솔, 치간칫솔, 치실, 설태제거기
  - 문신용 염료: 피부에 무늬 등을 새기기 위한 피부 착색 물질

08 식품의약품안전처

국내 최초 생약 및 한약(생약)제제의 품질관리 지원전문기관 '생약안전연구원' 설립

자세한 내용은 P.142

시행일: 2025년 4월

- 2025년 4월 생약 및 한약 등 천연물의약품 특성에 맞는 안전관리가 가능한 생약안전연구원이 설립됩니다.

09 식품의약품안전처
「디지털의료제품법」 시행

자세한 내용은 P.143

시행일: 2025년 1월 24일

- 디지털의료제품의 안전한 사용, 새로운 규제체계 마련을 위해 「디지털의료제품법」이 시행됩니다.

  - (디지털의료기기) 인공지능 등 첨단 디지털기술이 적용된 의료기기
  - (디지털융합의약품) 디지털의료기기, 디지털의료·건강지원기기와 조합된 의약품
  - (디지털의료·건강지원기기) 의료의 지원 및 건강의 유지·향상을 목적으로 사용되는 디지털 기술이 적용된 제품(디지털의료기기 제외)

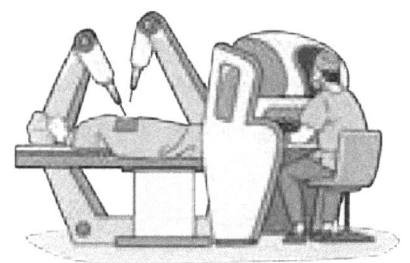

디지털배지 기반 통합 취업지원서비스 개시

과학기술정보통신부 디지털사회기획과 (☎ 044-202-6132)
고용노동부 고용서비스기반과 (☎ 044-202-7673)

취업준비생의 복잡한 취업서류 준비 문제를 해결하기 위해 이력서를 손쉽게 생성하고 채용기업에 제출할 수 있도록 디지털배지 기반의 통합 취업지원서비스를 개시합니다(2025년 초).

❖ 그간 개별 기관으로부터 일일이 발급·제출해야 했던 구직관련 증명서(자격·경력·학력 등)를 취준생 누구나 자신의 모바일 기기에 디지털 증명서(디지털배지) 형태로 발급받아 관리할 수 있습니다.

❖ 또한, 채용기업은 제출된 취업서류를 블록체인 기술로 검증해 별도 검증 절차에 소요되는 인력과 행정비용을 절감할 수 있습니다.

〈 디지털배지 기반 통합 취업지원서비스 지원 〉

추진배경 기존 채용시장에서 취업준비생은 각 기관별로 이력서 등 취업서류를 준비하고 채용기업에 취업서류를 중복적으로 제출하는 불편함 존재

주요내용
- 기관별로 산재되어 있는 구직정보의 연계·통합을 위한 유관기관 간 MOU체결(2024. 4.) 및 실무협의체 구성·운영(월 1회)
- 디지털배지 기반의 통합 취업지원서비스인 '디지털배지 고용24'를 통해 취업준비생이 한 번에 디지털 이력서를 생성하여 채용기업에 간편하게 제출 가능한 서비스 구축

시행일 '디지털배지 고용24' 서비스 출시 후 시행(2025년 초부터)

여성농업인 특수건강검진 확대

농림축산식품부 농촌여성정책팀(☎ 044-201-1566)

여성농업인의 농작업 질환예방 및 건강복지 증진을 위해 51~70세의 여성농업인을 대상으로 실시하고 있는 특수건강검진 대상 및 지역을 확대합니다.

❖ 2024년 3만명 대상으로 50개 시·군에서 시행한 특수건강검진 사업은 2025년에는 150개 시·군까지 확대하여 시행됩니다.

❖ 의료혜택을 받기 힘든 여성농업인들에게 보다 많은 의료복지서비스를 제공하여 여성농업인들의 건강복지를 높여나갈 것으로 기대됩니다.

〈 여성농업인 특수건강검진 확대 〉

추진배경	2022년부터 여성농업인의 농작업 질환예방 및 건강복지 증진을 위해 여성농업인의 농작업 관련 질환에 대한 특수건강검진 실시(2년 주기)
주요내용	51~70세 여성농업인 대상 특수건강검진 대상 확대(2024년 3만명/50개 시·군 → 2025년 5만명, 150개 시·군)
시 행 일	2025년 1월

보건복지부
www.mohw.go.kr

모든 가임기 남녀에게 임신 사전건강관리 지원

보건복지부 출산정책과(☎ 044-202-3403, 3404)

임신 사전건강관리에 대한 인식 제고 및 가임력 향상·보존을 지원하기 위해 필수 가임력 검사비 지원 대상이 결혼 여부와 상관없이 모든 가임기 남녀로 확대됩니다(2025년 1월 1일부터).

* (임신 사전건강관리) 가임기 남녀에 대한 생의학적, 행동학적 위험 요인을 파악하고 중재하는 예방적 차원의 관리로서, 임신 전부터 남녀가 함께 건강한 임신·출산을 도모하는 포괄적 관리(WHO, 2013)

❖ 결혼·자녀 수 무관 모든 가임기 남녀(20~49세)에게 주요 주기별* 1회, 총 3회 지원하며,

 * 29세 이하(제1주기), 30~34세(제2주기), 35~49세(제3주기) 주기별 1회, 최대 3회 지원

 ** 15~19세 부부, 내국인 배우자가 있는 외국인도 지원

❖ 여성에게는 부인과 초음파·난소기능검사(AMH) 포함 검사에 최대 13만원을, 남성에게는 정액검사(정자정밀형태검사) 포함 검사에 최대 5만원을 지원합니다.

이를 통해 가임기 남녀가 조기에 고위험요인을 발견하여 중재·치료하고, 적기에 건강한 임신·출산을 도모할 수 있을 것으로 기대됩니다.

참고 e보건소 공공보건포털〉의료비지원〉임신 사전건강관리 지원

〈 임신 사전건강관리 지원(필수 가임력 검사비 지원) 〉

추진배경 가임기 남녀의 건강한 임신·출산을 도모하기 위한 임신 사전건강관리의 필요성 제기
 * (추진근거) 저출생 추세 반전을 위한 대책(2024.6.19.) 3-3 ① 건강한 임신 지원 확대

주요내용
- (지원대상) 전국, 결혼 여부 및 자녀 수 무관, 모든 20~49세 남녀
- (지원내용) 주요 주기별 1회(최대 3회), 사업 참여 의료기관을 통한 가임력 검사 후 여성 13만원, 남성 5만원 한도 내 실비 지원

시행일 2025년 1월 1일

03 보건·복지·고용

중증장애인생산품 우선구매 비율 상향(1% → 1.1%)

보건복지부 장애인자립기반과(☎ 044-202-3325, 3330)

경쟁고용이 어려운 중증장애인의 직업재활을 돕기 위한 중증장애인생산품 우선구매제도 비율이 기존 1%에서 2025년부터 1.1%*로 상향됩니다.

* 「중증장애인생산품 우선구매 특별법」에 따라 2% 범위에서 보건복지부장관이 정하는 비율 이상으로 설정 및 「중증장애인생산품 구매목표 비율 및 생산시설 지정 등에 관한 기준」에 따라 1.1%로 설정

❖ 또한, 의무구매비율에 미달하는 공공기관의 구매담당자는 의무교육을 받아야 하며, 3년 연속 미달하는 공공기관은 집합교육을 받아야 합니다(2024년 8월부터).

공공기관 업무담당자 교육 및 우선구매제도 상향을 통한 장애인 일자리 창출 및 소득보장 지원에 지속적으로 힘쓰겠습니다.

참고 「중증장애인생산품 우선구매 특별법」, 동법 시행령, 「중증장애인생산품 구매목표 비율 및 생산시설 지정 등에 관한 기준」

〈 중증장애인생산품 우선구매제도 〉

- **목적** 공공기관의 중증장애인생산품 우선구매를 통해 경쟁고용이 어려운 중증장애인의 소득보장 및 사회참여 기회 제고
- **주요내용**
  - (제도) 공공기관은 '중증장애인생산품 생산시설'에서 생산한 '중증장애인생산품'을 총구매액의 1.1% 이상 우선 구매하도록 의무화
  - (대상) 「중증장애인생산품 우선구매 특별법」 제2조 제3항에 따른 공공기관
    * 국가기관, 지방자치단체, 교육청, 공기업, 준정부기관, 기타공공기관, 지방공기업, 지방의료원, 기타특별법인
  - (생산품) 생산시설에서 생산된 제품 및 노무용역 등의 서비스(200여 개 품목)
- **시행일** 「중증장애인생산품 구매목표 비율 및 생산시설 지정 등에 관한 기준」 부칙 제2조에 따라 2025년 1월 1일부터 적용

www.mohw.go.kr
보건복지부

디딤씨앗통장(아동발달지원계좌) 지원대상 확대

보건복지부 아동보호자립과(☎ 044-202-3431, 3439)

저소득층 아동의 자립 지원을 강화하기 위해 디딤씨앗통장 가입 대상자가 차상위계층 아동까지 확대됩니다(2025년 1월 1일부터).

❖ 디딤씨앗통장은 저소득층 아동의 사회 진출 시 자립을 위한 자금 마련을 지원하기 위해 운영되는 사업입니다.

(지원대상) 보호대상아동, 기초생활수급가구 아동, 차상위계층 아동(만 0~17세)

(지원내용) 아동이 후원 등을 통하여 일정 금액 적립 시, 월 10만원 내에서 2배의 금액을 정부가 매칭 지원 (5만원 적립+10만원 지원 = 15만원)

(사용방법) 만기(18세) 해지 후 자립을 위한 용도(학자금·기술자격·취업훈련비, 창업자금, 주거마련 등) 사용

❖ 디딤씨앗통장 가입 대상자 확대를 통해 저소득층 아동의 자립지원에 지속적으로 힘쓰겠습니다.

> **참고** 보건복지부 누리집 > 정책 > 인구아동 > 아동보호자립 > 디딤씨앗통장

〈 아동발달지원계좌 지원대상 확대 〉

추진배경 취약계층 아동의 사회 진출 시 초기비용 마련을 위한 자산형성지원으로 빈곤의 대물림 방지 및 건전한 사회인 육성

주요내용 • 지원 대상 확대
- (현행) 보호대상아동 및 기초생활수급아동(만 0~17세)
- (변경) 보호대상아동, 기초생활수급아동, 차상위계층 아동(만 0~17세)

시행일 2025년 1월 1일

03 보건·복지·고용

응급구조사 업무범위 확대

보건복지부 재난의료대응과(☎ 044-202-2649, 2647)

1급 응급구조사 업무범위가 기존 14종에서 19종으로 확대*됩니다. (2025년 1월 1일)

* 1급 응급구조사 업무범위(응급의료에 관한 법률 시행규칙 [별표 14])

현행 (14종)	개정 (19종)
가. 심폐소생술의 시행을 위한 기도유지(기도기(airway)의 삽입, 기도삽관(intubation), 후두마스크 삽관 등을 포함한다) 나. 정맥로의 확보 다. 인공호흡기를 이용한 호흡의 유지 라. 약물투여: 저혈당성 혼수 시 포도당의 주입, 흉통시 니트로글리세린의 혀 아래(설하) 투여, 쇼크 시 일정량의 수액투여, 천식발작 시 기관지확장제 흡입 마. 2급 응급구조사의 업무(10종)	※ 현행 14종 + 5종 추가 〈추가 5종〉 ① 심정지시 에피네프린 투여 ② 아나필락시스 쇼크 시 자동주입펜을 이용한 에피네프린 투여 ③ 정맥로의 확보 시 정맥혈 채혈 ④ 심전도 측정 및 전송(의료기관 안에서는 응급실 내에 한함) ⑤ 응급 분만시 탯줄 결찰 및 절단(현장 및 이송 중에 한하며, 지도의사의 실시간 영상의료지도 하에서만 수행)

❖ 응급구조사는 응급환자가 발생한 현장에서 응급환자에 대하여 상담·구조 및 이송 업무를 수행하며, 현장에 있거나 이송 중이거나 의료기관 안에 있을 때 업무범위 내에서 응급처치를 제공하는 응급의료종사자입니다.

❖ 응급구조사 업무범위 확대로 응급환자 발생 시 지금보다 시의적절한 응급처치가 제공될 수 있을 것으로 기대됩니다.

> **참고** 보건복지부 누리집〉보도자료〉"[보도자료] 병원 전 응급환자 중증도 분류기준을 제도화하고, 응급구조사 업무범위를 확대"

〈 응급구조사 업무범위 확대 〉

추진배경 응급구조사 업무범위 조정에 대한 현장 등의 필요성 제기

주요내용
- 시범사업을 통해 안전성·효과성을 검증하여 확대되는 업무범위안을 도출하고, 중앙응급의료위원회의 심의를 거쳐 추가 업무범위 결정
- 1급 응급구조사 업무범위 확대로 심정지 등 빠른 처치가 필요한 질환에 대하여 신속한 응급처치로 환자의 회복(자발순환, 정상혈압 등)을 돕고 생존율을 높일 수 있을 것으로 기대
  * 1급 응급구조사 업무범위에 심정지 시 에피네프린 투여 등 5종 추가 (현행 14종 → 개정 19종)

시행일 2025년 1월 1일

www.mohw.go.kr
보건복지부

국가건강검진 검사 항목 확대

보건복지부 건강증진과(☎ 044-202-2828)

2025년부터 국민의 건강 보장권 향상을 위해 C형간염, 골다공증, 정신건강 등 국가건강검진 검사 항목이 확대됩니다.

❖ 감염병 관리 강화를 위해 C형간염 검사를 56세 대상으로 신규 도입하였습니다.

  * 현행 B형간염 검사만 40세 대상으로 실시 중

❖ 여성의 건강한 삶을 위협하는 골다공증 예방·관리 강화를 위해 골다공증 검사 대상을 54세, 66세 여성에서 60세 여성까지 확대하였습니다.

❖ 청년(20~34세) 대상 정신건강검사(우울증검사)의 검진 주기가 단축(10년 → 2년)되었으며, 조기 정신증 검사가 신규 도입되었습니다.

  * 현행 20~70대까지 10년 주기로 우울증검사만 실시 중

〈 국가건강검진 검사 항목 확대 〉

추진배경	성·연령별 특성을 고려한 맞춤형 건강검진의 지원 필요성이 제기
주요내용	• (C형간염) 생애 1회 56세 대상 신규 도입(현행 B형간염 검사 40세 대상 1회 검진 중) • (골다공증) 현행 54·66세 여성(총 2회) 실시하고 있으나 60세 여성을 검사대상에 추가 • (정신건강) 청년(20~34세) 대상으로 우울증검사의 검진 주기가 단축(10년 → 2년)되었으며, 기존 우울증 검사에 더해 조기정신증 검사가 신규 도입
시행일	2025년 1월 1일

육아휴직 급여인상, 사후지급방식 폐지, 육아기 근로시간 단축 급여 기준금액 상한액 상향

고용노동부 여성고용정책과(☎ 044-202-7412, 7476)

육아휴직 급여인상 및 사후지급방식 폐지, 육아기 근로시간 단축 급여 계산 시 적용되는 기준금액 상한액 인상이 2025년 1월 1일부터 시행됩니다.

❖ 2025년부터 육아휴직 급여액을 육아휴직 기간에 따라 월 최대 250만원까지 상향*하고, 육아휴직 급여 지급 방식을 변경하여 사후지급 방식을 폐지**합니다

  * (현행) 육아휴직 기간 통상임금 80%(월 상한 150만원)
    (개편) 첫 3개월 통상임금 100%(월 상한 250만원), 4~6개월 통상임금 100%(월 상한 200만원), 7개월 이후 통상임금 80%(월 상한 160만원)

  ** (현행) 육아휴직 중 75% 지급, 25%는 복직 후 6개월 이상 계속 근무 시 사후지급
    (개편) 육아휴직 중 100% 전액 지급

  - 육아휴직급여 인상에 따라 자녀 생후 18개월 내 부모가 모두 육아휴직 시 첫 6개월 동안 육아휴직급여를 상향 지원하는 특례 제도도 첫 달 상한액이 현재 200만원에서 250만원으로 인상됩니다.

    * 1개월 상한액은 200 → 250만원으로 인상, 2~6개월은 현행과 동일(250, 300, 350, 400, 450만원)

  - 또한 한부모 근로자에 대해서는 첫 3개월 육아휴직급여를 현재 250만원에서 월 300만원으로 상향합니다.

    * (현행) 1~3개월 상한액 250만원, 이후 150만원
      (개편) 1~3개월 300만원, 4~6개월 200만원, 7개월 이후 160만원

❖ '육아기 근로시간 단축 급여'는 자녀의 양육을 이유로 근로시간을 단축한 근로자에게 임금 감소분을 일부 보전해 주기 위해 고용보험기금에서 지원해주는 제도로,

  - 2025년 1월 1일부터는 육아기 근로시간 단축 급여액 중 매주 최초 10시간 단축분 급여 계산 시 적용되는 기준금액인 월 통상임금 100%의 상한액을 200만원에서 220만원으로 상향하여 지원합니다.

    * 나머지 근로시간 단축분 급여 계산 시 적용되는 기준금액인 월 통상임금 80%의 상한액은 150만원으로 변경 없음

〈 저출생 대책에 포함된 '일·가정 양립 활성화' 추진 〉

추진배경	저출생 대책에 포함된 '일·가정 양립 활성화' 추진
주요내용	• 육아휴직 급여 인상 및 사후지급 방식 폐지 • 육아기 근로시간 단축 급여액 중 매주 최초 10시간 단축분 급여 계산 시 적용되는 기준금액(월 통상임금 100%)의 상한액을 200만원에서 220만원으로 상향
시 행 일	2025년 1월 1일

「육아지원 3법」 개정 시행

고용노동부 여성고용정책과(☎ 044-202- 7476, 7412, 7471)

「남녀고용평등과 일·가정 양립 지원에 관한 법률(이하 '남녀고용평등법')」, 「고용보험법」, 「근로기준법」 등 육아지원 3법 개정 내용이 2025년 2월 23일부터 시행됩니다.

❖ [육아휴직] 부모가 각각 육아휴직을 3개월 이상 사용하거나 한부모 또는 중증 장애아동의 부모는 육아휴직을 1년에서 1년 6개월로 연장하여 사용할 수 있게 됩니다. 그리고 육아휴직을 필요에 따라 네 번에 나누어 사용할 수 있게 됩니다.

❖ [배우자 출산휴가] 배우자 출산휴가 기간이 10일에서 20일로 확대되고, 우선지원대상기업 근로자에 대해서는 정부의 급여지원 기간도 5일에서 20일로 확대됩니다. 그리고 출산 후 90일 이내 청구하던 것을 120일 이내 사용할 수 있도록 사용기한이 확대되고, 최대 네 번까지 나누어 사용할 수 있도록 사용 편의성도 강화됩니다.

❖ [난임치료휴가] 난임치료휴가 기간이 현행 3일에서 6일로 확대되고, 그중 유급기간도 1일에서 2일로 확대됩니다. 아울러 우선지원대상기업 근로자에 대해서는 유급기간 2일에 대한 정부의 급여지원도 신설되어 우선지원대상기업 근로자 및 사업주의 부담이 완화됩니다.

❖ [육아기 근로시간 단축] 육아기 근로시간 단축 대상 자녀 연령이 8세(초2) 이하에서 12세(초6) 이하로 확대되고, 육아휴직 미사용기간은 두 배 가산하여 육아기 근로시간 단축으로 사용할 수 있게 되어 육아휴직을 사용하지 않은 경우 육아기 근로시간 단축을 최대 3년까지 사용할 수 있게 됩니다. 현재 3개월인 최소 사용기간도 1개월로 단축되어 방학 등 단기 돌봄 수요에도 사용할 수 있게 됩니다.

❖ [출산전후휴가] 고용노동부령으로 정하는 미숙아를 출산한 경우에는 출산전후휴가 기간이 현행 90일에서 100일로 확대됩니다.

❖ [임신기 근로시간 단축] 유산·조산 위험으로부터 임신근로자와 태아를 보호하기 위해 임신기 근로시간 단축 기간이 현행 임신 후 '12주 이내 또는 36주 이후'에서 '12주 이내 또는 32주 이후'로 확대됩니다. 특히 조기 진통, 다태아 임신 등 고위험 임신부는 의사의 진단을 받아 임신 전 기간에 대해 근로시간 단축을 사용할 수 있게 됩니다.

❖ [남녀고용평등법 제16558호 부칙 제4조 삭제] 2019년 8월 27일 「남녀고용평등법」(법률 제16558호) 개정으로 2019년 10월 1일부터 육아휴직과 별도로 육아기 근로시간 단축을 1년 사용할 수 있도록 제도를 확대하면서 부칙 제4조를 통해 법 시행 이후 제도를 사용하는 경우부터 적용했는데, 이번에 해당 부칙을 삭제하여 2019년 9월 30일 이전에 육아휴직과 육아기 근로시간 단축을 합산하여 1년을 모두 사용한 근로자도 확대된 제도의 혜택을 적용받을 수 있게 됩니다.

이러한 「육아지원 3법」 개정내용 시행은 부모 맞돌봄 문화 확산, 일·육아지원제도 활용 확대 등을 통해 일·가정 양립 활성화에 도움이 될 것으로 기대됩니다.

〈 「육아지원 3법」 개정 시행 〉

추진배경	저출생 대책에 포함된 '일·가정 양립 활성화' 추진
주요내용	• 육아휴직 기간 및 분할횟수 확대 • 배우자 출산휴가 절차, 기간, 사용기한, 분할횟수 및 정부지원 확대 • 난임치료휴가 기간 확대 및 정부지원 신설 • 육아기 근로시간 단축 대상 자녀 연령, 기간, 최소 사용기간 확대 • 미숙아 출산 시 출산전후휴가 기간 확대 • 임신기 근로시간 단축 기간 확대 • 「남녀고용평등법」 제16558호 부칙 제4조 삭제: 2019년 10월 1일자 육아휴직 및 육아기 근로시간 단축 기간 확대 내용 적용 대상 확대
시행일	2025년 2월 23일

03 보건·복지·고용

출산육아기 대체인력, 업무분담지원금 지원 확대

고용노동부 일가정양립추진단(☎ 044-202-7474)

2025년 1월부터 대체인력지원금과 업무분담지원금의 지원대상을 육아휴직까지 확대하고, 대체인력지원금은 파견근로자를 대체인력으로 사용한 경우도 지원합니다.

❖ (대체인력지원금) 육아휴직, 출산전후휴가, 육아기 근로시간 단축에 따른 업무공백을 대체인력의 고용 또는 (파견)사용을 통해 충원한 중소기업 사업주에게 월 120만원 지원

　* 대체인력지원금 인상: (2024) 월 80만원 → (2025) 월 120만원

❖ (업무분담지원금) 육아휴직, 육아기 근로시간 단축에 따른 업무분담 근로자에게 금전적 지원을 한 중소기업 사업주에 대하여 월 20만원 지원

 고용노동부 누리집〉뉴스·소식〉기타 "2025년 고용장려금 지원 제도(예정)"

〈 출산육아기 대체인력지원, 업무분담지원금 지원 확대 〉

추진배경 중소기업의 육아지원제도 활용 여건을 개선하기 위해 대체인력지원금 인상, 대체인력 및 업무분담지원금의 지원 대상 확대 등

주요내용
- (지원요건) 대체인력지원금, 업무분담지원금의 지원 대상을 육아휴직까지 확대하고, 대체인력지원금은 파견근로자를 대체인력으로 사용한 경우도 지원하며, 지원수준을 월 120만원으로 인상
  ① (대체인력지원금) 육아휴직, 출산전후휴가, 육아기 단축에 따른 업무공백을 대체인력의 고용 또는 (파견)사용을 통해 충원한 경우 월 120만원 지원
  ② (업무분담지원금) 육아휴직, 육아기 단축에 따른 업무분담자에게 금전적 지원을 한 경우 월 20만원 지원
- (지원기간, 주기) 육아지원제도 사용기간 중 대체인력을 고용(사용)하거나, 업무분담자를 지정하여 금전적 지원을 지급한 기간(3개월 단위 신청)

시행일 2025년 1월 1일

청년일자리도약장려금 확대 개편

고용노동부 공정채용기반과(☎ 044-202-7441)

청년일자리도약장려금 사업은 사업주와 근로자를 지원하여 청년 신규 일자리 창출을 통한 청년고용 활성화를 목적으로 하는 제도로

❖ 기존에는 5인 이상 우선지원대상기업이 취업애로청년을 정규직으로 채용하여 6개월 이상 고용 유지 시 사업주에게 지원하였지만,

❖ 2025년 1월 1일부터는 도약장려금 유형Ⅱ를 신설, 5인 이상 빈일자리 업종의 기업이 청년을 정규직으로 신규채용하면 ① 기업에게 채용장려금, ② 청년에게 장기근속 인센티브를 지원하는 것으로 제도를 개편하였습니다.

[2025년 청년일자리도약장려금 제도 주요 개편내용]

구분	2024년	2025년	
		Ⅰ유형	Ⅱ유형(신설)
유형	단일 유형	Ⅰ유형	Ⅱ유형(신설)
지원업종	모든 업종	모든 업종	빈일자리 업종
대상청년	취업애로청년	취업애로청년	모든 청년
지원기간	2년	1년	2년
사업주지원 (청년1인당)	1,200만원〈2년〉 *720만원(60만원/월)+ 2년차 480만원	720만원 〈1년 지원〉	720만원 〈1년 지원〉
청년 장기근속 인센티브	-	-	480만원〈2년〉 *18·24개월차 각 240만원
목표인원	12.5만명	5.5만명	4.5만명

〈 청년일자리도약장려금 사업 유형Ⅱ 신설 〉

추진배경 빈일자리 업종의 일자리 미스매치 문제 해소 및 청년의 장기근속 유도를 위해 '청년일자리도약장려금' 사업 확대(개편) 시행
* 제조업, 조선업, 뿌리산업 등 10개 산업(일자리TF〈부처합동〉 선정, 2023. 7.)

주요내용 5인 이상 빈일자리 업종 중소기업에서 청년을 정규직으로 신규 채용 시 기업에게 채용장려금 (760만원, 1년), 청년에게 장기근속 인센티브(480만원, 18·24개월차 각 240만원) 지원

시 행 일 2025년 1월 1일(예정)

03 보건·복지·고용

「상습 임금체불 근절법」 시행

고용노동부 근로기준정책과(☎ 044-202-7529)

「상습 임금체불 근절법(개정 근로기준법)」(2024. 10. 22. 공포)이 2025년 10월 23일부터 시행됩니다.

❖ 이 법률이 시행되면, 고용노동부장관은 매년 상습적으로 임금을 체불한 사업주를 지정하고 이들의 체불자료를 종합신용정보집중기관에 제공하게 됩니다.
  - 이들은 국가나 자치단체, 공공기관에서 지원하는 보조금이나 지원금 신청에서도 제한을 받으며, 국가 등이 발주하는 공사에 참여가 제한되거나 감점 등의 불이익을 받게 됩니다.

❖ 또한, 체불로 명단공개된 사업주가 체불임금을 청산하지 않은 채 도피할 수 없도록 출국금지될 수 있으며, 명단공개된 사업주가 다시 임금을 체불하는 경우 반의사불벌죄를 적용하지 않습니다.

❖ 현재 퇴직자에게만 적용되는 체불임금에 대한 지연이자(100분의 20)가 재직 근로자에게도 적용되며, 상습적인 체불 등으로 손해를 입은 근로자가 법원에 손해배상(3배 이내의 금액)을 청구할 수 있는 근거도 마련하였습니다.

이를 통해 임금체불은 범죄라는 사회적 인식이 확산되어 임금체불이 줄어들 것으로 기대합니다.

참고 국가법령정보센터〉개정「근로기준법」

〈 「상습 임금체불 근절법(개정 근로기준법)」 시행 〉

추진배경 상습적인 임금체불을 예방하기 위해서는 사업주가 추가적인 비용으로 인식할 수 있는 경제적 제재를 강화

주요내용
- 상습체불 사업주* 신용제재, 정부지원 제한, 공공입찰 불이익
  *(상습체불 사업주) 1년간 ① 근로자 1인당 3개월분 임금이상 체불(퇴직금 제외) 또는 ② 5회이상 체불 및 체불총액 3천만원(퇴직금 포함)이상
- 명단공개 사업주에 대한 반의사불벌죄 배제 및 출국금지
- 체불*로 손해를 입은 경우 임금 등의 3배 이내 손해배상 청구
  *① 명백한 고의로 체불 또는 ② 1년간 임금 등을 체불한 개월 수가 3개월 이상 또는 ③ 체불 총액이 3개월 이상의 통상임금인 경우

시행일 2025년 10월 23일

폭염 등에 대한 사업주의 보건조치 의무 명확화

고용노동부 직업건강증진팀(☎ 044-202-8891)

2024년 10월 22일 「산업안전보건법」 제39조 제1항 제7호를 신설하여 사업주로 하여금 '폭염 등에 근로자가 장시간 노출됨으로써 발생하는 건강장해'를 예방하도록 의무를 부과하였습니다.

❖ 최근 폭염으로 인한 근로자 건강 문제에 대한 사회적 관심이 증가함에 따라,

❖ '폭염'을 근로자의 건강 위험 요인으로 명확히 하여, 사업주의 예방조치 노력을 보다 강화하였다는 점에 의의가 있습니다.

개정 「산업안전보건법」은 2025년 6월 1일부터 시행되며 전문가, 노·사 의견수렴 등을 통해 실질적 보호조치 방안을 마련할 예정입니다.

또한, 건설, 물류, 위생 등 소규모 폭염 취약사업장에 대한 이동식 에어컨 등 온열질환 예방물품을 지원할 계획입니다.

〈 폭염 등에 대한 사업주의 보건조치 명확화 〉

추진배경	폭염 등과 같은 급격한 기상여건으로부터 근로자의 폭넓은 보호
주요내용	폭염 등에 근로자가 장시간 노출됨으로써 발생하는 건강장해를 예방하도록 사업주의 보건조치 의무 명확화
시 행 일	2025년 6월 1일

장애인 표준사업장 무상지원금 '도약지원형' 신설

고용노동부 장애인고용과(☎ 044-202-7485)

장애인 표준사업장*의 장애인 추가 고용 및 자생력 강화를 지원하기 위해 '도약지원형'을 신설하여 무상지원금 한도를 상향합니다.

* 장애인 근로자를 다수 고용하면서 최저임금 이상의 임금을 지급하고, 장애인 편의 시설을 갖추는 등 「장애인고용법」에서 정한 요건을 모두 갖추고 한국장애인고용공단의 인증을 받은 사업장

❖ 장애인 표준사업장 무상지원금(한도 10억원)을 전액 지원받은 사업장 중 작업·생산·편의시설 개선 및 장애인 추가 고용을 희망하는 경우 최대 5억원을 추가 지원받을 수 있습니다.

❖ 또한, 무상지원금에 따른 장애인 신규 채용 기준 금액을 기존 3천만원당 1명에서 4천만원당 1명으로 완화하여 표준사업장의 경쟁력 강화를 지원하고자 합니다.

〈 장애인 표준사업장 무상지원금 '도약지원형' 신설 〉

추진배경	장애인 표준사업장의 장애인 추가 고용 및 자생력 강화 지원
주요내용	장애인 표준사업장 무상지원금 전액 지원 사업장 중 작업·생산·편의시설 개선 및 장애인 추가 고용을 희망하는 경우 무상지원금 5억원 이내 추가 지원
시행일	지원 대상 사업체 선정을 위한 모집공고 2025년 초 시행 예정

국민내일배움카드 취약계층 지원수준 확대

고용노동부 인적자원개발과(☎ 044-202-7318)

국민내일배움카드는 취업 취약계층의 직업훈련 기회를 폭넓게 보장하기 위해 계좌 한도를 추가 지원*하고 있습니다.

* 기본 계좌한도(300만원) + 취업 취약계층 추가지원(100만원 또는 200만원)

❖ 2025년 1월 1일부터는 기간제·파견·단시간·일용근로자, 고용위기지역 및 특별고용지원업종 종사자에 대한 계좌 추가지원 한도가 100만원에서 200만원으로 상향 조정됩니다.

참고 고용노동부 누리집〉정보공개〉예산·법령정보〉훈령·예규·고시〉국민내일배움카드 운영규정 일부개정

〈 국민내일배움카드 취약계층 지원수준 확대 〉

추진배경	고용상태가 불안정한 취업 취약계층의 직업훈련 활성화 도모
주요내용	기간제·파견·단시간·일용근로자로 재직 중인 피보험자, 고용위기지역 및 특별고용지원업종 종사자에 대한 계좌 추가지원 한도 상향(100만원 → 200만원)
시 행 일	「국민내일배움카드 운영규정」개정안 고시일(2025년 1월 1일 예정)부터 시행(단, 건설업 일용근로자의 경우 2024년 9월 1일부터 시행)

중장년 경력지원제 신설

고용노동부 고령사회인력정책과(☎ 044-202-7459)

주된 업무에서 퇴직한 사무직 등 중장년에게 일경험을 쌓을 수 있도록 지원하기 위해 '중장년 경력지원제'를 신설하여 중장년의 취업가능성을 제고합니다.

❖ 자격취득 등으로 경력을 전환하고 경력 쌓기를 통해 재취업하고자 하는 사무직 등의 퇴직 중장년이 일경험을 희망하는 경우 1~3개월간 직무교육과 직무수행을 연계하여 제공하고, 참여자는 참여수당으로 월 최대 150만원을 지원받을 수 있습니다.

❖ 또한, 단순노무직 등 질 낮은 일자리가 아닌 전기기사, 공조 기능사, 사회복지사 등 자격 또는 기술이 필요한 분야로서 현장의 경력 쌓기가 필요한 양질의 일경험 프로그램을 운영하는 참여기업은 프로그램 운영수당(참여자 1인당) 월 최대 40만원을 지원받을 수 있습니다.

〈 중장년 경력지원제 신설 〉

추진배경	주된 업무에서 퇴직한 사무직 등 중장년에게 일경험을 쌓을 수 있도록 지원하여 취업가능성을 제고
주요내용	• (참여요건) 　- (참여자) ① 50대 이상, ② 사무직 등 퇴직자로 경력전환 희망자, ③ 자격취득(또는 훈련)을 거친 사람으로서 경력 쌓기가 필요한 자 　- (참여기업) 고용보험 피보험자 수 10인 이상인 기업 • (지원내용) 　- (참여자) 참여수당 월 최대 150만원 　- (참여기업) 프로그램 운영수당 참여자 1인당 월 최대 40만원
시행일	위탁기관 선정 등을 위한 모집공고 2025년 초 시행 예정

사업주자격 정부인정제 도입

고용노동부 직업능력평가과(☎ 044-202-7288)

정부가 역량 있는 사업주자격을 발굴하여 공식 인정하는 '사업주자격 정부인정제'가 2024년 12월부터 시행됩니다.

* 사업주가 단독 또는 공동으로 근로자의 직업능력개발을 위해 일정한 기준으로 소속 근로자 또는 관련된 사업의 근로자의 직무능력을 평가하여 부여하는 자격

❖ 사업주는 정부로부터의 공식 인정을 통해 기업 내에서 자격의 신뢰도를 높이고, 인사제도와 유기적으로 연계하여 매출상승, 안전사고 감소 등에 기여할 수 있습니다.

❖ 근로자는 자격 훈련과정을 통해 직무를 체계적으로 이해하여 전문성을 높이고, 정부 인정 자격을 취득함으로써 직무에 대한 자긍심을 동시에 높일 수 있습니다.

> **참고** 고용노동부 누리집〉정보공개〉예산·법령 정보〉훈령·예규·고시 "[고시] 사업주자격 인정 규정"
> (2024. 11. 12.~12. 3.)

〈 「사업주자격 인정 규정」(고용노동부 고시) 시행 〉

추진배경 사업주자격의 활성화 및 내실화 도모를 위한 관련 규정 제정·시행

주요내용
- (인정요건) ▲ 종목, 검정방법, 합격기준, 응시자격의 체계화 여부 ▲ 인사 우대 규정 제정 여부 ▲ 비영리성 여부 ▲ 검정 운영 인프라 구비 여부 ▲ 출제·채점·감독 기준 구비 여부 등
- (인정절차) (기업) 인정 신청 → (인력공단) 서류 요건 확인 → (조사단) 조사 및 인정위원회 보고 → (위원회) 조사 결과 심의 → (인력공단) 인정서 발급
- (지원내용) ▲ 인정서 발급 ▲ 인정마크 사용 권한 부여 ▲ 우수사례 발굴 및 포상

시행일 2024년 12월 4일

03 보건·복지·고용

빈일자리 재직청년 기술연수 신설

고용노동부 기업훈련지원과(☎ 044-202-7295)

빈일자리 업종 중소기업에 취업했어도, 비용·시간적 제약으로 선진기술 습득 기회가 없었던 재직청년들을 위해 '빈일자리 재직청년 기술연수'를 실시합니다.

❖ 제조업 등 빈일자리 업종에 재직 중인 청년들의 직무역량 개발을 위해 국내 기술연수를 지원합니다.

❖ 지역·산업의 빈일자리 수요를 반영하고 국내 우수 선도기술 등에 대한 기술연수를 운영할 계획입니다.

참고 한국산업인력공단 누리집〉HRDK 소식·홍보〉공지사항〉빈일자리 재직청년 기술연수 모집공고

〈 빈일자리 재직청년 기술연수 신설 〉

추진배경 빈일자리 업종 재직청년 기술연수 지원을 통해 선진기술 습득 훈련 기회 제공

주요내용
- (운영기관) 「고등교육법」제2조 제1~제4호, 제6호 대학, 직업능력개발훈련법인 등
- (연수대상) 빈일자리 업종 재직 2년 이상 청년 재직근로자
- (연수유형) 국내연수
- (지원내용) 훈련비, 임금 및 대체인력 인건비 등
- (추진일정) 운영기관 모집공고(12월) → 사업 설명회(1월) → 운영기관 선발(2월) → 연수생 모집(3월) → 훈련시작(4월)

시 행 일 2025년 4월

뿌리산업분야 교육센터 구축

고용노동부 직업능력정책과(☎ 044-202-7274)

뿌리산업분야 산업수요에 맞춰 적시적기 인력공급이 가능한 뿌리산업교육센터를 구축합니다.

공공훈련기관인 폴리텍 3개 캠퍼스(남인천, 순천, 포항캠퍼스)에 인근 산단과 연계한 훈련분야의 시설과 장비를 구축하고

❖ 학과, 직종 구분없이 지역 뿌리산업이 필요로 하는 분야를 포괄하여 탄력적인 주문식 훈련과정을 2026년부터 운영할 계획입니다.

참고 한국폴리텍대학 누리집(예정)〉과정안내(예정)

〈 뿌리산업분야 교육센터 구축 〉

추진배경 뿌리산업 분야 평균 빈일자리 수는 2.5만개(2023. 12.)로, 현장의 신속한 인력난 해소를 위한 공공훈련 플랫폼 확충

주요내용
- 구축 캠퍼스 및 훈련분야: 폴리텍 남인천캠퍼스(기계·금속, 자동차·물류), 폴리텍 순천캠퍼스(철강, 기계, 석유화학), 폴리텍 포항캠퍼스(철강, 기계, 광물·금속),
- 훈련과정: 지역인적자원개발위원회 등 유관기관과 협력하여 주문식 훈련 형태로 운영
  4주~6개월 등 훈련기간은 훈련내용과 시기에 따라 탄력적으로 운영

시행일 2025년 1월 1일

중소기업 채용 관리 솔루션 활용 지원

고용노동부 공정채용기반과(☎ 044-202-7344)

중소기업 등이 채용 관련 법령을 준수하며 효율적으로 채용업무를 운영할 수 있도록 중소기업 채용 관리 솔루션(ATS)* 활용 지원 사업을 실시합니다.

* AI 등을 통한 채용업무 프로세스 전산화 시스템(Applicant Tracking System)

❖ 채용 관리 솔루션은 채용 관련 법 위반 여부 필터링, 채용공고문 제작 지원, 지원 서류 접수, 면접 일정 관리·안내 등 채용 절차 전반을 프로그램으로 관리해주는 민간 서비스입니다.
   * 주요기능: 채용누리집/채용공고문 제작 지원(채용절차법 등 채용 관련 법 필터링 등), 지원서 관리, 채용일정 관리·안내(서류 접수 통지, 합격/불합격 통지, 불합격 사유 피드백) 등

❖ 채용 관리 솔루션을 도입·활용한 중소기업 등*에는 ATS 서비스 사용료의 80%(최대 40만원)를 지원합니다.
   * 최근 12개월 이내 플랫폼 사의 ATS를 유료로 사용한 기업은 제외

〈 중소기업 채용 관리 솔루션 활용 지원 〉

추진배경 공정 채용 확산을 위해 인력·자원이 부족한 중소기업 등이 채용 관련 법령을 준수하고 공정 채용 제도를 도입할 수 있도록 효과적인 지원방안 마련

주요내용
- (지원대상) 채용 관리 솔루션(ATS)을 신규 도입한 중소기업 등
   * 최근 12개월 이내 플랫폼 사의 ATS를 유료로 사용한 기업은 제외
- (지원금액) ATS 서비스 사용료의 80%(최대 40만원) 지원
- (지원내용) 지원금액 한도 내에서 검증된 ATS 서비스를 도입·활용한 이용기업에 사용료 지원

시행일 2025년 3월

2025년 적용 최저임금

고용노동부 근로기준정책과(☎ 044-202-7555)

2025년 1월 1일부터 최저임금이 시간급 1만 30원으로 인상됩니다.

❖ 일급으로 환산하면 8시간 기준 8만 240원, 주 근로시간 40시간 기준 월 환산액은 209만 6,270원(월환산 기준시간 수 209시간, 주당 유급주휴 8시간 포함)입니다.

❖ 최저임금은 모든 사업장에 동일하게 적용되며, 근로기준법상 근로자라면 고용형태나 국적에 관계없이 모두 적용됩니다.

❖ 다만, 수습 중에 있는 근로자로서 수습을 시작한 날부터 3개월 이내인 사람은 최저임금액의 10%를 감액할 수 있습니다.
  * (수습 사용 중이어도 감액 적용 불가) ▲ 1년 미만 근로계약 체결, ▲ 단순노무업무로 고용노동부장관이 정하여 고시한 직종에 종사하는 근로자

매월 1회 이상 지급되는 임금이 최저임금에 산입되며, 매월 지급하는 상여금 및 식비, 숙박비, 교통비 등 근로자의 생활보조 또는 복리후생을 위한 성질의 임금도 최저임금에 전부 산입됩니다.

❖ 다만, 아래의 임금은 최저임금에 산입되지 않습니다.
  * ▲ 통화 이외의 것(현물)로 지급하는 임금 ▲ 소정근로시간 또는 소정의 근로일에 대하여 지급하는 임금 외의 임금

참고 고용노동부 누리집〉정보공개〉법령정보〉훈령·예규·고시

〈 2025년 적용 최저임금 〉

- **추진배경** 최저임금법령에 따라 2025년 최저임금 시행
- **주요내용**
  - 2025년 최저임금액: 시간급 10,030원, 월 환산액 2,096,270원(주 근로시간 40시간 기준)
  - 사업의 종류별 구분 없이 모든 사업장에 동일하게 적용
- **시행일** 2025년 1월 1일

근로자 생활안정자금(융자) 이차보전 지원

고용노동부 퇴직연금복지과(☎ 044-202-7561, 7562)

2025년 5월부터 근로자 생활 안정 지원을 강화하기 위해 '근로자 생활안정자금(융자) 이차보전 지원' 제도*를 시행합니다.

　　* 중위소득 이하 근로자가 금융기관을 통해 대출금을 받은 경우 부담하는 이자의 일부를 보전

❖ (지원대상) 중위소득 이하 근로자, 특수형태근로종사자, 산재보험에 가입한 1인 자영업자

❖ (지원요건) 혼례 및 영·유아 자녀 양육에 드는 비용

❖ (지원한도) 중위소득 이하 근로자는 최대 500만원, 중위소득 2/3 이하 근로자*는 최대 1,000만원

　　* 중위소득 2/3 이하 근로자는 2024년 이전 융자와 이차보전을 통합하여 2,000만원 한도

❖ (이차보전율) 대출금리의 3% 이내* 지원

　　* 대출금리의 최저한도를 1.5%로 설정하여 탄력적으로 적용

❖ (상환기간) 1년 거치 3년 또는 4년

「근로복지사업 운영규정」은 2025년 1월 중 개정하여 발령일부터 시행 예정입니다.

〈 근로자 생활안정자금(융자) 이차보전 지원 〉

추진배경	한정된 재원 하에서, 근로자 생활 안정 지원을 강화하기 위해 취약 근로자 지원 범위 확대 등 신규 융자 방식 도입 필요성 제기
주요내용	• (지원요건) 혼례 및 영·유아 자녀 양육에 비용이 발생하는 중위소득 이하 근로자, 특수형태근로종사자, 1인 자영업자 • (지원한도) 500만원 ~ 1,000만원 범위 • (이차보전율) 대출금리의 3% 이내
시행일	「근로복지사업 운영규정」개정안 발령일(2025년 1월 예정)부터 시행

산재근로자 생활안정자금 '자녀양육비' 융자종류 신설

고용노동부 산재보상정책과(☎ 044-202-8837)

2025년 1월 1일부터 산재근로자 생활안정자금 융자 종류에 '자녀양육비'가 신설됩니다.

❖ '산재근로자 생활안정자금 융자사업'은 산재근로자 및 유족의 생활안정에 필요한 자금을 저리로 신속히 지원하여 복지향상을 도모하는 제도로,
  * (융자 조건) 연리 1.25%, 세대당 2,000만원 한도
    (융자 종류) 의료비, 혼례비, 장례비, 취업안정자금(1,000만원 한도) 주택이전비, 차량구입비(1,500만원 한도)

- 융자 종류를 폭넓게 인정하고 지원요건을 확대하여 저출생시대에 유자녀가족을 지원하기 위해 자녀양육비를 신설하여 시행할 예정입니다.
  * (대상) 융자 대상자 중 13세 미만의 자녀가 있는 산재근로자
    (한도) 1,000만원(자녀 1인당 500만원)

참고 근로복지공단 근로복지넷 누리집〉생활안정자금〉산재근로자생활안정자금

〈 산재근로자 생활안정자금 '자녀양육비' 융자 종류 신설 〉

추진배경	융자 종류 확대(목적 다양화)를 통한 산재근로자 생계 보장 강화
주요내용	• (내용) 산재근로자 생활안정자금 융자 종류에 자녀양육비 신설 • (대상) 융자 대상자 중 13세 미만의 자녀가 있는 산재근로자 • (한도) 1,000만원(자녀 1인당 500만원)
시행일	2025년 1월 1일

03 보건·복지·고용

「산업재해근로자의 날」 법정기념일 지정

고용노동부 산재보상정책과(☎ 044-202-8837)

2025년 1월 1일부터 「산업재해근로자의 날」(매년 4월 28일)이 법정기념일로 지정되었습니다.

❖ 매년 4월 28일을 「산업재해근로자의 날」로 지정하고, 해당일로부터 1주간을 「산업재해 추모주간」으로 설정함으로써,

- 산업재해에 대한 국민의 이해를 증진시키고 산업재해근로자의 권익향상에 기여할 것으로 기대됩니다.

〈 「산업재해근로자의 날」 법정기념일 지정 〉

추진배경	산업재해에 대한 국민의 이해를 증진시키고 산업재해근로자의 권익 향상 도모를 위한 「산업재해근로자의 날」 법정기념일 지정
주요내용	「산업재해근로자의 날」이 법정기념일(매년 4월 28일)로 지정됨에 따라, 산업재해에 대한 국민의 이해를 증진시키고 산업재해근로자의 권익향상에 기여
시 행 일	2025년 1월 1일

위험성평가 인정사업장 심사·관리 강화

고용노동부 산재예방지원과(☎ 044-202-8923)

2025년부터 위험성평가 인정 기준과 인정사업장에 대한 사후 관리가 강화*됩니다.

* 고용노동부 고시, 「사업장 위험성평가에 관한 지침」 개정·시행(2025. 1.)

'위험성평가 인정'은 중소사업장의 내실 있는 위험성평가 실시를 위해 100인 미만 사업장에 대해 위험성평가 활동 수준을 심사하여 인정하고 산재보험료 감면 등 혜택을 지원하는 사업으로,

❖ (인정기준) 위험성평가 인정기준은 기존 70점에서 90점으로 상향되고, 위험요인 발굴·개선 및 근로자 참여에 대한 배점이 강화됩니다.

* ▲위험성평가 실행 수준: 50% → 60% ▲구성원의 참여·이해 수준: 20% → 25%

❖ (사후점검) 모든 인정사업장에 대해 인정기간 중 1회 이상 사후점검을 하여 내실 있는 위험성평가 실시를 확인합니다.

* 인정사업장의 20% 선정하여 점검 → 모든 인정사업장 점검

❖ (개선확인) 인정사업장이 현장심사, 사후점검에서 개선이 지적된 사항을 미이행하는 경우 인정이 취소될 수 있습니다.

> 참고 고용노동부 누리집>정보공개>예산·법령정보>입법·행정예고"「사업장 위험성평가에 관한 지침」(고시) 개정안 행정예고"

〈 위험성평가 인정사업 내실화 추진 〉

추진배경	위험성평가 인정 심사·관리를 엄격히 하여 인정사업장의 중대재해를 예방하고 내실 있는 위험성평가 유인 제고
주요내용	• 인정심사 기준 강화(70점 → 90점) • 모든 인정사업장 사후점검 실시 • 인정사업장에서 점검을 거부하거나, 지적사항 미이행시 인정 취소
시행일	2025년 1월

03 보건·복지·고용

건설업 산업안전보건관리비 평균 19% 인상

고용노동부 건설산재예방정책과(☎ 042-202-8938)

중대재해 감축을 위한 산업재해 예방 비용 증가, 스마트 안전장비 활용도 증가 등 건설현장의 여건 변화를 반영하여 건설업 산업안전보건관리비 고시를 개정하였습니다.

❖ 2013년 이후 직접적 요율 인상이 없었던 산업안전보건관리비 계상 요율을 평균 19% 인상하였으며,

❖ 최근 건설현장에서 사용이 증가되고 있는 스마트 안전장비 구입·임대 지원비율을 현행 40%에서 2026년 100%까지 단계적*으로 확대하였습니다.

 * 2024년(40%) → 2025년(70%) → 2026년(100%)

❖ 또한, 모든 연가 단가계약에 대하여 총계약금액 2천만원 이상일 경우 산업안전보건관리비를 계상하도록 하였습니다.

참고 고용노동부누리집〉정보공개〉법령정보〉입법·행정예고

〈 건설업 산업안전보건관리비 고시 개정 〉

추진배경 건설현장의 여건 변화를 반영
주요내용
- 산업안전보건관리비 계상 요율 평균 19% 인상
- 스마트 안전장비 구입·임대 비용 지원 비율의 단계적 확대
- 단가계약 공사 범위 전면 확대

시 행 일 2025년 1월 1일

청년 특화 취업지원 프로그램

고용노동부 국민취업지원기획팀(☎ 044-202-7195)

지역 기업의 구인난을 완화하고 청년의 노동시장 진입 확대를 위해 국민취업지원제도 II유형 청년을 대상으로 취업역량 강화 및 빈일자리 업종 취업을 지원합니다.

❖ 역량강화 프로그램(1개월 이상 직업훈련) 참여 후 빈일자리 업종*에 취업하여 6개월 근속을 유지하면 훈련참여수당과 취업성공수당을 추가로 지원**받을 수 있습니다.

  * 빈일자리 업종: 제조업, 물류·운송업, 보건·복지서비스업, 음식점업, 농업, 건설업, 해운업, 수산업, 자원순환업 등 범정부 일자리TF 지정 10대 업종

  ** 훈련참여수당 월 20만원(최대 6개월, 120만원), 취업성공수당 40만원 지원

참고 고용행정통합포털(고용24)〉취업지원〉국민취업지원

〈 청년 특화 취업지원 프로그램 신설 〉

추진배경 빈일자리 업종의 구인난 해결 및 청년 취업 기회 확대

주요내용
- (지원대상) 역량강화 프로그램 참여 후 빈일자리 업종에 취업한 II유형 청년 (2024. 1. 1. 이후 참여, 2025년 취업자)
- (지원규모) 2025년 1만 3천명, 228억원
- (지원내용) 직업훈련(1개월 이상) 수료 후 빈일자리 업종에 취업하여 6개월 근속을 유지하면 훈련 참여수당(월 20만원, 최대 120만원) 및 취업성공수당(40만원) 지원

시 행 일 2025년 1월

03 보건·복지·고용

고용노동부

소상공인 특화 취업지원 프로그램

고용노동부 국민취업지원기획팀(☎ 044-202-7375)

폐업 소상공인의 새로운 도전을 지원하기 위해 국민취업지원제도를 통해 소상공인 특화 취업지원 프로그램을 제공합니다.

❖ 희망리턴패키지 재취업 기본교육을 이수하고 국민취업지원제도에 참여하는 폐업(예정) 소상공인은 특화 취업지원 서비스*와 함께 추가수당**을 지원받을 수 있습니다.

* 1대1 상담을 통해 업종 전환 또는 유지 여부 등 적성 진단부터 희망분야 직업훈련 및 구인정보 제공까지 통합 지원

** 중소벤처기업부에서 국민취업연계수당(월 20만원, 최대 6개월) 추가 지원

참고 고용행정통합포털(고용24)〉취업지원〉국민취업지원

〈 소상공인 특화 취업지원 프로그램 신설 〉

추진배경	폐업 소상공인의 재취업 도전 지원
주요내용	• 국민취업지원제도를 통해 소상공인 특화 취업지원서비스 제공, 희망리턴패키지 재취업교육과 연계하여 취업의지 고취 • 연계 소상공인에게 국민취업연계수당(월 20만원, 최대 6개월) 추가 지원(중기부)
시 행 일	2025년 1월

인구감소지역 청소년 성장 지원

여성가족부 청소년정책과(☎ 02-2100-6234)

청소년을 위한 건강한 성장 환경을 조성하고 지역 균형 발전을 위해 '인구감소지역* 청소년 성장지원' 시범사업을 추진합니다.

* 연평균인구증감률, 인구밀도, 고령화비율, 조출생률, 재정자립도 등 인구·재정 관련 8개 지표를 종합한 인구감소지수를 기준으로 89개 지역 지정(행안부, 2021.10.19. 고시)

❖ 청소년이 언제든 이용할 수 있도록 배움과 쉼이 있는 자유공간 확보, 청소년의 수요가 반영된 자기주도 프로그램 운영, 지역별 여건에 맞는 특화 사업 추진 현황 등을 검토해 시범사업 운영지역 11개 지역*을 선정하였습니다.

* 강원 고성군, 충북 보은군, 충북 단양군, 충남 논산시, 충남 청양군, 전남 신안군, 전남 완도군, 전남 장흥군, 경북 안동시, 경남 거창군, 경남 산청군

❖ 인구감소지역 청소년들에게 부족한 문화·예술·체육 분야 등의 자기주도활동과 다양한 체험기회를 제공할 예정입니다.

❖ 청소년들의 창의적인 역량 함양을 위해 도·농간 청소년 교류, 관광·역사·산업·특산물 등 지역 자원을 연계한 청소년 특성화 사업을 운영할 계획입니다.

> **참고** 여성가족부 누리집〉보도자료) "청소년 성장, 지역소멸대응 부처협업으로 두 마리 토끼 잡는다"

〈 인구감소지역 청소년 성장지원 〉

추진배경	청소년을 위한 건강한 성장 환경 조성 및 지역 균형 발전 필요
주요내용	• 인구감소지역 청소년들에게 부족한 문화·예술·체육 분야 등의 자기주도활동과 다양한 체험기회를 제공 • 청소년들의 창의적인 역량 함양을 위해 도·농간 청소년 교류, 관광·역사·산업·특산물 등 지역 자원을 연계한 청소년 특성화 사업을 운영
시행일	2025년 상반기

기업 인사담당자 대상 다양성 교육 확대

여성가족부 여성인력개발과(☎ 02-2100-6197)

민간부문 성별 다양성 및 일·생활 균형 조직문화 조성·확산을 위해 기업 인사담당자 대상 다양성 교육을 실시하여 기업의 실질적인 인식변화와 제도 개선을 유도하고 있습니다.

특히, 전문 인력, 자원 등 여건이 어려운 중소기업 중심으로 인사 담당자 및 CEO 대상 다양성 제고 교육이 확대 시행((2024년) 100개사 → (2025년) 400개사))됩니다.

❖ 기업 규모(대·중견·중소기업), 직종별로(인사실무자·중간관리자·CEO 등) 등 단계별 교육(기초, 심화)을 제공합니다.

〈 기업 맞춤형 다양성 교육 확대 〉

추진배경	전문인력, 자원 등 여건이 어려운 중소기업 중심 HR관계자 및 CEO 대상 다양성 제고 교육 확대를 통해 민간부문 성별 다양성 및 일·생활 균형 조직문화 조성·확산 필요
주요내용	• 민간기업 인사담당자 대상 다양성 제고 교육 확대 - (교육대상 확대) (2024년) 100개사 → (2025년) 400개사 - (단계별 교육 제공) 유형·규모별로 단계별 교육(기초, 심화) 제공
시행일	2025년 1월 1일

해기사 면허 승급을 위한 승무경력기간 조정

해양수산부 선원정책과(☎ 044-200-5741)

선원으로서 승급·승진에 소요되는 기간인 승무경력기간을 단축하기 위해 「선박직원법 시행령」이 개정됩니다.

* 시험합격, 승무경력, 법정교육(면허취득교육 등), 건강검사 등이 충족되어야 해기사 면허 발급

❖ 국제협약(STCW)* 기준보다 다소 긴 국내 승무경력기간을 국제협약 수준으로 조정하여 최대 50% 단축됩니다.

* 선원의 훈련·자격증명 및 당직근무의 기준에 관한 국제협약(The International Convention on Standards of Training, Certification and Watchkeeping for Seafarers, 1978, as amended)

– 관리자급인 선장·기관장까지 소요되던 기간(3천톤급 이상 선박)이 4~9년에서 2~3년으로 줄어들며, 그 외의 경우에도 선박 규모 및 직급 등을 고려하여 유사한 비율로 조정됩니다.

이를 통해 선원들의 근무의욕을 높이고 장기승선을 장려하여 선원 인력난 해소에 기여할 수 있을 것으로 기대합니다.

참고 해양수산부 누리집〉정책자료〉법령정보〉법령〉선박직원법 시행령

〈 해기사 면허 승급을 위한 승무경력기간 조정 〉

추진배경	국내 승무경력기간이 국제협약 기준보다 길게 설정
주요내용	관리자급인 선장·기관장까지 소요되던 기간(3천톤급 이상 선박)이 4~9년에서 2~3년까지 줄어들며, 그 외의 경우에도 유사한 비율로 조정
시 행 일	「선박직원법 시행령」 개정안 공포일(2024년 12월 17일)

03 보건·복지·고용

어업활동 대체 인력 인건비 지원 확대

해양수산부 소득복지과(☎ 044-200-5465)

2025년부터 사고, 질병, 임신, 출산 등으로 어업활동이 곤란한 어업인의 어업활동을 대신한 대체 인력에 대한 인건비 지원이 확대됩니다.

❖ 어촌지역 평균 인건비를 반영하여 지원단가를 1일 10만원에서 12만원으로 상향함으로써 어업인이 체감할 수 있는 지원으로 안정적인 어업 기반 조성에 도움이 될 것으로 기대됩니다.

참고 해양수산부 누리집〉정보공개〉국고보조금정보)"2025년 보조사업사업시행지침"

〈 어업활동 대체인력 인건비 지원 확대 〉

추진배경	어촌지역 평균 임금을 반영하여 지원단가 상향
주요내용	(내용) 어업활동이 곤란한 어업인의 대체 인력 인건비 지원 확대 (대상) 어업경영체 등록 어업인(경영주, 경영주 외 어업인) (지원한도) 가구당 연간 30일 이내(임산·출산·4대 중증질환 60일) • 1일 인건비 (10만원 → 12만원)
시 행 일	2025년 1월 1일

「선내 안전·보건 및 사고예방 기준」 시행

해양수산부 선원정책과(☎ 044-200-5742)

선원들의 선내 안전을 확보하기 위한 「선내 안전·보건 및 사고예방 기준」(2024. 10. 24. 제정)이 2025년 1월 25일부터 시행됩니다.

❖ 「선원법」 적용 선박의 선박소유자(어선 제외)는 안전담당자, 건강담당자 등을 지정하여 선내안전위원회를 운영하고, 위험성 평가를 실시하는 등 선내안전보건 관리체계를 구축하고,

- 기계 방호장치 마련, 통행·승하선 안전 확보, 개인 보호장비 마련, 진동·소음 피해 예방 등 선박 내에서 선원의 안전과 위생 관련 세부기준을 준수하여야 합니다.

이를 통해 선원들이 더 안전한 환경에서 근무하고, 승선 중 사고를 예방하는 데 도움이 될 것으로 기대됩니다.

> **참고** 해양수산부 누리집>보도자료>"선내 안전·보건 및 사고예방기준 제정"

〈 선내 안전·보건 및 사고예방 기준 〉

추진배경	선원의 안전·보건에 대한 「선원법」의 구체적인 규정이 미비
주요내용	선박별로 위험성평가 등 안전관리체계를 구축하고, 선원의 안전과 위생을 제고하기 위한 세부 기준 등을 규정
시 행 일	2025년 1월 25일

03 보건·복지·고용

보훈대상자 자녀의 기업체 보훈특별고용 지원연령 상향

국가보훈부 생활안정과(☎ 044-202-5651)

보훈대상자 자녀의 취업기회를 확대하기 위해 기업체 보훈특별고용* 지원연령 상향 관련 「국가유공자법 시행령」 등 관계법령이 개정되어 2025년 1월 1일부터 시행됩니다.

* (보훈특별고용제도) 상시직원 20인 이상 공·사기업체(제조업 200인 이상)가 보훈대상자 의무고용 비율(업종별로 3~8%, 공기업체 1% 가산)에 미달하는 경우 기업체에 보훈대상자를 추천하여 기업체가 고용하도록 하는 제도

❖ 국가유공자 등 보훈대상자 자녀의 기업체 보훈특별고용 지원연령이 39세까지로 확대됩니다.

〈 보훈대상자 자녀 보훈특별고용 지원연령 개정내용 〉

현행	개선
35세까지 취업지원 (35세 이전 신청 건에 대해서는 38세까지 지원)	39세까지 취업지원

이를 통해 보훈대상자 자녀에게 새로운 취업기회를 제공하여 보훈가족의 생활안정을 도모할 수 있을 것으로 기대됩니다.

참고 「국가유공자법 시행령」공포 (대통령령 제34996호, 2024. 11. 12., 일부개정), 「5·18유공자법 시행령」공포 (대통령령 제34998호, 2024. 11. 12., 일부개정), 「특수임무유공자법 시행령」공포 (대통령령 제34999호, 2024. 11. 12., 일부개정)

〈 보훈대상자 자녀의 기업체 보훈특별고용 지원연령 상향 〉

추진배경	최근 우리 사회의 고령화와 함께 보훈대상자 평균연령 및 청년 기준연령 상향 등 반영
주요내용	보훈대상자 자녀의 기업체 보훈특별고용 지원연령을 35세에서 39세까지로 확대
시 행 일	2025년 1월 1일 * 「국가유공자 등 예우 및 지원에 관한 법률 시행령」등 3개 법률 공포(2025. 11. 12.)

식약처, 신규 위생용품 안전관리 강화

식품의약품안전처 위생용품정책과(☎ 043-719-1745)

문신용 염료 및 구강관리용품이 위생용품 관리체계로 편입됨에 따라 안전관리가 강화됩니다.

* (구강관리용품) 칫솔, 치간칫솔, 치실, 설태제거기
* (문신용 염료) 인체의 피부에 무늬 등을 새기기 위한 피부 착색 물질

❖ 기존에 구강관리용품은 비관리제품*이었으며, 문신용 염료는 환경부의 「생활화학제품 및 살생물제의 안전관리에 관한 법률」에 따른 안전확인대상 생활화학제품으로 관리되어 왔습니다.
  * 「어린이제품 안전 특별법」에 따른 어린이 칫솔 등을 제외

❖ 그러나, 화학제품 등에 대한 국민 불안이 고조되면서 정부합동 '생활화학제품 안전관리대책'에 따라 안전확인대상 생활화학제품 중 인체에 직접 적용하는 제품인 문신용 염료는 식약처에서 관리하도록 조정되었습니다.

❖ 법이 시행되면 사전 안전관리를 실시하고, 지도·점검 등 상시 안전관리 체계가 구축되어 국민에게 보다 안전한 문신용 염료 및 구강관리용품이 공급될 것으로 기대됩니다.

〈 식약처, 신규 위생용품 안전관리 강화 〉

추진배경	문신용 염료 및 구강관리 용품의 체계적인 안전관리 강화에 대한 필요성 제기
주요내용	구강위생 확보, 구강건강의 증진 및 유지 등의 목적으로 제조된 칫솔, 치실 등 구강관리용품 및 인체의 피부에 무늬 등을 새기기 위한 피부 착색 물질인 문신용 염료를 위생용품의 종류에 추가하여 제품에 대한 사전·사후 안전관리 강화
시 행 일	「위생용품관리법」 개정에 따라 2025년 6월 14일부터 시행 예정

03 보건·복지·고용

국내 최초 생약 및 한약(생약)제제 품질관리 지원전문기관 '생약안전연구원' 설립

식품의약품안전처 한약정책과(☎ 043-719-3352)

천연물의약품 특성에 맞는 전주기적* 안전관리가 가능한 생약안전연구원을 설립하겠습니다.

  * 의약품 개발단계부터 허가·심사·부작용 관리 등에 이르기까지 의약품의 모든 과정을 말함

❖ 저출산·고령화 및 생활방식 등의 변화로 인해 안전한 의약품에 대한 관심이 높아지면서, 천연물 수요 또한 증가하고 있으며, 천연물 관련 시장은 지속 성장하고 있습니다.

❖ 이에 생약 및 한약(생약)제제의 안전성 확보와 국내 시장의 산업 활성화를 위해 생약의 품질 및 안전관리를 정부 차원에서 지원할 수 있는 체계를 구축합니다.

생약안전연구원은 부산대 양산캠퍼스(경남 양산시 물금읍) 내에 구축 중이며 2025년 4월 완공 예정입니다.

  * (공사기간) 2023년 6월~2025년 4월 / (사업규모) 연면적 5,315m^2(지하 1층, 지상3층)

〈 생약안전연구원 설립 추진 〉

추진배경	• 생약 및 한약(생약)제제의 품질관리 기술 및 제품화 지원 체계 부재 • 생약 등 품질·안전관리 시스템 및 생약 등 품질관리 전문인력 양성 필요
주요내용	생약안전연구원 설립 추진 – 천연물 제품 품질관리 전문기관 및 전문인력 양성을 통한 천연물 제품 활용 극대화 및 부가가치 창출 지원기반 마련 ※ (참고) 건축 공사 진행 현황(2024년 10월 기준) 공정률 약 73% 진행(2025년 4월 완공 예정)
시 행 일	생약안전연구원 설립 예정(2025년 4월)

「디지털의료제품법」 시행

식품의약품안전처 디지털의료제품TF(☎ 043-719-3779)

「디지털의료제품법」(2024년 1월 23일 제정)이 2025년 1월 24일부터 시행됩니다.

❖ 이 법은 디지털의료제품을 단일한 법적 체계에서 일관되고 유기적으로 관리하기 위해 제정된 법률로서, 이 법이 시행되면 인공지능 등 첨단 디지털 기술이 적용된 디지털의료제품*을 위한 새로운 규제체계가 마련됩니다.

* 디지털의료기기, 디지털융합의약품, 디지털의료·건강지원기기로 구분

❖ 시판 전 관리 중심의 전통적인 의료제품 규제에서 나아가, 신속하게 변화하는 첨단기술의 특성에 맞게 개발과 성능평가 등 전 주기 규제로 변화하여, 디지털 기술에 최적화된 규제로서 산업 성장을 견인할 것으로 기대됩니다.

이를 통해 국내 디지털의료제품의 신뢰도를 제고하고 국민이 안전하게 디지털의료제품을 사용할 수 있는 환경을 조성하여, 세계적으로 급성장하고 있는 디지털헬스 산업에서 우리나라 기업의 경쟁력을 높일 수 있을 것으로 기대됩니다.

> **참고** 식품의약품안전처 누리집〉보도자료〉"「디지털의료제품법」 시행령 및 시행규칙 입법예고 실시"

〈「디지털의료제품법」 시행〉

추진배경	AI 등 첨단 디지털기술을 적용한 디지털의료제품을 안전하게 사용하고 글로벌 규제를 선도하기 위한 세계 최초「디지털의료제품법」 시행
주요내용	하드웨어, 시판 전 관리 중심의 전통적 규제에서 나아가, 소프트웨어, 개발 및 성능평가 등 전주기 관리를 위한 디지털의료제품의 특성에 적합한 규제 체계 마련
시 행 일	2025년 1월 24일

맞춤형건강기능식품 제도 시행

식품의약품안전처 건강기능식품정책과(☎ 043-719-2451)

개인 생활습관이나 건강상태에 따라 전문가 상담·추천을 통해 다양한 건강기능식품을 소분·조합하여 판매할 수 있는 맞춤형건강기능식품 제도를 시행합니다.

* 「건강기능식품에관한법률」 개정(2024. 1. 2.), 시행(2025. 1. 3.)

❖ 이에, 맞춤형건강기능식품 시설기준, 영업자 준수사항, 맞춤형건강기능식품관리사 자격 기준 등의 하위 규정을 입법예고(2024. 10.)하였으며, 2025년 1월 3일 시행을 목표로 제도 시행을 준비하고 있습니다.

❖ 법이 시행되면, 개인 건강상태를 반영한 맞춤형 제품 제공으로 소비자 만족도를 제고하고, 과다·중복 섭취 방지로 이상 사례 예방, 내 몸에 필요한 성분만 제공하여 건강한 삶, 장기적으로 건강 증진 효과가 기대됩니다.

❖ 아울러, 신시장 창출을 통한 건강기능식품 산업의 성장 및 맞춤형건강기능식품관리사 선임을 통한 고용 창출도 예상됩니다.

〈 맞춤형건강기능식품 제도 시행 〉

추진배경	건강기능식품에 대한 소비자의 다양한 요구를 충족시키고, 건강기능식품 산업의 발전에 기여하기 위한 맞춤형건강기능식품판매업 신설 등의 법제화 추진
주요내용	개인 생활습관, 건강상태에 대한 전문가 상담을 바탕으로 건강기능식품을 소분·조합을 허용하는 시범사업 운영 결과를 토대로 맞춤형건강기능식품 제도를 도입 및 추진하고자 함
시 행 일	「건강기능식품법」 하위법령 개정에 따라 시행(2025년 1월 예정)

화장품 안전성 평가 도입 기반 마련

식품의약품안전처 화장품정책과(☎ 043-719-3412)

소비자 안전을 확보하고 수출규제 장벽에 대응하는 산업 경쟁력 강화를 위해 화장품 안전성 평가* 도입 기반을 마련합니다.

* (화장품 안전성 평가) 화장품이 일반적 또는 합리적으로 예상 가능한 조건에서 사용될 때 인체에 안전함을 입증하기 위해 실시하는 평가

❖ 국제적으로 화장품 안전 규제 강화 추세*로 우리나라에서도 화장품의 글로벌 경쟁력 강화를 위해 2028년 시행을 목표로 안전성 평가 제도 도입을 준비하고 있습니다.

* 유럽(2013년)에 이어 최근 중국(2021년)과 미국(2023년)에서 화장품 안전성 평가 제도 도입

❖ 2025년에는 우선 안정적 제도 도입 기반 마련을 위해 컨설팅, 가이드라인 및 평가기술 개발 등 업계를 지원할 예정이며, 지원체계를 전담 운영하는 전문기관 설립도 추진할 계획입니다.

이를 통해 우리나라 화장품 산업의 역량 강화를 유도하고 국가 브랜드 가치를 제고하여 장기 성장 동력을 확보할 수 있을 것으로 기대됩니다.

〈 화장품 안전성 평가 도입 기반 마련 〉

추진배경 소비자 안전 확보 및 수출규제 장벽에 대응하는 산업 경쟁력 강화

주요내용 안전성 평가 도입 기반 마련을 위해 업계 지원체계 구축
- (컨설팅) 중소업체 대상 안전성 평가 자료 작성요령, 평가기술 자문, 자료검토 등 지원
- (가이드라인) 안전성 평가 세부 구비사항을 안내하는 가이드라인 마련
- (기술지원) 안전성 평가모델 및 평가기술 개발, 업계 보급
- (전문기관) 안전성 평가 관련 업무를 전담하여 지원하는 전문기관 설립 추진

시행일 2025년 1월

03 보건·복지·고용

백신 임상시험 검체 분석 자동화시스템 구축

식품의약품안전처 바이오의약품정책과(☎ 043-719-3310)

임상시험 검체분석 자동화시스템 구축으로 백신 임상시험 중 수집된 임상검체(혈액 등) 분석이 보다 빠르고 정확해집니다.

❖ 임상검체 분석은 백신의 제품화 과정에서 면역원성 분석을 통해 유효성을 평가하는 시험검사입니다.

❖ 자동화시스템이 도입되면 시험자가 수동으로 하는 임상검체 분석 과정(시료분주, 이동, 반응, 세척 등)에 기계화된 자동화 장치가 투입되어, 소요시간이 1/5로 단축되고 정확도는 2~4배 향상됩니다.

❖ 자동화시스템 구축을 통해 국내 백신의 신속한 제품화는 물론, 해외 분석의뢰로 인한 기술 유출 가능성 차단 및 비용 절감 등 백신 산업 경쟁력 강화에 도움이 될 것으로 기대됩니다.

❖ 해당 서비스는 임상시험 검체 분석기관인 백신안전기술지원센터 누리집(www.k-vcast.kr)에서 신청 가능합니다.

〈 백신 임상시험 검체 분석 자동화시스템 구축 〉

추진배경	국내 백신 등 의약품 임상시험의 증가 추세로 신속하고 신뢰도 높은 임상시험 검체 분석기관의 필요성 증가
주요내용	임상시험검체분석의 신뢰성 제고 및 경쟁력 향상을 위해 자동화시스템 구축 *(효과) 기존 대비 소요시간 1/5 단축 및 정확도 2~4배 향상
시행일	2025년 7월

유럽 의료기기법(MDR) 시행에 따른 국내 의료기기 업체 수출지원

식품의약품안전처 의료기기정책과(☎ 043-719-3757)

유럽 의료기기법(MDR)이 시행됨에 따라 유럽 내 의료기기에 대한 안전관리가 강화됩니다. 이에 따라 국내 의료기기 업체의 유럽 수출을 지원하기 위한 사업을 2025년 1월부터 수행합니다.

❖ 이 사업을 통해 유럽의료기기법(MDR) 및 유럽의료기기 전문가 그룹(MDCG) 요구사항 등 관련 규제 정보에 대한 가이드라인을 제공하고,

❖ 품목별 해외 인증 사례에 관한 주요 사항의 정보를 제공하여 국내 의료기기의 유럽 시장 진출을 지원할 계획입니다.

❖ 또한, 유럽의료기기법(MDR) 관련 맞춤형 교육을 통해 국내 전문인력을 양성하여 유럽 안전관리 강화에 대한 대응 역량을 제고하겠습니다.

이를 통해 수출 의존도가 높은 국내 의료기기 업체들이 신속한 유럽 인허가 획득으로 유럽 수출이 활성화될 것으로 기대됩니다.

〈 유럽 안전관리 강화에 따른 국내 의료기기 업체 수출지원 〉

추진배경	유럽의료기기법(MDR) 시행에 대응하여 유럽 수출 활성화를 위한 의료기기 산업계에 지원 필요성 제기
주요내용	유럽의료기기법(MDR) 등 관련 규제정보 분석하고, 품목별 해외 인증 사례에 관한 주요 사항의 정보를 제공하며, 유럽의료기기법(MDR) 관련 전문인력을 양성
시 행 일	2025년 1월

의료제품분야 국제표준화 회의 국내 개최

식품의약품안전처 의료기기허가과(☎ 043-719-5355)

의료제품분야 국제표준*화 활동 강화 및 국제표준 선도 활동을 지원하기 위한 '2025년도 국제표준화 회의'를 국내에서 개최합니다.

* (국제표준, IEC 및 ISO) 국가 간 공동이익 도모를 위해 국제적 합의로 제정되어 범세계적으로 사용되는 기술표준

❖ 국내에서 개최하는 2025년 의료제품분야 국제표준화 회의는 ▲'의료용 제재 및 카테터 투여기기(ISO/TC 84)'와 ▲'치과(ISO/TC 106)' 국제표준화 회의이며,

- 이번 국제회의는 국내외 전문가들과의 네트워크 구축 강화 및 국제표준 개발과 관련한 다양한 의견을 나누는 소통의 장이 될 것으로 기대됩니다.

❖ 나아가 이번 국제회의를 통해 국내 제조 카테터 등 의료용 제품과 치과 분야 관련 우리나라 기술표준의 국제표준 등재 추진을 위한 제안 기회로 삼을 수 있게 되어 국내 제조 의료기기 산업 발전의 도약 기회가 될 것으로 기대됩니다.

〈 의료제품분야 국제표준화기구 회원국 활동 적극 지원 〉

추진배경	의료제품분야 국제표준화 활동 강화 및 국내 표준의 국제표준 등재 추진 등 표준화 활동 선제적 지원

주요내용	2025년도 국제표준화 회의(2개 분야) 국내 개최
	• '의료용 제재 및 카테터 투여기기'(ISO/TC 84)
	   * 주관: 한국의료기기안전정보원(표준개발협력기관)
	• '치과'(ISO/TC 106)
	   * 주관: 대한치과의사협회(표준개발협력기관)

시행일	ISO/TC 84(2025년 2월, 서울) 및 ISO/TC 106(2025년 9월, 서울)

www.kdca.go.kr
질병관리청

C형간염 항체검사 국가건강검진 도입

질병관리청 감염병관리과(☎ 043-719-7159)

2025년부터 56세 국가건강검진에 C형간염 항체검사가 도입됩니다.

C형간염은 무증상 감염이 대부분(약 70~80%)이라서 조기에 발견하기 어려우며, 적절히 치료하지 않으면 만성간염으로 진행 후 간경변증·간암 등 중증 간질환을 초래합니다.

❖ C형간염은 별도 예방 백신이 없어, 감염자를 조기에 발견하고 치료를 실시하는 것이 최선의 감염 관리 방법입니다.

❖ C형간염 항체 검사를 통해 감염 사실을 인지하지 못하고 있는 C형간염 환자를 조기에 발견 가능할 것으로 기대됩니다.

❖ 2025년부터 C형간염 항체검사가 국가건강검진에 도입됨으로써 약 5천명의 항체양성자를 조기 발견할 수 있을 것으로 예상됩니다.

국가건강검진 결과 C형간염 항체양성자는 국가암관리 사업 대상자로 등록·관리되며, 확진(RNA) 검사를 위한 비용도 지원할 예정입니다.

참고 질병관리청 누리집>보도자료(전체)>"2025년부터 국가건강검진에 C형간염 항체검사 도입"

〈 C형간염 항체검사 국가건강검진 도입 〉

추진배경 무증상인 C형간염 환자의 조기발견 및 추가 전파 차단
주요내용
- 56세 대상 C형간염 항체검사 국가건강검진 도입
- 항체양성자 대상 국가암관리 사업 대상자 등록 및 확진검사비 지원

시행일 2025년 1월 1일

03 보건·복지·고용

「손상 예방 및 관리에 관한 법률」 시행

질병관리청 손상예방정책과(☎ 043-719-7414)

「손상 예방 및 관리에 관한 법률」(2024. 1. 23. 제정)이 2025년 1월 24일부터 시행됩니다.

※ '손상': 질병을 제외한 각종 사고, 재해 또는 중독 등 외부적인 위험요인에 의하여 발생하는 신체적·정신적 건강상의 문제 또는 그 후유증(「손상예방법」 제2조)

❖ 「손상예방법」에 따라, 국가와 지자체는 손상을 예방하고 손상환자에게 적절한 의료서비스가 제공될 수 있도록 손상연구, 손상조사·통계, 손상예방사업 등을 실시하여야 합니다.

❖ 특히 2025년부터 중앙손상관리센터를 신설하여 손상예방 관련 교육·홍보, 조사·통계 등을 수행하며 손상예방·관리 사업의 효율적인 추진을 지원합니다.

– 또한, 손상예방·관리 정책에 관한 주요 사항을 심의하는 국가손상관리위원회가 설치되고, 「제1차 손상관리종합계획」(2026~2030)이 연내 수립·발표됩니다.

이를 통해 중앙과 지역의 손상예방·관리 정책 추진체계를 구축하여, 통합적 손상 예방·관리 정책을 추진함으로써 생활 속 다양한 손상 위험으로부터 국민 건강을 보호할 수 있을 것으로 기대합니다.

참고 질병관리청 누리집〉알림·자료〉보도자료〉"「손상 예방 및 관리에 관한 법률」 국회 본회의 통과((12. 20.)"

〈 「손상 예방 및 관리에 관한 법률」 시행 〉

추진배경 손상 예방을 통한 국민 건강 증진을 위해 「손상 예방 및 관리에 관한 법률」 시행
주요내용 • 손상예방관리사업의 효율적 추진을 지원하기 위해 중앙손상관리센터 설치
• 국가손상관리위원회 설치 및 「제1차 손상관리종합계획」 수립·발표
시 행 일 2025년 1월 24일

후천성면역결핍증 확인검사기관 확대

질병관리청 진단분석국 바이러스분석과(☎ 043-719-8192)

후천성면역결핍증 확인검사기관이 공공기관(질병관리청, 보건환경연구원)에서 의료기관*까지 확대됩니다.

* 진단검사의학과 전문의가 상근하는 의료기관과 수탁검사기관, 진단검사의학과가 개설된 의과대학

❖ 의료기관에서 바로 HIV 확인검사를 수행함으로써 신속한 검사 결과 통보 및 감염인의 조기 치료 연계가 가능해집니다.

　– 이를 통해 수검자의 불안감 해소와 2차 감염 등 추가전파 방지에 기여할 것으로 기대됩니다.

❖ 또한, 공공기관은 사회취약계층을 위한 무료 검사를 지속 제공할 계획입니다.

이를 위하여 「후천성면역결핍증 확인검사기관 지정 고시」가 2025년 중 제정되어 시행 예정입니다.

참고 질병관리청 누리집〉보도자료〉"적극적인 질병관리 규제혁신으로 민생은 불편 없이, 신산업은 더 성장하게"

〈 후천성면역결핍증 확인검사기관 확대 〉

추진배경	신속한 HIV 확인검사 결과 통보를 위한 확인검사기관 확대 필요성 제기
주요내용	HIV 확인검사기관을 공공기관(질병관리청, 보건환경연구원)에서 의료기관까지 확대하기 위한 고시를 제정
시 행 일	「후천성면역결핍증 확인검사기관 지정 고시」 제정일(2025년 예정)부터 시행

사할린동포 영주귀국 및 정착 지원 강화

재외동포청 아주러시아동포과(☎ 032-585-3288)

2025년부터 사할린동포 직계비속 1명만이 아니라 사할린동포의 모든 자녀가 영주귀국 지원을 신청할 수 있습니다.

❖ 개정 「사할린동포 지원에 관한 특별법」이 2024년 7월 17일부터 시행되어 영주귀국을 지원하는 사할린동포의 동반가족의 범위가 사할린동포의 배우자 및 직계비속 1명과 그 배우자에서, 사할린동포의 배우자 및 자녀와 그 배우자로 확대되었습니다.

– 개정 법률에 따른 지원 신청은 2025년 3월부터 4월까지 두 달 동안 받을 예정입니다.

> **참고** 재외동포청 누리집〉보도자료〉"[보도자료] 사할린동포, 자녀 모두와 함께 영주귀국한다(2024. 1. 16.)"

아울러, 영주귀국하여 국내에 정착 중인 사할린동포와 그 동반가족의 생활에 대한 실태조사가 2025년에 처음으로 진행됩니다.

❖ 정부는 사할린동포 지원 정책 수립의 기초자료로 활용하기 위해 주거, 경제상태 등 생활 여건을 2년마다 조사할 예정이고, 2025년에 첫 조사를 시작합니다.

> **참고** 재외동포청 누리집〉보도자료〉"[보도자료] 영주귀국 사할린동포 생활 실태조사, 내년 첫 실시(2024. 7. 9.)"

이를 통해 사할린동포와 그 동반가족에 대한 영주귀국 및 정착 지원이 강화될 수 있을 것으로 기대됩니다.

〈 사할린동포 영주귀국 및 정착 지원 강화 〉

추진배경	사할린동포와 그 동반가족의 영주귀국 및 정착 지원 강화
주요내용	• 사할린동포 동반가족의 범위를 사할린동포의 배우자 및 직계비속 1명과 그 배우자에서 사할린동포의 배우자 및 자녀와 그 배우자로 개정 • 영주귀국 사할린동포와 그 동반가족의 생활 여건 등 파악을 위한 실태조사 2년마다 실시
시 행 일	2024년 7월 17일(단, 개정된 법령에 규정된 동반가족의 범위를 반영한 지원 신청은 2025년부터 시행)

2025년부터 이렇게 달라집니다

04
문화·체육·관광

01 문화체육관광부

자세한 내용은 P.156

청소년의 '법 위반 유발행위'에 따른 게임물관련사업자 행정처분 면제

시행일: 2025년 4월 23일

- 청소년의 신분증 위·변조 및 도용으로 청소년인 사실을 알지 못했거나, 폭행·협박 등으로 청소년임을 확인하지 못한 사정이 인정되는 경우 게임물제공사업자의 행정처분을 면제합니다.

구분	기존	변경
대상 사업자	인터넷컴퓨터게임 시설제공업 (PC방)	게임물제공사업자 (예시) • 일반게임제공업: 성인오락실 • 청소년게임제공업: 청소년오락실 • 인터넷컴퓨터게임시설제공업: PC방 • 복합유통게임제공업: PC방+청소년게임제공, PC방+타업종
위반사항	게임물 등급 이용·제공 위반	청소년 출입 제한·시간 위반사항 추가

02 문화체육관광부

자세한 내용은 P.157

인구감소지역에 소규모 관광단지 제도 도입

시행일: 2025년 4월 23일

- 인구감소지역에 소규모 관광단지를 개발할 수 있도록 지정기준을 완화하고 승인절차를 간소화하는 한편, 기존 관광단지에 적용해온 혜택은 동일하게 적용됩니다.

- 지정규모 : 5만m² 이상 30만m² 미만
- 필수시설 : 2종(공공편익시설, 관광숙박시설) 이상
- 승인권자 : 시·군·구청장
- 혜택 : 개발부담금 면제, 취득세 감면,
  공유재산 임대료 감면,
  관광진흥개발기금 융자지원 등

03 해양수산부

해양레저관광산업 육성을 위한 근거법령 마련

시행일: 2025년 1월 31일

- 분산되어 있던 해양레저 관련 법들을 「해양레저관광진흥법」으로 통합
- 해양레저관광산업 육성을 위한 방향 제시
- 해양레저관광자원의 관리·보전 및 자원 이용을 위한 기반 조성

청소년의 '법 위반 유발행위'에 따른 게임물제공사업자 행정처분 면제

문화체육관광부 게임콘텐츠산업과(☎ 044-203-2447)

청소년의 '법 위반 유발행위'에 따른 선량한 게임물제공사업자의 행정처분을 면제하는 내용의 「게임산업진흥에 관한 법률」이 2024년 10월 22일 개정·공포되어 2025년 4월 23일 시행됩니다.

* 청소년의 신분증 위변조 및 도용으로 청소년인 사실을 알지 못했거나, 폭행·협박 등으로 청소년임을 확인하지 못한 사정이 인정되는 때 적용

* 면제처분 대상 사업자 및 위반 항목 확대 시행

구분	기존	변경(확대)
대상 사업자	인터넷컴퓨터게임시설제공업 (PC방)	게임물제공사업자 (예시) • 일반게임제공업: 성인오락실 • 청소년게임제공업: 청소년오락실 • 인터넷컴퓨터게임시설제공업: PC방 • 복합유통게임제공업: PC방+청소년게임제공, PC방+타업종
위반사항	게임물 등급 이용·제공 위반	청소년 출입 제한·시간 위반사항 추가

❖ 또한 이와 관련, 게임물제공사업자는 청소년의 출입제한, 게임물 이용등급 등 준수사항 이행을 위해 필요한 경우 출입자 또는 이용자에게 연령을 확인할 수 있는 주민등록증 등 증표의 제시를 요구할 수 있습니다.

* 게임물제공사업자가 증표의 제시 및 확인 할 수 있는 법적 근거 마련·시행

이를 통해 청소년에게 속아 불가피하게 위법영업을 하게 된 선량한 게임물제공사업자들이 보호받을 수 있을 것으로 기대합니다.

〈 청소년의 법 위반 유발행위에 따른 게임물제공사업자 행정처분 면제 〉

추진배경	청소년의 악의적 영업장 이용에 따른 소상공인 보호 필요성 제기
주요내용	• 청소년의 위변조 신분증 등으로 연령 확인이 불가피한 사정이 인정되는 경우 게임물제공사업자의 법 위반 행정처분 면제 • 게임물제공사업자의 출입·이용자 연령 확인을 위한 증표 제시 요구 근거 마련
시행일	2025년 4월 23일 시행(연령 확인 위한 증표 제시 요구 근거는 2024년 10월 22일 시행)

인구감소지역에 소규모 관광단지 제도 도입

문화체육관광부 관광개발과(☎ 044-203-2892)

인구감소지역에 '소규모 관광단지 제도'를 신규로 도입하는 내용의 「관광진흥법」이 2024년 10월 22일 개정되어 2025년 4월 23일 시행됩니다.

❖ 소규모 관광단지 제도는 인구감소지역에 기존 관광단지보다 작은 면적을 비교적 단기간에 관광단지로 개발할 수 있는 여건을 마련하는 제도입니다.

❖ 또한 기존 관광단지에 적용해온 개발부담금 면제, 취득세 감면, 공유재산 임대료 감면, 관광진흥개발기금의 융자 지원 등의 혜택을 동일하게 적용할 예정입니다.

이를 통해 인구감소지역의 생활인구를 늘리고 지역이 지닌 성장 잠재력을 살려 지속가능한 지역발전에 기여할 것으로 기대합니다.

〈 소규모 관광단지 제도 개요 〉

주요내용 지정기준 완화 및 지정·승인절차 간소화
- 지정 규모: (기존) 50만m² 이상 → (신설) 5만m² 이상 30만m² 미만
- 지정 필수시설: (기존) 3종 이상 → (신설) 2종(공공편익시설, 관광숙박시설) 이상
- 지정 및 조성계획 승인권자: (기존) 시·도지사(지정 전 문체부 사전협의)
  → (신설) 시·군·구청장(지정 전 시·도지사 사전협의)

시행일 관광진흥법 개정 완료(2024년 10월 22일)
2025년 4월 23일 관광진흥법 시행령 및 시행규칙 개정·시행

04 문화·체육·관광

통합문화이용권 1인당 지원금이 연간 14만원(7.7% 증)으로 인상

문화체육관광부 문화정책과(☎ 044-203-2516)

2024년에는 통합문화이용권 1인당 지원금이 연간 13만원에서 14만원으로 7.7% 인상됩니다.

통합문화이용권은 가까운 읍·면·동 주민센터 또는 누리집, 모바일앱, 전화 ARS(1544-3412)로 발급 신청할 수 있으며, 문화예술·관광·체육 활동과 관련된 전국 3만여개의 온·오프라인 가맹점에서 이용할 수 있습니다.

참고 문화누리카드 누리집(www.mnuri.kr)

〈 통합문화이용권 사업 개요 〉

주요내용
- (대 상) 기초생활수급자 및 차상위계층(6세 이상) 264만명
- (내 용) 문화예술·여행·체육활동에 이용할 수 있는 연간 14만원의 '통합문화이용권(문화누리카드)' 발급

시 행 일
- (발급기간) 2025년 2월 3일(월) ~ 2025년 11월 28일(금)
  ※ 주민센터 방문 발급은 2025년 11월 28일(금) 18시까지
- (이용기간) 발급일로부터 2025년 12월 31일까지

대중문화예술분야 불공정행위를 근절할 「대중문화예술산업발전법」 개정

문화체육관광부 대중문화산업과(☎ 044-203-2462)

대중문화예술인에 대한 소속사의 수입금 미정산 등 불공정행위를 근절하기 위하여 「대중문화예술산업발전법」이 개정됩니다.

❖ 소속사의 미정산, 미지급 등 불공정행위에 대하여 문화체육관광부가 관련자에게 자료제출, 출석 등을 요구할 수 있는 조사 권한을 규정하였습니다.

❖ 또한, 회계내역 등 정산자료를 대중문화예술인의 요구가 있는 경우 즉시(현행), 요구가 없는 경우에도 정기적으로(개정) 제공하도록 하였습니다.

개정된 「대중문화예술산업발전법」은 2024년 10월 22일 공포하여 2025년 4월 23일부터 시행되며, 이를 통해 공정한 대중문화예술산업 질서를 확립할 것으로 기대됩니다.

〈 「대중문화예술산업발전법」 개정 〉

추진배경	대중문화예술 분야 불공정행위에 대한 시장질서 확립
주요내용	• 대중문화예술분야 불공정행위에 대한 문화체육관광부장관의 조사권 신설 • 대중문화예술기획업자의 회계내역 등 정기적 제공의무 명시
시행일	2025년 4월 23일

문화산업 완성보증 확대 개편

문화체육관광부 콘텐츠금융지원과(☎ 044-203-2582)

'문화산업 완성보증'을 확대 개편하는 「문화산업진흥기본법」(2024. 10. 22. 공포) 개정안이 2025년 4월 23일부터 시행됩니다.

❖ 기존 완성보증은 판매계약이 체결된 프로젝트의 완성(제작)에 대한 제한적 보증으로 제작 외 단계에 보증 공급이 불가능하였으나,

- 이 개정안이 시행되면 기존 완성보증을 문화산업보증으로 확대개편, 기획·개발, 제작 및 유통 등 콘텐츠 밸류체인 전 단계에 보증 공급이 가능합니다.

❖ 또한, 기존 보증기관(신·기보)외에 무역·수출 분야 전문성을 지닌 한국무역보험공사를 보증기관에 추가함으로써 콘텐츠 수출 활성화에 기여할 예정입니다.

이를 통해 콘텐츠 기업의 자금조달을 더욱 두텁게 지원함으로써 문화상품 제작 활성화에 기여할 수 있을 것으로 기대됩니다.

〈 문화산업 완성보증 확대개편 〉

추진배경	완성보증은 판매계약이 체결된 프로젝트의 제작(완성)에 대한 제한적 보증으로, 기획·개발 및 유통 등 제작 외 단계에는 보증이 불가하다는 한계
주요내용	• 완성보증의 명칭을 '문화산업보증'으로 수정하는 한편, 제작·유통 등 전 단계에 보증 공급이 가능하도록 정의 수정 • 문화산업보증을 운영할 수 있는 기관에 한국무역보험공사를 추가하고 정부의 출연 근거 마련
시 행 일	「문화산업진흥 기본법」개정안 공포 6개월 후(2025년 4월 23일)부터 시행

해양레저관광산업 육성을 위한 근거법령 마련

해양수산부 해양레저관광과(☎ 042-200-5252)

「해양레저관광진흥법」 시행(2025. 1. 31.)에 따라 정책의 중장기 방향을 제시하는 해양레저관광 종합계획을 수립하고, 관련 정책*과 사업*을 더욱 체계적이고 안정적으로 추진할 예정입니다.

* ▲ 해양레저관광 기반 조성사업 지원 ▲ 해양레저관광 상품개발 지원 ▲ 해양레저관광자원의 보호·관리, ▲ 실태조사 및 통계 구축 ▲ 민간기관 및 단체의 육성·지원 등

❖ 해수욕장, 수중레저, 해양치유 등 해양레저관광 개별법에 따라 분산되었던 정책을 종합하고, 해양레저관광산업 육성을 위한 통합된 정책 방향을 제시할 계획입니다.

〈 해양레저관광산업 육성을 위한 근거법령 마련 〉

추진배경 국회의 의원입법 발의* 및 규제혁신추진단과 해양레저관광 분야에 대한 기본법 제정을 규제혁신 과제로 발굴하여 추진
　　　　* 하영제 의원(2021. 5. 14. 발의), 주철현 의원(2022. 8. 9. 발의), 박형수 의원(2023. 1. 9. 발의)

주요내용 • 해양레저관광 개별법에 따라 분산되었던 정책 종합 및 해양레저관광산업 육성을 위한 방향 제시
　　　　• 해양레저관광자원의 관리·보전 및 자원 이용을 위한 기반 조성

시 행 일 「해양레저관광진흥법」(2025년 1월 31일)

규제 허가절차 간소화를 위한 '국가유산영향진단' 제도 시행

국가유산청 역사유적과(☎ 042-481-4994)

국가유산 주변지역에서 개발행위 시 복잡하고 이원화된 규제 허가절차를 간소화하는 「국가유산영향진단법」이 시행됩니다.

❖ 기존에는 국가유산 주변지역에서 개발행위 시 규제 절차가 이원화되어 있었습니다.

　* 「매장유산 보호 및 조사에 관한 법률」에 따라 매장유산의 분포 여부 확인을 위한 지표조사와 유존지역 협의를 실시하고, 「문화유산의 보존 및 활용에 관한 법률」에 따라 문화유산 보존 영향검토 절차 이행

❖ 이러한 규제절차들을 '국가유산영향진단'으로 통합함으로써 기존에 최소 40일 이상 소요되던 처리기간이 최소 10일로 대폭 단축되어 그간 처리기간 지연 등으로 인한 국민 불편을 해소하고, 대규모 개발계획 수립 전 사전영향협의를 통해 국가유산의 가치 훼손을 보다 적극적으로 예방할 수 있을 것으로 기대하고 있습니다.

> **참고** 국가유산청 누리집>보도자료>"「국가유산영향진단법」 통과…기존 40일 이상 → 최소 10일로 처리기간 간소화 되는 '국가유산영향진단' 도입"

〈 규제 허가절차 간소화를 위한 '국가유산영향진단' 제도 시행 〉

추진배경 개발계획 또는 건설공사가 매장유산 또는 지정유산의 보존에 영향을 미칠 우려가 있는 행위인지 여부를 미리 조사·예측·진단하여 국가유산의 가치를 보호하고 국민불편을 해소하고자 함

주요내용
- 국가유산 주변지역에 개발계획을 수립하려는 행정기관의 장은 계획 확정 전에 국가유산청장에게 사전영향협의 요청
- 국가유산 주변지역에서 일정규모 이상 건설공사의 시행자는 사업계획 수립 완료 전에 영향진단을 실시

시행일 2025년 2월 14일

재외동포와의 소통 플랫폼 신규 개설·운영

재외동포청 대변인실(☎ 032-585-3244)

2025년부터 24시간 상시 운영되는 재외동포와의 소통 플랫폼(가칭 '재외동포TV')을 새로 개설하여 운영합니다.

❖ 유튜브 라이브 스트리밍과 해외 한인 방송 등 TV 플랫폼을 활용하여 재외동포 관련 콘텐츠를 전달하고자 합니다.

❖ 재외동포들의 일상 시간에 맞추어, 정부의 재외동포정책과 재외동포 관련 다양한 콘텐츠를 전달하는 24시간 방송 플랫폼을 운영하겠습니다.

이를 통해 모든 세대의 재외동포들이 일상생활 속에서 자연스럽게 모국의 소식과 국정 운영 성과, 국제사회에서 관심과 인기가 높은 K-컬처·K-콘텐츠 등을 접할 수 있을 것으로 기대됩니다.

〈 재외동포와의 소통 플랫폼 신규 개설·운영 〉

추진배경	국가별 매체 환경이 다양한 재외동포들을 대상으로 한 재외동포 정책 및 국정 이해도 제고
주요내용	• 재외동포가 주 시청 대상인 24시간 소통 플랫폼을 신설·운영하여 재외동포들의 정체성 함양 및 재외동포 정책 접근 기회 제고 　　• ▲동포사회 소개 ▲공공외교 관련 콘텐츠 ▲재외동포정책 ▲특집 프로그램 관련 콘텐츠 제작
시행일	2025년 6월 1일

2025년부터
이렇게 달라집니다

05

환경·기상

01 환경부

배출권거래제 소량배출사업장 과태료 부과기준 완화

자세한 내용은 P.172

시행일: 2025년 2월 예정

- 배출권거래제 참여업체(할당대상업체)가 소유 또는 임차하고 있는 소량배출 사업장(온실가스 연 배출량 3,000톤 이하)이 주소를 이전하면 과태료 부과 대상에서 제외됩니다.
  단, 동일 업무 수행, 동일한 사업장으로 보고한 경우만 해당

주소이전 미신고로 과태료 부과

주소이전 신고대상 제외

02 환경부

배출권 이월제한 기준 완화

자세한 내용은 P.173

시행일: 2025년 6월

- 배출권 이월제한 기준이 완화됩니다.
  (기존) 순매도량 3배 → (변경) 순매도량 5배

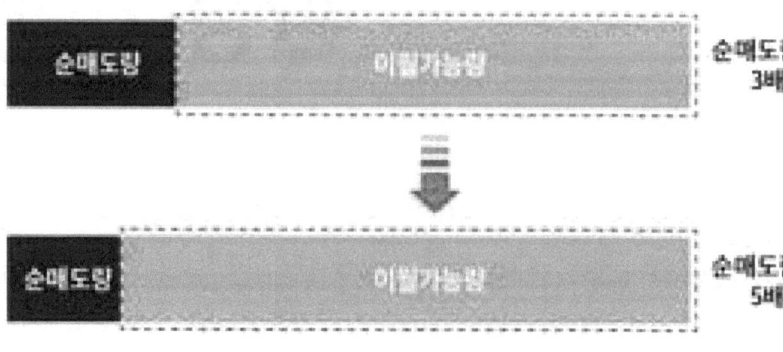

03 환경부
배출권 위탁거래 도입

자세한 내용은 P.174

시행일: 2025년 하반기

- 배출권 거래시장의 활성화를 위해 배출건거래중개업이 도입됩니다.
  - 할당대상업체 및 제3자는 배출권거래중개회사를 통해 배출권 위탁거래 가능
  - 증권사 홈트레이딩시스템(HTS) 통해 편리하게 거래

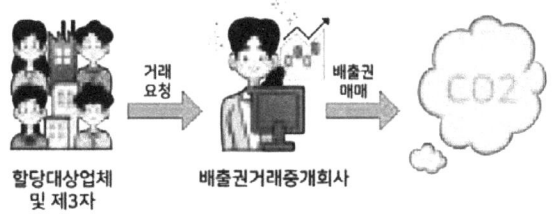

04 환경부
중소·중견기업 성장지원을 위한 녹색전환보증 시행

자세한 내용은 P.175

시행일: 2025년 1월

- 2025년부터 중소·중견기업 성장에 필요한 자금을 지원하는 '녹색전환보증' 사업이 시행됩니다.
- 온실가스 감축에 기여하거나 우수 환경기술 보유기업 등에 보증을 제공합니다.
- 지원대상 선정 후 최대 100%까지 보증을 제공받을 수 있습니다.

05 환경부

공공부문 「바이오가스 생산목표제」 시행

시행일: 2025년 1월 1일

- 「유기성폐자원을 활용한 바이오가스의 생산 및 이용 촉진법」에 따라 공공부문 바이오가스 생산목표제가 시행됩니다.

  - 공공 의무생산자(전국 지자체) 생산목표:
    2025년 50% → 2045년 80%
  - 민간 의무생산자 생산목표:
    2026년 10% → 2050년 80% 단계적 확대

- 생산목표율: 유기성폐자원으로 생산할 수 있는 바이오가스 최대 생산량 기준으로 생산 의무가 부여되는 비율

06 환경부

신규화학물질 등록기준 조정

시행일: 2025년 1월 1일

- **신규화학물질의 등록기준이 연간 1톤 이상으로 상향됩니다.**

  - 신규화학물질 등록기준: (2024) 연간 0.1톤 → (2025) 연간 1톤
  - 등록기준 상향에 따른 안전관리 대책으로 등록·신고된 화학물질의 정보공개를 확대하고, 신고 제도를 내실화합니다.

신규 화학물질 등록기준

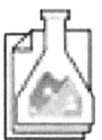 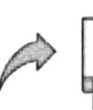 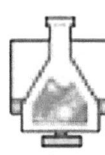

연 0.1톤 → 연 1톤

07 환경부
유해화학물질 위험도 등에 따른 안전관리 체계 개선

자세한 내용은 P.178
시행일: 2025년 8월 7일

- 유해화학물질 취급시설 영업허가 및 검사제도가 2025년 8월 7일부터 위험도 및 취급량에 따라 차등적으로 적용됩니다.

기존(~2024년)	변경(2025년~)
• 취급량과 관계 없이 영업 허가	• 소량 취급하는 시설에 대하여는 영업신고
• 영업허가 여부에 따라 1년(2년) 주기로 정기검사	• 취급시설의 취급량·위험도에 따라 정기검사 주기 차등화 (1~4년)

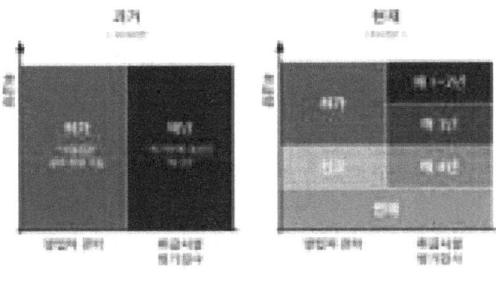

08 해양수산부
해양 기후변화 감시예측 정보 통합생산

자세한 내용은 P.195
시행일: 2025년 하반기

- 급변하는 기후변화 대응을 위해 보다 다양한 해양 기후변화 감시 예측 정보를 제공합니다.

  - 우리나라 해역과 극지의 해수온, 해수면 높이, 해빙 등 다양한 기후요소 감시·예측
  - 기후요소에 대한 전월 감시정보 및 1개월(주간), 3개월(월간) 예측정보 제공

09 기상청

위험기상을 빠르게 알리는 긴급재난문자 확대

시행일: 2025년 5월(지역 확대) / 11월(요소 확대)

자세한 내용은 P.200

- 2025년 5월부터 국민 안전을 지키기 위한 호우 긴급재난문자 운영지역이 전국으로 확대됩니다.
- 2025년 11월부터 대설에 대한 안전안내문자를 신규로 제공합니다.

10 기상청

선제적 폭염 정보 제공

시행일: 2025년 6월

자세한 내용은 P.201

- 2025년 6월부터 선제적 폭염 대비를 위해 폭염 정보를 더 빨리 제공합니다.

  - 최대 5일까지 폭염 발생 가능성 정보를 재난 관계기관에 시범 제공
  - 폭염 영향예보를 2일 전에 제공

11 기상청

「해수면 온도에 대한 기후예측」 시범 서비스

자세한 내용은 P.202

시행일: 2025년 11월 23일

- 2025년 11월 23일부터 한반도 주변 해역의 기후변화에 사전 대응할 수 있도록 매월 23일(월1회) '해수면 온도에 대한 3개월 전망'을 발표합니다.
- 기후위기 사전 대응을 위해 한반도 주변 해역의 "해수면 온도 3개월 전망"을 매월 23일 월별로 발표합니다.

배출권거래제 소량배출사업장 과태료 부과기준 완화

환경부 기후경제과(☎ 044-201-6581)

소규모 영업소, 사무실 등 소량배출 사업장의 경우 주소지 이전 시 과태료 부과 기준이 완화됩니다.

❖ 배출권거래제 참여업체(할당대상업체)가 소유 또는 임차하고 있는 소규모 영업소, 사무실 등 소량배출 사업장(온실가스 연 배출량 3,000톤 이하)의 경우 주소지 이전 시 과태료 부과 대상에서 제외됩니다.

❖ 다만, 동일 업무를 수행하고, 명세서에 동일한 사업장으로 보고한 경우에만 해당됩니다.

> 참고 현행 「온실가스 배출권의 할당 및 취소에 관한 지침(환경부고시)」 개정 예정(2025. 2.)

❖ 과태료 부과 기준이 개정됨으로써, 소규모 영업소, 사무실 등 소량배출 사업장이 주소를 이전하는 경우 경제적, 행정적 부담이 완화될 것으로 기대됩니다.

〈 배출권거래제 소량배출사업장 과태료 부과기준 완화 〉

구분	내용
추진배경	본사에서 소규모 사업장 폐쇄·이전을 1개월 내에 파악하기 어려우며, 폐점신고서 수리기간이 1~3개월 소요되어 입증서류 수집 곤란 등 어려움
주요내용	소규모 영업소, 사무실 등 소량배출 사업장(온실가스 연 배출량 3,000톤 이하)의 경우 주소지 이전 시 과태료 부과 제외* * 단, 동일 업무를 시행하고, 명세서에 동일한 사업장으로 보고한 경우에 한함
시 행 일	2025년 2월 예정 ※ 「온실가스 배출권의 할당 및 취소에 관한 지침」 개정 예정(2025년 2월)

배출권 이월제한 기준 완화

환경부 기후경제과(☎ 044-201-6593)

배출권 이월제한 기준이 순매도량의 3배에서 5배로 완화됩니다.

❖ 할당대상업체는 KAU24 이월 시 배출권 순매도량*의 5배를 다음 이행연도로 이월할 수 있습니다.
  * 순매도량 = 매도량 − 매수량

❖ 해당연도의 무상할당량이 배출량보다 적은 업체의 경우는 동일하게 보유한 배출권 전량을 이월할 수 있습니다.

'제3차 계획기간 배출권 할당계획'이 변경(2024. 12.)을 통해 반영되었습니다.

> **참고** 환경부 누리집〉보도·설명 "미래세대를 위한 구조개혁 및 녹색 선순환체계 구축"

〈 배출권 이월제한 완화 〉

추진배경 배출권 수급 안정화 및 시장 자율성 강화를 위해 배출권 이월제한 기준 완화

주요내용 배출권 이월제한 규제 완화
- 잉여(무상할당량 〉 배출량)업체: 순매도량의 3배 → 순매도량의 5배
- 부족(무상할당량 〈 배출량)업체: 부족한 양보다 더 매수한 경우 전량 이월 가능

시 행 일 2025년 6월 ~ (2025년 KAU24 이월 신청 시부터 반영)

05 환경·기상

배출권 위탁거래 도입

환경부 기후경제과(☎ 044-201-6593)

「온실가스 배출권의 할당 및 거래에 관한 법률」 및 같은 법 시행령 개정·시행(2025. 2.)에 따라, 배출권거래중개업이 도입됩니다.

❖ 현재 추진 중인 배출권 위탁거래 중개시스템 시범사업 등 위탁거래를 위한 시스템 구축 등을 거쳐 위탁거래가 시행됩니다.

❖ 할당대상업체 및 제3자(금융기관 등)는 배출권거래중개회사를 통해 배출권 위탁거래를 할 수 있습니다.

❖ 기존 배출권거래소(한국거래소)를 통한 직접거래만 가능했다면, 배출권거래중개회사로 등록한 증권사의 홈트레이딩시스템(HTS)을 통해 편리하게 거래가 가능해집니다.

배출권 위탁거래가 도입되고 시장 참여자가 단계적으로 확대되면, 배출권 거래량이 늘어나고 거래 시장이 활성화될 것으로 기대됩니다.

참고 환경부 누리집〉보도·설명 "온실가스 배출권거래제도 개선… 배출권 시장은 활짝 열고, 과잉할당은 줄인다"

〈 배출권 위탁거래 도입 〉

추진배경	할당대상업체의 거래 편의성을 높이고, 제3자 참여 확대를 위해 배출권거래중개업(위탁거래) 도입
주요내용	• 할당대상업체 등 시장참여자는 배출권거래중개회사를 통해 배출권 위탁거래 가능 • 온실가스 배출권의 할당 및 거래에 관한 법률 시행령을 개정(2025.2.)하여 배출권거래중개회사의 등록 요건 및 절차, 역할, 준수사항 등 규정
시 행 일	2025년 하반기

중소·중견기업 성장지원을 위한 녹색전환보증 시행

환경부 녹색산업혁신과(☎ 044-201-6706)

녹색산업 분야 담보력이 열악한 중소·중견기업이 기업 성장에 필요한 자금을 원활하게 조달할 수 있도록 보증*을 제공하는 '녹색전환보증' 사업이 2025년부터 시행됩니다.

* 보증이란 신용·담보 부족으로 대출을 받을 수 없었던 기업의 성장성·기술성 등을 평가하여 담보의 일부분을 보증기관이 '보증서 발급'으로 분담하는 것을 말함

❖ 지원분야는 기업의 온실가스 감축활동 외에 물·대기·폐기물 등 녹색산업 전반의 활동을 포함하며, 지원대상*으로 선정되는 경우 최대 100%까지 보증을 제공받을 수 있습니다.

* 녹색전환보증 상담·신청은 신용보증기금·기술보증기금 영업점 또는 누리집 통해 가능

❖ 중소·중견기업의 저탄소 전환 및 성장을 지원함으로써 탄소중립사회로의 이행을 촉진하고, 녹색산업 육성에 기여할 것으로 기대됩니다.

참고 환경부 누리집〉보도·설명〉녹색전환보증 시행 관련 보도자료 배포 예정(2025. 1.)

〈 녹색전환보증 사업개요 〉

추진배경	탄소중립사회로의 이행 촉진과 녹색산업 육성을 위해 녹색분야 전용 보증을 신설하여 우수 중소·중견기업 집중 지원 필요
주요내용	온실가스 감축에 기여하거나 우수 환경기술 보유기업 등에 보증 제공 • (기후대응보증) 온실가스 감축을 위한 산업·공정전환 등 감축활동 기업 대상 • (녹색기술산업보증) 창업초기 녹색산업 영위기업, 환경기업 대상
시 행 일	2025년 1월

05 환경·기상

공공부문 「바이오가스 생산목표제」 시행

환경부 생활하수과(☎ 044-201-7027)

2025년 1월 1일부터 「유기성폐자원을 활용한 바이오가스의 생산 및 이용 촉진법」에 따라 공공부문 바이오가스 생산목표제가 시행됩니다.

❖ 공공 의무생산자는 전국 지자체이며, 2025년부터 처리 책임이 있는 유기성폐자원(하수찌꺼기, 분뇨, 가축분뇨, 음식물류폐기물)을 활용하여 생산목표*(2025년 50%)만큼 바이오가스를 생산하여야 합니다.

  * (공공) 2025년 50% → 2045년 80%, (민간) 2026년 10% → 2050년 80%로 단계적 확대

❖ (생산목표제) 공공·민간의무생산자의 유기성 폐자원의 배출·처리량에 대하여 일정량 이상의 바이오가스 생산 의무를 부여하는 제도

  – 의무생산자는 시설설치 등을 통한 ① 직접생산, 타 바이오가스 생산시설에 처리 위탁을 통한 ② 위탁생산, 바이오가스 ③ 생산실적 거래 등으로 생산목표를 달성할 수 있습니다.

❖ 의무생산자의 제도 이행 지원을 위해 2024년에 바이오가스센터를 개소하였고, 바이오가스 업무 전 주기 통합관리 플랫폼인 「바이오가스 종합정보시스템」 1차 구축*을 완료하였습니다.

  * 2024년: 명세서 작성 및 검토기능, 2025~2026년: 거래기능 등 고도화

제도 시행을 통해 유기성폐자원의 적정처리를 유도하고, 화석연료(LNG) 대체, 온실가스 감축을 통해 탄소중립 실현에 기여할 수 있을 것으로 기대됩니다.

참고) 환경부 누리집〉보도·설명 "2050년까지 하수찌꺼기 등 유기성폐자원 80% 바이오가스로 생산한다"

〈 공공부문 바이오가스 생산목표제 시행 〉

추진배경	「유기성폐자원을 활용한 바이오가스 생산·이용 촉진법」 제정·시행(2023. 12.)에 따라 바이오가스 생산목표제* 도입 * 바이오가스 생산목표제 시행: 공공 2025년 1월 1일, 민간 2026년 1월 1일
주요내용	유기성폐자원 발생·처리량 중 일정비율을 생산목표로 부여, 생산목표는 직접생산, 위탁생산, 생산실적 거래로 달성 가능, 미달성 시 과징금 부과
시 행 일	2025년 1월 1일

me.go.kr
환경부

신규화학물질 등록기준 조정

환경부 화학물질정책과(☎ 044-201-6784)

신규화학물질의 등록 기준이 2025년 1월 1일부터 제조·수입량 연간 0.1톤 이상에서 연간 1톤 이상으로 상향됩니다.

❖ 아울러 기존 '유독물질' 정의가 삭제되고, 물질의 유해 특성에 따라 정의가 세분화*되어 위험도에 비례한 관리체계로 전환됩니다.

  * 인체급성 유해성물질, 인체만성 유해성물질, 생태 유해성물질

❖ 등록 기준 상향에 따른 안전관리 대책으로 등록·신고된 화학물질의 정보공개를 확대하고, 신고 제도를 내실화합니다.

이를 통해 기업의 등록 부담은 완화하고, 국민의 알 권리 및 안전은 강화할 수 있을 것으로 기대됩니다.

참고 | 환경부 누리집〉보도자료〉"화평법·화관법 등 5개 환경법안 국회 통과"

〈「화학물질의 등록 및 평가 등에 관한 법률」 시행〉

추진배경	국정과제 68(안심먹거리, 건강한 생활환경)에 따른 화학물질 관리 개선(유해화학물질 위험도·취급량에 따른 관리 차등화)
주요내용	• 신규화학물질 등록 기준 개정(연간 0.1톤 → 1톤) • 신고자료의 공개·조정 및 적정성 검토 절차 신설 • 유해성미확인물질 정의 및 관리원칙 신설
시 행 일	2025년 1월 1일 및 2025년 8월 7일

05 환경·기상

유해화학물질 위험도 등에 따른 안전관리 체계 개선

환경부 화학안전과(☎ 044-201-6840)

유해화학물질 취급시설 영업허가 및 검사제도가 2025년 8월 7일부터 위험도 및 취급량에 따라 차등적으로 적용됩니다.

❖ 그간 유해화학물질 취급시설의 경우 취급량과 관계없이 영업허가를 일률적으로 받도록 하였으나, 소량 취급하는 시설에 대하여 영업허가 대신 영업신고를 받으면 됩니다.

❖ 또한, 당초 영업허가 여부에 따라 1년(또는 2년)을 주기로 취급시설에 대하여 정기검사를 실시하였으나, 취급시설의 취급량·위험도에 따라 정기검사 주기가 차등화(1~4년)됩니다.

참고 환경부 누리집〉보도자료〉"화평법·화관법 등 5개 환경법안 국회통과"

〈「화학물질관리법」 시행〉

추진배경 국정과제 68(안심먹거리, 건강한 생활환경)에 따른 화학물질 관리 개선(유해화학물질 위험도·취급량에 따른 관리 차등화)
※「화학물질관리법」 개정(2024. 2. / 2025. 8. 시행)에 따른 하위법령 개정 추진

주요내용
- (영업허가) 유해화학물질 소량 취급시설에 대한 영업신고 세부절차 신설 등
- (취급시설 관리) 취급시설 정기검사 주기를 위험도에 따라 차등화 등

시 행 일 2025년 8월 7일

탄소중립포인트제 인센티브 지급항목 개편

환경부 기후적응과(☎ 044-201-6953)

2025년부터 탄소중립포인트제 인센티브* 지급항목이 개편됩니다.

* 「탄소중립·녹색성장 기본법」 제67조제3항

❖ 현행 10개 인센티브 지급 항목으로 운용 중이나, 탄소중립 실천문화 확산의 주역인 청년세대의 혜택을 강화하고 참여를 독려하고자 '자전거 이용' 및 '잔반제로 실천' 등 2가지 항목을 추가할 계획입니다.

❖ 또한, 제도의 효율적 운영을 위해 인센티브 항목의 단가를 일부 조정하고자 합니다.

「탄소중립포인트 제도 운영에 관한 규정」(환경부고시)은 2025년 2월 중 개정(예정)하여 고시한 날부터 시행 예정입니다.

참고 현행 「탄소중립포인트 제도 운영에 관한 규정(환경부고시)」 개정 예정(~2025. 2.)

〈「탄소중립포인트 제도 운영에 관한 규정」(환경부 고시)〉

주요내용

구분	실천항목	지급단가		실천항목	지급단가
현행 (10개 항목)	1. 전자영수증 발급	100원/회	개선 (12개 항목)	1. 전자영수증 발급	50원/회
	2. 텀블러 이용	300원/개		2. 텀블러 이용	300원/개
	3. 일회용컵 반환	200원/개		3. 일회용컵 반환	200원/개
	4. 리필스테이션 이용	2,000원/회		4. 리필스테이션 이용	2,000원/회
	5. 배달 다회용기 이용	1,000원/회		5. 배달 다회용기 이용	2,000원/회
	6. 무공해차 대여	100원/km		6. 무공해차 대여	100원/km
	7. 친환경제품 구매	1,000원/건		7. 친환경제품 구매	1,000원/건
	8. 고품질 재활용품 배출	100원/kg		8. 고품질 재활용품 배출	100원/kg
	9. 폐휴대폰 수거	1,000원/건		9. 폐휴대폰 수거	1,000원/건
	10. 미래세대실천행동	기후행동 1.5℃		10. 미래세대실천행동	기후행동 1.5℃
				11. 공영 자전거 이용	신규추가
				12. 잔반제로 실천	신규추가

시행일 2025년 2월(예정)

청년·다자녀가구 대상 전기자동차 보조금지원 확대 등

환경부 대기미래전략과(☎ 044-201-6882)

청년·다자녀가구 지원 확대 및 보조금 지급 절차 명확화·서류 간소화 등 개선을 위해 「전기자동차 보급사업 보조금 업무처리지침」이 개정됩니다.

❖ 청년이 생애 첫 차로 전기승용차를 구매하는 경우 20% 추가지원(국비)을 실시합니다.

  * 기존에는 차상위 이하 계층 청년이 생애 첫차로 구매하는 경우에만 추가지원을 하였음

❖ 다자녀가구가 전기승용차를 구매하는 경우 10% 추가지원(국비)을 하던 기존 지침에서 자녀수(2명~)에 따라 정액을(100~300만원)* 추가 지원하는 방식으로 개정되었습니다.

  * 2자녀 100만원, 3자녀 200만원, 4자녀 이상 300만원

❖ 보조금 지급 신청 시 증빙서류로 자동차등록증을 자동차등록원부(갑)로 대체할 수 있도록 지침이 개정되었습니다.

  ※ 자동차등록증(사본) 제출은 출고·등록 후 가능해 제출일정 촉박, 구매자 직접 촬영·스캔이 필요하여 서류 재요청 등 불편 발생

이를 통해 청년·다자녀가구 지원액을 확대하여 전기차 구매 부담을 완화시키고, 전기차 보조금 신청 서류를 간소화하여 구매자 불편을 감소시킬 수 있을 것으로 기대됩니다.

> **참고** 무공해차 통합누리집〉정보마당〉법령·지침·가이드라인 "2025년 전기자동차 보급사업 보조금 업무처리지침"

〈 전기자동차 보조금 업무처리지침 개정 〉

구분	내용
추진배경	청년·다자녀가구 지원 확대 및 보조금 지급 절차 명확화·서류 간소화
주요내용	• (기존) 차상위 이하 계층 청년이 생애 첫 차로 전기승용차를 구매하는 경우 30%(국비) 추가 지원 → (요건 완화) 청년이 생애 첫 차로 전기승용차를 구매하는 경우 20%(국비) 추가 지원 • (기존) 다자녀가구(지자체별 조례 따름, 2~3명)가 전기차를 구매하는 경우 10%(국비) 추가 지원 → (확대) 자녀수(2명~)에 따라 정액(100~300만원)* 추가 지원 • 보조금 지급 신청 시 증빙서류로 자동차등록증을 자동차등록원부(갑)로 대체할 수 있도록 하여 서류 간소화
시 행 일	• 2024년 11월 4일(다자녀가구, 서류 간소화), 2025년 1월초(청년) ※ 「전기자동차 보급사업 보조금 업무처리지침」 개정안 알림일부터

www.me.go.kr
환경부

국가하천 승격에 따른 하천관리 강화

환경부 하천계획과(☎ 044-201-7705)

2023년 말 국가수자원관리위원회가 심의 의결하고 국가하천 지정·변경 고시(2024. 2. 8.)한 지방하천 10곳(267km)이 2025년 1월 1일에 국가하천으로 승격됩니다.

   * (국가하천 지정 8곳) 주천강, 단장천, 동창천, 위천, 병천천, 조천, 오수천, 천미천

  ** (국가하천 연장 2곳) 갑천, 삽교천

❖ 이에 따라 국가하천은 81곳 3,802km에서 89곳 4,069km(신규지정 8곳, 구간연장 2곳)로 확대되며,

❖ 국가하천으로 승격되는 지방하천의 신속한 정비를 위해 2025년 정부예산안을 2024년 103억원 대비 432억원 증가한 535억원을 마련하였습니다.

향후 환경부는 국가하천 승격 등 하천관리 강화를 통해 홍수로 인한 국민 피해가 없도록 최선을 다할 것입니다.

05 환경·기상

> **참고** 환경부고시 제2024-36호(국가하천 지정·변경)

〈 2025년 국가하천 승격 10개소 267.08km(신규 8곳, 연장 2곳) 〉

연번	대권역	하천명	승격구간 시점	승격구간 종점	승격연장(km)	지정(변경)일
1	한강	주천강	강원 영월군 무릉도원면 법흥천(지방) 합류점	강원 영월군 한반도면 평창강(국가) 합류점	21.42	2025. 1. 1.
2	낙동강	단장천	경남 밀양시 단장면 밀양댐 여수로 하단	경남 밀양시 산외면 밀양강(국가) 합류점	20.43	2025. 1. 1.
3	낙동강	동창천	경북 청도군 운문면 운문댐 여수로 하단	경북 청도군 청도읍 밀양강(국가) 합류점	28.45	2025. 1. 1.
4	낙동강	위천	대구 군위군 삼국유사면 군위댐 여수로 하단	경북 상주시 중동면 낙동강(국가) 합류점	98.28	2025. 1. 1.
5	금강	갑천 (구간연장)	충남 논산시 벌곡면 검천천(지방) 합류점	대전 서구 용촌동 갑천(국가) 기점	11.01	2025. 1. 1.
6	금강	병천천	충남 천안시 동남구 수신면 승천천(지방) 합류점	충북 청주시 흥덕구 오송읍 미호천(국가) 합류점	23.51	2025. 1. 1.
7	금강	삽교천 (구간연장)	충남 홍성군 홍성읍 홍성천(지방) 합류점	충남 예산군 삽교읍 삽교천(국가) 기점	8.94	2025. 1. 1.
8	금강	조천	세종 전의면 덕현천(지방) 합류점	세종 조치원읍 미호천(국가) 합류점	22.25	2025. 1. 1.
9	섬진강	오수천	전북 임실군 오수면 군평천(지방) 합류점	전북 순창군 적성면 섬진강(국가) 합류점	21.46	2025. 1. 1.
10	제주도	천미천	제주 서귀포시 표선면 천미저류지 하류	제주 서귀포시 표선면 해안	11.33	2025. 1. 1.

가축분뇨 배출·처리에 대한 규제 합리화

환경부 수질수생태과 (☎ 044-201-7076)

가축분뇨 배출·처리에 대한 규제를 합리화하기 위해 「가축분뇨의 관리 및 이용에 관한 법률 시행규칙」이 개정됩니다.

❖ 기존에는 액비 살포 시 흙을 갈거나 로터리 작업을 필수로 하여야 했으나, 점적관수 등 다른 수단을 이용하여 액비가 흘러내리지 않도록 하는 것 또한 가능해집니다.

❖ 농작물이 식재되어 있거나 시설이 토지에 고정되어 있는 등으로 흙을 갈거나 로터리 작업을 할 수 없는 경우에는 다른 수단을 활용하여 액비가 흘러내리는 것을 방지할 수 있습니다.

❖ 기존에는 가축분뇨 및 퇴·액비 관리대장을 매일 작성하여야 했으나, 퇴·액비를 자가·위탁처리 하거나 퇴·액비를 생산·처분·살포하여 관리대장에 변동사항이 발생할 때마다 작성하는 것으로 의무가 완화되었습니다.

❖ 또한, 이번 개정으로 가축분뇨 정화처리업에 적용되는 방류수 수질 측정 주기 기준을 마련하여, 가축분뇨 정화처리업자는 3개월마다 방류수 수질을 측정하여야 합니다.

「가축분뇨법 시행규칙」은 2024년 12월 10일 개정하여 고시한 날부터 시행합니다.

> **참고** 환경부 누리집>보도자료)"가축분뇨법 시행규칙 개정…액비살포기준 합리화(2024. 12. 10.)"

〈 가축분뇨 배출·처리에 대한 규제 합리화 〉

추진배경	가축분뇨의 퇴·액비 처리, 정화처리업에 적용되는 규제 정비
주요내용	• 액비 살포 시 준수사항에 대한 합리화 및 퇴·액비 관리대장 작성 의무 완화 • 가축분뇨 정화처리업에 적용되는 방류수 수질 측정기준 명시
시 행 일	2024년 12월 10일

05 환경·기상

폐수관로 기술진단 의무화

환경부 수질수생태과(☎ 044-201-7068)

폐수관로 노후화에 따라 발생할 수 있는 싱크홀 등 사고를 사전 예방하기 위해 2025년 1월 24일부터 폐수관로 기술진단이 의무화됩니다(「물환경보전법」, 2024년 1월 개정).

* 「물환경보전법」 제50조의2에 따라 공공폐수처리시설을 설치·운영하는 자는 폐수관로의 관리상태를 점검하기 위하여 5년마다 기술진단을 실시하여야 함

❖ 폐수관로는 산업단지 조성 시 매설되어 교체·정비 없이 사용 중인 것이 대부분으로 노후화가 심화될 경우 폐수의 누수, 지하수 유입 등으로 수질오염사고와 싱크홀 등의 문제가 발생될 우려가 있습니다.

❖ 앞으로는 공공폐수처리시설 설치·운영자는 폐수관로 기술 진단을 의무적으로 실시하여야 하며, 진단 결과 관리상태가 적정하지 아니한 때에는 개선계획 수립 및 시행 등 필요한 조치를 하여야 합니다.

참고 환경부 누리집〉법령·정책〉현행법령〉"물환경보전법"

〈 폐수관로 기술진단 제도 〉

추진배경	2021년 기준 운영기간이 20년 이상인 폐수관로가 전체의 45.6%(약940km)로 노후화되어 체계적인 관리 필요
주요내용	• 공공폐수처리시설 설치·운영자는 5년마다 폐수관로의 관리상태를 점검하기위하여 기술진단을 실시 • 폐수관로 기술진단 결과는 환경부장관에게 통보 • 기술진단결과 관리상태가 적정하지 아니한 경우 개선계획 수립 및 시행 등 필요한 조치를 해야 함
시 행 일	2025년 1월 24일

완충저류시설 기술진단 의무화

환경부 수질수생태과(☎ 044-201-7068)

완충저류시설의 적정 관리를 통해 수질오염사고를 예방하기 위해 2025년 1월 24일부터 완충저류시설 기술진단이 의무화됩니다(「물환경보전법」, 2024년 1월 개정).

* 「물환경보전법」 제21조의4에 따라 지자체장은 완충저류시설의 관리상태를 점검하기 위하여 5년마다 기술진단을 실시하여야 함

❖ 공업지역 또는 산업단지에서 사고 및 화재 등이 발생하는 경우 사고유출수를 일시적으로 저류하여 오염물질이 하천으로 직접 유입되지 않도록 차단하기 위해 완충저류시설 설치를 의무화하고 있습니다.

❖ 완충저류시설은 2004년 '함안칠서 완충저류시설'을 시작으로 준공되기 시작하여 초기 준공시설은 운영기간이 20년에 가까워지고 있음에도 시설·설비에 대한 기술진단 절차가 부재하여 안정성에 대한 우려가 있습니다.

❖ 앞으로는 완충저류시설을 관리하는 지자체장은 5년마다 의무적으로 관할 완충저류시설에 대한 기술진단을 실시하여야 하며, 진단 결과 관리상태가 적정하지 아니한 때에는 개선계획 수립하여 시행하여야 합니다.

참고 환경부 누리집〉법령·정책〉현행법령〉"물환경보전법"

〈 완충저류시설 기술진단 제도 〉

추진배경	완충저류시설의 시설·설비에 대한 기술진단 절차가 부재하여 시설·설비의 안정성에 대한 우려가 있음
주요내용	• 지자체장은 5년마다 소관 완충저류시설에 대한 기술진단 실시 • 기술진단결과 관리상태가 적정하지 아니한 경우 개선계획을 수립·시행하고 그 결과를 환경부장관에게 통보
시 행 일	2025년 1월 24일

05 환경·기상

정수장 위생안전 인증제 시행

환경부 수도기획과(☎ 044-201-7119)

수돗물 생산과정 전반의 위생 및 안전관리를 강화하기 위해 정수장 위생안전 인증제가 2025년 1월 24일부터 시행됩니다.

❖ 환경부는 수돗물(원수나 정수)을 공급하는 과정에서 발생할 수 있는 위해요소를 제거하여, 위생적이고 안전한 수돗물을 공급할 수 있는 광역·지방정수장을 위생안전 정수장으로 인증합니다.

❖ 정수장 위생안전 인증을 받고자 하는 일반수도사업자는 정수장 위생관리와 수돗물 안전관리 2개 분야 20개 인증기준을 충족하기 위해 위생 및 안전관리계획을 수립하고 이행해야 합니다.

❖ 인증의 유효기간은 3년으로, 유효기간이 끝난 후에도 계속하여 인증을 유지하려는 경우에는 재인증을 받아야 하며, 인증기준을 충족하지 못하게 된 경우 등에는 인증을 취소할 수 있습니다.

제도 시행으로 정수장의 위생 수준 향상과 수돗물 품질의 개선을 유도하고 국민에게 질 좋은 수돗물을 공급할 수 있을 것으로 기대됩니다.

참고 환경부 누리집〉보도·설명 "(참고) 수도법 등 2개 환경법안 국회 통과"

〈 정수장 위생안전 인증제 시행 〉

추진배경	유충발견 등 수도사고 예방을 위한 수돗물 생산과정 전반의 위생관리 강화 및 국내 실정에 맞는 정수장 위생안전 인증 도입
주요내용	• 정수장 위생안전 인증의 신청과 인증 기준, 인증의 유효기간(3년) 및 갱신, 인증표시 및 인증을 받지 않은 자의 유사 표시 제한 등을 규정 • 거짓이나 부정한 방법으로 인증을 받은 경우, 인증 기준을 충족하지 못하게 된 경우 등 인증을 취소할 수 있는 근거 마련
시 행 일	2025년 1월 24일

수도사업 통합 기반 마련

환경부 수도기획과(☎ 044-201-7121)

둘 이상의 지자체가 수도사업의 운영·관리를 일원화할 수 있는 수도사업 통합의 법적 기반이 2025년 4월 23일 마련됩니다.

❖ 그간 160개 지자체가 개별로 운영하던 수도사업을 도(道), 조합 등이 통합하여 운영할 수 있으며,

❖ 도지사 등이 수도사업 통합이 필요하다고 판단하는 경우에는 수도사업 통합계획을 수립하여 추진할 수 있습니다.

수도사업 통합이 이루어지면 지자체 간 수원 및 시설을 연계하여 규모의 경제를 실현하고, 수도요금 합리화, 유수율 향상 등 수도서비스 격차를 완화할 수 있을 것으로 기대됩니다.

참고 환경부 누리집〉보도·설명〉"환경영향평가법 등 5개 환경법안 국회 통과"

〈 수도사업 통합 기반 마련 〉

추진배경	둘 이상의 지자체가 수도사업의 운영·관리를 일원화하여 수원·시설 연계, 시설 통합 등을 통해 규모의 경제를 실현하고 수도서비스 격차 완화 및 물 위기 대응력 제고
주요내용	• '수도사업 통합', '상수도조합' 정의 신설 • 도지사의 책무 규정, 필요 시 수도사업 통합계획 수립 기능 부여
시 행 일	2025년 4월 23일

05 환경·기상

환경영향평가, 유연성 높인다

환경부 국토환경정책과(☎ 044-201-7271)

환경영향의 정도에 따라 평가 절차를 달리하는 차등화된 환경영향평가가 2025년 10월부터 시행됩니다.

❖ 환경에 경미한 영향을 미칠 것으로 예상되는 신속평가 대상의 경우,

  – 평가 절차 일부를 생략할 수 있도록 하고, 이 경우 사업계획 시행 등에 따른 환경보전방안을 마련하도록 하였습니다.

❖ 산업단지의 경우, 신속평가 도입으로 협의기간을 약 1/3로 단축하여 사업자의 비용·시간 절감 효과 등 제도 유연성·효율성이 제고될 것으로 기대됩니다.

참고 환경부 누리집〉알림·홍보〉그림자료〉"환경법 개정안을 알려줘!"

〈 환경영향평가 제도 개선 주요 내용 〉

추진배경 환경영향 정도에 따라 평가 및 협의절차를 맞춤형으로 적용할 수 있도록 개선 필요

주요내용
- (대상 결정) 자연환경(입지특성) 및 생활환경(사업특성)에 대한 영향을 고려하여 심층평가환경영향 大, 신속평가환경영향 小 대상 결정

  ■ 환경영향 大 → 심층평가: 공청회 의무, 환경정보 제공 등 환경부 지원
  ■ 환경영향 小 → 신속평가: 평가서 작성 및 협의 절차 생략, 환경보전방안 마련

- (평가 절차) 심층평가 또는 신속평가 대상 결정 사업은 차등화된 평가 절차를 적용, 미결정사업은 현행 평가 절차 적용
- (적용 대상) 시행령에서 정하는 환경영향평가 대상사업 및 소규모 환경영향평가 대상 사업 전체

시 행 일 2025년 10월 23일 예정

www.me.go.kr
환경부

시·도 조례에 따른 환경영향평가 대상사업 확대 시행

환경부 국토환경정책과(☎ 044-201-7275)

시·도 조례에 따른 환경영향평가가 2025년 2월 21일부터 확대 시행됩니다.

❖ 그간 환경부의 소규모 환경영향평가 대상과 시·도 조례에 따른 환경영향평가 대상이 중복될 경우, 환경부의 소규모 환경영향평가 협의를 하였으나,

❖ 시행일부터는 지역 특성을 고려한 맞춤형 기준에 따라 시·도 조례 환경영향평가 협의*를 실시합니다.

  * 국가 또는 지방자치단체, 공공기관, 지방공기업에서 시행하는 사업은 제외

  ※ 시·도 조례 환경영향평가 대상에 해당하지 않는 사업은 기존과 같이 소규모 환경영향평가 협의 진행

참고 환경부 누리집〉보도·설명〉"환경영향평가법 등 3개 환경법안 국회 통과"

〈 시·도 조례 환경영향평가 대상사업 확대 〉

추진배경	지역 특성을 고려한 환경영향평가를 위해 시·도 조례에 따른 환경영향평가를 운영 중이나(1997) 실적 저조에 따른 제도 활성화 미흡
주요내용	시·도 조례에 따른 환경영향평가 대상과 소규모 환경영향평가 대상이 중복되는 경우 시·도 조례에 따른 환경영향평가를 실시할 수 있도록 개선
시 행 일	2025년 2월 21일

https://whatsnew.moef.go.kr

05 환경·기상

야생동물 영업(판매·수입·생산·위탁관리) 허가제도 시행

환경부 생물다양성과(☎ 044-201-7243)

야생동물 영업 허가제도가 2025년 12월 14일부터 시행됩니다.

❖ 제도 시행에 따라, 일정규모 이상의 야생동물 판매·수입·생산·위탁관리 영업을 하고자 하는 자는 지자체장의 허가를 받아야 합니다.

참고   국가법령정보센터 "야생생물 보호 및 관리에 관한 법률 제22조의5"

〈 야생동물 영업(판매·수입·생산·위탁관리) 허가제도 시행 〉

추진배경	국내에서 관리없이 무분별하게 유통되는 야생생물의 관리 강화
주요내용	일정규모 이상의 야생동물 영업*을 하려는 경우, 지자체의 허가를 받도록 함 * 대상업종: 야생동물 판매업·수입업·생산업(인공증식후 판매)·위탁관리업
시 행 일	2025년 12월 14일

야생동물 수입·유통 관리 강화

환경부 생물다양성과(☎ 044-201-7243)

법정관리종 외 야생동물의 수입·유통 관리가 2025년 12월 14일부터 강화됩니다.

❖ 법정관리종 외 야생동물(포유류, 조류, 파충류, 양서류) 중 환경에 미치는 영향과 안전성 등을 고려하여 국내 수입 등이 가능한 야생동물 목록(통칭 '백색목록')이 신설되며

- 이 목록에 해당하는 종을 수입·반입 등 하려는 자는 지자체장에게 신고하여야 합니다.

※ 식용 등 목적으로 신고 필요성이 낮은 종은 양도·양수·보관·폐사 신고 대상에서 제외

참고 국가법령정보센터 "야생생물 보호 및 관리에 관한 법률 제22조의2"

〈 야생동물 수입·유통 관리 강화 〉

추진배경	야생동물 유래 인수공통감염병 등 출현으로 인한 인명·경제피해 발생, 야생동물 유기 및 생태계 교란 등 문제방지 위해 국내 유입 야생동물의 추적·관리 강화
주요내용	법정관리종 외 야생동물(포유류, 조류, 파충류, 양서류) 중 환경에 미치는 영향 및 안전성을 고려하여 국내 수입·반입 등이 가능한 목록 신설 • 동 목록에 해당되는 야생동물을 수입·반입·양도·양수·보관(폐사)하려는 자는 누구든지 지자체장에게 신고하여야 함
시 행 일	2025년 12월 14일

05 환경·기상

종이팩 재활용방법 확대

환경부 자원재활용과(☎ 044-201-7386)

종이팩 재활용방법 관련 「자원의 절약과 재활용촉진에 관한 법률 시행규칙」이 2025년 개정될 예정입니다.

❖ 지금까지는 재활용의무생산자*가 재활용을 하려는 경우, 화장지 또는 재생종이 제조 등만 가능하였으나, 앞으로는 건축자재 또는 성형제품 제조 방법도 가능합니다.

  * 「자원재활용법」 제16조에 따라 생산자가 제조·수입한 포장재·제품으로부터 발생한 폐기물을 원인자인 생산자가 회수·재활용하도록 책임을 부여

재활용기술 발전 속도에 맞춘 법률 개정으로 종이팩 재활용이 활성화될 수 있을 것으로 기대됩니다.

참고 환경부 누리집〉법령·정책〉입법예고 "자원의 절약과 재활용촉진에 관한 법률 시행규칙(2024. 9. 20.~10. 30.)"

〈 종이팩 재활용 확대 〉

추진배경	재활용기술 발전에 따라 종이팩 재활용방법을 확대할 필요
주요내용	종이팩 재활용방법에 "건축자재 또는 성형제품 제조" 추가
시 행 일	「자원의 절약과 재활용촉진에 관한 법률 시행규칙」 개정안 공포한 날부터 시행(2025년 중 예정)

www.me.go.kr
환경부

저소득층 어린이 대상 환경보건이용권 지급

환경부 환경보건정책과(☎ 044-201-6762)

기초생활수급자 어린이 1만명을 대상으로 환경성질환 예방을 위한 환경보건이용권 제도가 2025년 상반기에 시행됩니다.

❖ 이에 따라, 필요에 따른 환경보건서비스*를 선택할 수 있습니다.
  * 실내환경 유해인자 진단·컨설팅, 진료지원, 곰팡이제거 서비스, 건강나누리캠프 등

  – 또한, 기존 환경보건서비스 사업들이 이용권으로 통합되어, 전자시스템으로 편리하게 이용할 수 있습니다.

이를 통해 사회취약계층의 환경성질환을 예방·관리하여 약자를 보다 두텁게 보호하겠습니다.

참고 환경부 누리집〉보도자료〉"어린이 등 환경성질환 취약계층 대상 환경보건이용권 제도 시행"

〈 환경보건이용권 개요 〉

추진배경 유해화학물질, 환경오염 노출로 환경성질환자 지속 증가, 국민건강 보호를 위한 선제적·효율적인 환경보건 정책 필요
  * 국내 아토피 피부염 환자 48,450명 증가, 1인당 진료비 9만원→18만원으로 2배 증가(2018~2022)
  – 특히, 환경유해인자로부터 취약한 어린이, 노인 등 민감·취약계층에 대한 환경보건 격차 해소를 위한 건강보호 지원정책 필요

사업내용
- (대상) 기초생활수급자 어린이
- (규모) 1만명 대상, 1인당 지원액은 10만원
- (지원 내용) 환경성질환 예방을 위해 실내환경 진단·컨설팅, 진료 지원, 곰팡이 제거, 건강나누리캠프 등 다양한 서비스 제공

시 행 일 2025년 상반기

'환경조사 – 분쟁조정 – 피해구제' 원스톱 서비스 시행

환경부 환경보건국 환경피해구제과(☎ 044-201-6815)
환경부 중앙환경분쟁조정피해구제위원회(☎ 044-201-7972)

'환경조사 – 분쟁조정 – 피해구제' 원스톱서비스 제도가 2025년 1월 1일부터 시행됩니다.

※ 「환경분쟁조정법」을 「환경분쟁조정피해구제법」으로 전부개정하여 건강피해조사·분쟁조정·피해구제를 중앙환경분쟁조정피해구제위원회(현 중앙환경분쟁조정위원회)에서 수행

❖ 그간 개별 법률·기관에서 운영되던 환경피해구제 제도들이 하나의 창구로 일원화되어 환경피해를 입은 국민들이 한 곳에서 편리하게 구제서비스를 받을 수 있게 됩니다.

원스톱 서비스 시행으로 신청·처리 과정에서 국민의 편의가 증대되고, 신속하고 효율적으로 피해를 구제할 수 있을 것으로 기대됩니다.

참고 환경부 누리집>보도자료)① "환경분쟁조정법 등 6개 환경법안 국회 통과, ② "중앙환경분쟁조정위원회에서 환경피해 통합해 처리"

〈 '환경조사 – 분쟁조정 – 피해구제' 원스톱 서비스 시행 주요 내용 〉

추진배경	각 법률·기관별로 운영되고 있는 환경오염 피해구제·분쟁조정 제도를 유기적으로 연계하여 국민이 보다 편리한 서비스를 받을 수 있는 방안 마련 필요
주요내용	중앙환경분쟁조정피해구제위원회가 건강피해조사, 분쟁조정, 피해구제 판정 업무 통합 수행
시 행 일	2025년 1월 1일

해양 기후변화 감시예측 정보 통합생산

해양수산부 기후환경국제전략팀(☎ 044-200-6268)

고수온, 해수면 상승 등 해양 기후변화의 대응에 필요한 과학적인 감시·예측 정보를 생산하여 제공합니다.

❖ 급변하는 기후변화의 감시·예측을 강화하기 위해 2024년 10월 「기후·기후변화 감시 및 예측 등에 관한 법률*」이 시행되었으며,

　* 기상청과 공동소관 법률로, 해양수산부는 해양·극지의 환경·생태계 감시예측 등 수행

　- 이 법률에 따라 우리나라 해역과 극지의 해수온, 해수면 높이, 해빙 등 다양한 기후요소**에 대한 감시정보와 1개월간 주간평균 및 3개월간 월평균 예측정보를 생산할 계획입니다.

　** 해수온, 해수면 높이, 염분, 해류, 영양염(질산염), 엽록소a, 동물플랑크톤, 해빙 등

❖ 이와 함께 기후정책에 따라 2100년까지 기후 상황을 예측하는 해양분야 대표 시나리오도 만들어 나갈 계획입니다.

❖ 생산한 정보는 2025년 하반기부터 해양수산부 누리집 등을 통해 국민들에게 제공될 예정입니다.

해양 기후변화 감시예측 정보는 효과적인 기후변화 대응 정책 마련, 학계 기후연구 등 다양한 분야에서 활용될 것으로 기대됩니다.

〈 해양 기후변화 감시예측 정보 통합생산 〉

추진배경	기후변화 대응을 위해 「기후·기후변화 감시 및 예측 등에 관한 법률」에 따라 과학적인 감시 및 예측 정보 생산·제공
주요내용	우리나라 해역과 극지의 해수온, 해수면 높이, 해빙 등 다양한 기후요소에 대한 전월 감시정보 및 1개월(주간)·3개월(월간) 예측정보를 지속 생산하여 제공
시 행 일	2025년 하반기부터 제공

05 환경·기상

「해양이용영향평가법」 시행

해양수산부 해양보전과(☎ 044-200-5861)

「해양이용영향평가법」이 2025년 1월 3일부터 시행됩니다.

❖ 다양화·대규모화되는 해양이용·개발 행위에 대한 해양환경 영향을 면밀하게 평가하기 위하여 「해양이용영향평가법」이 제정·시행됩니다.

  * 「해양환경관리법」상 해역이용협의·영향평가 관련 조항을 분법

  - 해역이용영향평가의 명칭을 해양이용영향평가로 변경하고, 평가서 작성 및 협의 절차 등을 구체적으로 정하였습니다.

❖ 사업 특성에 따라 평가 항목을 사전에 조정하고, 공공기관이 평가대행자를 선정하여 공정성을 강화하는 평가대행자 선정위탁 등에 관한 사항이 새로 시행됩니다.

  * 평가항목을 사업유형·대상지역에 맞게 ①중점 평가, ②평가제외 등으로 사전에 조정

  ** 사업자를 대신하여 공공기관이 평가대행자(해양환경 조사·분석기업)를 선정

이를 통해 사업자의 평가 부담을 완화하면서도 해양환경 영향을 체계적이고 전문적으로 검토할 수 있을 것으로 기대됩니다.

〈「해양이용영향평가법」 시행〉

추진배경	다양화·대규모화되는 해양이용·개발 행위에 대한 해양환경 영향을 면밀하게 평가하기 위하여 「해양이용영향평가법」 제정·시행
주요내용	• (평가항목 사전조정) 모든 사업에 일률적용 중인 평가항목을 사업유형에 따라 사전에 조정(scoping)하여 사업자 부담 완화 • (평가대행자 선정위탁) 해양에 미치는 영향이 큰 사업의 경우 공공기관이 사업자를 대신하여 평가대행자를 선정하여 공정성·객관성 제고 • (전문인력 양성) 업무수행 인력의 전문성 제고 및 경쟁력 강화를 위해 관계기관 등을 전문인력 양성기관으로 지정
시 행 일	2025년 1월 3일

갯벌생태해설사 양성교육 실시

해양수산부 해양생태과(☎ 044-200-5327)

갯벌의 가치에 대한 국민인식 제고 및 해양생태계에 대한 해설·교육·홍보·생태탐방 안내 등 해양생태관광 전문가의 역할을 하는 갯벌생태해설사를 최초로 양성합니다.

❖ 갯벌생태해설사 자격 취득을 위해서는 양성기관에서 운영하는 80시간의 이론·실기 교육을 이수하고, 1차 필기시험과 2차 해설시연 평가에 합격하여야 합니다.

❖ 갯벌생태해설사 양성기관은 2024년 신청·평가를 통해 1개소*가 지정되었으며, 연간 50명 양성을 목표로 2025년 1분기부터 교육을 실시할 예정입니다.

  * 양성기관: 서울에너지드림센터 / 서울시 마포구 증산로 14 / 서울시 민간위탁

갯벌생태해설사 교육생 모집은 2025년 1분기 예정으로 해양환경공단 및 양성기관(서울에너지드림센터) 누리집 등을 통해 세부내용을 안내할 예정입니다.

〈 갯벌생태해설사 양성교육 실시 〉

추진배경	갯벌생태 해설을 위한 전문인력 양성 필요
주요내용	갯벌법에 따른 갯벌생태해설사 양성기관 지정 완료(2024. 10.)에 따라 연간 50명 양성을 목표로 2025년 1분기 중 교육과정 운영 실시
시 행 일	갯벌생태해설사 교육생 모집(2025년 1~2월) 완료 시부터 시행(2025년 3월 예정)

「선박재활용법」 시행

해양수산부 해사산업기술과(☎ 044-200-5882)

「선박재활용법」이 2025년 6월 26일부터 시행됩니다.

❖ 이 법률이 시행되면, 대한민국 선박으로 국제항해에 종사하는 500톤 이상의 선박은 유해물질 목록을 관리해야 하고, 선박검사 후 국제유해물질목록 증서를 선박에 비치해야 합니다.

❖ 선박재활용 시설은 선박재활용시설 계획서를 갖추어 기준에 따라서 시설인증을 받아야 하며, 재활용 대상 선박은 승인받은 선박재활용 계획에 따라서 체계적으로 재활용해야 합니다.

❖ 법률의 실효성 있는 집행을 위해 선박 및 선박재활용시설이 적합하게 관리·운영되고 있는지 여부를 출입검사 등을 통해서 확인하고, 부적합 시 개선명령을 할 수 있도록 하였습니다.

이를 통해 선박재활용 과정에서 발생하는 환경이나 사람의 건강에 미치는 부정적 영향을 방지하고, 사고 및 상해 등을 예방할 수 있을 것으로 기대됩니다.

❖ 또한, 우리나라 선박의 국제운항을 안정적으로 보장하고, 선박해체 시에는 국제협약*에 따라서 선박재활용시설에 적법하게 인도할 수 있을 것으로 기대됩니다.

  * 「2009년 안전하고 환경친화적인 선박재활용을 위한 홍콩 국제협약」으로 협약 발효요건(비준국 15개, 선복량 40%, 재활용실적 3%)이 충족(2023년 6월 26일)되어 2025년 6월 26일 발효 예정

〈 「선박재활용법」 제정 및 시행 〉

추진배경 「선박재활용협약」 발효에 따른 국내법 제정 및 시행
주요내용 선박의 유해물질목록 관리, 선박검사, 선박재활용시설의 인증, 선박재활용계획의 승인, 출입검사 및 항만국통제, 검사 대행 등을 규정
시 행 일 2025년 6월 26일(예정)

환경친화적 선박 및 기자재 인증제도 확대·개선

해양수산부 해사산업기술과(☎ 044-200-5838)

환경친화적 선박 인증* 신청이 기존에는 특정 사업자**만 가능하였으나, 친환경선박을 보유하려는 우리나라 선박소유자이거나 해당 선박을 건조하는 조선소면 누구나 가능하도록 개선합니다.

* 환경친화적 선박 인증제도: 탄소 감축, 대기오염물질 저감 등을 고려하여 친환경등급(1~5등급)을 부여하고, 등급에 따라 보조금, 금융, 세제 등 인센티브 제공

** 내항·외항화물운송사업자, 유·도선사업자 등 「환경친화적 선박의 개발 및 보급 촉진에 관한 법률 시행령」 제10조제1항에 해당하는 자

❖ 또한, 국내 조선소가 외국 선박의 건조를 발주받은 경우 해당 선박에 환경친화적 선박 기술이 적용되었음을 스스로 선언할 수 있도록 자기적합성선언 제도를 도입할 계획입니다.

인증제도 확대·개선 사항은 2025년 상반기 「환경친화적 선박의 기준 및 인증에 관한 규칙」 개정 이후 시행될 예정입니다.

> **참고** 해양수산부 누리집〉보도자료〉(법령 개정 시 보도자료 배포 예정)

〈 환경친화적 선박 및 기자재 인증제도 확대·개선 〉

추진배경	환경친화적 선박 및 기자재 산업 활성화를 지원하기 위해 국가인증제도 확대·개선 추진
주요내용	• (인증 신청자 확대) 기존 특정 사업자만 가능했던 인증 신청 자격을 친환경선박을 보유·건조하려는 우리나라 선박소유자이거나 조선소는 누구나 가능하도록 확대 • (자기적합성선언 제도 도입) 국내 조선소가 외국적 친환경선박을 건조하는 경우 해당 선박에 친환경 선박 기술·기자재가 적용되었음을 직접 선언할 수 있도록 제도 도입
시 행 일	「환경친화적 선박의 기준 및 인증에 관한 규칙」 일부개정법률안 시행일(2025년 상반기부터 시행)

05 환경·기상

위험기상을 빠르게 알리는 긴급재난문자 확대

기상청 예보정책과(☎ 02-2181-0493)

기후변화로 인해 점점 빈도와 강도가 증가하는 집중호우로부터 국민의 생명과 안전을 지키기 위해, 일정 기준* 이상 강한 비가 관측될 경우 기상청이 직접 해당 읍·면·동 지역으로 긴급재난문자(40dB 이상의 소리 및 진동 동반)를 발송하고 있습니다.

* ① 시간당 50mm 이상과 3시간 90mm 이상 동시 관측, 또는 ② 시간당 72mm 이상 호우 관측 시

❖ 2025년 여름철부터는 위험현장 곳곳에서 국민 안전을 지키기 위해 호우 긴급재난문자 전국 확대를 추진합니다.

※ (2024) 수도권·경북·전남권 → (2025) 전국 확대 추진

❖ 그리고 2025년 겨울철부터는 대설에 대해서도 안전안내문자를 신규로 제공할 예정입니다.

〈 위험기상을 빠르게 알리는 긴급재난문자 확대 〉

추진배경	국민 안전을 위해 호우 긴급재난문자 제도의 조속한 전국 확대 필요성 및 국민 피해 유발 위험기상 요소 발송 확대 필요
주요내용	• (지역확대) 호우 긴급재난문자 운영지역을 전국으로 확대 추진 • (요소확대) 대설 안전안내문자 신규 제공 　- (발송단위) 특보구역 단위 발송, (문자종류) 안전 안내문자 　- (발송기준) 특정 관측기준　예) 5cm/h(교통사고 급증 강설강도 기준) 등
시 행 일	(지역확대) 2025년 5월부터 / (요소확대) 2025년 11월

선제적 폭염 정보 제공

기상청 영향예보지원팀(☎ 02-2181-0268)

선제적 폭염 대비를 위해 폭염 정보를 더 빨리 제공합니다.

❖ 최대 5일까지 폭염 발생가능성 정보를 재난 관계기관에 시범 제공합니다.

❖ 보건, 산업 등 6개 분야*에 대한 위험수준**을 제공하는 폭염 영향예보를 하루 앞당겨 2일 전에 제공합니다.

   * 분야: 보건(일반/산업), 보건(취약), 축산업, 농업, 수산양식, 기타

  ** 위험수준: 관심, 주의, 경고, 위험 4단계로 분류

  ※ (기존) 1일 전 → (개선) 2일 전 폭염 영향예보 제공

2025년 6월부터 폭염 발생 가능성 정보 → 폭염 영향예보 → 폭염특보를 순차적으로 제공하여, 폭염 대응 지원을 강화할 예정입니다.

〈 선제적 폭염 정보 제공 〉

추진배경 급격한 기후변화로 폭염의 강도와 지속일이 증가함에 따라 사회·경제적 영향 및 인명 피해에 대비하기 위한 선제적 폭염 대응 방안 필요

주요내용
- 최대 5일까지 폭염 발생 가능성 정보를 재난 관계기관에 시범 제공
- 하루 전에 제공되었던 폭염 영향예보를 2일 전에 제공

시 행 일 2025년 6월

05 환경·기상

「해수면 온도에 대한 기후예측」 시범 서비스

기상청 해양기상과 (☎ 042-481-7406)

해양분야 기후예측분석관이 예측한 「해수면 온도에 대한 3개월 기후예측정보 서비스」를 2025년 11월 23일부터 시범 운영합니다.

❖ 「기후변화감시예측법」* 시행과 2024년 여름 해수면 온도 상승에 따라 초래된 피해로 해수면 온도에 대한 기후예측서비스에 대한 필요성 대두

  * 기후변화로부터 생태계 및 기후체계를 보호하고, 공공복리를 증진하고자 제정(2024. 10. 25. 시행)한 법률로, 해수면 온도가 기후예측요소로 포함

❖ 이에, 기온, 강수량 중심의 3개월 기후예측 서비스를 해수면 온도로 확대

  ※ 시행(안): 해수면 온도(2026), 해상풍(2028), 파고(2030)

  − 해양분야 기후예측분석관이 해양기상 관측자료, 10년 주기 태평양 변동 등 해수면 온도에 영향을 미치는 기후인자를 분석하여

  − 매월 23일(월 1회), 해수면 온도에 대한 월별 3개월 전망* 발표

  * 발표일이 속한 월의 다음 월부터 3개월 동안의 월별 해수면 온도 예측값

  − 한반도 주변 해역을 동해, 서해, 남해로 구분하여 서비스 제공

이를 통해, 과학적 근거에 기반한 해양분야의 기후위기 대응 정책 수립을 지원하겠습니다.

참고 기상청 누리집〉알림·소식〉보도자료〉"「기후변화감시예측법」 10월 25일 시행"

〈「해수면 온도에 대한 기후예측」 시범 서비스 〉

추진배경	지구온난화로 해수면 온도가 높아지고, 이에 따른 피해가 증가함에 따라 전문 기후예측분석을 통한 신뢰도 높은 해수면 온도 기후예측서비스에 대한 수요 증가
주요내용	해수면 온도 상승 등 기후위기에 어민, 수산업, 정부부처 등 해양분야에서 사전 대비할 수 있도록 3개월 해수면 온도에 대한 기후예측 정보 시범 서비스
시 행 일	2025년 11월 23일

www.weather.go.kr
기상청

도로위험 기상정보 정규 서비스

기상청 관측정책과(☎ 042-481-7341)

운전자 교통안전을 위해 전국 주요 고속도로를 대상으로 내비게이션 기반 도로위험 기상정보(도로살얼음, 가시거리)를 정규 서비스합니다.

- 기간: (가시거리) 연중, (도로살얼음) 11월 15일~다음해 3월 15일

- 방법: 내비게이션(티맵, 카카오내비, 아틀란) 및 도로전광판(VMS)

2025년에는 고속도로 5개 노선이 추가되어 총 12개 고속도로 노선으로 서비스가 확대 제공됩니다.

❖ 고속도로상 대기상태, 노면상태 등을 감시하기 위한 도로기상관측장비를 추가로 설치*하고,
  * 7개 노선 259개소(2024년) → 12개 노선 366개소(2025년)

❖ 도로기상정보시스템 구축을 통해 도로기상 자료 실시간 감시와 통합 생산으로 도로위험 기상정보 서비스를 안정적으로 운영할 계획입니다.

〈 도로위험 기상정보 정규 서비스 〉

추진배경: 도로상에서 발생하는 도로살얼음, 안개 등으로 인한 교통사고 예방을 위해 운전자에게 실시간 도로위험 기상정보 직접전달 필요

주요내용:
- 내비게이션 기반의 도로위험 기상정보 정규 서비스
- 도로위험 기상정보 서비스 노선 확대

구분	~2024년	2025년
서비스	시험운영	정규 서비스
관측망	• 노선: 7개 - 중부내륙선, 서해안선, 경부선, 중앙선, 호남선, 영동선, 통영대전·중부선 • 관측망: 259개소	• 노선: 12개 - (추가) 서산영덕선, 순천완주선, 새만금포항선, 무안광주·광주대구선, 호남선의지선 • 관측망: 366개소

시행일: 2025년 12월

지진해일 특·정보 발표 체계 개선

기상청 지진화산감시과·지진화산정책과(☎ 02-2181-0783)

예측 변동성이 큰 지진해일에 효과적으로 대응하고 피해를 최소화하기 위해 지진해일 특·정보 발표 기준이 개선됩니다.

❖ 현재 예측값을 기준으로 발표되는 지진해일 특·정보 체계의 한계를 보완하고자, 앞으로는 관측값을 반영하여 특보를 확대하고 실시간 지진해일 상황정보를 제공하기 위해 변동 추세를 고려한 지진해일정보를 발표할 예정입니다.

- (지진해일특보) 특보기준에 해당하는 지진해일 높이가 관측된 경우 특보 발표

※ (기존) 예측 기반 특보 발표 → (개선) 예측 + 관측 기반 특보 발표

- (지진해일정보) 지진해일 높이 변동(상승·하강·종료) 추세를 고려한 주기적인 지진해일정보 발표

※ 예측 발표(발생 즉시) → 상승기(매시간) → 하강기(3시간) → 종료

❖ 또한, 특보기준 미만의 지진해일정보 발표 시에도 안전안내문자를 국민에게 신속히 전달할 예정입니다.

〈지진해일 특·정보 체계 개선〉

추진배경	국민 안전과 방재대응기관의 실효적 현장대응 지원 강화를 위한 지진해일 특·정보 발표 체계 개선 필요
주요내용	• (지진해일특보) 특보기준에 해당하는 지진해일 높이 관측 시 특보 추가 발표 • (지진해일정보) 지진해일 높이 변동 추세를 고려한 주기적 지진해일정보 발표 • (재난문자) 지진해일정보 발표 시 안전안내문자 송출
시 행 일	2025년 하반기

**2025년부터
이렇게 달라집니다**

06

산업·중소기업·
에너지

01 산업통상자원부

「국가자원안보 특별법」 시행

자세한 내용은 P.210

시행일: 2025년 2월 7일

- 2025년 2월 7일부터 에너지·자원 공급망 강화를 위한 「국가자원안보 특별법」이 시행됩니다.
- 자원안보위기를 예방·대비하고, 신속하게 효율적인 위기 대응을 위한 자원안보체계를 마련합니다.

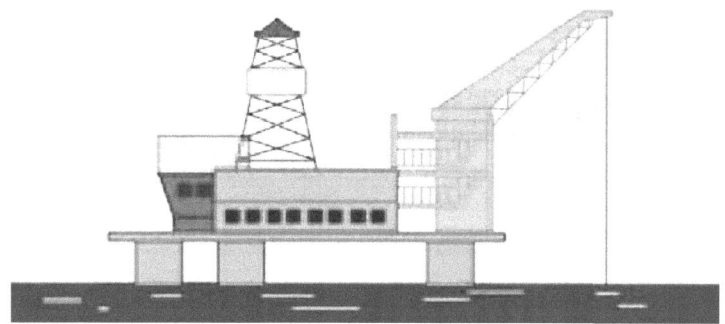

- 평시에는 비축, 공급망 취약점 분석, 조기경보시스템 운영, 국내외 생산기반 확충 지원 등
- 비상시에는 위기대책본부(산업부장관) 구성, 수급안정조치, 국내 반입 확대

02 산업통상자원부

통상조약 등에 따른 피해기업 대상 기술·경영 혁신 지원

자세한 내용은 P.211

시행일: 2025년 1월 1일

- 통상조약 등 이행에 따른 피해기업을 대상으로 기술·경영 혁신을 지원합니다.

  - 상품·서비스 무역의 변화로 매출액·생산량이 5% 이상 감소 또는 감소 우려가 있는 기업 지원
  - 통상영향조사 및 기술·경영 환경 진단을 통해 기업의 중장기 경쟁력 강화전략 수립 지원

03 산업통상자원부
「이산화탄소저장활용법」 시행

자세한 내용은 P.212

시행일: 2025년 2월 7일

- 이산화탄소 포집·수송·저장 및 활용을 위한 「이산화탄소저장활용법」이 시행됩니다.
  - 이산화탄소 저장사업의 전주기적 과정을 체계적으로 관리·지원
  - 집적화단지를 지정하여 기반시설, 공동연구인프라 비용 지원을 통해 산업생태계 구축

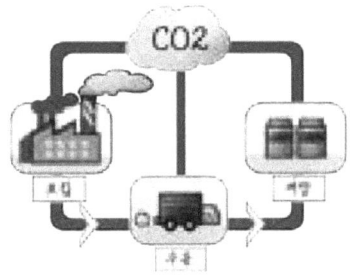

이산화탄소저장활용법 시행

04 중소벤처기업부
소상공인 스마트·디지털화 지원

자세한 내용은 P.220

시행일: 2025년 상반기

- 서빙로봇, 키오스크 렌탈 비용의 70%를 정부가 지원합니다.
- 디지털 전통시장별 역량단계에 따라 맞춤형 지원체계가 마련됩니다.
- 민간 플랫폼사가 유망 소상공인을 발굴해 1:1로 밀착 지원합니다.

05 특허청

특허·실용신안 우선심사 신청대상 확대

시행일: 개별 기술분야별 상이

자세한 내용은 P.224

- 첨단기술과 관련된 특허·실용신안등록출원의 우선심사 신청대상이 확대됩니다.
  - (반도체, 디스플레이, 이차전지 기술분야) 우선심사 신청대상의 세부기술이 확대됩니다.
  - (바이오, 첨단로봇, 인공지능 기술분야) 우선심사 신청대상으로 새롭게 포함됩니다.

www.msit.go.kr
과학기술정보통신부

모바일·스마트기기 등 방송통신기자재의 충전 및 데이터 전송 방식 일원화

과학기술정보통신부 디지털기반안전과(☎ 044-202-6433)

자원낭비 방지와 소비자 편익 증대를 위하여 기기 간 충전기의 호환성을 높일 수 있도록 충전 방식 등을 규정하는 「모바일·스마트기기 등 방송통신기자재의 충전 및 데이터 전송 방식에 관한 기술기준」 이 시행됩니다.

❖ 국민들이 많이 사용하는 모바일·스마트기기 중 유선방식으로 충전하거나 유선방식으로 충전과 데이터 전송을 동시에 하는 대상기자재*를 대상으로 USB C형 리셉터클 커넥터의 장착이 의무화 됩니다.

  * 휴대폰, 태블릿PC, 디지털 카메라, 헤드폰, 헤드셋, 휴대용 비디오 게임기, 휴대용 스피커, 전자책리더, 키보드, 마우스, 휴대용 내비게이션 장치, 이어폰, 노트북 등 13종

앞으로 충전기와 케이블의 별도 구매 필요성이 줄어 소비자 부담이 감소하고, 전자폐기물 감소로 환경보호 효과가 기대됩니다.

참고 과학기술정보통신부 누리집〉법령〉입법행정예고 「모바일·스마트기기 등 방송통신기자재의 충전 및 데이터 전송 방식에 관한 기술기준」 제정(안) 행정예고(2025. 2. 시행 예정)

〈 무선 방송통신기자재의 충전 및 데이터 전송 방식 일원화 〉

추진배경 「방송통신발전 기본법」(시행 2025. 2.14.) 개정에 따라 자원낭비의 방지와 소비자의 편익을 증대하기 위하여 충전 및 데이터 전송방식 일원화

주요내용 모바일·스마트기기 등의 무선 방송통신기자재를 유선방식으로 충전하거나 유선방식으로 충전과 데이터 전송을 동시에 하는 경우 USB C형 리셉터클 커넥터 장착 의무화

시행일 2025년 2월 14일(단, 노트북은 2026년 4월 1일부터 시행)

「국가자원안보 특별법」 시행

산업통상자원부 자원안보정책과(☎ 044-203-5251)

「국가자원안보 특별법」(2024. 2. 6. 제정)이 2025년 2월 7일부터 시행됩니다.

❖ 이 법률은 석유사업법, 도시가스사업법 등 개별 에너지원별 대응체계를 탈피하고 종합적인 관점에서 에너지·자원 위기를 파악하고 대응하기 위해 제정된 것으로서,

- 석유, 천연가스, 핵심광물, 우라늄 등 특히 중요한 자원들을 핵심자원으로 정의하여 정책대상으로 삼고 있습니다.

❖ 자원안보위기를 선제적으로 식별하고 대비하기 위해 기업, 기관들이 자체적으로 수행하는 공급망 점검·분석, 정부의 국가자원안보 진단·평가 등 조기경보체계를 운영할 계획입니다.

❖ 또한, 위기에 신속하고 효율적으로 대응하기 위해 위기대응 매뉴얼을 마련하고 해외개발 핵심자원의 반입, 비축자원의 방출·사용, 가격상한제 등 각종 긴급대응 조치를 마련하였습니다.

이를 통해 우리의 에너지·자원 공급망을 강화하고 불측의 자원안보위기로 인한 피해를 최소화할 수 있을 것으로 기대됩니다.

참고 산업통상자원부 누리집〉보도자료〉"「국가자원안보 특별법」 국회 통과", "「국가자원안보 특별법 시행령·시행규칙」 제정안 입법예고 실시"

〈「국가자원안보 특별법」 시행〉

추진배경	에너지·자원 공급망의 불확실성에 대응하기 위한 법적 기반 구축
주요내용	자원안보위기를 예방·대비하고 위기 발생 시 신속하고 효율적으로 대응하기 위한 자원안보체계 마련
시 행 일	2025년 2월 7일

통상조약 등에 따른 피해기업 대상 기술·경영 혁신 지원

산업통상자원부 통상협정활용과(☎ 044-203-5766)

통상조약 등 이행에 따른 피해기업 대상 기술·경영 혁신을 지원하는 내용의 개정된 「통상환경변화 대응 및 지원 등에 관한 법률*」이 2025년 1월 1일부터 시행됩니다.

* 기존 「무역조정 지원 등에 관한 법률」이 제명을 포함, 기업의 중장기 경쟁력 확보를 위한 기술·경영 혁신 지원을 도입하는 내용으로 개정, 공포(2024. 2. 20.)

❖ 통상조약 등의 이행에 따른 상품·서비스 무역의 변화로 매출액 또는 생산량이 5% 이상 감소하거나 감소할 우려가 있는 기업은 기존 융자지원과 더불어 전문 컨설팅사를 통한 기술·경영 혁신 지원을 받을 수 있습니다.

❖ 정부는 통상영향조사 및 기술·경영 환경 진단을 통해 기업의 중장기 경쟁력 강화전략을 수립할 수 있도록 지원하며,

– 통상변화대응에 필요한 자금·인력·기술·해외진출전략 등 기업이 필요로 하는 분야에 대한 정보제공 및 상담이 가능합니다.

이를 통해 통상조약 등의 이행으로 피해를 입은 기업의 중장기 경쟁력 강화를 지원하고 통상환경 변화에 대한 기업의 대응역량 강화를 뒷받침할 수 있을 것으로 기대됩니다.

> **참고** 산업통상자원부 누리집 > 예산·법령 > 최근 개정법령 > 「통상환경변화 대응 및 지원 등에 관한 법률」

〈「통상환경변화 대응 및 지원 등에 관한 법률」 시행 〉

추진배경	통상조약 등 이행에 따른 피해기업 대상 기술·경영 혁신을 지원하는 내용으로 개정된 「통상환경변화 대응 및 지원 등에 관한 법률」 시행
주요내용	지원대상 협정 범위 확대, 기업지원 요건 개선, 기업의 경쟁력 향상을 위한 기술·경영 혁신 지원 등을 규정
시행일	2025년 1월 1일

06 산업·중소기업·에너지

「이산화탄소저장활용법」 시행

산업통상자원부 에너지기술과 (☎ 044-203-5157)

「이산화탄소저장활용법」(2024. 2. 6. 제정)이 2025년 2월 7일부터 시행됩니다.

❖ 이 법률의 시행으로 이산화탄소 포집, 수송부터 온실가스 감축에 필수적인 저장소 확보까지 이산화탄소 저장사업에 관한 전주기적 과정을 체계적으로 관리·지원하고,

  * 포집시설 설치신고, 수송사업승인, 저장사업허가

  − 이산화탄소를 활용하는 기술·제품에 대한 인증과 전문기업 확인, 전문인력 양성 등을 통해 이산화탄소 활용산업의 육성이 가능해집니다.

❖ 또한, 집적화단지를 지정하여 기반시설, 공동연구인프라 비용 지원을 통해 산업생태계가 구축될 것으로 기대됩니다.

❖ 안전성 확보를 위해 저장사업 중, 저장소 폐쇄 이후 단계에서 이산화탄소 누출을 검사하는 모니터링 체계도 확립하였습니다.

이를 통해 기후대응과 탄소중립에 기여하고 CCUS 관련 기술개발과 산업육성을 지원할 수 있을 것으로 기대합니다.

> 참고 산업통상자원부 누리집〉보도자료) "이산화탄소 포집·수송·저장 및 활용에 관한 법률안, 국회 통과"

〈「이산화탄소저장활용법」 시행〉

추진배경	이산화탄소 포집·수송·저장 및 활용을 위한 법제적 기반을 마련하여 기후위기에 효율적으로 대응하고 관련 신산업 발전 지원
주요내용	• 이산화탄소 포집, 수송부터 온실가스 감축에 필수적인 저장소 확보, 활용기업 지원 등 이산화탄소 포집·저장·활용산업 육성을 위한 지원 근거 마련 • 집적화단지 지정 및 지원 등 산업생태계 구축 지원
시행일	2025년 2월 7일

「전기산업발전기본법」 시행

산업통상자원부 전력산업정책과 (☎ 043-203-3886)

「전기산업발전기본법」(2024. 1. 9. 제정)이 2025년 1월 10일부터 시행됩니다.

❖ 이 법률이 시행되면, 5년마다 전기산업발전기본계획이 수립·운영되며 매년 3월 31일까지 연도별 시행계획을 마련토록 함으로써 전기산업의 경쟁력을 높이고 지속가능한 발전을 도모할 수 있을 것으로 기대됩니다.

❖ 우리나라 민간 최초 점등이 이루어졌던 4월 10일을 '전기의 날'로 정하고 매년 포상, 학술대회 및 국제교류, 전기산업 육성 및 홍보 등의 행사를 할 수 있는 근거가 마련됐습니다.

❖ 전문인력 양성, 국제협력 및 해외시장 진출, 디지털 전환 촉진 등 전기산업을 발전·육성시키기 위한 다양한 정부 지원사업의 근거를 법률로 규정했습니다.

이를 통해 전기산업 관련 체계적인 정책 수립과 지속가능한 발전을 위한 육성·지원사업의 활성화가 가능할 것으로 기대됩니다.

> **참고** 산업통상자원부 누리집〉알림·뉴스〉"「전기산업발전기본법」의 시행령(안) 입법예고 실시"

〈「전기산업발전기본법」 시행 〉

- **추진배경** 전기산업의 경쟁력을 높이고 지속가능한 발전을 도모하기 위한 「전기산업발전기본법」이 시행
- **주요내용** 전기산업발전기본계획 및 시행계획을 수립·운영하고 전문인력 양성 등 전기산업을 육성·지원할 수 있는 근거 등을 마련
- **시 행 일** 2025년 1월 10일

도시가스요금 경감 지원 대신신청

산업통상자원부 가스산업과(☎ 044-203-5236)

빈곤층 등 모든 국민에게 에너지가 보편적으로 공급될 수 있도록 도시가스요금 경감 등 필요한 지원을 하기 위해 관련 내용을 담아 「도시가스사업법」이 개정되었습니다.

❖ 에너지의 보편적 공급을 위해 도시가스요금 경감 등 필요한 지원이 원활히 이뤄질 수 있도록 법적 근거를 마련하였습니다.

❖ 또한, 가스요금 경감 지원이 누락되지 않도록 가스도매사업자, 시·도지사 또는 시장·군수·구청장이 지원대상을 대신하여 요금 경감을 신청할 수 있습니다.

「도시가스사업법」은 개정안 공포 후 6개월이 경과한 2025년 3월 21일부터 시행될 예정입니다.

〈빈곤층 등 도시가스요금 경감 대신 신청〉

추진배경	빈곤층 등 도시가스 요금 경감 지원이 누락되지 않도록 가스도매사업자 등이 요금 경감을 대신 신청할 수 있는 근거 마련
주요내용	• 빈곤층 등 모든 국민에게 에너지가 보편적으로 공급될 수 있도록 도시가스요금 경감 등 지원을 할 수 있음 • 가스도매사업자, 시·도지사 또는 시장·군수·구청장이 요금경감 대상자를 대신하여 요금경감을 신청할 수 있음
시 행 일	「도시가스사업법」 개정안 공포 후 6개월이 경과한 날(2025년 3월 21일)

산업단지 태양광 등 신재생에너지 사업 지원

산업통상자원부 입지총괄과(☎ 044-203-4409)

산업단지 관리기관이 입주기업체의 신재생에너지 시설 개선, 확충, 공급 확대 등을 지원하고, 신재생에너지 이용 및 보급 촉진을 위한 시설을 설치하는 사업자에게 국가 또는 지방자치단체가 필요한 비용을 일부 지원할 수 있도록 「산업집적활성화 및 공장설립에 관한 법률」이 개정됩니다.

❖ 한국산업단지공단, 지자체 등 산업단지 관리기관은 2025년부터 「공공주도 산단 태양광 사업」을 통해 신재생에너지 설치와 관련한 제도개선, 컨설팅 및 수요발굴 등 입주기업의 신재생에너지 설치 보급 확대를 위한 지원사업을 시행합니다.

❖ 또한, 산업단지 구조고도화사업 시행자가 신·재생에너지 이용 및 보급 촉진을 위한 사업을 수행하는 경우 국가 또는 지방자치단체가 필요한 비용의 일부를 지원할 수 있도록 하여 산업단지의 친환경 전환을 가속화합니다.

「산업집적활성화 및 공장설립에 관한 법률」은 2024년 9월 개정하여 2025년 3월 시행 예정입니다.

〈공공주도 산단 태양광 사업〉

추진배경 정부(산업부)에서 공장 지붕 등을 활용한 산업단지 태양광 시설 공급 확대를 위한 대책을 2024년 7월 발표, 이에 따라 「공공주도 산단 태양광 사업」 추진

주요내용
- 지역별 한국산업단지공단, 지자체, 한국에너지공단, 발전공기업 등 관계기관이 추진협의회를 구성하여 태양광 등 신재생에너지 확대 거버넌스 역할 수행
- 태양광 등 신재생에너지 설치 시 기업의 애로사항 등을 해결하고, 경제성 분석 등 컨설팅 사업 실시
- 한국산업단지공단, 발전공기업 등 공공기관이 태양광 등 신재생에너지 발전사업자 역할 수행

시행일 「산업집적활성화 및 공장설립에 관한 법률」 개정내용은 2025년 3월 21일부터 시행 예정

광산안전관리직원 통합관리 체계 구축

산업통상자원부 석탄산업과 (☎ 044-203-5264)

4개 광산안전사무소에 분산되어 처리되고 있는 광산안전관리직원 업무를 통합관리하기 위해 「광산안전법」이 개정됩니다.

* 광산안전에 관한 직무를 수행하기 위하여 광산안전법에 따라 일정한 규모의 광산은 적정 자격을 갖는 안전관리직원을 선임하는 제도

❖ 광산안전사무소에서 수리하고 있는 연간 1,000여 건의 광산안전관리직원 선·해임 업무를 광업 관련 전문인력을 갖추고 있는 법인 또는 단체에 위탁하고 산업통상자원부 광산안전사무소에서는 광산안전관리에 집중하여 재해예방을 강화할 계획입니다.

❖ 민간 위탁을 통해 광산안전관리직원 선·해임업무 일원화와 통합관리체계 구축으로 업무 효율성 제고와 중복 선임 등의 폐해 방지 및 선임이 필요한 광산에 유자격자 연결 등 서비스 제공으로 광산안전관리직원 선임이 용이할 수 있도록 광산의 애로사항을 해소할 예정입니다.

「광산안전법」개정 내용은 2025년 2월 21일부터 시행 예정입니다.

※ 광산안전관리직원 선·해임 신고접수 처리 위탁 기관에 안전사무소 자료 이전, 전산시스템구축 등의 기간을 고려하여 위탁업무 수행은 2026년 1월 1일 이후부터 수행하고 위탁업무수행 전 기간은 사무소장이 계속하여 수행

〈 광산안전관리직원 통합관리 체계 구축 〉

추진배경	산안전관리직원 선·해임 사무를 민간에 위탁하여 일원화 시스템을 구축함으로서 체계적인 현황관리 및 업무의 정확성과 효율성을 제고하고 중앙행정기관인 광산안전사무소는 본연의 업무인 광산안전검사 등 현장 중심의 광산안전관리에 집중할 필요성 제기
주요내용	• 광산안전관리직원 선·해임 업무를 광업분야의 전문성을 가지는 법인 또는 단체에 산업통상자원부 장관이 고시하여 위탁 • 민간 위탁을 통해 광산안전관리직원 선·해임 업무를 통합관리하여 중복선임 방지 및 유자격자 연결 등의 서비스 제공
시 행 일	「광산안전법」개정 공포 1년 후(2025년 2월 21일부터)부터 시행 (단, 민간단체의 위탁업무는 2026년 1월 1일부터 수행)

항만배후단지 업무지원·편의시설 입주자격 확대

해양수산부 항만물류기획과(☎ 044-200-5755)

항만배후단지 내 입주기업의 사업을 지원하기 위한 업무지원 시설과 근로자 편의시설에 대한 입주자격이 확대됩니다.

❖ 기존에는 항만배후단지에 조성된 업무지원시설 및 편의시설 부지에 주차장 운영업에 한하여 입주가 허용되었습니다.

❖ 앞으로는 고용 알선업, 음식점, 편의점 등 15개 업종의 입주가 추가로 허용되며, 관리기관이 해양수산부 장관과 협의하여 별도로 정하는 업종 또한 입주가 가능해집니다.

 해양수산부 누리집〉정책자료〉법령정보〉행정예고〉「1종 항만배후단지관리지침」 일부개정안 행정예고 (2024. 11.)

〈 항만배후단지 업무지원·편의시설 입주요건 확대 〉

추진배경	항만배후단지 입주기업의 사업환경과 근로자의 근로여건 개선을 위해 업무·편의시설의 입주자격을 완화할 필요성이 제기
주요내용	기존 주차장 운영업 외에 고용알선업, 음식점, 편의점 등 업무지원 및 편의시설 15개 업종과 관리기관이 해양수산부 장관과 협의하여 별도로 정하는 업종의 입주를 추가로 허용
시 행 일	「1종 항만배후단지 관리지침」개정안 고시일(2024년 12월)부터 시행

「항만기술산업의 육성 및 지원에 관한 법률」 시행

해양수산부 항만개발과 (☎ 044-200-5941)

「항만기술산업의 육성 및 지원에 관한 법률」(2024. 1. 23. 제정) 및 하위법령이 2025년 1월 24일부터 시행됩니다.

❖ 경제·국가안보 측면에서 항만기술산업*의 중요성**과 규모***가 증가하고 있어 국내 산업기반 구축 및 육성체계를 마련하기 위한 법률로,

   * 항만장비와 이를 위한 정보통신시스템의 개발·제작·생산·유통·운영·유지 및 관리 등과 관련된 산업
  ** 자동화·디지털 기술 혁신으로 항만장비가 단순 기계에서 복잡한 시스템으로 변환 중
 *** 전세계 연간 항만기술산업 규모: 68.1억 달러(2015~2019) → 77.3억 달러(2020~2024)

- 산업 육성계획* 수립·시행, 조사·통계관리, 기술개발·표준화, 전문인력 양성기관 지정 등 산업 육성 기반조성을 제도화하고,

 * 기본방향, 기술개발 및 보급, 인력양성, 법·제도 정비, 국제교류 및 수출, 품질향상에 관한 사항

- 또한 항만구역 또는 배후단지에 입주하는 항만기술사업자에 대한지원사항*을 규정하여 직접적인 산업지원을 위한 근거가 마련됩니다.

 * 항만시설 사용료 감면, 항만배후단지 입주자격 완화, 시범사업구역 지정·지원 등

법률 시행에 따라 항만기술산업에 대한 안정적인 성장기반 구축과 체계적인 지원을 통하여 국가경제를 활성화하고 나아가 공급망 안정성과 물류경쟁력을 강화해 나갈 수 있을 것으로 기대됩니다.

> **참고** 해양수산부 누리집 > 보도자료 > "국내 항만기술산업의 체계적인 육성을 위한 제도적 근거 마련"

〈「항만기술산업의 육성 및 지원에 관한 법률」 시행〉

추진배경	항만기술산업 육성을 위한 '항만기술산업법' 시행을 통해 신성장동력을 마련하고 공급망 안보 및 해운물류 경쟁력을 확보
주요내용	항만기술산업 육성계획 수립·시행, 기술개발 표준화 등 산업육성 기반을 마련하고, 항만시설 사용료 감면, 항만배후단지 입주자격 완화 등 직접적 산업지원 근거 마련
시행일	2025년 1월 24일

해양수산 창업투자 지원사업 신규 추진

해양수산부 해양수산과학기술정책과(☎ 044-200-6225)

해양수산분야 기업의 스케일업을 위한 민간투자연계 사업화지원사업, 기술고도화를 위한 R&D 지원사업을 신규 추진합니다.

❖ 민간투자를 유치한 우수기업에 대하여 수출 시제품 개발, 인증, 해외시장 발굴 등을 위한 사업화 자금을 지원*합니다.

 * 지원기업별 2년(1년차 신제품 개발, 2년차 해외진출), 기업당 최대 4억원 지원

❖ 해양수산분야 난제해결을 위한 딥테크* 분야를 발굴·선정하고, 기업의 딥테크 기술개발 및 해외진출을 지원**합니다.

 * (딥테크 기업) 고도의 과학기술(AI, 빅데이터, 바이오, 로봇, 드론, 에너지 등)을 기반으로 해양수산분야 난제 해결을 통한 경제적·사회적 부가가치를 창출하는 기업
  ㉑ 자율운항선박 원천기술 보유 제품생산 기업, 수중드론 원천기술 보유 제품생산 기업

 ** (기술개발) 2025년 5개과제, 과제당 5.25억원 지원 / (해외진출) 2025년 2개과제, 7.5억원 지원

❖ 추후 자세한 사항은 2025년 1분기 게시 예정인 공고문을 참조하여 주시기 바랍니다.

〈 해양수산 창업투자 지원사업 신규 추진 〉

추진배경 성장·확장기 기업의 스케일업을 위한 민간투자연계 사업화지원사업, 해양수산 기업의 기술고도화를 위한 R&D 사업 신규 추진

주요내용
- 민간투자를 유치한 우수기업에 대해 수출 시제품 개발 및 인증, 사업화 지원
- 非해양수산분야 딥테크 기업의 기술의 해양수산분야 난제해결형 기술전환, 해양수산 기업 보유 기술의 딥테크 융합 및 글로벌 딥테크 진출 지원

시 행 일 2025년 1분기 공모예정

소상공인 스마트·디지털화 지원

중소벤처기업부 디지털소상공인과(☎ 044-204-7875, 7896, 7282)

성장하고 있는 소상공인 대상으로 스마트·디지털 기술을 접목하여 소상공인의 경쟁력을 강화합니다.

❖ 서빙로봇, 키오스크 렌탈 비용의 70%를 정부가 지원합니다.

* 키오스크는 「장애인차별금지법」개정 시행에 따라 장애인·노약자의 접근이 용이한 '접근성 보장(Barrier-Free) 키오스크만' 지원

❖ 온라인 쇼핑이 가능한 '디지털 전통시장'을 지속 구축하며, 전통시장별 디지털 역량단계에 따른 맞춤형 지원체계가 마련됩니다.

* 1단계 첫걸음(디지털 기초역량·상인조직화) → 2단계 고도화(온라인 입점·근거리 물류) → 3단계 확산(고유상품 개발·전국 물류) → 4단계 글로벌(해외플랫폼 입점 및 수출물류)

❖ 또한 분야별 탑티어 민간 플랫폼社가 유망브랜드 소상공인을 직접 발굴하여, 1:1로 밀착 지원합니다.

참고 　중소벤처기업부 누리집〉보도자료)"[보도자료] 금융3종세트, 판로확대, 폐업시 취업지원… '위기의 자영업자' 촘촘하게 끝까지 챙긴다(2024. 7. 3.)"

〈 소상공인 스마트·디지털화 지원 〉

추진배경	스마트·디지털 기술을 접목하여 소상공인의 경쟁력을 강화하고 소기업으로 도약할수 있는 제도적 기반 마련
주요내용	• (민간경영정보활용) 민간기업이 보유한 경영정보 DB를 활용한 맞춤형 지원 • (디지털시장) 시장별 디지털역량 단계에 따른 맞춤형 지원체계 마련 • (민간플랫폼연계) 분야별 탑티어 민간 플랫폼사의 유망 소상공인 1:1 밀착 지원
시 행 일	2025년 상반기

점포철거비 확대 등 소상공인 폐업 지원

중소벤처기업부 소상공인재도약과(☎ 044-204-7853, 7838, 7860)

소상공인의 원활한 폐업지원을 위해 사업정리 컨설팅, 점포철거비지원, 법률자문, 채무조정 등 원스톱 패키지를 지원합니다.

❖ 폐업 시 절세 및 신고기한, 집기·시설 처분 방법 등에 대한 컨설팅이 지원되며,

❖ 임대차, 가맹, 세무 등 종합법률 자문이 지원되며 채무조정 솔루션도 제공됩니다.

❖ 또한, 폐업 점포철거·원상복구비 지원 수준을 현실화하여 점포철거비 지원금이 확대됩니다.
  ※ 現 최대 250 → 改 최대 400만원

> ① (사업정리컨설팅) 폐업 시 절세 및 신고기한, 집기·시설 처분 방법 등 관련
> ② (점포철거비) 점포철거·원상복구비 지원
> ③ (법률자문 등) 임대차, 가맹, 세무 등 종합법률 자문 + 채무조정 솔루션 제공

참고 중소벤처기업부 누리집>보도자료)"[보도자료] 금융3종세트, 판로확대, 폐업 시 취업지원... '위기의 자영업자' 촘촘하게 끝까지 챙긴다(2024. 7. 3.)"

< 점포철거비 확대 등 소상공인 폐업 지원 >

추진배경 개인사업자 폐업이 급격히 증가하는 등 최근 폐업 위기에 내몰리는 소상공인이 급증
※ 폐업 개인사업자 수(만명): (2020) 82.8 → (2021) 81.9 → (2022) 80.0 → (2023) 91.1

주요내용 소상공인의 원활한 폐업지원을 위해 폐업 점포철거·원상복구비 지원 수준을 현실화하고, 사업정리 컨설팅, 법률자문, 채무조정 등 원스톱 패키지 지원

시행일 2025년 중

소상공인 특화 취업 프로그램 신설

중소벤처기업부 소상공인재도약과(☎ 044-204-7853, 7838, 7860)

소상공인이 원활히 취업에 성공할 수 있도록 소상공인 특화 취업 프로그램을 신설합니다.

❖ 기존 희망리턴패키지의 취업지원 프로그램을 취업 마인드셋 중심의 1개월 프로그램으로 확대·개편합니다.

　* 희망리턴패키지 취업교육 참여수당도 60만원으로 확대 지원(現40 → 改60만원)

❖ 또한, 폐업초기 단계(희망리턴패키지 신청 시)부터 재취업 희망 소상공인 정보를 연계하여 신속 지원 서비스를 제공합니다.

❖ 취업지원 프로그램 참여유인 제고를 위해 최대 6개월간 약 월 50~110만원 훈련참여수당 및 취업성공수당(최대 190만원)이 지급됩니다.

참고 중소벤처기업부 누리집〉보도자료〉"[보도자료] 금융3종세트, 판로확대, 폐업시 취업지원… '위기의 자영업자' 촘촘하게 끝까지 챙긴다(2024. 7. 3.)"

〈 소상공인 특화 취업 프로그램 신설 〉

추진배경	소상공인이 원활히 취업에 성공할 수 있도록 소상공인 취업 특화 프로그램 신설
주요내용	• (취업지원 프로그램) 희망리턴패키지 취업 지원 프로그램을 취업마인드셋 중심의 프로그램으로 개편하고, 참여수당 확대 지원 • (신속지원) 폐업초기 단계부터 재취업 희망 소상공인 정보를 연계하여 신속 지원 서비스 제공 • (유인확대) 최대 6개월간 약 월 50~110만원 훈련참여수당 및 취업성공수당(최대 190만원) 지급
시행일	2025년 중

지역경제 정책지원을 위한 분기 지역내총생산(GRDP) 공표

통계청 소득통계과(☎ 042-481-2338)

지역경제 상황을 신속하게 진단하고 국가균형발전 및 지역경제 활성화 정책 등을 지원하기 위해, 2025년 6월에 분기 GRDP를 공표합니다.

❖ GRDP, 곧 지역 GDP 통계를 현재 연간 주기로만 작성하고 있으나, 내년부터 통계작성 주기를 분기로 단축하여 지역경제 상황을 보다 신속하고 종합적으로 파악할 수 있게 됩니다.

❖ 향후 분기 GRDP 시계열 축적과 함께 지역 경기국면(상승·하강 및 전환)의 신속한 진단도 가능해짐에 따라 지역경제에 대한 심층분석이나 효과적 정책 수립 등을 뒷받침할 것입니다.

분기 GRDP 결과는, 2025년 6월 이후 통계청 누리집, 국가통계 포털 등을 통해 상세하게 확인할 수 있습니다.

> **참고** 통계청 누리집〉보도자료〉통계청, 신속한 지역경제 동향 파악을 위해 분기 지역내총생산(GRDP) 개발 추진 (2024. 1.)

〈 신속한 지역경제 파악을 위한 분기 GRDP 개발 〉

추진배경 지역경제 상황을 신속하게 진단하고 지역경제 정책 수립 지원을 위해 GRDP 통계 시의성 및 활용성 개선 필요

주요내용
- (개발방향) 속보성 기초자료를 활용하여 GRDP 작성주기를 연간에서 분기로 단축
- (작성방법) 국제기구 권고안에 의거한 속보성 지표의 비율을 이용한 연장추계 방식을 적용하여 17개 시도별, 산업별 실질 성장률 작성

시 행 일 (공표일) 2025년 6월 분기 GRDP 공표일 이후부터 사용 가능

특허·실용신안 우선심사 신청대상 확대

특허청 특허제도과(☎ 042-481-8243)

첨단기술과 관련된 특허·실용신안등록출원에 대해 다른 출원보다 우선하여 심사받을 수 있는 우선심사의 신청대상이 확대됩니다.

❖ 반도체, 디스플레이 기술분야의 우선심사 신청대상이 소재·부품·장비, 제조, 설계에 더해 성능 검사·평가 기술로까지 확대됩니다. (2024년 11월 1일 이후 우선심사 신청된 출원부터 적용)

❖ 또한, 이차전지 기술분야의 우선심사 신청대상도 소재·부품·장비, 제조, 설계에 더해 성능 검사·평가, 제어관리, 재활용 기술로까지 확대될 계획입니다. (2025년 2월 중 특허청 공고를 통해 적용될 예정)

❖ 바이오, 첨단로봇, 인공지능 기술분야가 우선심사 신청대상으로 새롭게 포함됩니다. (2025년 2월 중 특허청 공고를 통해 적용될 예정)

참고 특허청 누리집〉주요제도〉특허/실용신안제도〉우선심사제도

〈 특허·실용신안 우선심사 신청대상 확대 〉

추진배경	반도체, 디스플레이, 이차전지 등 국가정책적으로 중요한 첨단기술분야에 대하여 신속한 권리 확보 지원을 강화하기 위함
주요내용	첨단기술과 관련된 특허·실용신안등록출원의 우선심사 신청대상 확대
시 행 일	2024년 11월 1일(반도체·디스플레이 기술분야), 2025년 1월 15일(이차전지, 바이오, 첨단로봇, 인공지능 분야)

www.kipo.go.kr
특허청

특허·실용신안 발명자 정정제도 개선

특허청 특허제도과 (☎ 042-481-8153)

특허출원인은 특허결정 때부터 설정등록 전까지는 발명자를 추가할 수 없고 발명자의 동일성이 유지되는 경우*에만 발명자 정정이 가능합니다.

* 발명자의 개명, 단순오타, 주소변경, 외국인의 경우 음역상의 차이 등

❖ 심사관의 심사절차 중에 발명자를 정정하려는 경우에는 정정이유를 기재한 설명서와 특허출원인 및 정정의 대상이 되는 발명자가 서명 또는 날인*한 확인서류를 제출하여야 합니다.

* ㉮ (정정 전) 발명자 장영실, 홍대용 → (정정 후) 발명자 장영실, 지석영
   → [확인서류] 특허출원인 및 홍대용, 지석영의 서명/날인 필요

※ 설정등록 이후에는 ▲ 정정이유를 기재한 설명서 ▲ 특허권자 및 신청 전·후 발명자 전원이 서명 또는 날인*한 확인서류 제출

* ㉮ (정정 전) 발명자 장영실, 홍대용 → (정정 후) 발명자 장영실, 지석영
   → [확인서류] 특허권자 및 장영실, 홍대용, 지석영의 서명/날인 필요

참고 특허청 누리집>책자/통계>산업재산권 법령체계도

〈 특허·실용신안 발명자 정정제도 개선 〉

추진배경	발명능력이 없는 사람을 심사관의 심사절차가 끝난 이후에도 발명자로 추가하는 등의 악용 방지
주요내용	발명자 정정시기 일부 제한 및 심사절차 중 발명자 정정 시 확인서류 제출
시행일	2024년 11월 1일

**2025년부터
이렇게 달라집니다**

07

국토·교통

01 국토교통부
주택 청약 시 非아파트 무주택 간주 기준 완화
시행일: 2024년 12월 중(예정)

- 청약시 무주택으로 인정하는 비아파트 범위를 확대합니다.

1억 이하
60m²

→

3억 이하
85m²

02 국토교통부
드론·로봇으로 택배물품을 배송할 수 있습니다
시행일: 2025년 1월 17일

- 택배서비스 사업 시 드론과 실외 이동로봇을 이용해 물품을 배송할 수 있습니다.

- 초경량비행장치사용사업 등록
- 운행에 필요한 요건
- 운행안전 인증
- 보험 또는 공제에 가입

03 「자율운항선박법」 시행으로 무인선박시대 기반 마련

해양수산부

시행일: 2025년 1월 3일

- **한국형 자율운항선박의 기술개발 및 상용화 지원을 위해 「자율운항선박법」을 시행합니다.**

  - 관련 산업의 핵심기술 개발, 해상물류체계 구축 및 전문인력 양성 등 추진전략을 담은 5개년 로드맵 수립
  - 규제 완화된 운항해역을 지정·운영
  - 기술 시스템에 대한 안전성평가 지원 등 민간 기술 실증 적극 지원

주택 청약 시 비아파트 무주택 간주 기준 완화

국토교통부 주택기금과(☎ 044-201-3351)

빌라 등 非아파트* 구입자가 청약에서 불이익이 없도록 청약 시 무주택으로 인정하는 비아파트 범위를 확대하는 「주택공급에 관한 규칙」이 개정·시행(2024.12. 예정)됩니다.

* 단독·다가구주택, 연립·다세대주택, 도시형 생활주택

❖ 60m^2 이하로서 공시가격 1억원(수도권 1.6억원)이하인 주택을 소형·저가주택으로 인정하여 청약 시 무주택으로 간주해왔으나,

- 비아파트에 대하여 그 기준을 85m^2 이하로서 공시가격 3억원(수도권 5억원)이하인 주택으로 대폭 완화(2024. 8. 8. 발표)합니다.

이를 통해 위축된 非아파트 시장이 정상화되고, 실수요자를 위한 주거사다리 역할 회복에 도움을 줄 것으로 기대됩니다.

> 참고 국토교통부 누리집〉정책자료〉법령정보〉입법예고·행정예고〉「주택공급에 관한 규칙」일부개정령안 입법예고(국토교통부 공고 제2024-1279호)

〈 「주택공급에 관한 규칙」 개정안 시행 〉

추진배경	안정적 주택공급을 확신할 수 있는 실천적 방안을 통해 우량주택 공급을 확대하고 국민 주거안정을 실현하기 위한 주택공급 확대방안 발표(2024. 8. 8.)
주요내용	빌라 등 非아파트 구입자가 청약에서 불이익이 없도록 청약 시 무주택으로 인정하는 非아파트 범위를 확대
시 행 일	2024년 12월 중(예정)

드론·로봇으로 택배물품을 배송할 수 있습니다

국토교통부 생활물류정책팀(☎ 044-201-4153)

택배서비스사업 시에 기존 화물차뿐만 아니라 드론과 실외이동로봇을 이용하여 물품을 배송할 수 있게 됩니다.

❖ 등록제로 운영되는 택배서비스사업에서 드론과 실외이동로봇을 이용하는 경우에 대한 구체적인 등록요건을 정하는 「생활물류법 시행령」이 개정됩니다.

❖ 드론을 이용하는 경우에는 「항공사업법」에 따른 초경량비행장치사용사업을 등록하고, 운행에 필요한 요건을 갖추면 됩니다.

❖ 실외이동로봇을 이용하는 경우에는 지능형로봇법에 따라 운행안전 인증을 받고, 이에 따른 보험 또는 공제에 가입하면 해당 기기의 운용이 가능합니다.

택배서비스업에 드론과 실외이동로봇을 활용하여, 신모빌리티 시대 우리 기업의 물류분야 경쟁력을 강화하고,

❖ 물품 배송에 어려움이 있던 도서 지역 등에 대한 택배서비스 품질 개선에 도움이 될 것으로 예상됩니다.

〈 「생활물류서비스산업발전법」 개정 〉

주요내용	• 택배서비스사업과 소화물배송대행사업의 운송수단에 화물차와 이륜자동차 외에 드론·로봇 추가 (2024. 1. 17.) • 이때, 구체적인 등록 요건을 시행령에서 정하도록 위임
시 행 일	2025년 1월 17일

07 국토·교통

도시계획시설에 더욱 다양한 편익시설 설치 허용

국토교통부 도시활력지원과(☎ 044-201-3722)

버스터미널 등 접근성이 좋은 도시계획시설*에 주문배송시설, 실내체육시설 등 더욱 다양한 편익시설을 설치할 수 있도록 「도시계획시설규칙」이 개정됩니다.

* (도시계획시설) 도로, 공원, 항만, 공항, 학교 등 도시의 기능유지와 국민들의 일상생활을 지원하는 기반시설(46종) 중에서 도시관리계획으로 결정하는 시설

원칙적으로 모든 근린생활시설에 설치를 허용하여 차량검사소나 운전면허시험장에서도 운동·문화시설 등을 설치할 수 있습니다.

❖ 또한 규칙 개정 전에 허용한 시설 외에도 도시계획위원회의 심의를 거쳐 필요한 시설을 설치할 수 있도록 개선함에 따라

– 대학에는 예식장, 데이터센터 등을, 버스터미널에는 물류시설 등을 설치하여 어려운 경영여건을 회복할 수 있게 됩니다.

「도시계획시설규칙」은 2025년 1월 중 개정하여 고시한 날부터 시행할 예정입니다.

참고 국토부 누리집〉보도자료〉"도심 버스터미널에 택배 주문배송 시설 들어선다"

〈 도시계획시설 내 편익시설 허용 범위 확대 〉

추진배경	도시계획시설 활용도 제고 및 이용자 편의증진
주요내용	도시계획시설 내 편익시설 설치규제 대폭 완화 • 주민편의시설 등 근린생활시설은 도시계획시설 내 편익시설로 모두 허용 • 기존 허용시설 외 필요한 시설이라면 지자체 도시계획위 심의를 거쳐 허용
시 행 일	2025년 1월 중

www.molit.go.kr
국토교통부

노후 저층 주거지 개선 위한 뉴:빌리지 사업 본격 추진

국토교통부 도시활력지원과(☎ 044-201-4934)

정비 사각지대에 놓인 노후 저층 주거지의 주거환경을 획기적으로 개선하기 위해 뉴:빌리지 사업을 본격 추진합니다.

❖ 지자체·공공의 맞춤형 지원체계를 바탕으로 주민들의 주택 정비를 밀착 지원하고, 이와 연계하여 주차장·방범시설 등 정주 환경 개선시설을 집중 조성하겠습니다.

❖ 또한, 주택 정비사업을 추진하는 주민들에게 자금(기금) 지원 및 도시규제(용적률 등) 완화 등의 인센티브도 함께 지원합니다.

이러한 노후 저층 주거지역에 대한 기반·편의시설 설치와 주택 정비 지원을 통해 저층 주거 공간이 계속 거주하고 싶은 곳으로 전환될 것으로 기대됩니다.

〈 노후 저층주거지 개선을 위한 뉴:빌리지 사업 공모 〉

추진배경 기반·편의시설 공급 및 주택 정비 유도를 통한 노후 저층 주거지 개선을 위해 뉴:빌리지 사업 도입

주요내용
- (개요) 노후 저층 주거지 개선이 필요한 지역을 대상으로 지자체 사업 공모를 진행하여 지원 대상 선정(시·군 계획수립 → 공모 신청)
- (일정) 공모 접수 → 서면 및 발표 평가 → 현장실사 → 최종 선정

07 국토·교통

공공건축물 제로에너지건축물 인증 의무등급 상향

국토교통부 녹색건축과(☎ 044-201-4091)

제로에너지건축물*(이하 ZEB) 의무화 로드맵에 따라 2025년부터 일부 공공건축물 대상 제로에너지건축물 인증제가 강화됩니다.

* (제로에너지건축물) 건축물에 필요한 에너지 부하를 최소화하고 신재생에너지를 활용하여 에너지소요량을 최소화하는 건축물

❖ (강화) 1천m^2 이상, 17개 용도에 해당하는 공공건축물은 제로에너지건축물 인증 4등급 이상을 받도록 강화됩니다.

※ (기존) 제로에너지건축물 5등급(에너지자립률* 20% 이상) → (변경) 제로에너지건축물 4등급(에너지자립률 40% 이상)

* 단위 면적당 1차에너지 소요량 대비 단위 면적당 1차에너지 생산량

공공건축물의 ZEB 인증등급 강화를 통해 건물부문 온실가스 감축 및 관련 산업·기술 발전에 기여할 것으로 기대됩니다.

> **참고** 국토교통부 누리집〉뉴스·소식〉보도자료)"제로에너지건축물 인증 취득, 내년부터 더 빠르고 간편하게!"

〈 공공건축물 제로에너지건축물 인증 의무등급 상향 〉

추진배경	「제1차 국가 탄소중립·녹색성장 기본계획」에 따라 제로에너지건축물 인증 의무화 대상 확대 및 인증등급의 단계적 상향 추진
주요내용	• 공공건축물 중 1천m^2 이상, 17개 용도에 해당하는 건축물은 제로에너지건축물 인증 4등급 이상을 받도록 제도 강화 • 대통령령으로 정하는 인증등급 이상을 취득하는 것이 불가능한 경우 등급을 완화하여 적용할 수 있는 규정도 신설
시 행 일	2025년 1월 1일

디지털 트윈국토 기반 공장 인허가 사전진단 서비스 제공

국토교통부 국가공간정보센터(☎ 044-201-3487)

국민이 체감하는 디지털플랫폼정부를 실현하기 위해 디지털 트윈국토 기반의 공장 인허가 사전진단 온라인 서비스가 2025년 2월부터 본격 개시됩니다.

  * (산업부) 공장 인허가 신청/허가, (국토부) 디지털 트윈국토 기반 사전진단 서비스

❖ 이 서비스가 제공되면 공장 설립 사이트(www.factoryon.go.kr)를 통해 토지, 건축, 환경 등 공장 인허가 시 고려해야 하는 다양한 법령, 규제 정보를 한눈에 확인할 수 있게 됩니다.

  * 산업부에서 전국 공장의 신청, 변경, 등록 등을 관리하기 위해 운영중인 시스템

❖ 또한, 확인된 정보를 바탕으로 업종별 최적 입지를 추천하고 공장 인허가를 받기 전 사전에 공장을 가상으로 건축해 볼 수 있는 시뮬레이션 서비스도 함께 제공할 계획입니다.

이를 통해, 그간 공장 설립을 위해 필요한 서류를 준비하고 절차를 수행하는 단계에서 많은 어려움을 겪던 국민, 기업의 시간과 비용을 획기적으로 절감할 수 있을 것으로 기대합니다.

〈 디지털 트윈국토 공장 인허가 사전진단 서비스 제공 〉

추진배경	각종 복수 민원이 결합된 공장 인허가 신청 시 민원인이 겪는 어려움 해소 필요성 제기 * (DPG실현계획3-3) 민관이 함께하는 성장플랫폼-디지털트윈을 통한 AI·데이터 산업 퀀텀 점프
주요내용	• 복잡한 공장 인허가에 필요한 정보를 단일 플랫폼(K-GeoP)으로 모으고 트윈국토 기반으로 인허가 고려 사항을 종합 분석하여 가시화 제공 • 이를 통해 공장 설립을 위한 최적 입지를 추천하고, 트윈국토 기반의 토지 등 각종 규제 적합도, 가상 건축 시뮬레이션 서비스(V-world) 제공
시 행 일	2025년 2월 시범서비스 운영(예정)

07 국토·교통

도시형 생활주택 건축면적 제한 완화

국토교통부 주택건설공급과(☎ 044-201-3369)

국민 주거안정을 위해 도심 내 주택공급 여건을 개선하고자 도시형 생활주택 관련 건축규제를 완화하는 「주택법 시행령 개정안」이 시행됩니다.

❖ 수요가 많은 중소형 평형(전용면적 59·84㎡)으로 구성된 아파트 형태의 도시형 생활주택이 공급될 수 있도록 현행 소형 주택에 적용되는 건축면적 제한(60㎡ 이하) 규제를 완화하였습니다.

❖ 또한, 기존의 소형 주택 유형을 폐지하고, 도시형 생활주택 분류를 ① 건축법상 용도가 아파트인 5층 이상의 '아파트형 주택', ②·③ 건축법상 용도가 연립·다세대주택인 4층 이하의 '단지형 연립·다세대주택'으로 새롭게 분류하였습니다.

「주택법 시행령」은 2025년 1월 말까지 개정할 계획이며, 공포한 날부터 시행될 예정입니다.

| 참고 | 국토교통부 누리집〉공지사항「주택법 시행령」입법예고(2024. 11. 1.~2024. 12. 11.) |

〈 도시형 생활주택(소형주택) 건축면적 제한 완화 〉

추진배경	도심 내 교통 환경이 우수한 입지에 3~4인 가구의 수요가 많은 중소형 평형의 아파트형 도시형 생활주택 공급 활성화
주요내용	• 수요가 많은 중소형 평형의 도시형 생활주택 공급을 위해 기존에 60㎡ 이하로 제한되었던 소형 주택의 면적 제한 규정을 삭제 • 소형 주택의 면적 제한 폐지 시 도시형 생활주택 분류 체계에 혼선이 발생*하여, '소형 주택'을 대체하는 '아파트형 주택'을 신설 * 소형 주택의 면적 제한 완화 시 모든 도시형 생활주택이 소형 주택으로 강제 분류
시 행 일	「주택법 시행령」개정안 공포일(2025년 1월 말 예정)부터 시행

공동주택 장기수선계획의 수립기준 현실화

국토교통부 주택건설공급과(☎ 044-201-3376)

장기수선계획의 수립기준이 개정·시행(2016. 8. 12.)된 이후, 현재까지 그대로 적용되고 있어 현장여건 변화 등에 따라 현실에 맞게 「공동주택관리법 시행규칙」이 개정됩니다.

* (장기수선계획) 공동주택을 오랫동안 안전하고 효율적으로 사용하기 위하여 필요한 주요 시설의 교체 및 보수 등에 관하여 수립하는 장기계획

❖ 수선공사 항목 중 공사가 실제 이루어지지 않거나, 수선주기·공사방법·내용이 현실과 괴리된 경우가 있어 실제 공사사례 분석결과를 토대로 조정하였습니다.

❖ 특히, 최근 아파트 화재로 인한 피해가 반복 발생함에 따라 피난시설(방화문, 옥상 비상문자동개폐장치) 등을 반영하였습니다.

「공동주택관리법 시행규칙」은 2024년 12월 말까지 개정할 계획이며, 공포한 날부터 시행될 예정입니다.

> **참고** 국토교통부 누리집〉공지사항〉「공동주택관리법 시행규칙」입법예고(2024. 5. 1.~2024. 6. 11.)

〈 공동주택 장기수선계획의 수립기준 현실화 〉

추진배경 현장여건 변화 등에 따라 현실에 맞게 조정 필요, 최근 사회적 요구 및 기술적 변화에 따라 공사항목 조정 필요성 증대

주요내용
- 수선항목·방법·주기 및 수선율 등을 실제 공사사례 분석을 통해 사회적·기술적 환경변화를 고려하여 현실에 맞게 조정
  * 공사항목 조정: 항목 통합(지붕방수, 페인트칠), 삭제(계단 논슬립, 배수관(강관), 보일러수관) 등
  ** 수선주기 조정: 페인트칠, 자전거보관소 등 11개 항목에 대한 수선주기 조정, 피뢰설비, 배관 등 8개 항목에 대해 전면교체를 부분수선으로 변경 등
- 피난시설(방화문, 옥상 비상문자동개폐장치), 전기자동차 고정형충전기를 장기수선계획 수립기준에 반영

시 행 일 「공동주택관리법 시행규칙」개정안 공포일(2024년 12월 말 예정)부터 시행

07 국토·교통

공공공사 주요 구조부 동영상 촬영 의무화

국토교통부 기술정책관 건설안전과(☎ 043-201-4592)

공공공사에 대하여 부실공사 방지를 위해 주요 시설물 동영상 촬영 의무화 관련 「건설공사 사업관리방식 검토기준 및 업무수행지침」이 개정됩니다.

❖ 현재는 공사감독자가 판단하여 "특히 중요하다고 판단되는 시설물"에 대하여 비디오카메라 등으로 촬영토록 하고 있으나,

❖ 개정 이후부터는 촬영 대상을 공공공사 주요 구조부*로 구체화하여 제도의 실효성을 높일 계획입니다.

　* 예시) 건축물: 내력벽, 기둥, 바닥, 보, 지붕, 기초, 주 계단

「건설공사 사업관리방식 검토기준 및 업무수행지침」은 2025년 1월 중에 개정하여 고시한 날부터 시행될 예정입니다.

참고 국토교통부 누리집 "「건설공사 사업관리방식 검토기준 및 업무수행지침」 제정안 행정예고(2024. 11. 8.~11. 29.)"

〈 공공공사 주요 구조부 동영상 촬영 의무화 〉

추진배경	건설공사 동영상 촬영 의무화로 부실공사 예방
주요내용	• 부실공사 방지를 위한 동영상 촬영 대상 시설물을 「건설기술 진흥법 시행령」별표 8의 주요 구조부로 구체화 • 건설사업관리 및 건설공사 감독자 업무에 동영상 제출 근거 신설, 주요 구조부 외의 시설물도 감독자 판단 하에 동영상 촬영 근거 신설
시 행 일	「건설공사 사업관리방식 검토기준 및 업무수행지침」개정안 고시일(2025년 1월 예정)

성범죄자 등 강력범죄자의 배달업 종사 제한

국토교통부 생활물류정책팀(☎ 044-201-4158)

국민이 안심하고 배달서비스를 이용할 수 있도록 성범죄자 등 강력범죄자의 배달업 종사 제한 관련 「생활물류서비스산업발전법 시행령」이 개정됩니다.

❖ 2025년 1월 17일 시행되는 「생활물류서비스산업발전법」 제19조의2제1항1호에 해당되는 죄의 경중에 따라 최대 20년까지 배달업 종사가 제한되게 됩니다.

❖ 해당 제도는 소화물배송대행서비스 인증사업자가 계약 또는 계약 갱신 시 종사자의 범죄경력 확인서를 제출받거나 경찰청에 범죄경력조회를 신청하여 운용되도록 할 계획입니다.

「생활물류서비스산업발전법 시행령」은 2025년 1월 중 개정하여 2025년 1월 17일부터 시행 예정입니다.

〈 성범죄자 등 강력범죄자의 배달업 종사 제한 〉

추진배경	배달서비스 이용 국민 안전 확보
주요내용	성범죄자 등 강력범죄자의 배달업 종사 제한(최대 20년) * 사업자가 배달업 종사자와 계약체결(갱신 포함) 시 범죄경력 확인서 제출 요구, 또는 경찰청에 범죄경력조회신청
시행일	2025년 1월 17일

07 국토·교통

성범죄자 등 강력범죄자의 장애인콜택시 운전자격 제한

국토교통부 생활교통복지과(☎ 044-201-4772)

장애인 등 교통약자가 보다 안전하게 장애인콜택시를 이용할 수 있도록 성범죄자·마약사범 등 강력범죄자에 대해 전과별로 장애인콜택시 운전자격 제한 규정을 신설합니다.

❖ 「교통약자 이동편의 증진법 시행령」개정으로 범죄별 구체적인 자격제한 기간이 정해지며, 최대 20년까지 장애인콜택시 운전자격이 제한되게 됩니다.

❖ 이번 개정사항은 2025년 1월 17일 시행되며, 시·군에서 경찰청 등으로 범죄경력조회를 요청하는 절차를 통해 범죄사실을 확인하도록 세부 절차도 함께 시행할 예정입니다.

〈 성범죄자 등 장애인콜택시 운전자격 제한 〉

추진배경	장애인 등 교통약자의 안전한 이동권 확보
주요내용	성범죄자·마약사범 등 강력범죄자에 대해 전과별로 2~20년 특별교통수단 운전자 자격 제한을 신설하고, 범죄경력조회 절차 신설
시 행 일	「교통약자 이동편의 증진법 시행령」 개정 시행일(2025년 1월 17일)

장애인콜택시 통합예약시스템 시범운영 실시

국토교통부 생활교통복지과(☎ 044-201-4772)

전국 어디서나 원스톱 예약으로 장애인콜택시(특별교통수단)를 이용할 수 있는 전국 통합예약시스템을 시범 운영합니다.

❖ 그간 지자체별 예약시스템을 별도로 운영하여 이용자 등록서류·절차 등이 중복되고, 예약방법도 달라 광역권 이동이 불편한 문제가 있어, 이를 해소하기 위해 통합예약시스템을 2024년에 구축하였습니다.

❖ 2025년에는 현재 지자체 시스템과의 연계-통합 점검 등을 위해 시범 사업 대상 지자체를 선정하여 2025년 5월부터 시범 서비스를 제공할 예정입니다.

편리하게 장애인콜택시를 이용할 수 있는 여건을 제공하여, 장애인 등 교통약자가 실제 체감할 수 있도록 서비스 수준이 개선될 것으로 기대합니다.

〈 장애인콜택시 통합예약시스템 시범운영 실시 〉

추진배경	장애인 등 교통약자의 장애인콜택시 이용 편의성 확보
주요내용	• 장애인콜택시 통합예약시스템 연계-통합 점검 등을 위해 시범 사업 추진 • 시범 사업 지자체는 2025년 초 수요 조사 등을 거쳐 선정 예정
시 행 일	장애인콜택시 통합예약시스템 시범운영 실시(2025년 5월부터)

07 국토·교통

승용차(비사업용) 최초 검사주기 완화 및 수검기간 확대

국토교통부 자동차운영보험과(☎ 044-201-3858)

자동차검사에 소요되는 국민의 시간과 경제적 부담을 경감하기 위해 비사업용 승용차의 최초검사주기를 완화하고 정기검사 기간을 확대합니다.

❖ 승용차(비사업용)의 최초 검사주기를 신차 등록 후 4년에서 5년으로 완화합니다.

❖ 또한, 자동차 정기검사 수검 기간을 현 63일에서 122일로 확대합니다.
   * (현행) 31일(前) ← 검사 유효기간만료일 → (後)31일(수검기간 총 63일)
   (변경) 90일(前) ← 검사 유효기간만료일 → (後)31일(수검기간 총 122일)

개정내용은 2025년 1월 1일 이후 신규 등록하는 비사업용 승용차 및 검사 유효기간 만료일이 2025년 1월 1일인 자동차부터 적용됩니다.

〈「자동차관리법 시행규칙」 시행 〉

추진배경	자동차 제작기술 고도화를 고려하여 검사 주기 합리화를 통해 자동차 소유자의 편의 제고
주요내용	• 비사업용 승용차의 최초 검사 주기 완화(4년 → 5년) • 정기검사 기간 확대(수검기간 총 63일 → 122일)
시 행 일	2025년 1월 1일

자동차등록번호판 봉인제 폐지

국토교통부 자동차운영보험과(☎ 044-201-3860)

1962년 도입된 자동차등록번호판 봉인제도를 폐지하는 자동차관리법이 시행(2024. 2. 개정, 2025. 2. 시행)됩니다.

* (봉인) 후면번호판의 좌측 고정 볼트 위에 설치하며, 정부를 상징하는 무궁화 문양이 각인되어 있음

❖ 자동차 봉인은 자동차번호판의 도난 및 위·변조 방지 등을 위해 도입되었으나, IT 등 기술발달로 번호판 도난 및 위·변조 차량의 실시간 확인이 가능해졌고,

- 봉인의 발급 및 재발급에는 상당한 비용과 시간이 소요되는 등 불필요한 사회적 비용이 발생함에 따라 봉인 규제가 폐지됩니다.

* 봉인 탈부착 시 차주(수임자)가 차량등록사업소를 직접 방문하여 신청

❖ 이에 따라 봉인 부착 위치, 발급 수수료, 과태료 부과 내용 등 하위법령 관련 규정도 개정되며, 앞으로는 자동차번호판에 봉인이 없어도 차량을 운행할 수 있습니다.

개정내용은 2025년 2월 21일 시행됩니다.

〈「자동차관리법」 및 하위법령 시행〉

추진배경	IT기술 발달 등으로 제도 실효성이 낮고 불필요한 사회적 비용이 발생하며, 대부분 국가에 없는 점 등을 고려하여 봉인 규제 폐지
주요내용	봉인 부착 의무, 발급 절차, 봉인 미부착 운행 시 과태료 부과 등 관련 규정 삭제(자동차관리법 및 시행령·시행규칙 등)
시 행 일	2025년 2월 21일

07 국토·교통

전기차 배터리 안전성 인증제 및 이력관리제 시행

국토교통부 자동차정책과(☎ 044-201-3846)

전기차 배터리 안전성을 정부가 직접 사전에 인증하는 배터리 인증제와 개별 배터리에 식별번호를 부여하여 전 주기 이력을 관리하는 배터리 이력관리제가 2025년 2월 17일부터 시행됩니다.

❖ 배터리 인증제가 시행되면, 모든 전기차에 장착되는 배터리 안전성을 제작사가 스스로 인증하는 자기인증 방식에서 정부가 직접 사전에 안전성을 인증하는 방식으로 개선됩니다.

❖ 아울러, 자동차 등록 시 배터리 식별번호를 별도로 등록하도록 하는 배터리 이력관리제가 시행되면 개별 배터리 제작부터 폐기 등 전 주기에 걸쳐 배터리의 안전성 관련 이력을 관리할 수 있는 기반이 마련됩니다.

이를 통해 전기차에 탑재되는 배터리 안전 관리체계가 보다 강화될 것으로 기대됩니다.

참고 국토교통부 누리집〉보도자료) "정부가 직접 전기차 배터리 인증 및 이력관리… 11일부터 자동차관리법 하위법령 입법예고"

〈 배터리 인증제 및 이력관리제 시행 〉

- **추진배경** 친환경차 보급 확대 추세에 발맞춰 전기차 배터리 등 자동차 안전관리 체계 강화 필요
- **주요내용**
  - (배터리 인증제) 모든 전기차에 장착되는 배터리의 안전성을 정부가 직접 시험하여 안전성 인증
  - (배터리 이력관리제) 개별 배터리에 식별번호를 부여하고 이를 자동차와 별도로 등록하도록 하여 배터리 제작부터 폐기까지 전 주기 이력을 관리
- **시 행 일** 2025년 2월 17일

레벨4 자율주행차 판매·운행제도 마련

국토교통부 자율주행정책과(☎ 044-201-3848)

2025년 3월 20일부터 레벨4 이상 자율주행차도 국토교통부의 성능인증 및 적합성 승인을 받아 판매·운행할 수 있습니다.

❖ 자동차제작사는 국토교통부의 인증을 받아 여객·화물운송 등 서비스를 제공하고자 하는 기업, 공공기관 등을 대상으로 자율주행차를 판매할 수 있게 되며,

❖ 구매자는 해당 자율주행차에 대해 국토교통부의 적합성 승인을 받아 서비스를 제공할 수 있습니다.

〈 레벨4 자율주행차 판매·운행제도 마련 〉

추진배경	국제기준 마련 전 레벨4 이상 자율주행차에 대한 판매·운행제도를 마련하여 상용화 기반 마련 및 산업 생태계 활성화 추진
주요내용	자동차 자기인증에 적용할 안전기준이 없는 자율주행차의 경우에도 국토교통부의 성능인증 및 적합성 승인을 거쳐 판매·운행 가능
시행일	2025년 3월 20일

07 국토·교통

안성 – 구리 고속도로 개통

국토교통부 도로건설과(☎ 044-201-3889)

국내 최초 제한속도 120km/h, 전 구간 배수성포장, 단일 노선 역대 최대규모 사업비(7.4조원)가 투입된 안성–구리 고속도로(72.2km)가 개통(2025. 1. 1.)됩니다.

❖ 안성 – 구리 고속도로 개통으로 인하여 경부선과 중부선의 교통정체가 완화되고 물류비 절감 효과가 있으며, 반도체 클러스터 관통 등 산업 발전에도 큰 기여를 하게 됩니다.

　* (사회적 편익) 5,489억원/년

　** (거리단축) 92.0km → 72.2km(△21%) / (시간절감) 88분 → 39분(△56%)

❖ 또한, 디지털트윈 관제, 레이더 활용 실시간 차량 감지 등 첨단기술이 적용되어 스마트 고속도로의 지평을 넓히며, 비탈면 붕괴 예측 시스템, 배수성포장 등을 반영하여 기후변화에도 안전한 고속도로로 운영할 계획입니다.

〈 안성 – 구리 고속도로 개통 〉

추진배경	제22차 경제관계장관회의(2015. 11.)에서 서울–세종 고속도로 사업 추진 결정
주요내용	서울 – 세종 고속도로 1단계인 안성–구리 구간의 공사가 완료되어 개통 추진
시 행 일	2025년 1월 1일

교통약자(노인, 장애인, 국가유공자 등)의 승차권 구매 접근성 강화

국토교통부 철도운영과(☎ 044-201-4632)

온라인 예매 이용방법 및 핸드폰 조작 등이 서툴러 실제 예매로 이어지지 못하는 등 교통약자의 명절 승차권 예매 불편을 해소하고자,

❖ 2024년 설명절 승차권 판매 시 교통약자의 예매기간을 늘려 1~2일차는 교통약자(1일 추가 확대)에게 우선권을 주고, 디지털 안내 전담직원을 주요 철도역에 배치(2024. 6.)하였습니다.

2025년에는 이와 더불어 장애인 등 교통약자의 접근성 및 이용편의 개선을 위한 신형자동발매기 개발 및 설치 추진하여,

❖ 장애인 등 이용자에 원격으로 매표를 지원, 교통약자 승차권 발권* 편의를 제고하도록 하겠습니다.
  * 휠체어 접근성 용이, 음성·자막 제공, 직원 호출(영상통화)기능 포함 등

〈 교통약자(노인, 장애인, 국가유공자 등)의 승차권 구매 접근성 강화 〉

추진배경	교통약자의 철도 현장(역사·열차) 이용편의 제고
주요내용	장애인 등 교통약자의 접근성 및 이용편의 개선을 위한 신형자동발매기 개발 및 설치 추진
시 행 일	신형자동발매기 구매 후 도입(2025년)

07 국토·교통

철도종사자 음주·약물 상태로 업무 시 처벌 실효성 강화

국토교통부 철도안전정책과(☎ 044-201-4617)

철도운영기관이 철도종사자의 음주·약물 적발 시 의무적으로 신고하고, 제재는 강화하도록 「철도안전법」이 개정됩니다.

  * 「철도안전법」 개정안(2024. 7. 발의) 국회 계류 중

❖ 현행법은 철도운영기관이 기관사, 승무원 등 철도종사자가 음주·약물 상태에서 업무를 하였다는 사실을 알게 되더라도 수사기관에 신고할 의무를 규율하지 않아 개선이 필요합니다.

  * 수사기관(철도경찰)이 적발한 경우와 달리 철도운영기관이 자체 적발하고 미신고하는 경우, 내부징계로만 그치는 경우가 있어 안전과 형평성 차원에서 개선 필요

❖ 또한, 철도종사자의 음주·약물 시 처벌 형량이 도로 등 다른 분야에 비해 낮다는 점도 문제점으로 지적되었습니다.

  * 철도: 3년 이하 징역, 3천만원 이하 벌금 / 도로: 2~5년 징역, 1~2천만원 벌금

❖ 법이 개정·시행되면 철도운영기관의 수사기관 신고가 의무화되고 미신고 시 500만원 이하의 과태료를 부과하며, 철도종사자에 대한 처벌 형량도 강화*됩니다.

  * 현행: 3년 이하 징역, 3천만원 이하 벌금 → 개정: 5년 이하 징역, 5천만원 이하 벌금(10년 내 재범 시 1/2 범위에서 형량 가중)

이를 통해 철도종사자가 음주·약물 상태로 근무하는 것을 예방하는데 기여할 수 있을 것으로 기대됩니다.

참고 국토교통부 누리집〉보도자료〉"[보도자료] 코레일 '근무 중 음주' 관련 법 위반 여부 등을 철저히 조사하겠습니다 (2023. 10. 12.)"

〈「철도안전법」 개정〉

추진배경	철도종사자가 음주·약물 상태에서 업무를 한 사실을 철도운영기관이 적발하더라도 수사기관 신고 의무가 없어 이를 개선
주요내용	• 철도운영자의 수사기관 신고 의무화(미신고 시 500만원 이하 과태료 부과) • 철도종사자가 음주·약물 상태에서 업무 시 처벌 형량 강화
시 행 일	철도안전법 개정(2025년 예정) 공포 후 6개월 경과한 날

K-패스 다자녀 가구 혜택 및 적용 지역 확대

국토교통부 대도시권광역교통위원회 광역교통경제과(☎ 044-201-5082)

대중교통비 지출 금액의 일정 비율을 환급해 주는 K-패스*의 혜택 및 적용 지역이 더욱 확대됩니다.

* 월 15회 이상(최대 60회) 대중교통 이용 시, 지출한 대중교통비의 20~53% 환급

❖ 현재 일반 20%, 청년(만 19~34세) 30%, 저소득층 53%를 환급하고 있으며, 2025년부터는 다자녀 가구(2자녀 30%, 3자녀 이상 50%) 혜택이 신설됩니다.

❖ 또한, K-패스 적용 지역이 현재 189개 기초 지자체에서, 2025년부터는 210개 지자체로 확대됩니다.
  * (전북 8개) 김제, 고창, 부안, 임실, 순창, 진안, 무주, 장수, (전남 5개) 곡성, 함평, 고흥, 화순, 장흥, (경북 3개) 문경, 고령, 성주, (강원 5개) 속초, 평창, 철원, 화천, 인제

〈 K-패스(대중교통비 환급 지원) 사업 개요 〉

추진배경	고물가 시기가 지속되는 가운데 전국적인 대중교통비 인상 흐름에 따라 서민·청년층 등 대중교통 실수요자의 교통비 부담 가중
주요내용	• (사업개요) 월 15회 이상 대중교통 이용 시, 이용금액의 일정 비율(일반 20%, 청년층 30%, 저소득층 53%)을 최대 60회까지 환급 지원 　- 전국 어디서나 사용 가능하며(17개 광역시·도, 189개 시·군·구), 시내버스 지하철 외 GTX, 광역버스 등 광역교통수단에도 적용 가능 • (기대효과) 서민·청년층 교통비 부담 완화와 함께 대중교통 이용 촉진 기대
시행일	2024년 5월~

07 국토·교통

「자율운항선박법」 시행으로 무인선박시대 기반 마련

해양수산부 스마트해운물류팀(☎ 044-200-6201)

한국형 자율운항선박의 기술개발 및 상용화 지원을 위해 실증규제특례 등을 포함한 「자율운항선박법*」이 2025년 1월부터 시행됩니다.

　* 기본계획 수립, 기술개발 지원, 운항해역 지정, 운항승인, 규제특례 등 포함

❖ 해수부는 관련 산업의 체계적인 육성을 위해 핵심기술 개발, 해상물류체계 구축, 전문인력 양성 등 중장기 추진전략을 담은 5개년 로드맵 수립을 추진하여 정책 기반을 마련합니다.

❖ 또한, 민간에서 개발한 자율운항선박을 해상에서 실증할 수 있도록 규제가 완화된 운항해역을 지정·운영하고, 기술 시스템에 대한 안전성평가도 지원하는 등 민간 기술 실증*을 적극 지원합니다.

　* (절차) 해수부로부터 운항승인을 받아 운항해역에서 규제특례(「선박안전법」 필요설치 시설 완화, 「선박직원법」 승무기준 완화 등)를 활용하여 실증 가능

참고　해양수산부 누리집〉정책자료〉법령정보〉「자율운항선박 개발 및 상용화 촉진에 관한 법률」

〈 자율운항선박 개발 및 상용화 촉진에 관한 법률 〉

추진배경	한국형 자율운항선박 기술개발 촉진과 상용화 기반 마련 필요
주요내용	• (기반조성) 자율운항선박 용어 정의, 5개년 기본계획 수립, 기술개발 지원, 국제협력 지원, 전문인력 양성기관 지정, 국제 표준화 사업 지원 등 • (시범운항 및 규제특례) 운항해역 지정 등 절차, 운항 승인 요건, 규제 특례, 기술 안전성평가 제도 등
시 행 일	2025년 1월 3일(2024년 1년 3일 제정)

노후 국고여객선 적기대체 건조를 위한 펀드 도입

해양수산부 연안해운과 (☎ 044-200-5731)

국고여객선 펀드를 통해 노후 국고여객선의 대체 건조를 추진합니다.

❖ 지금까지 국가보조항로를 운항하는 국고여객선은 전액 국비로 건조를 해왔으나 한정된 재정 여건으로 인해 노후 국고여객선 대체 건조에 어려움을 겪어왔습니다.

❖ 내년부터는 국고여객선 펀드에서 선가의 일부(30%)를 출자하고, 민간자본(70%)을 매칭하여 선박을 건조합니다.

- 이렇게 건조한 신조선박은 국가가 20년간 빌려서 운항하고, 매년 용선료 형식으로 건조비를 분할 상환하게 됩니다.

동 펀드를 통해 선령 20년 이상의 노후 국고여객선을 제때 대체하여 섬 주민과 여행객들에게 안전한 뱃길을 제공하고,

❖ 민간자본 시장에는 국고채 수준의 신용도로 수익률은 국고채보다 높은 새로운 안정적인 투자처가 생겨날 것으로 기대됩니다.

> **참고** 해양수산부 누리집〉알림·뉴스〉보도자료〉국고여객선 펀드 신설 보도자료(예정)

〈 국고여객선 펀드 도입 〉

추진배경	국가재정만으로 국고여객선을 건조해왔으나 한정된 재원으로 예산 확보가 어려워 적기 대체 건조가 되지 않는 상황 발생
주요내용	국가가 선박 건조비의 30%를 출자하여 선박투자회사를 설립하고, 선박투자회사는 나머지 70%를 민간자본으로 유치하여 선박대여회사를 통해 선박을 건조한 후 국가에 약 20년간 장기 용선(용선계약 종료 후 국가가 선박 취득)
시 행 일	2025년 3월경

지방관리항만 재개발 사무의 지방 이양

해양수산부 항만연안재생과(☎ 044-200-5986)

지자체의 특성에 맞는 항만 재개발 정책결정과 행정서비스 제공을 촉진하기 위한 「항만재개발법」이 2025년 5월 1일 개정 시행됩니다.

❖ 지방관리항만에 대한 항만재개발 사업계획의 수립·변경, 사업시행자 지정, 실시계획의 승인, 준공확인 등 사업단계 인허가 사무를 시·도지사에게 이양할 계획입니다.

  * (기존) 해수부장관 → (개정) 관리청(국가관리항: 해수부장관/지방관리항: 시·도지사)

  * 전국 항만 62개소 중 지방관리항은 36개소(무역항 17개소, 연안항 19개소)

❖ 현재 항만재개발기본계획에 반영되어 있는 20개소 사업대상지 중 지방관리항만은 고현항, 구룡포항, 대천항, 제주항 등 4개이며

  - 사업이 진행 중인 고현항은 사업관리의 책임성 등을 고려하여 준공까지 해양수산부에서 사업을 관리할 예정입니다.

그간 지방관리항만은 시·도지사가 항만관리청으로서 개발·관리 업무를 소관하고, 항만재개발사업은 민자유치 및 대규모 개발사업 특성을 고려하여 국가 주도로 재개발 사업을 추진하였으나,

❖ 금번 법령 개정으로 지방관리항만의 관리주체가 일원화됨에 따라 지방관리항만의 개발·관리와 재개발 사업이 더욱 조화를 이룰 수 있을 것으로 기대됩니다.

〈 지방관리항만 재개발 사무 이양 〉

추진배경	지방자치분권 확대를 통한 지방자치단체의 특성에 맞는 항만 재개발 정책 결정 및 행정서비스 제공 촉진
주요내용	지방관리항만에 대한 항만재개발 사업계획의 수립·변경, 시행자의 지정, 사업실시계획의 승인 및 준공 등 사업단계 인허가 사무를 시·도지사에게 이양
시 행 일	2025년 5월 1일

제3차 연안정비 기본계획(변경) 수립

해양수산부 항만연안재생과(☎ 044-200-5985)

제3차 연안정비 기본계획(변경)(2025~2029) 고시를 통해 연안재해에 대한 사전대응을 강화하고, 정비사업 체계 등을 개선합니다.

❖ 첫 번째, 연안개발 행위에 대한 침수침식 사전검토 제도*와 재해로부터 연안을 보호하기 위하여 확보되어야 하는 최소한의 해안선인 관리해안선을 도입합니다.

   * 연안개발 인허가 시 침수, 침식에 미치는 영향 사전검토(「연안관리법」 개정 추진 2025년)

❖ 두 번째, 국민안심해안*과 그린 인프라(굴망태+갈대 식재 공법 등) 도입 확대를 통해 구조물 위주 연안정비 사업체계를 개선합니다.

   * 연안에 완충공간을 확보하는 새로운 유형의 연안정비사업

❖ 세 번째, 연안지역의 연안 침수·침식 및 조위·태풍·강우 등 복합재난으로 침수 피해가 증가함에 따라 인명, 재산피해 저감을 위한 침수대응 사업 확대 등 국가의 역할을 강화합니다.

〈 제3차 연안정비 기본계획 수정계획(2025~2029) 〉

| 목적 | • 「연안관리법」 제23조*에 따라 2020년에 수립한 「제3차 연안정비 기본계획(2020~2029)」에 대해 타당성 검토 후 2025년부터 변경사항 반영
　* 연안정비기본계획에 대하여 5년마다 타당성을 검토하고 변경 등 필요한 조치를 하여야 함
• 기후변화에 따른 이상고조, 해일, 해수면상승 등을 고려하여 기본계획의 타당성 및 사업대상지 신규·변경 반영 등을 검토하여 기본계획 수정·변경
　* 제3차 연안정비기본계획은 전국 11개 광역시·도 연안 283개(2조3,009억원 규모) 사업 반영(연안보전사업 249개(21,537억원), 친수연안사업 34개(1,472억)) |

07 국토·교통

항만운송(관련)사업 등록 전산화

해양수산부 해운물류국 항만물류산업과(☎ 044-200-5774)

민원인 편의 제고를 위해 해운항만물류정보시스템(PORT-MIS)을 통한 항만운송(관련)사업 비대면 민원 서비스를 제공합니다.

* 업등록, 변경신고, 등록증 재발급, 통계관리 등

❖ 항만운송(관련)사업 관련 민원업무가 많음에도 불구하고 타 업종과 달리 업무 전산화가 이루어지지 않아 민원인들의 불편이 크고 신속한 행정 처리가 어려웠습니다.

❖ 이에 항만운송(관련)사업 제반 업무를 시스템에 구현하고 기존 등록정보를 데이터화하여 전산화 하였습니다.

해운항만물류정보시스템을 통한 항만운송사업 등록신고 서비스는 데이터 정비 후 2025년 상반기부터 개시할 예정입니다.

〈 항만운송(관련)사업 등록 전산화 〉

추진배경	민원인의 항만운송(관련)사업 등록신청 및 관리청의 등록관리가 아날로그 방식(수기, 엑셀 등)으로 처리되어 체계적인 업무처리 곤란, 민원인 불편 증대
주요내용	• PORT-MIS 시스템으로 민원인의 항만운송사업 등록 신청, 관리청의 등록·관리 등이 가능하도록 항만운송(관련)사업 고도화 추진 • 비대면 민원 신청기능 도입을 통한 민원인의 불필요한 방문 제거 및 업무 효율성 향상
시 행 일	2025년 상반기

항만건설장비(지반개량기) 교육기관 지정·운영

해양수산부 항만기술안전과(☎ 044-200-5957)

항만건설장비* 중 지반개량기를 안정적이고 효율적으로 조종하기 위한 조종사 양성을 위하여 항만건설장비 교육기관을 지정·운영합니다.

* 「항만법 시행령」 제42조(항만건설장비) 기중기, 준설기, 항타기, 지반개량기

❖ 지반개량기를 제외한 항만건설장비는 조종방법이 유사하여, 건설기계조종사면허를 취득한 사람이 조종하고 있으나, 지반개량기는 모니터링 및 조종방식이 달라 면허 취득 후 지반개량기를 보유한 회사에서 별도의 조종교육을 실시하였습니다.

❖ 내년부터는 '한국항만연수원(인천)'을 항만건설장비 조종교육 기관으로 지정·운영하여 지반개량기 전문 조종능력을 습득하도록 교육할 예정입니다.

〈 항만건설장비 조정자격 취득 위한 교육기관 지정고시 〉

추진배경	항만건설장비는 건설기계조종사면허를 취득한 사람이 조종할 수 있으나, 지반개량기의 경우 건설기계와 조종방법이 상이하여 개선 필요
주요내용	• 항만건설장비 조종자격 취득을 위한 교육기관 지정 고시(2025년 상반기) • '항국항만연수원'내 지반개량기 조종 교육장비 설치 및 교육프로그램 신설
시 행 일	2025년 상반기 「항만건설장비 조정자격 취득을 위한 교육기관 지정」고시 이후

07 국토·교통 | 해양수산부

2025년 신조 국고여객선 투입으로 선박·이용객 안전 확보

해양수산부 연안해운과(☎ 044-200-5738)

국가보조항로를 운항하는 국고여객선 2척을 건조하여 기존의 안전 우려 노후선박을 대체하고, 도서민 등 이용객의 안정적 교통수단을 확보할 예정입니다.

❖ (대천-외연 항로) 충청지역 대천~외연도를 운항할 '해랑1호'는 기존 선박 대비 운항시간을 20분 단축(110분 → 90분)하고 여객 정원도 200명(180명 → 200명)까지 늘렸습니다(2025년 10월 취항 예정).

❖ (완도-모도 항로) 전남지역 완도~모도를 운항할 '섬사랑2호'는 기존선박에 비해 운항시간은 1시간 단축(3시간 → 2시간)하고, 여객 정원은 60% 늘려(50명 → 80명) 도서민의 새로운 발이 되어줄 예정입니다(2025년 5월 취항 예정).

참고 해양수산부 누리집〉알림·뉴스〉보도자료〉관련 보도자료 게시 예정

〈 국고여객선 건조 사업 〉

추진배경 국가보조항로* 운항 여객선 중 노후선 또는 항로여건에 부적합한 선박을 대체 건조 후 항로에 투입하여 도서지역의 안정적 해상교통수단 확보 및 선박·이용객 안전 도모
* 사업채산성이 없어 교통단절 우려가 있는 항로에 대해 국비로 선박 건조비용 및 운항결손금 100% 지원을 통해 항로 단절 방지

주요내용
- (사업근거) 「해운법」제15조의2(선박건조의 지원) ① 국가는 보조항로를 운항하는 선박에 대하여 선박건조에 소요되는 비용을 지원할 수 있다.
- (시행주체/수혜자) 국가(지방해양수산청) / 도서지역 거주민, 관광객 등

사업실적 사업시행 연도인 1995년부터 총 53척의 국고여객선을 대체건조하여 연안여객선의 노후화로 인한 안전사고 예방 및 해상교통수단 확보

2025년부터
이렇게 달라집니다

08
농림·수산·식품

01 농림축산식품부

생활인구 유입을 위한 빈집 활용 지원 신설

시행일: 2025년 상반기

- 정부는 농촌 생활인구 유입과 빈집 활용을 위해 2025년부터 빈집 거래 활성화와 민간 협력 재생 사업을 추진합니다.

농촌 빈집은행 활성화 지원
- 지자체 실태조사로 빈집 정보 구체화
- 거래 촉진을 위해 중개인 활동비 지원

농촌 소멸대응 빈집재생 지원
- 빈집우선정비구역 등 리모델링 → 주거·워케이션, 문화·체험, 창업공간, 공동이용시설 등으로 활용

02 농림축산식품부

개사육농장주 및 개식용 도축상인 전·폐업 지원

시행일: 2025년 1월

- 2027년 2월 7일부터 개의 식용 목적 사육·도살이 금지됨에 따라 2025년부터 개사육농장주와 개식용도축상인의 전·폐업 이행에 필요한 사항을 지원합니다.

폐업 지원
- 시설물 잔존가액 및 시설물 철거, 폐업이행 촉진지원금(농장주 한정) 지원

전업 지원
- 관련 시설 및 운영자금 저리 융자 지원

03 농림축산식품부

산업단지 내 수직농장 입주허용

자세한 내용은 P.267

시행일: 2024년 11월 12일

기존

- 그간 산업단지는 제조업과 지식산업 중심으로 운영되어 농업인 수직농장은 입주가 불가능했습니다.

변경

- 산업단지 내 수직농장(식물공장) 입주가 법적으로 허용되었습니다.

04 농림축산식품부

농업용 지게차, 건설기계에서 농업기계로 전환

자세한 내용은 P.268

시행일: 2025년 상반기

기존

- 2톤 미만 지게차는 건설기계로 분류되어 농업기계 혜택에서 제외되고, 건설기계관리법의 규제를 받았습니다.

변경

- 2톤 미만 농업용 지게차가 농업기계로 분류되어 농업기계 혜택을 받을 수 있게 됩니다.
- 정기검사 및 과태료 등 규제 완화
- 농업기계 구입 시 융자, 보조
- 취·등록세 면제(34%)
- 농업기계 임대 등

05 농림축산식품부

농업수입안정보험 확대

시행일: 품목별 재배시기를 고려한 가입기간 별도 설정 예정

자세한 내용은 P.269

기존

- 농업수입안정보험 대상 품목이 9개였습니다.

변경

- 농업수입안정보험 대상 품목이 2025년 15개, 향후 30개로 연차별 확대됩니다.

06 농림축산식품부

농작물재해보험 대상 품목 확대

시행일: 품목별 재배시기를 고려한 가입기간 별도 설정 예정

자세한 내용은 P.270

기존

- 농작물재해보험 대상 품목이 73개였습니다.

변경

- 농작물재해보험 대상 품목이 2025년 76개, 2027년까지 80개로 확대됩니다.
- 2025년부터 녹두, 참깨, 생강 품목이 추가됩니다.

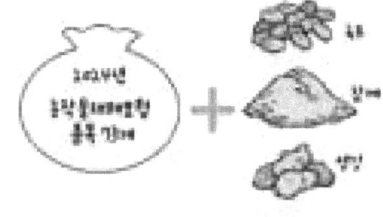

07 농림축산식품부
수직농장 농지 입지규제 완화

자세한 내용은 P.271

시행일: 2025년 1월 3일

기존
- 기존에는 ICT기술 결합 비닐하우스나 고정식 온실 형태의 수직농장만 별도 절차 없이 농지 위에 설치할 수 있었습니다.
- 가설건축물 형태 수직농장은 최대 16년간 일시 사용 후 철거, 건축물 형태는 농업진흥지역 외에서 농지전용 절차를 거쳐야 했습니다.

*비닐하우스, 고정식온실 ICT결합 수직농장 〈농지전용 면제〉

변경
- 앞으로는 농지전용 절차 없이 모든 형태의 수직농장을 일정 지역 내에 설치할 수 있습니다.

*농촌산업지구, 농촌융복합산업지구, 스마트농업 육성지구 내 모든 형태 수직농장 〈농지전용 면제〉

08 농림축산식품부
농촌체류형 쉼터 도입

자세한 내용은 P.272

시행일: 2025년 1월

- 농지에 가설건축물로 설치하는 '농촌체류형 쉼터'가 도입됩니다.
- 이에 따라 본인 소유 농지에서 농업과 농촌생활을 동시에 체험할 수 있습니다.

09 농림축산식품부
K-미식 장 벨트 관광 프로그램 운영

시행일: 2025년 상반기 운영 예정

- '장 담그기 문화' 유네스코 인류무형문화유산으로 등재(2024.12.)를 기념하고 국내 미식 관광 활성화를 위해 국내 미식테마를 중심으로 2032년까지 K-미식벨트(TOP 30) 조성
- 2025년에는 3개의 벨트(김치, 전통주, 인삼)를 추가 조성하여 국내 미식관광 및 지역경제를 활성화할 계획입니다.

10 농림축산식품부
벼 재배면적 조정제 시행

시행일: 2025년 1월

- 쌀 산업의 구조적 공급과잉을 해소하여 하락세인 쌀값을 반등시키고자 '벼 재배면적 조정제'를 2025년에 최초 시행합니다.

11 농림축산식품부
'농식품 바우처' 본사업 추진

자세한 내용은 P.275

시행일: 2025년 3월 4일

- 생계급여 중 임산부·영유아·초중고생이 있는 가구를 대상으로 지정된 사용처에서 신선 농산물을 구매할 수 있는 바우처를 지원합니다.

  - 지원금액: 1인 가구 월 4만원~10인 이상 가구 월 18만 7천원(4인 가구 기준 연 최대 100만원)
  - 지원품목: 국산 과일류, 채소류, 흰우유, 신선알류, 육류, 잡곡류, 두부류

12 해양수산부
소규모어가 직불금 지급대상 확대

자세한 내용은 P.299

시행일: 2024년 10월 22일

- 어항 근처의 상업·공업지역에 거주하는 어업인도 소규모어가 직불금 혜택을 받게 됩니다.

  소규모어가 직불금이란?
  5톤 미만의 어선 소유, 양식수산물 연간 판매액 1억원 등 영세한 어가에 연간 130만원의 직불금을 지급하는 제도

13 해양수산부
'양식업 면허 심사·평가제' 시행

자세한 내용은 P.300

시행일: 2025년 1월 중

- 양식업 면허의 유효기간 만료 전 심사·평가를 실시합니다.

  - 평가 대상: 2026년 7월~2027년 6월 내 면허가 만료되는 자
  - 평가 항목: 어장환경·관리실태

14 해양수산부
감척어선을 활용한 불법·폐어구 수거사업 본격 추진

자세한 내용은 P.301

시행일: 2024년 10월 22일

- 2025년 1월부터 버려지던 감척어선을 활용한 불법·폐어구 수거사업을 본격 추진합니다.

  - 중국 불법 범장망 철거
  - 먼바다의 폐어구 수거

생활인구 유입을 위한 빈집 활용 지원 신설

농림축산식품부 농촌재생지원팀(☎ 044-201-1542)

2023년 기준 농촌빈집 6.5만호 중 활용 가능한 빈집은 2.9만호로, 방치되면 흉물이 되기 때문에 민간의 다양한 아이디어를 통해 빈집을 잘 활용할 수 있도록 지원이 필요합니다.

정부는 농촌 생활인구 유입 확대와 빈집 활용에 대한 민간의 관심을 접목시키기 위해서 농촌 빈집 거래를 활성화하고 민간과 함께 빈집을 재생하는 사업을 2025년부터 신설합니다.

* (생활인구) 등록인구(주민+등록외국인) + 체류인구(월 1회, 하루 3시간 이상 체류)

❖ 첫 번째, 지자체에서 실태조사로 활용 가능한 빈집을 파악하고 소유자 동의를 얻어 해당 빈집 정보를 구체화(내부상태 등 주택정보, 자산가치 확인 및 주변정보 등)한 후 부동산 거래 플랫폼에 올리고 빈집을 관리하도록 중개인의 활동비를 지원합니다.

❖ 두 번째, 농식품부, 지자체, 대·중소기업, 농어업협력재단 등과 협력하여 농촌지역에 빈집이 밀집된 곳(빈집우선정비구역)을 우선정비해서 주거·창업·업무 공간으로 활용하는 사업을 추진합니다.

* 사업 첫해인 2025년은 3개소(개소당 총사업비 21억원)를 선정, 기획 단계에서 민간기업 및 지자체 등과 함께 지역의 특색에 맞는 빈집 재생 모델로 만들 계획

> **참고** 농림축산식품부 누리집〉보도자료〉"농촌 빈집 재생과 체류형 복합단지로 농촌 생활인구 시대 본격화 시동"
> (2024. 9. 8.) * 사업 구체화 후 추가 보도자료 배포 예정

〈 농촌생활인구 유입지원(빈집관련사업 발췌) 〉

추진배경 농촌소멸 극복을 위해 빈집 활용 제고(빈집은행 활성화, 빈집재생)로 생활인구 유입을 촉진

주요내용
- (농촌 빈집은행 활성화 지원) 민간 빈집거래 활성화를 위해 빈집 정보 비대칭 해소를 위한 빈집 정보 고도화를 통한 매매, 재생 등 빈집 활용 확대 유도
- (농촌 소멸대응 빈집재생 지원) '빈집우선정비구역' 등의 밀집된 빈집을 리모델링하여 주거·워케이션, 문화·체험, 창업 공간, 공동이용시설 등으로 활용 지원

시행일 2025년 상반기

개사육농장주 및 개식용 도축상인 전·폐업 지원

농림축산식품부 개식용종식추진단(☎ 044-201-2282)

「개식용종식법」(2024. 2. 6. 제정)에 따라 개사육농장주와 개식용 도축상인의 전·폐업 이행에 필요한 사항을 지원합니다.

❖ 2027년 2월 7일부터 개의 식용 목적 사육·도살 등이 금지되며 현재 개의 식용을 목적으로 운영 중인 농장주와 도축상인은 금지 시점까지 전·폐업을 의무적으로 이행해야 합니다.

❖ 폐업하는 경우 감정평가를 통해 산출한 시설물 잔존가액과 시설물의 철거를 지원하고, 농업으로 전업하는 경우에는 관련 시설 혹은 운영자금에 대해 저리 융자를 지원합니다.

❖ 또한 개사육농장주에 한정하여 폐업이행촉진지원금을 지급, 시군구에 신고한 연평균 사육마릿수*를 기준으로 1마리당 폐업 시기별 최대 60만원, 최소 22.5만원을 지원합니다.

　* 단, 분뇨 배출시설(「가축분뇨의 관리 및 이용에 관한 법률」 제11조) 신고 면적(m^2) × 면적당 적정 두수(1.2 마리/m^2)를 통해 산출한 적정 사육마릿수를 상한으로 적용

❖ 2027년까지 개식용종식을 차질 없이 이행하여 사람과 동물이 조화롭게 공존하는 동물복지의 가치를 실현토록 하겠습니다.

참고 농림축산식품부 누리집〉보도자료〉"농식품부, 2027년 개식용종식 로드맵 제시"

〈 개사육농장주 및 개식용 도축상인 폐업·전업 지원 〉

- **추진배경** 「개식용종식법」에 따라 2027년 2월부터 개식용 목적 사육·도살 등이 금지되며 2025년부터 개사육농장주 및 도축상인에 대한 전·폐업을 지원
- **주요내용**
  - (지원 조건) 「개식용종식법」에 따라 신고 및 이행계획서를 제출하고 2027년 2월 6일까지 폐업을 이행하는 개사육농장주 및 개식용 도축상인
  - (지원 내용) 폐업 시 폐업이행촉진지원금(농장주 한정), 시설물 잔존가액, 시설물 철거 지원, 전업 시 관련 시설 및 운영자금 저리 융자 사업 연계 지원

산업단지 내 수직농장 입주허용

농림축산식품부 스마트농업정책과(☎ 044-201-2415)

산업부·국토부 협업으로 전국 1,315개 산업단지 내 건축물 형태의 수직농장(또는 식물공장)이 입주할 수 있는 법적 근거가 마련되었습니다(2024년 11월 12일 시행)

그간 산업단지는 제조업, 지식산업 등을 입주대상으로 하고 있어 농작물을 재배하는 '농업'에 해당하는 수직농장은 입주가 허용되지 않았으나,

❖ 산업단지 입주자격과 입주대상 업종을 관리하는 산업부, 국토부가 산업집적법 및 산업입지법 시행령을 개정(2024.11.12.)함으로써 수직농장은 산업단지 내에 입주할 자격을 얻게 되었습니다.

❖ 앞으로 지자체 등 산업단지 관리기관에서 수직농장을 입주대상 업종에 포함하도록 관리기본계획 등을 변경할 수 있습니다.

농림축산식품부는 국가식품클러스터(익산)와 농공단지에 입주 및 투자를 희망하는 수직농장 기업들의 입주를 적극 지원할 계획입니다.

이를 통해 고품질의 원료·소재 농산물을 수직농장에서 연중 안정적으로 생산하고,

❖ 인접 공장은 부가가치가 높은 가공 제품을 제조하면서 물류·에너지 효율화 등 타 산업과의 동반상승효과도 창출할 수 있는 여건이 조성될 것으로 기대됩니다.

> **참고** 누리집>보도자료>"[보도자료] 수직농장, 산업단지에서 농산업의 새로운 미래를 연다! 오늘부터 관련 개정 법령 시행"
>
> 〈 산업단지 내 수직농장 입주허용 〉
>
> **추진배경** 융복합 기술을 적용한 스마트농산업 활성화
> **주요내용** 산업단지 입주대상 업종(산업집적법 시행령) 및 입주허용 시설(산업입지법 시행령)에 수직농장을 추가
> **시행일** 품목별 재배시기를 고려한 가입기간 별도 설정 예정

농업용 지게차, 건설기계에서 농업기계로 전환

농림축산식품부 첨단기자재종자과(☎ 044-201-1896)

농업에 활용되는 2톤 미만의 지게차가 건설기계에서 제외되고 농업기계로 포함됩니다.

❖ 현재 지게차는 용도와 무관하게 건설기계로 분류되며, 건설기계관리법상 규제를 받으며, 각종 농업기계 혜택에서 배제되고 있습니다.

이에 따라, 농업용 지게차 농업기계 전환을 통해 건설기계관리법상 정기검사 및 과태료 등 규제 완화 및 농업기계 구입 시 융자, 보조, 취·등록세 면제(3.4%), 농업기계 임대 등 혜택을 받을 수 있어 농업인의 부담이 감소할 것으로 기대됩니다.

참고 농림축산식품부 누리집〉보도자료〉보도자료 배포(예정)

〈 2톤 미만의 농업용 지게차 농업기계에 포함 〉

- **추진배경** 농업에 활용되는 지게차가 현행법상 건설기계로 분류되어 각종 규제의 대상이 되고 농업기계 혜택에서 배제되고 있음
- **주요내용** 「농업기계화 촉진법 시행규칙」, 「건설기계 관리법 시행령」 개정으로 2톤 미만의 농업용 지게차를 건설기계에서 제외, 농업기계에 포함하여 농업인 부담 감소 및 농가 경영 안정
- **시행일** 2025년 상반기

농업수입안정보험 확대

농림축산식품부 재해보험정책과(☎ 044-201-1792)

자연재해 또는 시장가격 하락으로 인한 농가의 수입 감소 위험을 관리하여 농가 경영안정 및 안정적 재생산 활동을 지원하는 수입안정보험 본사업을 추진합니다.

❖ 이에 따라, 쌀, 노지채소, 과일 등 품목 대상으로 2025년 15개에서 향후 30개로 연차별 확대할 예정입니다.

　* 마늘, 양파, 양배추, 포도, 콩, 감자(봄·고랭지·가을), 고구마, 옥수수, 보리, 쌀, 단감, 무(가을), 배추(가을), 복숭아, 감귤(만감류)

❖ 조기정착을 위해 기준 수입 산정 시 적용하는 기준가격에 따라 3개 상품 도입

　* 과거수입형, 기대수입형, 실수입형

❖ 가입 시 농업인이 보장 수준(60~85%)을 선택하도록 하되, 고보장상품(85% 보장)은 정책 기여도를 고려하여 제한적으로 운영*합니다.

　* 수급 정책 참여 농가, 전 필지 가입 농가 등

수입안정보험 확대로 불확실성이 높은 농가의 소득 안전망을 강화하여 농업인이 보다 안정적인 환경에서 경영을 이어갈 수 있을 것으로 기대됩니다.

〈 농업수입안정보험 확대 〉

추진배경	자연재해로 인한 수확량 감소 또는 시장가격 하락으로 인한 농가의 수입 감소 위험 관리를 지원하여 농가 경영안정 및 안정적 재생산 활동 지원
주요내용	• (보상기준) 당해연도 수입이 과거 5년 평균 수입의 60~85% 미만으로 하락 시, 감소분 전액을 보상 • (대상품목) 2024년 9개 품목 → 2025년 15개 → 향후 30개 • (지원내용) 순보험료의 50% 수준, 운영비 100% 지원
시행일	품목별 재배시기를 고려한 가입기간 별도 설정 예정

농작물재해보험 대상 품목 지역 확대

농림축산식품부 재해보험정책과(☎ 044-201-1728)

농업인이 자연재해로 인한 경영 불안을 덜 수 있도록 농작물재해보험 대상 품목을 확대할 계획입니다.

❖ 집중호우, 폭염 등 이상기후로 인해 농작물재해보험 현장 수요가 높아지면서, 지자체와 농가 의견을 반영해 2027년까지 80개 품목 도입을 목표로 대상 품목을 확대하고 있습니다.

  * 대상품목: (2020~2022) 67 → (2023) 70 → (2024) 73 → (2025) 76

2025년부터는 품목 확대 및 지역 확대로 농작물재해보험 가입 대상이 더욱 넓어집니다.

❖ 지자체 수요조사 및 전문가 검토를 거쳐 선정된 녹두, 참깨, 생강 품목의 재해보험 가입이 가능해집니다.

  * 신규 도입 품목은 신청지역 및 주산지 중심 시범사업으로 운영하며, 시범사업 운영실적을 바탕으로 본사업(전국판매) 전환 검토

❖ 또한, 일부 지역에서만 한정 운영했던 단호박, 당근 등 9개 품목을 전국에서 가입할 수 있도록 대상 지역을 확대하였습니다.

  * 단호박, 당근, 브로콜리, 양배추, 호두, 차, 오디, 복분자, 살구

앞으로도 농작물재해보험 품목 확대 및 다양한 제도 개선을 통해 농가의 경영안정을 지원하겠습니다.

〈 농작물재해보험 대상 품목 지역 확대 〉

추진배경	「제1차 농업재해보험 발전 기본계획」에 따른 대상품목 확대로 더 많은 농가가 자연재해 위험에 대응할 수 있도록 지원
주요내용	농작물재해보험 대상품목(2024년 73개)에 지자체 수요조사를 통해 선정한 녹두, 참깨, 생강 품목을 신규 도입하고, 단호박, 당근 등 9개 품목을 전국 가입으로 전환 * 신규도입품목 판매 전 주산지 중심 설명회 추진 예정
시행일	품목별 재배시기를 고려한 가입기간 별도 설정 예정

수직농장 농지 입지규제 완화

농림축산식품부 농지과(☎ 044-201-1739)

2025년 1월 3일부터 수직농장의 집적화 및 규모화를 위해 계획적 입지 내 모든 형태의 시설은 농지전용 절차 없이 설치할 수 있습니다.

* 「농지법시행령」 시행(2025. 1. 3.)

❖ 기존에는 ICT기술과 결합한 비닐하우스 또는 고정식온실 형태의 수직농장만 별도 절차 없이 농지 위에 설치할 수 있었습니다.

❖ 또한 가설건축물 형태 수직농장은 최대 16년*까지 일시적으로 사용한 후 철거해야 하고, 건축물 형태는 농업진흥지역 밖에서 농지전용 절차를 거쳐야만 설치 가능했습니다.

* 농지법 시행령 시행(2024. 7. 3.): 타용도 일시사용 기간 확대(8년 → 16년)

❖ 앞으로는 일정지역* 내에서는 모든 형태의 수직농장을 전용 등 별도 절차 없이 설치가 가능합니다.

* 「농촌공간재구조화법」에 따른 농촌특화지구(농촌융복합산업지구, 농촌산업지구) 또는 「스마트농업법」에 따른 스마트농업 육성지구

❖ 이를 통해 혁신적인 농업기술 확산과 기후변화 등에 대응하여 농산물 수급 안정에 기여할 것으로 기대합니다.

〈 농지법 주요내용 〉

추진배경 수직농장 산업 육성을 위해 농지 입지규제 완화 필요

주요내용 농지법령 개정으로 수직농장의 일정 지역 내 입지 규제 완화
- 농지전용 절차 없이 계획적 입지*에 수직농장 설치 가능
  * 농촌특화지구(농촌융복합산업지구, 농촌산업지구), 스마트농업 육성지구

시행일 2025년 1월 3일

농촌체류형 쉼터 도입

농림축산식품부 농지과(☎ 044-201-1742)

「농지법」 시행령·시행규칙 개정(2025. 1.)에 따라 농지에 가설건축물로 설치하는 '농촌체류형 쉼터'가 2025년 1월 본격 도입됩니다.

❖ 이에 따라 본인 소유 농지에 별도의 전용 절차 없이 농촌체류형 쉼터(연면적 33㎡ 이내)를 설치하여 농업과 농촌생활을 동시에 체험할 수 있으며,

- 데크·정화조 및 주차장 등 부속시설도 「건축법」, 「하수도법」 등 관련 법령에 따라 쉼터의 연면적과 별도로 설치할 수 있습니다.

❖ 농촌체류형 쉼터 설치를 위해서는 쉼터와 그 부속시설 합산 면적의 최소 두 배 이상의 농지를 보유하여야 하며, 쉼터와 부속시설 설치 면적 외의 농지는 모두 영농활동을 해야합니다.

  * 타인 소유 농지에 설치한다면 '토지사용승낙서' 증빙 필요

❖ 임시숙소 용도 시설인 만큼, 재해·안전사고 피해 및 환경 훼손을 방지하는 최소한의 입지·안전 기준을 준수하여야 합니다.

- 또한 관할 지자체에 가설건축물 축조 신고(축조 전)와 농지대장 변경신청(설치 후 60일 이내)을 하여야 합니다.

이를 통해 농촌 생활 인구가 늘어나고 지역경제가 살아나 농촌에 새로운 활력을 줄 것으로 기대됩니다.

〈 농촌체류형 쉼터 도입 〉

추진배경	농촌 소멸에 적극 대응하기 위해 귀농·귀촌의 징검다리로서 체험형 임시 거주시설 도입
주요내용	본인 사용 목적으로 소유 농지에 가설건축물 형태 '농촌체류형 쉼터' 설치(연면적 33m²), 농촌에 임시 거주하며 농업과 농촌생활 체험
시행일	2025년 1월(「농지법」 시행령·시행규칙 개정)

K-미식 장 벨트 관광 프로그램 운영

농림축산식품부 식품외식산업과(☎ 044-201-2155)

'장 담그기 문화'의 유네스코 인류무형문화유산 등재(2024. 12.)를 기념하고 국내 미식 관광활성화를 위해 K-미식 장 벨트 관광 프로그램을 운영합니다.

❖ 한식의 근간이 되는 전통 장에 대한 유래부터 장으로 만든 음식이 식탁에 오르기까지 하나의 스토리로 구성한 미식 관광상품입니다.

❖ 장류의 상징성, 지역성 등을 반영한 전남 담양과 전북 순창지역의 다양하고 특색 있는 미식 체험을 제공합니다.

아울러, 2025년에는 김치, 전통주, 인삼을 주제로 3개의 벨트를 추가로 조성하여 국내 미식관광 및 지역경제를 활성화할 계획입니다.

〈 K-미식벨트 조성 〉

추진배경 전 세계 한식 확산 성과를 바탕으로 미식 관광 등 K-푸드산업 생태계 확장을 통한 국내 경기 활력 제고 및 수출 활성화 도모

주요내용
- 국내 특색 있는 미식 테마를 중심으로 2032년까지 K-미식벨트 TOP 30 조성
  - 발효문화, 전통한식, 제철밥상, 유행한식을 주제로 다채로운 경험 제공
- 미식관광 상품 기획, 인프라 개선, 인력양성 등 추진
  - 주산지 식재료, 식품명인, 양조장 등 한식자원을 활용하여 미식 관광상품 고도화
  - 미식 관광해설사 양성을 위한 프로그램 운영 등

시행일 2025년 상반기 운영 예정

벼 재배면적 조정제 시행

농림축산식품부 식량정책과(☎ 044-201-1829)

쌀 산업의 구조적 공급과잉을 해소하여 쌀값 안정 및 농가 소득을 향상시키고자 '벼 재배면적 조정제'를 2025년에 시행합니다.

❖ 「양곡관리법」에 따라 2025년에 총 8만ha 감축을 목표로 추진할 계획입니다.

❖ 2025년 벼 재배 농가 전체를 대상으로 재배면적 조정제가 시행되며,

- 농가별 면적 감축(전략작물 및 경관작물, 휴경, 타작물 전환)이 기본 원칙이나, 감축 취지 및 이행 편의성을 고려하여 다양한 이행 방식을 발굴하여 감축 이행으로 인정할 예정입니다.
  * 예: 농가 간 감축면적 거래(10농가 각각 면적 감축 0.1ha씩 부과 시 1농가가 1ha 전체를 감축하면 10농가 모두 이행 간주), 친환경 벼로 재배방식 전환

❖ 농가는 재배면적 조정을 이행한 후 이행 증빙자료를 농지 소재지 읍면동에 제출하여야 하며, 위성사진을 연계한 모니터링 시스템 및 현장점검으로 이행 여부를 확인합니다.

- 감축을 이행한 농가에게는 공공비축미 물량을 우선 배정하며, 미이행 시에는 공공비축미 배정에서 제외됩니다.

이를 통해 쌀 과잉 생산이 해소되어 매년 반복되는 쌀값 불안 문제가 개선될 것으로 기대됩니다.

더불어, 고품질의 쌀을 국민에게 제공하고자 벼 재배면적 감축 외 친환경 벼 재배 확대, 양곡 표시제 개선 등도 병행 추진할 계획입니다.

〈 벼 재배면적 조정제 시행 〉

추진배경	만성적 공급과잉 상태인 쌀 산업의 수급 안정을 위해 향후 수요량 전망 등을 감안하여 재배면적 감축 추진
주요내용	2025년 벼 재배농가 전체 대상 8만ha 감축을 목표로 추진하며, 감축 이행 농가는 공공비축미 배정 우대, 미이행 농가는 공공비축미 배정 제외
시행일	2025년 1월

'농식품 바우처' 본사업 추진

농림축산식품부 식생활소비정책과(☎ 044-201-2274)

취약계층에게 국산 채소, 과일 등 신선하고 안전한 양질의 농산물 구매를 지원하는 농식품 바우처 본사업을 추진합니다.

* (대상) 생계급여(기준 중위소득 32% 이하) 중 임산부·영유아·초중고생이 있는 가구

❖ 5년간(2020~2024)의 시범사업을 거쳐 2025년부터 전국 시행되며 지원금액 상향과 지원기간 확대로 먹거리 취약계층을 더욱 두텁게 지원할 예정입니다. (4인 가구 기준 연 최대 48만원 → 연 최대 100만원)

* (2024) 월 8만원(4인 가구) × 6개월 → (2025) 월 10만원(4인 가구) × 10개월

농식품 바우처 지원 확대로 취약계층의 식생활을 개선하고 장바구니 부담을 완화하는 한편 지속가능한 농식품 소비체계 구축에도 기여할 것으로 기대됩니다.

참고 농식품부 누리집〉보도자료〉보도자료 배포 예정

〈 농식품 바우처 본사업 추진 〉

추진배경 취약계층의 식품 접근성 강화 및 지속가능한 농식품 소비체계 구축을 통한 국민 먹거리 안전망 확충

주요내용 생계급여(기준 중위소득 32% 이하) 중 임산부·영유아·초중고생이 있는 가구 대상으로 지정된 사용처(1월 공표 예정)에서 신선 농산물을 구매할 수 있는 바우처를 지원
- (지원금액) 월 4만원/1인 가구 ~ 월 18만 7천원/10인 이상 가구
- (지원품목) 국산 과일류, 채소류, 흰우유, 신선알류, 육류, 잡곡류, 두부류

시행일 2025년 3월 4일

08 농림·수산·식품

농촌형 비즈니스 모델 발굴 지원

농림축산식품부 농촌경제과(☎ 044-201-1584)

농촌의 강점과 특색을 살린 창업 활성화를 위해 농촌형 비즈니스 모델 발굴 지원사업을 새롭게 도입합니다.

❖ 서울시와 협업하여 도시 청년들이 농촌을 탐색하고 창업에 필요한 기초 자금, 교육 등을 받을 수 있도록 지원하는 한편,

❖ 농촌의 유무형 자원을 재해석하여 경제적 가치를 창출하는 창업 아이디어를 공모하여 상금을 수여하고 농촌 혁신 창업가 간 교류 기회를 제공합니다.

❖ 아울러, 실제 사업화에 성공하여 농촌 경제기반 다각화 및 지역사회 발전에 기여하는 팀에게는 후속 성장 자금 및 투자 유치 등을 지원할 예정입니다.

이를 통해 일터·쉼터로서 농촌 기능 강화 및 농업 외 다양한 일자리 창출이 이뤄질 것으로 기대합니다.

참고 농림축산식품부 누리집〉보도자료〉보도자료 배포(예정)

〈 농촌형 비즈니스 모델 발굴 지원 〉

- **추진배경** 도시대비 낮은 비용, 젊은 세대 중심의 직업관 변화 등에 따라 농촌 내 창업 수요는 증가 추세이나, 기존 정책은 농식품 제조·수도권·기술 창업 지원에 편중
- **주요내용** 농촌의 유·무형 자원을 활용한 창업 콘테스트를 개최하고 우수 아이디어 대상 교육, 컨설팅, 자금 등 사업화 전 과정 지원
- **시행일** 2025년 3월 예정

반려동물 영업자 CCTV 설치의무장소 구체화 및 전 업종으로 확대

농림축산식품부 반려산업동물의료팀(☎ 044-201-2660)

고정형 영상정보처리기기(CCTV)를 설치해야 하는 반려동물 영업 업종이 모든 업종으로 확대되고 설치 의무 장소도 명확해집니다.

❖ 동물보호법 하위법령 개정·시행*에 따라 모든 반려동물 영업장은 영업장 내 CCTV를 설치해야 합니다.

  * (기존) 동물 판매업, 장묘업, 위탁관리업, 미용업, 운송업 → (추가) 동물 생산업, 수입업, 전시업

❖ 아울러 영업장별 CCTV 설치 장소도 구체화하여 영업자의 편의성과 반려인의 안심을 동시에 높였습니다.

  - 동물의 안전과 관리를 위해 반려동물이 생활하거나 체류하는 모든 공간이 해당됩니다.

이를 통해 영업장 내 동물학대 행위 예방 및 근거자료 수집이 가능하게 되어 시설 안전과 영업장 내 동물의 건강과 복지를 동시에 높일 수 있을 것으로 기대합니다.

> 참고 농식품부 누리집〉보도자료〉"「동물보호법 시행령, 시행규칙 개정안 입법예고」(2. 6.~3. 19.)"

〈 반려동물 영업자 CCTV 설치의무장소 구체화 및 전 업종으로 확대 〉

추진배경	개정 「동물보호법」(2022. 4.) 및 「반려동물 영업 관리강화 방안」(2023. 8.) 후속조치로 반려동물과 이용자의 안전과 복지수준 제고를 위해 영업장 내 CCTV 설치장소 구체화 및 대상 업종 확대(5종→8종)
주요내용	전 반려동물 영업장 중 동물이 위치하는 공간에 CCTV 설치 의무화
시행일	2025년 상반기 예정

08 농림·수산·식품

동물병원 진료비 게시 대상 항목 확대

농림축산식품부 반려산업동물의료팀(☎ 044-201-2652)

모든 동물병원이 의무적으로 게시해야 하는 진료비용 항목이 확대(11종 → 20종)됩니다.

❖ 동물병원 개설자는 반려인들이 진료비 현황을 쉽게 알 수 있도록 동물병원 내부 또는 인터넷 누리집에 게시하여야 합니다.

❖ 동물병원의 게시항목 확대에 따른 준비 기간을 고려하여 제도 시행은 2025년 1월 1일부터 모든 동물병원에 적용됩니다.

〈 동물병원 진료비 게시 대상 항목 확대 〉

추진배경 동물병원 진료비에 대한 소비자 알권리 및 진료 선택권 보장

주요내용 동물병원 개설자는 반려인들이 동물병원 진료비 현황(진료항목별 진료비)을 쉽게 알 수 있도록 동물병원 내부 또는 인터넷 누리집에 게시
- 게시항목: (현행) 초진료, 입원비 등 11종 → (확대) 9종 추가(개 코로나바이러스 접종비, 혈액화학 검사비, 전해질검사비, 초음파·CT·MRI 검사비, 심장사상충 예방비, 외부기생충 예방비, 광범위 구충비) 총 20개

시행일 2025년 1월 1일 (수의사 1인 이상 모든 동물병원)

제1회 국가 '동물보호의 날' 시행

농림축산식품부 동물복지정책과(☎ 044-201-2616)

우리 사회의 동물복지 문화 확산을 위해 2025년부터 법정 '동물보호의 날'이 시행됩니다.

❖ 동물의 생명보호 및 복지 증진의 가치를 널리 알리고 사람과 동물이 조화롭게 공존하는 문화를 조성하기 위하여 매년 10월 4일을 '동물보호의 날'로 지정하였습니다.

'동물보호의 날' 지정은 동물복지의 중요성에 대한 국민들의 공감대를 확산하는 계기가 될 것으로 기대됩니다.

〈 동물보호의 날 시행 〉

추진배경	동물복지 인식개선을 통해 건전한 반려문화 조성
주요내용	• 매년 10월 4일을 '동물보호의 날'로 지정 • 동물보호·복지 정책홍보, 반려문화 확산을 위한 문화축제 등 추진
시행일	2025년 10월 4일부터 매년

7년만의 단가 인상으로 친환경농가 소득 지원 강화

농림축산식품부 친환경농업과(☎ 044-201-2435)

친환경 인증농가의 소득 지원 강화를 위해 친환경농업직불 단가 상향 등 친환경농업직접지불제가 개편됩니다.

❖ 친환경농업직불금 단가를 7년만에 인상하여 친환경 인증농가의 소득 지원을 강화합니다.

– 논으로 이용되는 친환경인증 필지의 단가를 ha당 25만원 인상하고 유기지속 단가를 품목별 유기직불 단가의 50%에서 60%로 상향, 유기전환기의 단가를 기존 무농약 단가에서 유기 단가를 받을 수 있도록 개편하였습니다.

〈 2024년 대비 2025년 친환경농업직불 단가체계 변화 〉

구분		유기	무농약	유기지속
논		700 → 950	500 → 750	350 → 570
밭	채소·특작·기타	1,300	1,100	650 → 780
	과수	1,400	1,200	700 → 840

❖ 또한, 친환경 농가의 집단화·규모화 촉진을 위해 농가당 지급 상한면적도 기존 5ha에서 30ha 수준으로 확대하였습니다.

「2025년 친환경농업직접지불제 시행지침」은 2025년 1월 중 개정 예정으로 2025년 사업 신청기간은 3~4월로 예정되어 있습니다.

www.mafra.go.kr
농림축산식품부

> 참고 농림축산식품부 누리집〉보도자료〉"[보도자료] 내년도 친환경농업직불 단가 7년만에 인상(2024. 9. 26.)"

〈 7년만의 단가 인상으로 친환경농가 지원 강화 〉

추진배경 2020년 이후 친환경 인증면적 및 농가수 지속 감소 추세로 친환경농업 활성화를 위원 친환경 인증 농가 지원 강화 필요성 증대

주요내용
- 친환경농업직불 단가 인상: 논단가(ha당 25만원↑), 유기지속유기 6년차~ 단가(유기 단가의 50 → 60%), 유기전환기유기 인증 전 3년 단가(무농약 단가 → 유기 단가)
- 농가당 지급 상한면적 확대: 기존 0.1~5.0ha → 0.1~30ha

시행일 2025년 친환경농업직접지불제 사업에 적용

기본형 공익직불제 면적직불금 지급단가 인상

농림축산식품부 공익직불정책과 (☎ 044-201-1772)

농업인 소득·경영안전망 확충을 위해 2020년 공익직불제 도입 이후 최초로 기본형 공익직불제 면적직불금 지급단가를 5% 수준 인상합니다.

❖ 비진흥 밭 지급단가는 비진흥 논의 80% 수준(현행 62~75%)까지 상향하여 농업인의 기초 소득안전망을 강화할 계획입니다.

  * 직불금 지원단가(만원/ha): (기존) 100 ~ 205만원 → (개선) 136 ~ 215만원

현행	구분	0.1~2ha	2~6ha	6ha 이상
	진흥논밭	205	197	189
	비진흥논	178	170	162
	비진흥밭 (논 대비)	134 (75.3%)	117 (68.8%)	100 (61.7%)

➡

개선	구분	0.1~2ha	2~6ha	6ha 이상
	진흥논밭	215	207	198
	비진흥논	187	179	170
	비진흥밭 (논 대비)	150 (80%)	143 (80%)	136 (80%)

참고 　농림축산식품부 누리집>보도자료) "2025년 농식품부 예산안 18조 7,496억원 편성"

〈 기본형 공익직불제 면적직불금 지급단가 인상 〉

- **추진배경** 　기본형 공익직불제의 농업인 기초 소득안전망 역할 강화를 위해 면적직불금 단가 인상 필요
- **주요내용** 　공익직불제 도입 이후 최초로 면적직불금 지급단가 인상
  * 직불금 지원단가(만원/ha): (기존) 100 ~ 205만원 → (개선) 136 ~ 215만원
- **시 행 일** 　2025년도 기본형 공익직불금 지급 시 적용

www.mafra.go.kr
농림축산식품부

청년농업인의 융복합사업 확장을 위한 제도 개선

농림축산식품부 청년농육성정책팀(☎ 044-201-1595)

청년농업인이 사업을 전후방 분야로 확장하는 것을 지원하기 위해 관련 사업 지침 내 규제를 완화합니다.

❖ 영농정착지원사업 수혜 시 가공 및 체험사업에서 자가생산 농산물만 활용하도록 하고 있는데, 앞으로는 외부에서 조달한 농식품 원료도 사용할 수 있도록 허용합니다.

❖ 또한, 현재는 후계농자금을 활용하여 가공·제조용 시설을 설치할 수 있는 지역이 제한(보전관리·생산관리·농림지역)되어 있지만 2025년 1월부터 관련 법령의 기준을 준수하면 설치가 가능합니다.

이를 위해, 영농정착지원사업 지침과 후계농업경영인 육성사업 지침은 2024년 12월 중 개정하여 시행 예정입니다.

> 참고 농식품부 누리집〉보도자료〉"[보도자료] 청년들과 함께 만든 '농업·농촌 청년정책 추진방향' 발표"

〈 청년농업인의 융복합사업 확장 지원 〉

- **추진배경** 청년농이 사업을 전후방분야로 확장하는 것에 대한 지원 필요
- **주요내용**
  - 영농정착지원사업 수혜청년이 가공·체험사업으로 확장하는 경우 자가생산 외 농식품 사용가능하도록 허용
  - 후계농자금 사업지침상 가공·제조용 시설 설치 가능지역 제한 규정(현재 보전관리·생산관리·농림지역만 가능) 완화
- **시행일** 영농정착지원사업 지침, 후계농업경영인 육성사업 지침 개정(2024년 12월 예정)하여 2025년도 사업부터 시행

수출지원사업 신청 방식 간소화

농림축산식품부 농식품수출진흥과(☎ 044-201-2172)

수출지원사업을 신청하는 수출기업·농가의 편의성 향상을 위해 사업 신청 방식이 간소화됩니다.

❖ 기존에 서류 양식을 출력하여 작성·제출하는 방식에서 온라인으로 직접 작성·제출하는 방식으로 신청절차를 간편화하였고, 제출된 자료의 보관·이력 관리까지 가능하도록 개선하였습니다.

* (기존) 7단계: ① 작성서식 내려받기 ② 문서작성 프로그램 실행 ③ 신청서 작성 ④ 날인·서명 ⑤ 작성서식 스캔 ⑥ 시스템에 파일 올리기 ⑦ 제출

→ (개선) 4단계 : ① 사업신청 시스템 내 신청서 클릭 ② 본인 인증 ③ 온라인 작성 ④ 제출

이를 통해, 사업 신청자의 서류 누락 등 불편이 줄어들고, 처음 신청하는 지원자도 쉽게 신청할 수 있게 될 것으로 기대됩니다.

※ 수출종합지원시스템(global.at.or.kr)을 통해 2025년 1월부터 적용

〈수출지원사업 신청 방식 간소화〉

추진배경	농식품수출지원사업을 신청하는 기업·농가의 편의성 향상
주요내용	• 사업 신청방식을 온라인 직접 작성·제출 방식으로 간소화 • 신청 자료의 보관, 이력 관리를 통해 사업 신청 내역 확인 가능
시행일	2025년 1월

K-푸드의 글로벌 경쟁력 제고를 위한 남도국제미식산업박람회 개최

농림축산식품부 식품외식산업과(☎ 044-201-2155)

K-푸드의 글로벌 경쟁력 제고를 위해 남도국제미식산업박람회가 2025년 9월 전라남도 목포시에서 개최됩니다.

❖ 남도미식·세계미식·미식산업 등 전시 및 체험, 학술대회 등의 이벤트가 1개월간 진행될 예정이며, 약 40개국에서 220만명(외국인 7만명 포함) 이상 방문할 것으로 예상됩니다.

이 행사를 통해 남도음식의 미래성장 산업을 육성하여 글로벌 한식의 위상을 높이고, 세계적인 한식의 열풍을 더욱 확대할 것으로 기대됩니다.

〈 남도국제미식산업박람회 개최 〉

추진배경	K-푸드 글로벌 경쟁력 제고 및 남도음식의 미래성장 산업 육성
주요내용	• K-푸드(남도음식) 글로벌 경쟁력 제고 및 미식 관련 1~3차 산업 육성 • 주제전시·산업전시, 비즈니스 미팅·상담, 체험 및 교육, 학술대회, 이벤트, 지역연계 관광 프로그램 등 행사 추진 　- (미식존) 남도음식관, 글로벌 식문화관, 세계미식관, 지속가능 미식관 등 　- (산업존) 미식산업관, 푸드테크관, 국제교류관, 지역상생관 등
시행일	2025년 9월 26일 ~ 10월 26일

08 농림·수산·식품

그린바이오 벤처기업 전문 육성기관 구축

농림축산식품부 그린바이오산업팀(☎ 044-201-2137)

그린바이오 분야 벤처·창업 기업을 지원하기 위한 구축 중인 그린바이오 벤처 캠퍼스가 2025년 전북 익산에 준공됩니다.

* (조성지역 총 5개소) 전북 익산, 강원 평창, 경북 포항, 경남 진주, 충남 예산

❖ 그린바이오 벤처 캠퍼스는 입주기업에 그린바이오 분야에 특화된 연구, 장비, 공간 지원과 창업보육 프로그램을 제공하게 됩니다.

이를 통해 그린바이오 기업 창업이 활성화되고, 벤처기업의 성장 가능성이 증가하여 그린바이오 산업 경쟁력 강화에 기여할 것으로 기대됩니다.

〈 익산 그린바이오 벤처 캠퍼스 준공 〉

추진배경	그린바이오 분야 벤처·창업기업 촉진 및 보육 필요성 제기
주요내용	• 지자체가 제공한 부지에 그린바이오 기업 전문 보육시설인 그린바이오 벤처캠퍼스를 조성하고, 입주기업 등 모집·임대 • 그린바이오 분야 스타트업 입주 공간, 특화 액셀러레이터 육성, 대기업 협업 상품개발, 유통채널 입점, 연구장비 공동 사용 등 지원
시행일	2025년 하반기

그린바이오산업 전방위적 육성 지원 강화

농림축산식품부 그린바이오산업팀(☎ 044-201-2137)

2024년 공포되었던 「그린바이오산업 육성에 관한 법률」의 하위법령 제정과 함께 2025년 1월 3일부로 시행됩니다.

❖ 그린바이오 산업집적화와 지역확산을 위한 육성지구 지정, 그린바이오 기업에 대한 실태조사 및 지원을 위한 기업 신고제도 등 산업 기반 조성을 위한 정책 수행이 가속화될 예정이며,

❖ 그린바이오 분야 기업 애로사항을 해결하기 위하여 그린바이오제품 상용화지원 사업이 본격적으로 추진되어 소규모 기술 기업에 대한 지원이 강화될 예정입니다.

법률 시행으로 그린바이오산업 생태계를 구축하기 위한 통계 구축, 산업 실태조사 등 시급한 과제부터 첨단소재 개발, 융합형 인재 육성 등 중장기 지원까지도 착수할 수 있을 것으로 기대합니다.

> **참고** 법제처 국가법령정보센터)그린바이오산업 육성에 관한 법률

〈 「그린바이오산업 육성에 관한 법률」 시행 〉

추진배경 그린바이오산업은 세계적으로 빠른 성장세를 보이고 있으며, 관련 산업의 육성을 통해 국가 경제 발전과 농업 및 식품산업의 지속가능성을 향상시킬 필요성 증대

주요내용
- 법 제정 목적 및 주요 용어 정의(제1조~제2조)
- 그린바이오 산업 육성 및 지원 추진 체계 마련(제3조~제6조)
- 그린바이오 산업 육성을 위한 지원 정책(제7조~제14조)
- 그린바이오 산업 육성지구 조성(제15조~제17조)

시행일 2025년 1월 3일

08 농림·수산·식품

중소 식품기업, 국가식품클러스터 공유주방(공장)으로 제품 생산 가능

농림축산식품부 국가식품클러스터추진단(☎ 044-201-2182)

2025년에는 생산설비가 부족한 중소 식품기업이 국가식품클러스터 공유주방(공장)을 활용하여 직접 제품을 생산할 수 있게 됩니다.

❖ 중소 식품기업은 공유주방(공장) 이용을 통해 시설투자와 제품생산 비용을 절감할 수 있습니다.

국가식품클러스터의 공유주방(공장)은 2025년 1월부터 사용할 수 있습니다.

〈 국가식품클러스터 공유주방(공장) 운영 〉

추진배경 시설, 장비가 부족한 중소 식품기업의 시장진입 어려움 해소 필요

주요내용 중소 식품기업이 국가식품클러스터의 시설과 장비를 활용하여 직접 제품을 생산할 수 있도록 공유주방(공장)* 운영
  * 공유주방(공장) 정의(「식품위생법」 제2조): 식품의 제조·가공·조리·저장·소분·운반에 필요한 시설 또는 기계·기구 등을 여러 영업자가 함께 사용하거나, 동일한 영업자가 여러 종류의 영업에 사용할 수 있는 시설 또는 기계·기구 등이 갖춰진 장소
  - 국가식품클러스터 공유주방(공장): (2025) 기능성식품제형센터 → (향후) 소스산업화센터, 파일럿 플랜트

시행일 2025년 1월 1일(예정)

동물용 백신에 시드 로트 시스템(Seed Lot System) 도입

농림축산식품부 조류인플루엔자방역과(☎ 044-201-2552)

국가가 백신 원료(seed)*와 완제품의 품질을 관리하는 시드 로트 시스템(SLS, Seed Lot System)을 2025년 1월 1일부터 시범 도입합니다.

* 시드(seed): 백신 제조에 필요한 미생물(바이러스, 세균 등) 및 배양용 세포 등

❖ 이 제도가 도입되면, 국가가 동물용 백신의 완제품뿐만 아니라 원료에 대해서도 품질시험 결과를 심사(검증)하여 허가하기 때문에 동물용 백신의 품질, 안전성·유효성 관리가 강화됩니다.

* (현재) 완제품은 국가 검증, 원료는 제조사 자율관리 → (강화) 완제품·원료 국가 검증

– 2025년에는 신규 '불활화 세균 백신'을 대상으로 시범 운용하고, 2026년부터는 모든 유형(세균·바이러스 백신 등)의 신규 백신에 시드 로트 시스템을 의무 적용할 예정입니다.

이를 통해 국내·외 동물용의약품 시장에서 국산 동물용 백신의 품질 신뢰도 및 경쟁력이 향상될 것으로 기대됩니다.

참고 : 농림축산식품부 누리집>보도자료>"동물용 백신 품질관리의 핵심, 종자(시드) 관리 제도 신규 도입"

〈 동물용 백신에 시드 로트 시스템(Seed Lot System) 도입 〉

추진배경	국산 동물용 백신은 품질관리를 원료(seed) 단계부터 엄격히 하고 있지 않아 국내외 백신 시장에서 품질경쟁력 부족 평가 * 시드(seed) : 백신 제조에 필요한 미생물(바이러스, 세균 등) 및 배양용 세포 등
주요내용	동물용 백신 품목허가 시 제조사에서 수행한 원료(seed)에 대한 품질시험 결과를 국가가 심사(검증)하는 시드 로트 시스템(Seed Lot System) 도입
시행일	(시범운영) 2025년 1월 1일(불활화 세균 백신 대상), (의무화) 2026년 1월 1일

08 농림·수산·식품

위험도 기반 소(牛) 브루셀라병 예찰 체계로 개편

농림축산식품부 구제역방역과(☎ 044-201-2535)

소 브루셀라병 검사체계를 고위험 지역·농장의 소를 집중적으로 검사하는 위험도 기반 검사체계로 개편합니다.

❖ 가축거래상인이 사육하는 소 브루셀라병이 발생한 농장과 역학적 관련성이 있는 농장의 소는 검사를 확대하고,

❖ 한·육우를 대상으로 하는 일제검사의 물량(105만마리 → 7만마리)과 젖소를 대상으로 하는 정기검사의 횟수(12회 → 4회)를 줄이면서, 난소가 적출된 소는 도축장에 출하할 때 검사하지 않습니다.

❖ 개편된 검사체계의 운영 결과를 고려하여, 향후에는 거래 또는 출하되는 소에 대해서도 저위험 지역에 한해 검사를 면제하는 방안도 검토할 예정입니다.

이를 통해 브루셀라병 조기 검출이 효율적으로 개선되고, 축산농가의 부담도 완화될 것으로 기대됩니다.

〈 위험도 기반 소 브루셀라병 예찰체계 개편·시행 〉

구분	내용
추진배경	매년 200만마리 이상의 소에 대하여 브루셀라병을 검사하고 있으나, 검사량의 적정성 여부 등에 대한 과학적 평가 필요성 제기
주요내용	• 기존 전수검사 기반의 소 브루셀라병 예찰 방식을 고위험 지역 소를 집중검사하는 위험도 기반 예찰체계로 전환(200만마리 → 102만마리 수준) • 한·육우 일제검사(105만마리 → 7만마리), 젖소 정기검사 횟수(12회 → 4회) 축소
시행일	2025년 1월부터 시행

www.mafra.go.kr
농림축산식품부

신종 해외 가축질병 유입차단을 위한 예찰·방제 실시

농림축산식품부 구제역방역과(☎ 044-201-2535)

신종 해외 가축전염병*의 국내 유입을 조기에 파악하여 대응하기 위한 매개곤충 예찰·방제가 4월부터 11월까지 실시됩니다.

* 아프리카마역, 블루텅병 등 우리나라에서 발생하지 않았으나 새롭게 유입될 가능성이 있는 가축전염병 (주로 매개체에 의해 전파)

❖ 이 사업이 시행되면, 모기, 파리 등 매개곤충의 국내 유입 가능 경로상에 있는 지역*에서 매개곤충을 포집(채집)하여 가축질병 보유 여부를 검사합니다.

* 인천, 경기, 강원, 충남, 전북, 전남, 제주(축산농가 및 고공포집기)

❖ 이와 함께, 전문 방제업체를 동원하여 신종 해외 가축전염병이 전파될 위험도가 높은 지역과 서해안 소재 항만을 대상으로 매개곤충을 방제(구제)합니다.

이를 통해 매개곤충이 전파하는 신종 가축전염병에 선제적으로 대비할 수 있을 것으로 기대됩니다.

〈 신종 해외 가축질병 유입차단 예찰·방제 〉

추진배경 신종 해외 가축질병의 유입 차단을 위해 예찰·방제 필요성 제기

주요내용
- 2024년 방제조치, 역학조사, 연구 결과 등을 고려하여 선정된 고위험 시군, 서해안 소재 등을 대상으로 전문방제업체를 통한 매개곤충 방제(구제)
- 역학조사 결과에 따라 국내 유입 가능 경로상에 있는 시도 소재 축산농가 및 고공포집기를 통해 매개곤충을 채집하여 가축질병 유입 여부 검사

시행일 매개곤충이 활동하는 4월부터 11월까지 운영

08 농림·수산·식품

전략작물직불금 대상 품목 확대 및 직불금 단가 인상

농림축산식품부 식량산업과(☎ 044-201-1835)

2025년부터 전략작물직불제 대상 품목이 확대되고 동계 밀과 하계 조사료의 직불금 단가가 대폭 인상됩니다.

❖ 기존 하계작물인 두류, 가루쌀, 옥수수, 조사료 외에 깨가 추가됩니다.

❖ 동계 밀은 기존 ha당 50만원에서 100만원, 하계 조사료는 ha당 430만원에서 500만원으로 인상됩니다.(깨는 ha당 100만원을 지급합니다.)

❖ 개정내용은 2025년 1월 1일부터 적용됩니다.

〈 전략작물직불금 대상 품목 확대 및 직불금 단가 인상 〉

추진배경 쌀 수급안정을 위해 전략작물 재배목표 대폭 확대

주요내용
- 2024년
  - (동계작물) 밀, 보리 등 동계 식량·사료 작물(50만원/ha)
  - (하계작물) 두류·가루쌀(200만원/ha), 하계조사료(430만원/ha), 옥수수(신규, 100만원/ha)
  - (이모작) 동계 밀 또는 조사료, 하계 두류 또는 가루쌀 이모작시 ha당 100만원 추가지급
- 2025년(정부안)
  * 정부안으로 국회 단계에서 변경될 수 있음
  - (동계작물) 밀(100만원/ha), 보리, 호밀 등 동계 식량·사료 작물(50만원/ha)
  - (하계작물) 두류·가루쌀(200만원/ha), 하계조사료(500만원/ha), 옥수수·깨(100만원/ha)
    * 하계작물에 깨 신규 추가
  - (이모작) 동계 밀 또는 조사료, 하계 두류 또는 가루쌀 이모작 시 ha당 100만원 추가지급

시행일 2025년 1월 1일

www.mafra.go.kr
농림축산식품부

저탄소 축산활동 지원 프로그램 확대

농림축산식품부 축산환경자원과(☎ 044-201-2353)

저탄소 축산활동에 직불금을 지원*하는 「축산분야 저탄소 농업 프로그램」 시범사업을 확대합니다.

  * 단가 산정방식: 비용증가분의 일부(50%) + 감축 인센티브(2만원/톤)

❖ 그동안 저메탄사료(한·육우·젖소) 및 질소저감사료(돼지) 급여 활동에만 직불금을 지원하도록 했으나,

❖ 2025년 상반기부터 신규로 분뇨 처리방식 개선 활동*에도 지원하며, 질소저감사료** 보급 확대를 위해 기존의 돼지(38.5만두)에서 한·육우(10만두)·산란계(100만두)까지 지원 대상 축종을 확대합니다.

  * 재래식 퇴비화 시설에 강제송풍 및 기계교반 설비(기계식으로 퇴비를 섞는 장치)를 추가하여 처리

  ** 관행 사료 대비 조단백질 함량을 1~2%p 낮춰 분뇨 내 잉여질소를 감축하는 사료

❖ 또한, 사업 전년도부터 희망 농가를 모집함으로써 축산농가에서 연중 탄소감축 활동을 이행할 수 있도록 유도하고, 이를 통해 축산부문 온실가스 감축목표 달성에 기여할 것으로 기대됩니다.

축산현장에서 기존에 이행하던 탄소 감축 노력들을 온실가스 감축 실적으로 인정받을 수 있도록 중장기적으로 신규 활동을 발굴·추가할 계획입니다.

〈 축산분야 저탄소 농업 프로그램 시범사업 〉

추진배경 축산부문 2030 온실가스 감축목표(NDC) 달성 및 축산농가의 자발적인 탄소감축 활동 견인을 위해 저탄소 영농활동 이행 지원

주요내용
- (지원대상) 「축산법」 제22조에 따른 가축사육업 허가를 받은 농업인·농업법인
- (지원내용) 축산농가의 저탄소 영농활동 이행을 위한 비용증가분의 일부, 인센티브(2만원/톤) 등 보전
  * 저메탄사료 급여, 질소저감사료 급여, 분뇨 처리방식 개선

시행일 2024년 11월 말부터 사업 신청·접수 → 2025년 1~12월 이행

친환경축산직불금 지급 단가·한도 인상 및 유기지속 신규 도입

농림축산식품부 축산환경자원과 (☎ 044-201-2352)

2025년부터 친환경축산직불금의 품목별 지급단가 및 농가당 지급한도가 인상되고, 유기지속 직불금이 신규 도입됩니다.

❖ 품목별 지급단가는 한우 17만원에서 37만원(1마리), 우유는 50원에서 122원(1ℓ), 계란은 10원에서 20원(1개)으로 인상되며, 농가당 지급한도는 3천만원에서 5천만원으로 인상됩니다.

❖ 기존에는 5개년(5회)만 직불금이 지급되었지만, 직불금을 최장 5개년간 지급받은 농가도 친환경 축산물을 계속 생산한다면 유기 직불금의 50% 수준에서 유기지속 직불금을 계속 지급합니다.

〈 친환경축산직불금 지급 단가·한도 인상 및 유기지속 신규 도입 〉

추진배경: 친환경축산농업경영체의 초기 소득 감소분 및 생산비 차이를 보전하여 친환경축산 확산 도모

주요내용

(단위: 원)

구분			2024	2025(정부안)	
				유기	유기지속
지급 단가	한우	마리	170,000	370,000	유기 지급단가 × 50%
	젖소(우유)	리터	50	122	
	돼지	마리	16,000	27,500	
	산란계(계란)	개	10	20	
	육계	마리	200	490	
	오리	마리	400	630	
	오리알	개	20	27	
	산양	마리	4,584	14,369	
	산양유	리터	34	261	
지급한도			3천만원	5천만원	2천5백만원
수급기한			5개년(5회)	5개년(5회)	6년차 이상(6회~)

* 정부안으로 국회 단계에서 변경될 수 있음

시행일: 2025년 3월 신청(지원 대상기간: 2024. 11. 1.~2025. 10. 31.)

가축개량기관 지정 요건 상 인력의 자격요건 완화

농림축산식품부 축산정책과(☎ 044-201-2317)

가축개량기관 취업희망 청년 등의 구직활동을 촉진할 수 있도록 자격 취득 전의 실무종사 경력도 인정 범위에 포함되도록 「축산법 시행령」이 개정됩니다.

❖ 현행 축산산업기사가 가축개량기관에 취업하려면 자격 취득 후에도 가축육종·유전분야에서 2년 이상의 실무종사 경력이 추가로 요구되고 있습니다.

❖ 이에 대해 가축육종·유전분야에 종사하면서 축산산업기사 자격을 취득한 경우, 자격취득 전의 경력까지 실무종사 경력에 포함될 수 있도록 개선할 계획입니다.

「축산법 시행령」은 2025년 3월 중 개정하여 공포한 날부터 시행 예정입니다.

> **참고** 농림축산식품부 누리집>국민소통>법령정보>"[입법·행정예고] 축산법 시행령 일부개정령안 입법예고(2024. 10. 10.~11. 19.)"

〈 가축개량기관 지정 요건 상 인력의 자격요건 완화 〉

- **추진배경** 가축개량기관에 청년 등 구직활동 촉진을 위해 진입규제 완화 필요성 제기
- **주요내용** 가축개량기관에 취업하려는 자가 자격 취득 전의 실무종사 경력도 인정 범위에 포함될 수 있도록 진입규제 완화
- **시행일** 「축산법 시행력」개정안 공포일(2025년 3월 예정)부터 시행

가축검정기관 지정 요건 상 인력의 자격요건 완화

농림축산식품부 축산정책과(☎ 044-201-2317)

가축검정기관 취업희망 청년 등의 구직활동을 촉진할 수 있도록 축산산업기사의 자격을 보유한 사람도 가축육종·유전 분야에 2년 이상 종사경력이 있으면 채용될 수 있도록 「축산법 시행규칙」이 개정됩니다.

❖ 현행 「축산법 시행규칙」제10조에 따라 가축검정기관 지정 요건으로 인력의 자격요건을 규정*하고 있습니다.

  * (현행) (다음 중 어느 하나의 인력 1명 이상) ① 가축육종·유전분야 석사 이상, ② 축산학과(대학) 졸업 후 3년이상 경력, ③ 축산기사 이상 자격자

❖ 이에 대해 진입규제 완화를 위해 축산산업기사 자격을 보유한 자도 가축육종·유전분야에 2년 이상 종사경력(자격취득 전 경력 포함)이 있으면 채용될 수 있도록 개선할 계획입니다.

「축산법 시행규칙」은 2025년 3월 중 개정하여 공포한 날부터 시행 예정입니다.

참고 농림축산식품부 누리집>국민소통>법령정보>"[입법·행정예고] 축산법 시행규칙 일부개정령안 입법예고(2024. 10. 10.~11. 9.)"

〈 가축검정기관 지정 요건 상 인력의 자격요건 완화 〉

추진배경	가축검정기관에 청년 등 구직활동 촉진을 위해 진입규제 완화 필요성 제기
주요내용	축산산업기사의 자격을 보유한 자도 가축육종·유전분야에 2년 이상 종사경력이 있으면 채용될 수 있도록 진입규제 완화
시행일	「축산법 시행력」개정안 공포일(2025년 3월 예정)부터 시행

음식점 전자메뉴판(태블릿 PC) 원산지 표시 방법 개선

농림축산식품부 농축산위생품질팀(☎ 044-201-2276)

음식점의 원산지 표시 규제를 합리적으로 개선하여 농식품 산업 발전과 소비자 알권리를 확보하기 위해 「원산지표시법 시행규칙」이 개정됩니다.

❖ 전자메뉴판을 사용하는 업체에 대해서는 통신판매의 원산지 표시 방법과 동일하게 별도의 창을 통한 원산지 표시가 가능하도록 개선됩니다.

새롭게 적용되는 「원산지표시법 시행규칙」은 2025년 1월 중 개정하여 공포한 날부터 시행 예정입니다.

참고 농림축산식품부 누리집〉국민소통〉법령정보〉입법·행정예고

〈 음식점 전자메뉴판(태블릿 PC) 원산지 표시 방법 개선 〉

- **추진배경** 유통·소비 환경의 변화에 따른 원산지 표시 제도의 개선
- **주요내용** 일반·휴게음식점에서 종이·전자메뉴판 구분없이 음식명의 옆 또는 아래마다 원산지를 표시하도록 하던 것을 전자메뉴판의 형태를 고려하여 통신판매 원산지 표시와 동일하게 음식명의 옆·위·아래에 표시하거나 별도의 창을 통한 표시 허용
- **시행일** 「원산지표시법 시행규칙」개정안 공포일(2025년 1월 예정)부터 시행

물류기기 임차비용 지원 확대 및 통합관리시스템 구축

농림축산식품부 유통정책과(☎ 044-201-2219)

농가 물류비 부담을 완화하고 유통 비용을 절감하기 위해 물류기기* 임차비용 지원물량 확대 및 물류기기통합관리시스템 개편이 2025년 1월 1일부터 시행됩니다.

* 농산물 출하·운송·보관을 위한 기기로 파렛트, 플라스틱 상자, 목재상자 등이 해당

❖ 지방자치단체와 협업하여 농업계 전체 사용물량의 약 70%를 보조하여 물류기기 임차비용에 대한 지원을 대폭 확대합니다.

* (2024) 파렛트 1,850천매(전체 사용물량의 16.7%) → (2025) 파렛트 7,751천매(70%)
 (2024) P박스 40,120천매(전체 사용물량의 26.7%) → (2025) P박스 105,519천매(70%)

❖ 또한, 물류기기통합관리시스템을 개편하여 전체 물류기기에 대한 입출고 내역, 재고현황 등을 관리하여 농가가 원하는 시기에 필요한 물량을 사용할 수 있는 환경을 조성할 계획입니다.

「물류기기 공동이용 지원 사업시행지침」을 2024년 11월 중 개정하여 2025년 1월 1일부터 시행할 예정입니다.

〈 물류기기 임차비용 지원 확대 및 통합관리시스템 개편 〉

추진배경	물류표준화 및 하역기계화 확대로 물류기기 이용에 대한 수요가 증가하고 있으나 농업 분야는 타산업에 비해 높은 단가로 이용 * 파렛트의 경우 농업계는 개당 2,970원(국고보조)~6,500원(비보조), 타산업계는 평균 2,500원
주요내용	• 농업인의 고정 경영비 중 하나인 물류기기 임차비용에 대한 지원을 대폭 확대하여 농가 부담 완화 및 농산물 유통 비용 절감 • 물류기기통합관리시스템을 통해 전체 물량을 관리하여 농산물 집중 출하시기에 충분한 물류기기를 제공하여 원활한 농산물 출하 유도
시행일	2025년 1월 1일(물류기기 공동이용 사업시행지침 개정)

소규모어가 직불금 지급대상 확대

해양수산부 수산직불제팀(☎ 044-200-5452)

2024년 10월 22일부터 어항 배후의 상업·공업지역에 거주하는 어업인들도 소규모어가 직불금 혜택을 받을 수 있게 되었습니다.

❖ 소규모어가 직불금은 5톤 미만의 어선 소유, 양식수산물 연간 판매액 1억원 미만 등 경영규모가 영세한 어가에게 연간 130만원의 직불금을 지급하는 제도로,

- 추가 접수 기간(2024. 10. 24.~11. 22.)에 직불금을 신청한 어업인들을 대상으로 자격검증을 거쳐 2024년도 직불금을 지급하고, 2025년부터는 기존과 동일하게 신청·지급*합니다.

  * 접수(2025. 6.~9.) → 자격검증(2025. 10.~11.) → 직불급 지급(2025. 12.)

금번 제도 개선을 통해 경영규모 등에 따라 양극화된 어업인의 소득 격차를 완화하고 소규모어가의 소득·경영 안전망을 강화할 수 있을 것으로 기대됩니다.

> 참고 해양수산부 누리집〉보도자료〉 "어항 배후 상·공업지역의 소규모어가도 수산직불금을 받을 수 있게 된다"

〈 소규모어가 직불제 개선 〉

추진배경	규모, 잡는 어종, 기술 등에 따라 양극화된 어업인의 소득 격차 완화 및 소규모어가 소득 지원을 통한 어업인 소득안전망 구축
주요내용	• (개정사항) 어항 근처의 상·공업지역 거주 시 소규모어가 직불 지급대상으로 편입 • (지원대상/지원금액) 소규모어가 / 130만원(연간) • (절차) 관할 읍·면·동에 신청서 제출 → 자격검증 후 직불금 지급
시행일	2024년 10월 22일
추진일정	접수(2025. 6.~9.) → 자격검증(2025. 10.~11.) → 직불금 지급(2025. 12.)

08 농림·수산·식품

'양식업 면허 심사·평가제' 시행

해양수산부 어촌양식정책과(☎ 044-200-5623)
국립수산과학원 해양환경연구과(☎ 051-720-2530)

'양식업 면허 심사·평가제'가 2025년부터 시행됩니다.

❖ 양식어업인에게 어장환경 개선 노력과 책임경영을 유도하기 위해 양식업 면허의 유효기간 만료 전 심사·평가를 실시합니다.

- 2025년도 평가대상은 2026년 7월~2027년 6월 내에 면허가 만료되는 자이며, 평가*항목은 ① 어장환경 및 ② 관리실태(관계법령 준수 여부 등)입니다.

  * 평가기준 : 어장환경: 1~4등급 중, 3~4등급 미달 / 관리실태: 50점 중 25점 미만시 기준 미달

- 평가기준에 미달하는 경우 면허 결격사유에 해당되지만, 어장환경평가에서 미달등급을 받은 자가 어장환경개선조치*를 이행(2026년 2월까지)하는 경우 면허를 발급 받을 수 있습니다.

  * 어장 청소, 양식장 바닥 갈기, 양식시설물 재배치, 어장휴식(3개월), 양식시설물 등 감축

2025년도 '양식업 면허 심사·평가제' 시행을 통해 우리나라의 양식업 면허를 체계적으로 관리해 나가겠습니다.

> **참고** 해양수산부 누리집>보도자료>「양식업 면허 심사·평가제」본격 시행(2024. 12. 23.)

〈 양식업 면허 심사·평가제도 개요 〉

대상	어류·패류·해조류·복합·협동·외해 등 양식 면허
수행기관	국립수산과학원(해수부에서 위임)
평가항목	어장환경평가, 관리실태 ① 어장환경: 퇴적물 총유기탄소량, 총황, 저서동물지수, 중금속 평가 ② 관리실태: 휴업기간, 불법임대, 수산법령 위반 여부, 어장청소 및 어장휴식기간
평가결과	평가항목 모두 적합한 경우 면허 발급 1순위, 미달 시 면허 결격
평가일정	평가계획 수립·통보(2025. 1.) → 평가방법 등 사전컨설팅(2025. 2.) → 심사·평가 실시 및 결과통보(2025. 3.~8.) → 이의신청 및 재평가(2025. 9.~12.) → 어장환경 개선조치(~2026. 2.) → 평가결과 최종통보(2026. 2.)
시행일	2025년 1월 중

감척어선을 활용한 불법·폐어구 수거사업 본격 추진

해양수산부 어업정책과(☎ 044-200-5520)

2025년 1월부터 감척어선을 활용한 불법·폐어구 수거사업을 본격 추진합니다.

❖ 버려지던 감척어선을 재활용하여 ▲ 중국 불법 범장망*을 철거하고 ▲ 먼 바다의 폐어구를 수거하는 전문수거선으로 투입합니다.

  * 축구장 2~3배에 달하는 대형어구로, 그물코가 작고 어획강도가 높아 우리나라 배타적 경제수역(EEZ)에서는 사용 금지되나 연간 불법 범장망 200~300틀 발견

❖ 이를 통해, 중국어선의 불법조업에 적극 대응하여 해양영토 주권을 수호하고, 폐어구로 인한 수산자원 피해 감소효과가 기대됩니다.

참고 　해양수산부 누리집〉알림·뉴스〉보도자료) "감척어선을 활용한 '중국 불법 범장망 수거 사업' 본격 추진"(2025. 1.)

〈 감척어선 공공활용 사업 추진 〉

추진배경	지속가능한 어업 생산기반 확보를 위해 중국 불법어업, 유실·침적 폐어구 상시 수거체계 구축 필요
주요내용	• 중국 범장망과 조업방식이 유사한 안강망 어선을 활용하여 우리나라 배타적 경제수역 내에 불법적으로 부설된 범장망 수거 • 대형어선을 활용해 깊고 먼 바다에 유실되거나 침적된 폐어구 수거
시행일	2025년 1월 1일
추진일정	2025년 1월~12월(예산액 30억 4,500만원)

08 농림·수산·식품

우리나라 연근해 수역 참다랑어 어획한도량 증가

해양수산부 국제협력총괄과(☎ 044-200-5377)

우리나라 연근해 수역 참다랑어 어획한도가 2024년 748톤에서 2025년 1,219톤으로 63%로 증가합니다.

❖ 참다랑어는 우리나라 연안뿐 아니라 태평양 등 공해를 넘나드는 고도 회유성어족*으로 중서부태평양수산위원회(WCPFC**) 총회에서 회원국 간 협의를 통해 국가별 어획한도량을 결정합니다.

   * 회유범위가 200해리를 넘어서는 어족(대표어종: 참치, 고등어, 새치, 돌고래 상어 등)
   ** Western and Central Pacific Fisheries Commussion

❖ 최근 기후변화 등으로 인해 우리나라 연근해에 대형 참다랑어 이동량이 증가하고 있는 가운데 제21차 중서부태평양수산위원회 총회에서 대형 참다랑어(30kg 이상) 어획한도가 대폭 증가(2024년 30톤 → 2025년 501톤) 되었습니다.

   * 소형 참다랑어(30kg 이하) 어획 한도: 2024년 718톤 → 2025년 718톤

이에 따라 참다랑어를 어획하는 우리나라 연근해 어업인들과 관련 수산 유통·가공업 종사자들의 소득증대가 기대됩니다.

참고 　해양수산부 누리집〉보도자료》"우리나라 연근해 참다랑어 어획한도량 증가 보도자료(2024. 12. 배포 예정)"

〈 WCPFC 태평양참다랑어 보존관리조치 개정 〉

- **추진배경** 국제규범(태평양 참다랑어를 위한 보존관리조치) 개정을 통해 최근의 우리나라 수역 내 어획 현황(대형어 어획량 증가 추세)을 반영한 어획한도 확보
- **주요내용** 2025~2026년 태평양참다랑어 우리나라 연간 어획한도량 증가(748톤 → 1,219톤)
- **적용기간** 2025년 1월 1일~2026년 12월 31일

어선원보험 적용범위를 3톤 미만 어선까지 확대

해양수산부 소득복지과(☎ 044-200-5471)

2025년 1월 1일부터 3톤 미만 어선도 어선원보험 의무가입 대상이 됩니다.

❖ 어선원의 산재보험인 어선원보험은 당연(의무)가입이 원칙입니다.

  *어선원보험 단계적 적용 확대 경과: 5톤 이상(2004~2015) → 4톤 이상(2016~2017) → 3톤 이상(2018~)

❖ 2025년부터는 3톤 미만의 어선소유자*도 어선원보험 의무가입 대상이 되며, 어선소유자는 이 사실을 수협에 신고해야 합니다.

  * 가족어선원만 승선한 어선, 양식장관리선 등은 제외(소유자가 원하는 경우 가입 가능)

  ※ 미가입 어선에 대해서는 50만원 이하의 과태료를 부과할 수 있으며, 가입 신고를 게을리한 기간 중 발생한 사고에 대해서는 미납 보험료와 함께 보험금의 50%를 어선소유자로부터 징수

이를 통해 3톤 미만 소형어선의 재해 어선원 보호를 강화하고, 어선 어업 경영 안정을 도모할 수 있을 것으로 생각됩니다.

참고 「어선원 및 어선 재해보상보험법」 시행령 개정(안)

〈 어선원보험 당연가입 대상 확대 〉

추진배경	재해 어선원 보호 강화 등을 위해 어선원 보험 당연(의무)가입 대상 확대 필요
주요내용	어선원 보험의 적용 범위를 현재 3톤 이상 어선에서 3톤 미만 어선까지 확대
시행일	2025년 1월 1일

08 농림·수산·식품

수산종자생산업 허가종류 확대

해양수산부 양식산업과(☎ 044-200-5683)

수산종자는 육상과 해상의 수면을 구별하지 않고, 종자의 생산이 가능한 수면에서는 누구든지 그 수면을 이용·생산할 수 있도록 수산종자생산업의 허가종류를 확대합니다.

* (현행) 5개(육상수조식·육상축제식·밧줄식·말목식·뗏목식) → (확대) 5개 + 해상축제식

** 새꼬막·굴·김 등 전국 3,119개소의 종자생산장 중 960여개소가 종자생산업과 양식업을 겸업·병행 중

❖ 다양한 방식으로 수면을 종자생산에 이용하는 등 불필요한 진입규제 개선을 통해 어업인의 소득 증대에 기여하고, 신규 진입 등도 원활해질 것으로 기대됩니다.

참고 : 해양수산부 누리집〉정책자료〉법령정보〉입법예고

〈 수산종자생산업 허가종류 확대 〉

추진배경	누구든지 수면의 종합적 이용을 위해 종자생산업 허가종류 범위 확대
주요내용	(허가종류 확대) 해수면의 일정한 수면을 구획하여 그 수면을 이용하는 방법으로 종자를 생산·판매 하는 사업을 할 수 있도록 허가종류의 범위 확대 * (현행) 5개(육상수조식·육상축제식·밧줄식·말목식·뗏목식) → (확대) 5개+해상축제식
시 행 일	2025년 1월 1일

친환경 수산물 배합사료 직불제 지원 확대

해양수산부 양식산업과(☎ 044-200-5631)

친환경 배합사료 사용 활성화를 위하여 어류양식 전 주기 동안 배합사료를 사용하지 않는 어가도 배합사료를 사용할 경우 배합사료 구매자금을 지원받을 수 있도록 2025년부터 친환경 수산물 배합사료 직불제 사업대상을 확대하고 지원조건을 완화합니다.

구분	기존	개선
사업대상	넙치, 가자미, 볼락, 돔류 양식어가	해수면 全 어종 양식어가
지원조건	전주기 배합사료 사용 어가	배합사료 사용 어가 + 생사료 혼용 어가

참고) 해양수산부 누리집〉보도자료〉"친환경 수산물 배합사료 직불제 제도 개선(2024. 12. 예정)"

〈 친환경 수산물 배합사료 직불제 지원 확대 〉

추진배경 배합사료 사용 활성화를 위하여 어류양식 전 주기 동안 배합사료를 사용하지 않는 어가도 배합사료를 사용할 경우 배합사료 구매자금을 지원

주요내용
- 사업대상을 4개 어종(넙치, 가자미, 볼락, 돔류)에서 전체 해수면 양식어종으로 확대
- 생사료를 혼용하는 어가에도 배합사료 구매자금을 지원하도록 지원조건 완화

시행일 2025년 1월 1일

임산물 명예감시원 운영을 통한 민간 감시기능 강화

산림청 사유림경영소득과(☎ 042-481-4206)

임산물의 유통질서, 지리적표시 및 원산지 표시에 대한 감시·지도·계몽을 위해 임산물 명예감시원이 처음 도입*되어 운영됩니다.

* 「임산물 명예감시원 운영 요령」 고시 제정(2024. 11.)

❖ 2025년 처음으로 위촉하는 임산물 명예감시원은 임산물 및 그 가공품의 원산지 표시 및 지리적 표시에 대한 지도·홍보 및 위반사항에 대한 감시·신고 활동을 합니다.

❖ 또한, 임산물 명예감시원을 대상으로 임산물의 유통 관련 법령과 조사요령 및 역할 등에 대해서 교육을 실시하여 명예감시원의 역량을 강화해 나갈 계획입니다.

이를 통해 실제 소비자의 피해 예방과 건전한 임산물의 유통환경 조성에 기여할 수 있을 것으로 기대됩니다.

> **참고** 산림청 누리집〉행정예고〉[행정예고]「임산물 명예감시원 운영 요령」제정고시안 행정예고(2024. 10. 25~11. 15.)

〈「임산물 명예감시원 운영 요령」 시행 〉

추진배경	올바른 임산물 유통질서 확립을 위한 「임산물 명예감시원 운영 요령」 시행
주요내용	임산물 명예감시원의 임무, 신청, 위촉, 교육훈련, 활동방법, 활동비 지급 등 임산물 명예감시원의 운영에 관한 세부사항을 규정
시행일	2024년 11월

'흰점박이꽃무지분' 비료 제조·판매 허용

농촌진흥청 농자재산업과(☎ 063-238-0828)

곤충산업 현장애로 문제 해결 등 규제개선을 위해 「비료 공정규격 설정」 고시* 일부를 개정하여 시행합니다.

* (비료 공정규격 설정) 비료의 종류별로 주성분의 최소함량, 유해성분의 최대함량 및 품질과 관련된 그 밖의 규격 등을 정한 비료의 품질관리기준으로 비료공정규격이 설정되지 않은 비료는 국내에서 제조·수입하여 판매할 수 없음(비료관리법 제4조)

❖ 식용곤충인 '흰점박이꽃무지' 사육과정에서 발생하는 부산물(분)을 신규 비료로 설정하였습니다.

❖ 지렁이분, 동애등에분과 같이 "흰점박이꽃무지분" 비료를 신설함으로써 곤충 사육농가의 애로사항인 배설물 재활용 문제 개선 등 곤충산업 육성에 도움이 될 것으로 전망됩니다.

「비료 공정규격 설정」 고시는 2024년 12월 5일 개정하여 2025년 1월 6일 시행됩니다.

❖ 시행 이후, 관할 지자체에 "흰점박이꽃무지분" 비료생산업을 등록하여 제조·판매할 수 있습니다.

참고 농촌진흥청 누리집〉행정/정보〉법령정보〉농촌진흥청 법령〉「비료 공정규격 설정」 일부개정

〈 '흰점박이꽃무지분' 비료 제조·판매 허용 〉

추진배경	식용곤충인 '흰점박이꽃무지'의 사육과정에서 발생하는 부산물(분)의 재활용 확대 등 곤충산업 관련 규제 개선
주요내용	'흰점박이꽃무지분' 비료 신설 등 「비료 공정규격 설정」 고시 일부 개정·시행
시행일	2025년 1월 6일

국고보조금 시범사업 온라인 의무교육 전환

농촌진흥청 기술보급과(☎ 063-238-0971)

농업분야 신기술의 현장 적용을 위해 추진하는 국고보조 시범사업이 온라인 교육을 사전에 이수받은 농업경영체로만 선정하도록 변경됩니다.

* 시범사업: 연간 120여개 사업, 전국 900여 곳에서 진행

❖ 모두 4차(총 2시간)에 걸쳐 ▲국고보조 시범사업의 이해 ▲국고보조금통합관리시스템(e-나라도움) 활용 ▲국고보조 시범사업 집행 및 관리 절차 ▲부정수급 발생 및 주의사항을 교육합니다.

❖ 농촌인적자원개발센터 누리집(https://hrd.rda.go.kr)에 접속해 회원 가입한 뒤 '이(e)-러닝' - '농업기술교육'-과정명 '국고보조 시범사업 이해 및 실천사항' 입력 후 수강 신청하면 됩니다. 교육을 수료하면, 시범사업 참여 시 필요한 사전교육 실적을 3년간 인정받게 됩니다.

이를 통해 국고보조금 적정집행과 부정수급을 원천 차단하고 시범사업의 이해도와 성과향상을 높일 것으로 기대됩니다.

참고 농촌인적자원개발센터 누리집〉회원가입〉이(e)-러닝〉농업기술교육〉과정명 '국고보조 시범사업 이해 및 실천사항' 입력, 수강 신청

〈 국고보조금 시범사업 온라인 의무교육 전환 〉

추진배경	보조금 부정수급 예방에 대한 지속적인 교육과 홍보 필요성 제기
주요내용	• 시범사업을 희망하는 농업경영체(농업인, 농업법인)는 시범사업 선정 전까지 농촌진흥청에서 개설한 온라인 교육과정을 반드시 이수해야 사업자로 선정 • 교육을 이수한 대상자는 3년간 교육실적 인정
시행일	「농촌지도사업 시행지침」 시행(2025년 1월 1일) * 교육개설은 2024년 11월부터 운영, 선정대상은 2025년 시범사업부터 적용

노지 스마트기술 융복합 실증모델 확산 사업 추진

농촌진흥청 기술보급과(☎ 063-238-0978)

농가 인구 감소, 기후변화 등 농업 현장의 문제를 해결하고 시설 위주의 스마트농업을 노지 재배로 확대하기 위해 지역·기능·품목별 노지 스마트농업 융복합 모델을 구축합니다.

* 공모사업: 2025년~2026년, 총사업비 120억원 투입, 3개소(개소별 40억원)
* 지역(전남 신안, 경북 영천, 경남 함양), 기능(자동화, 재해대응, 생력화), 품목(대파, 복숭아, 양파)

❖ 지역 현안을 효과적으로 대응하기 위해 단순제어 중심의 1세대 기술보다 개선된 빅데이터와 인공지능 등 2세대 스마트기술을 융복합 투입하여

❖ ① 정책적 확산 지원, ② 교육 및 인식개선, ③ 민간기술 실증지원을 통해 노지 스마트농업에 대한 파급력 제고와 기술확산을 높일 전망입니다.

이를 통해 생산성 5~50% 향상, 노동력 및 유지비용 50~90% 절감, 농산물 품질향상 등을 높일 것으로 기대됩니다.

〈 노지 스마트기술 융복합 실증모델 확산 사업 추진 〉

추진배경 지역에서 원하는 경제성 있는 표준모델을 발굴하여 현장 농업인이 체감할 수 있는 스마트기술 확산

사업개요
- 사업기간: 2025 ~ 2026년(2년간)
- 총사업비: 120억원(개소별 40억원)
- 지원규모: 3개소
- 지원내용: 인공지능, 데이터 등 경제성 있는 노지 스마트기술 종합 투입

우수 치유농업시설 인증제도 실시

농촌진흥청 농촌자원과(☎ 063-238-1025)

치유농업서비스*의 품질향상을 위하여 우수 치유농업시설**에 대한 인증제도가 시행됩니다.

  * 심리·사회·신체적 건강을 회복하고 증진시키기 위하여 치유농업자원, 치유농업시설 등을 이용하여 교육을 하거나 설계한 프로그램을 체계적으로 수행하는 것
  ** 치유농업과 관련된 활동을 할 수 있도록 이용자의 치유효과와 안전을 고려하여 적합하게 조성한 시설 및 장비

❖ 우수 치유농업시설 인증을 받으려는 자는 ① 시설·장비 기준, ② 인력기준, ③ 운영기준 등 우수 치유농업시설의 인증기준을 충족했음을 증명하는 서류를 한국농업기술진흥원장에게 제출합니다.

❖ 심사 결과 우수 치유농업시설 인증 기준에 적합한 것으로 인정되는 경우, 농촌진흥청장은 인증서 및 인증 표시를 제출합니다.

❖ 인증을 받지 아니하고 인증 표시 또는 이와 유사한 표시를 하는 경우 100만원 이하의 과태료가 부과됩니다.

  * 1차 위반 30만원, 2차 60만원, 3차 100만원

농촌진흥청 「우수 치유농업시설 인증제 운영 고시(2024. 12. 10. 시행)」에 따른 인증제 실시계획(2025년 상반기 공고 예정)에 의거 접수/심사/인증의 절차가 진행됩니다.

  ※ 인증 우수 치유농업시설 대하여 인증서 및 인증 표시 발급, 치유농업ON포털(www.agrohealing.go.kr)을 통한 홍보 등 지원

〈 농진청 「우수치유농업시설 인증제 운영 고시」 시행 〉

추진배경	치유농업시설의 사회복지서비스 제도와의 연계 및 국민 신뢰도 제고
주요내용	인증신청 자격, 평가 항목, 인증 심사반의 구성, 심사 절차, 심사 수수료(20만원), 심사위원회의 구성, 결과의 통보 및 이의신청, 인증의 표시, 유효기간(3년), 재발급, 갱신신청 등
시행일	2024년 12월 10일

고령자 등 영양 취약계층 식품 소비정보 서비스 제공

농촌진흥청 식생활영양과(☎ 063-238-3580)

저작이 불편하여 음식 섭취가 어려운 고령자를 돕기 위하여 저작단계(3단계)에 따른 식품 조리방법을 서비스합니다.

* 저작단계는 고령친화식품 한국산업표준(KS H 4897, 2022. 12. 개정)에 따라 1단계(치아섭취), 2단계(잇몸 섭취), 3단계(혀로 섭취)의 기준을 적용함

❖ 가정과 노인급식시설에서 만들 수 있도록 비빔밥, 잔치국수, 닭죽, 고구마 간식 등을 저작단계에 맞춘 조리방법으로 안내하고 있습니다.

❖ 또한, 우리나라 65세 이상 고령층 62%는 과일·채소류 섭취가 권장량에 미치지 못함에 따라, 과일·채소류(14종)도 저작단계별 상세한 조리방법과 식생활 정보를 제공할 계획입니다.

개인이 건강한 식생활을 실천하는지 일상을 스스로 점검하도록 생애주기별(청소년, 성인, 고령자) 식생활 실천 체크리스트도 서비스할 예정입니다. (2025년 상반기)

> **참고** 농업과학도서관 누리집〉소장자료검색〉통합검색
> ① 건강백세! 고령자가 먹기 좋은 조리 안내서 ② 건강백세! 이해하기 쉬운 고령자 영양안내서 ③ 건강백세! 씹고 삼키기 어려운 고령자를 위한 과일 제공 안내서

〈 고령자 등 영양 취약계층 건강 식생활을 위한 식품정보 공개 〉

추진배경	저작불편 고령자의 건강한 식생활을 돕는 식품정보 개발 필요성 제기
주요내용	• 저작 불편으로 음식 섭취가 어려운 고령자를 위하여 저작단계에 맞춘 비빔밥, 잔치국수, 닭죽, 고구마 양갱 등 식사와 간식 조리방법을 서비스함 • 또한 고령층이 부족하게 섭취하는 과일·채소류의 섭취 증진을 위하여 사과, 포도, 복숭아 등의 저작단계별 상세한 조리 방법과 식생활 정보를 제공할 계획임
시행일	2025년 1월 중(단, 채소류 식품 정보는 2025년 하반기)

2025년부터
이렇게 달라집니다

09
국방·병무

01 국방부
2025년 병 봉급 인상

자세한 내용은 P.315

시행일: 2025년 1월 1일

- 병 봉급 및 자산형성 프로그램 최대 지원금이 인상됩니다.

이병 : 64만 원 → 75만원
일병 : 80만 원 → 90만원
상병 : 100만 원 → 120만원
병장 : 125만 원 → 150만원

* 자산형성 프로그램
  40만 원 → 55만원

02 국방부
장병내일준비적금 재정지원금 인상

자세한 내용은 P.316

시행일: 2025년 1월 1일

- 장병내일준비적금 정부 재정지원금이 인상됩니다.

2025년 병 봉급 인상

국방부 복지정책과(☎ 02-748-6614)

병역의무 이행에 대한 합당한 보상과 예우를 위해 2025년 병 봉급이 병장 기준 월 150만원으로 인상됩니다.

❖ 계급별 봉급은 숙련도, 임무 난이도 등을 고려하여 병장을 기준으로 계급별 약 20% 차등 적용하여 책정하였습니다.

(단위: 원)

구분	이병	일병	상병	병장
2024	640,000	800,000	1,000,000	1,250,000
2025	750,000	900,000	1,200,000	1,500,000
비고	+150,000	+300,000	+300,000	

〈 2025년 병 봉급 인상 〉

추진배경 국가를 위해 헌신하는 병역의무 이행자에게 합리적 수준의 보상이 필요하다는 국민적 요구와 나아가 국가의 책임을 강화하는 차원에서 병 봉급 인상을 추진

주요내용

구분	2023년	2024년	2025년
합계	130만원	165만원	205만원
병 봉급(병장 기준)	100만원	125만원	150만원
자산형성프로그램(월 최대 지원금)	30만원	40만원	55만원

시행일 2025년 1월 1일

09 국방·병무

장병내일준비적금 재정지원금 인상

국방부 복지정책과(☎ 02-748-6614)

병사 전역 시 학업 및 취·창업 지원을 위한 목돈 마련을 위해 장병내일준비적금의 정부 재정지원금을 2025년부터 월 최대 40만원에서 55만원으로 인상합니다.

정부지원금 인상에 따라 적금 기존 가입자는 개별적으로 2025년 1월 2일(목)부터 기존 가입계좌의 납입한도 상향* 및 군 급여 중앙공제**를 신규 신청해야 합니다.

* 납입한도 상향은 은행 계좌별 최대 30만원, 개인별 2개 계좌 합산 최대 55만원 한도이며, 5만원 단위 상향 가능(단, 복무 중 1회만 변경 가능)

** 군 급여공제는 급여일로부터 1달 전에 신청되어야 반영되므로 2025년 1월 20일까지 신청해야 2월부터 급여 중앙공제가 반영되며, 2025년 1월 납입한도 상향분은 가입자가 직접 납입해야 함.

인상된 재정지원금은 2025년 1월 납입분부터 적용되며, 이전 납입액은 기존 지원금액이 적용됩니다.

⟨ 장병내일준비적금 재정지원금 인상 ⟩

추진배경 병 봉급 인상과 연계하여 합리적 저축습관 형성 및 전역 후 목돈마련

주요내용 장병내일준비적금의 2025년 1월 적립분부터 최대 월 55만원으로 인상
*(법령근거) 조세특례제한법 제91조의19(장병내일준비적금에 대한 비과세)

> [복무기간 18개월, 월 55만원 납입 시] 약 2,019만원 (① + ② = 20,192,000원)
> ① 원금 + 은행 기본금리 (5%내외) = 1,029.2만원 (990만원 + 39.2만원)
> ② 매칭지원금 = 990만원 (원금의 100%)

시행일 2025년 1월 1일

군인의 공무상 재해 추정제도(공상추정제) 시행

국방부 군인재해보상과(☎ 02-748-6851)

군인이 공무수행 과정에서 상당기간 유해·위험요인에 노출되어 질병·장해를 입거나, 공무상 사고로 인한 부상 시 공무상 재해로 추정하는 제도가 2025년 1월 17일부터 시행됩니다.

* 「군인 재해보상법」 일부개정법률안(2024년 1월 16일 개정)

❖ 이 법률이 시행되면, 유해·위험환경과 질병 간 연관성에 대한 군인 또는 유족의 입증책임이 경감되며,

* 대상질병: 물리적 요인으로 인한 질병, 근골격계 질병, 뇌혈관·심장 질병, 암 질병·악성질병, 정신질환

- 공무상 사고로 인한 부상이 명백한 경우, 심의 절차를 생략함으로써 신속한 보상이 가능해집니다.

이를 통해 공무상 재해를 입은 군인의 입증 책임 및 절차적 부담을 덜어줄 수 있을 것으로 기대됩니다.

〈 군인 공무상 재해 추정제도 시행 〉

추진배경	유해·위험환경에서 공무를 수행하는 군인이 질병에 걸린 경우 및 공무상 부상이 명백한 경우 공무상 재해로 추정하여 군인과 유족의 입증책임을 경감할 필요성 제기
주요내용	• 군인이 상당기간 유해·위험요인에 노출되어 질병에 걸리는 경우와 그 질병으로 장해를 입거나 사망한 경우 공무상 재해로 추정, 입증책임 부담 경감 • 공무상 부상이 공무상 사고로 발생한 것이 명백한 경우 군인재해보상심의회의 심의 절차를 생략하여 신속하게 보상
시행일	2025년 1월 17일

09 국방·병무

동원훈련 및 동미참훈련 명칭 변경

국방부 예비전력과(☎ 02-748-5245)

예비군 1~4년차 중 병력동원소집 미대상자도 병력동원소집 대상자에게 부과되는 동원훈련과 동일하게 '병력동원 소집훈련'의 범주로 포함이 가능하도록 명칭을 변경합니다.

❖ 병력동원소집 대상자가 2박 3일 동안 숙영하는 훈련인 동원훈련은 동원훈련 I형으로 변경하고,

❖ 병력동원소집 미대상자 및 병력동원소집훈련 미참석자가 4일 동안 비숙영하는 훈련인 동미참훈련은 동원훈련 II형으로 변경합니다.

〈 동원훈련 및 동미참훈련 명칭 변경 〉

추진배경	예비군 1~4년차에게 부과된 훈련(동원훈련, 동미참훈련)은 명칭만으로는 훈련 성격을 이해하기 어렵고, 훈련명칭으로 인한 제한적 법 적용 및 훈련비 지급의 차별성 등이 잔존하여 이를 해소하기 위해 명칭을 변경
주요내용	• 동원훈련 → 동원훈련 I형 • 동미참훈련 → 동원훈련 II형
시행일	예비군 교육훈련 훈령 일부개정령 발령 후

www.mnd.go.kr
국방부

동원훈련 II형 훈련비와 작계훈련 교통비 지급

국방부 예비전력과(☎ 02-748-5244)

동원훈련 II형(4일, 비숙영) 훈련비와 작계훈련 교통비를 2025년도에 최초로 지급합니다.

❖ 예비군 1~4년차 중 병력동원소집 미대상자 또는 병력동원소집훈련 미참석자가 전시 임무수행능력 구비를 위해 실시하는 동원훈련 II형(4일, 비숙영)에 참석 시 총 40,000원(1일 1만)의 훈련비를 지급하고,

   * 동일한 예비군 1~4년차 중 병력동원소집 대상자는 동원훈련 I형(2박3일, 숙영) 참석 시 82,000원의 훈련비 지급

❖ 예비군 5~6년차가 주소지 인근 작전지역에서 통합방위작전 수행능력을 향상시키기 위해 실시하는 작계훈련(연 2회)에는 1회당 3,000원의 교통비를 지급합니다.

   * 훈련참가를 위해 대중교통 등 교통비 소요가 있으나, 그간 교통비를 미지급

〈 동원훈련 II형 훈련비와 작계훈련 교통비 지급 〉

추진배경	병역의무에 대한 합당한 대우, 예비군훈련간 참가비(훈련비, 교통비, 급식비) 지급의 형평성, 훈련참가에 소요되는 경비 최소화 차원에서 동원훈련 I형 外 모든 훈련에 훈련비를 지급하고, 작계훈련에도 교통비 지급의 필요성 제기			
주요내용	구분	지급기준액(1일)	훈련일	총 지급액
	동원훈련II형 (비숙영)	1만원	4일	4만원
	작계훈련	3천원	2일	6천원
시행일	2025년 1월 1일			

「20세 병역판정검사 후 입영」 시범 실시

병무청 병역판정검사과(☎ 042-481-2918)

「20세 병역판정검사 후 입영」이 2025년 시범 실시됩니다.

❖ 그동안은 모든 병역의무자가 19세에 병역판정검사를 받은 후 별도로 현역병 입영을 신청하여야 했으나,

❖ 「20세 병역판정검사 후 입영」 제도 신청자는 19세가 아닌 20세에 병역판정검사를 받고 사전에 신청한 희망 입영월에 입영할 수 있습니다.

  ※ 「20세 병역판정검사 후 입영」 제도 신청 시 20세 병역판정검사 희망월, 입영 희망월 사전 선택
   (예) 병역판정검사 2026년 1월 - 입영 2026년 4월, 양자는 3개월 간격)

❖ 또한, 기존에는 병역판정검사 후 6개월이 경과하면 입영 14일 전부터 3일 전까지 병무청에서 입영판정검사를 받아야 했으나,

❖ 「20세 병역판정검사 후 입영」 제도 신청자는 병역판정검사를 받고 3개월 후 입영함에 따라 입영판정검사가 제외됩니다.

  ※ 「병역법」 제18조의7에 따라 병역판정검사를 받은 날부터 6개월이 경과하지 않은 사람은 입영판정검사 제외

이를 통해 병역의무자가 한 번의 신청을 통해 병역판정검사 및 입영시기를 확정하고 입영함으로써 수검자 편익이 증대될 것으로 기대됩니다.

〈 「20세 병역판정검사 후 입영」 시범 실시 〉

추진배경	2025년 입영판정검사 전면 시행에 따라 병역의무자 불편 해소 차원에서 병역판정검사와 중복 수검 감축 필요
주요내용	• 「20세 병역판정검사 후 입영」 신청 시 20세에 병역판정검사를 받고 사전 신청한 입영 희망월에 입영 　(예) 병역판정검사 2026년 1월 - 입영 2026년 4월, 양자는 3개월 간격) • 병역판정검사 후 3개월 내외로 입영이 가능함에 따라 입영판정검사 제외
시행일	2025년 1월 중

사회복무요원 국외여행허가 추천서 온라인 발급

병무청 국외자원관리과(☎ 042-481-2965)

사회복무요원으로 병역을 이행 중인 사람이 국외여행허가 신청을 할 경우 복무기관장 추천서를 온라인으로 제출할 수 있게 됩니다.

❖ 그동안은 사회복무요원이 국외여행허가를 신청할 때마다 복무기관장 추천서를 서면으로 발급받아 직접 제출해야 하는 불편함이 있었으나,

❖ 앞으로는 복무기관 담당자가 사회복무포털에서 국외여행허가 추천서를 허가기관인 지방병무청에 온라인으로 즉시 전송할 수 있도록 시스템을 개선하였습니다.

이를 통해 국외여행허가 처리 시간을 단축하고 종이 서류를 감축하여 사회복무요원의 편익을 향상시키고, 행정 효율성을 높일 것으로 기대됩니다.

〈 사회복무요원 국외여행허가 추천서 온라인 발급 〉

추진배경	국외여행허가 추천서 온라인 발급 시스템 구축을 통한 사회복무요원 편익 및 행정 효율 제고
주요내용	복무기관에서 '국외여행허가 추천서'를 허가기관(지방병무청)에 온라인으로 전송할 수 있도록 '사회복무포털-병무행정' 시스템 연계

복무기관 담당자	사회복무요원	국외여행허가 담당자
사회복무포털	병무민원포털	병무행정
전자 추천서 온라인 발급·전송	추천서 발급여부 및 내용 확인 후 허가신청	사회복무포털에서 전송된 추천서 확인 후 허가

시행일	2025년 1월 1일

09 국방·병무

공군 병 모집 시 한국사·한국어능력시험 가산점 등 폐지

병무청 현역입영과(☎ 042-481-2720)

2025년 6회차부터(2025년 9월 입영) 공군 병 가산점 항목 중 한국사·한국어능력시험이 폐지됩니다.

❖ 각 군 모집병 가산점 중 군 임무 수행과 관련성이 적고, 병역의무자 부담으로 작용되었던 일부 항목을 군과 협의하여 폐지하였습니다.

❖ 2024년 10회차부터(2025년 1월 입영) 해군의 컴퓨터속기 또는 한글속기 경력, 해병대의 공인회계사 가산점을 폐지하였으며,

❖ 특히 공군 가산점 항목 중 한국사·한국어능력시험은 입영을 위한 점수 취득 부담이 가중되고 있어 2025년 6회차부터(접수: 2025. 5. 29.~6. 4.) 해당 가산점이 폐지됩니다.

이를 통해 병역의무자의 편익이 향상될 것으로 기대되며, 향후 지속적으로 각 군 모집병 가산점 등 평가항목을 개선해 나갈 계획입니다.

〈 공군 병 모집 시 한국사·한국어능력시험 가산점 등 폐지 〉

추진배경	각 군 모집병의 가산점 등 평가항목 개선으로 병역의무자 편익 도모		
주요내용 및 시행일	구분	내용	시 행 일
	해군	컴퓨터속기 또는 한글속기 가산점 폐지	2024년 10회차부터 * 2025년 1월 입영
	해병대	공인회계사 가산점 폐지	
	공군	한국사·한국어능력시험 가산점 폐지	2025년 6회차부터 * 2025년 9월 입영

사회복지시설, 특수학교 등 사회복무요원 특별휴가 확대

병무청 사회복무관리과(☎ 042-481-3010)

사회복지시설, 특수학교 등 격무·기피기관에서 복무하는 사회복무요원의 사기진작을 위해 특별휴가 부여를 확대합니다.

❖ 그동안은 사회복지시설 및 특수학교의 장이 연 10일 이내 범위에서 자율적으로 부여함에 따라 기관별로 차이가 있었습니다.

❖ 2025년부터는 해당 복무기관의 장이 매년 특별휴가 실시 계획을 수립한 후 연 10일의 특별휴가를 균등하게 적극 부여하도록 할 계획입니다.

이를 통해 아동·노인·장애시설, 초·중·고 특수학교 등에서 복무하는 사회복무요원의 사기를 진작하고, 시설이용자에게 양질의 사회서비스를 제공할 것으로 기대됩니다.

〈 사회복지시설, 특수학교 등 사회복무요원 특별휴가 확대 〉

추진배경	사회복무요원이 복무하기를 기피하는 사회복지시설 및 특수학교소속 사회복무요원의 처우개선 및 사기진작 필요
주요내용	사회복지시설 및 특수학교의 장은 소속 사회복무요원에 대하여 연간 10일의 특별휴가 실시 계획을 수립한 후 특별휴가 부여 * 그 외 복무기관의 장은 특별한 근무분야 또는 근무 형편이 열악한 분야에 근무하는 사회복무요원에 대해 연간 5일의 특별휴가 부여
시행일	2025년 1월* *「사회복무요원 복무관리 규정」개정 시행

09 국방·병무

여군예비역 전체 병력동원소집 지정

병무청 동원관리과(☎ 042-481-2769)

2025년부터 여군예비역 전체에 대해 전시·사변 또는 이에 준하는 국가비상사태를 대비한 병력동원소집 지정을 실시합니다.

❖ 그동안은 여군예비역 중 희망하는 사람 및 비상근예비군으로 선발된 사람에 한하여 병력동원소집 지정을 하였으나,

❖ 앞으로는 여군예비역 전체(단, 예비군법 등 관계 법령에 따른 동원 보류자 등은 제외)에 대해 병력동원소집 지정을 하도록 개선하였습니다.

이를 통해 우수한 여군 인력의 활용성을 높이고, 유사시를 대비한 예비전력 정예화에 크게 기여할 것으로 기대됩니다.

〈 여군예비역 전체 병력동원소집 지정 〉

추진배경	우수 인력인 여군예비역에 대한 병력동원소집 지정으로 예비역 간부 자원 부족 해소 및 예비전력 정예화
주요내용	동원 보류자 등을 제외한 여군예비역 전체에 대해 병력동원소집 지정 실시
시행일	2025년 1월 1일

병무청

병역기피 등 병역법 위반자 수형사유 병역감면 제외

병무청 병역판정검사과(☎ 042-481-2968)

병역법 위반 범죄에 대한 수형사유 병역감면 제외대상이 확대됩니다.

❖ 그동안은 병역의무를 기피하거나 감면받을 목적으로 신체를 손상하거나 속임수를 써서 징역형을 선고받은 사람에 대해서만 보충역 또는 전시근로역 편입 등 병역감면 대상에서 제외하였으나,

❖ 1월 3일부터는 「병역법시행령」개정으로 병역의무를 기피하거나 감면받을 목적으로 도망 또는 행방을 감추거나 정당한 사유없이 의무이행일에 현역병 입영, 사회복무요원 소집 등을 기피하여 징역형을 선고받은 사람 등도 해당 병역법 위반에 따른 수형사유 병역감면에서 제외됩니다.

이를 통해 병역기피 발생을 예방하고 성실한 병역이행을 유도하여 공정한 병역문화 조성에 기여할 것으로 기대됩니다.

〈 병역기피 등 병역법 위반자 수형사유 병역감면 제외 〉

추진배경	병역기피 발생 예방 등 공정한 병역문화 조성을 위해 병역법 위반죄 수형사유 병역감면 제외대상 확대
주요내용	병역법 위반죄 수형사유 병역감면 제외 대상 확대 • (기존) 병역기피·감면 목적의 신체손상 또는 속임수로 징역형을 선고받은 사람 • (추가) 병역기피·감면 목적의 도망·행불, 현역병 입영, 사회복무요원 소집 기피로 징역형을 선고받은 사람 등 *「병역법 시행령」제136조(수형자 등의 병역처분) 개정(2024. 7. 2.)
시 행 일	2025년 1월 3일

09 국방·병무

소기업·창업기업 등에 대한 입찰참가 지원 및 방산기업 재정부담 완화

방위사업청 방위사업정책국(☎ 02-2079-6912, 6914)

방산분야 입찰참가 업체에 대한 적격심사*(10억 이상 물품) 시 소기업·소상공인 및 창업기업의 과거 납품실적 인정 기간이 3년에서 5년으로 확대됩니다.

* 경쟁입찰을 통한 물품 제조·구매계약의 낙찰자 결정에 적용하는 계약이행능력 심사기준

방산기업의 재정 부담 완화를 위해 계약대금을 신속하게 지급하고 보증서 발급기관도 확대합니다.

❖ 계약이행 후 정산원가가 계약금액을 초과한 경우 수정계약 체결 절차를 거쳐 지급하던 정산유보금을 수정계약 체결 전에 조기에 지급할 수 있게 됩니다.

❖ 또한, 계약 관련 지체상금 부과 유보를 위해 기업이 제출하는 보증서의 발급기관이 금융기관에서 공제조합까지 확대됩니다.

> **참고** 방위사업청 누리집〉업무·정책〉법령(방위사업청 행정규칙) 개정(2025. 2. 예정)
> * 「청 물품 적격심사 기준」, 「중소기업자간 경쟁제품 중 물품의 구매에 관한 계약이행능력심사 세부기준」, 「계약특수조건 표준」

〈 소기업·창업기업 및 방산기업 지원 강화 〉

추진배경	소기업·창업기업의 방산참여 확대 및 방산기업의 재정 부담 완화
주요내용	• 소기업·창업기업에 대한 적격심사 시 납품실적 인정 기간 확대(3년 → 5년) • 계약대금 정산유보금 조기 지급 제도 마련 • 보증서 발급기관을 금융기관에서 각종 공제조합까지 확대 적용
시 행 일	「청 물품 적격심사 기준」등 예규 개정 시행일(2025년 2월 예정)부터 적용

www.dapa.go.kr
방위사업청

함정 성능보장과 승조원의 안전보장 강화

방위사업청 방위사업정책국(☎ 02-2079-6912)

함정 성능보장과 승조원의 안전보장을 위해 함정 탑재장비에 대한 예방정비를 강화합니다.

❖ 함정의 온전한 성능 발휘와 승조원의 안전보장을 위해서는 함정에 탑재되는 각종 장비의 성능보장이 필수적

  * 함정 건조 중 장비 고장 발생 시 함정 인도 지연 및 승조원 안전사고 우려

❖ 이에, 함정 건조 업체로 하여금 함정 시운전 기간 중 탑재장비에 대한 예방정비를 실시하고 그 결과를 분기별로 제출하도록 하여 함정 성능보장과 안전사고 예방을 강화하게 됩니다.

참고 방위사업청 누리집〉업무·정책〉법령(방위사업청 행정규칙)「계약특수조건 표준」개정(2025. 2. 예정)

〈 함정 성능보장과 승조원 안전보장 강화 〉

- **추진배경** 건조 함정 성능보장 및 승조원 안전보장을 위한 사업관리 강화 필요
- **주요내용** 계약상대자(함정 건조업체)는 함정에 탑재되는 각종 장비에 대한 예방정비를 강화하고 그 결과를 매월 제출하도록 제도화
- **시행일** 「계약특수조건 표준」개정 시행일(2025년 2월 예정)부터 적용

09 국방·병무

상생발전을 위한 국방과학기술료 고시 개정

방위사업청 국방기술보호국(☎ 02-2079-6388)

방산수출이 활성화되고 국방연구개발 환경이 변화되는 여건을 고려하여 방산기업과 국방기술보유기관이 상생할 수 있도록 국방과학 기술료 산정 및 징수제도를 개선합니다.

* (기술료) 방산업체 등이 국방연구개발 성과물을 활용하는 대가로 기술보유기관에 지급하는 금액으로, 연구개발 재투자와 연구개발 기여자에 대한 보상 등을 위해 사용

❖ 기술료 재원이 국방연구개발의 선순환적 발전에 기여할 수 있도록, 방산수출 지원을 위해 2023년부터 한시적으로 시행해오던 수출기술료 50% 감경조치를 2024년 12월 31일부로 종료합니다.

❖ 또한, 방산업계 등의 요구사항을 반영하여 기술료 산정방식과 감면조건을 실효성 있게 개선하고, 기술료 산정기준을 정량화하여 기술료의 예측가능성을 높이는 한편, 국방연구개발에 참여한 업체의 기여도를 반영할 수 있는 근거를 마련하였습니다.

개정 「국방과학 기술료 산정·징수방법 및 징수절차 등에 관한 고시」는 2025년 1월 1일부로 시행 예정입니다.

참고　방위사업청 누리집〉방위사업청 뉴스〉보도자료〉상생발전을 위한 국방과학기술료 고시 개정(2024. 11. 15.)

〈 국방과학기술료 고시 개정 〉

추진배경	기술이전·수출 수요 증대 등 환경변화와 업체 및 국과연 등 이해관계자 간 상생을 위한 기술료 제도 개선 추진 필요
주요내용	• 방산수출 기술료 50% 감경 조치 종료(2024년 12월 31일부) • 기술료 산정기준 현실화 및 산정방식 간소화(기본기술료 가중치를 범위형 → 고정값으로 구체화 등) • 기술료 감면조건 현실화(수출물량에 따른 감면조건 삭제 등)
시행일	2025년 1월 1일

방위산업기술 보호기반 강화를 위한 「방위산업기술 보호법」 개정

방위사업청 국방기술보호국(☎ 02-2079-6292)

방위산업기술의 국외 유출이 국가 안보에 미치는 부정적 영향을 고려하여 방산기술 국외 유출의 처벌을 최고 20년 이하의 징역 또는 20억원 이하 벌금에서 1년 이상의 유기징역 및 20억원 이하 벌금 병과로 강화합니다.

❖ 방위산업기술에 대한 보유·사용 권한이 소멸함에 따라 대상기관으로부터 반환·삭제를 요구받고도 이를 거부·기피하거나 사본을 보유하는 행위도 금지 행위의 범위에 추가됩니다.

또한, 그간 방위사업청 훈령으로 운영되던 방위산업기술 보호지침*의 법적 근거를 신설하여 대상기관 등에 대한 효력을 지닐 수 있도록 개선하였습니다.

   * 방위산업기술 보호지침: 대상기관의 방위산업기술보호에 필요한 방법과 절차, 실태조사 등에 필요한 사항 등을 정한 방위사업청 훈령으로 2019년 2월 제정

개정 「방위산업기술 보호법」은 2025년 6월 시행 예정입니다.

> 참고 「방위산업기술 보호법 일부개정법률안」 2024. 11. 8. 국회 통과 〉 공포 후 6개월이 경과한 날부터 시행

〈 「방위산업기술 보호법」 개정 〉

추진배경	최근 산업분야에서 기술 유출로 인한 피해가 막심함에 따라 국가 안보와 직결되는 방위산업기술 보호와 관련하여 현행법상 규정들 정비 필요
주요내용	• 방위산업기술 국외 유출 처벌 강화 및 금지 행위 추가 • 방위산업기술 보호지침의 법적 근거 신설로 대외적 효력 개선 • 방위산업기술 보호지원 전담기관 지정 근거 신설 등
시행일	2025년 6월(공포 후 6개월 경과한 날, 현재 미공포)

방위산업 분야 공급망 안정화 선도사업자 운영규정 제정

방위사업청 방위산업진흥국(☎ 02-2079-6463)

점증하는 글로벌 공급망 충격에 대응하기 위한 「공급망안정화법」 제정(2024. 6.)에 따라, 방산분야 "공급망 안정화 선도사업자" 선정, 운영 및 지원에 관한 사항을 규율하기 위한 규정을 제정합니다.

❖ 방위사업청은 국가안보에 필수적이거나 국민경제에 지대한 파급효과를 미치는 21개 품목을 "경제안보품목"으로 지정(2024. 6. 27.)하였고,

❖ 국방기술진흥연구소의 전문적 평가를 거쳐 경제안보품목 공급망 안정화에 기여하기 위한 선도사업자를 선정하는 절차를 마련하였습니다.

　* 방위산업 분야 제1차 공급망 안정화 선도사업자 선정 완료(2024. 8.)

❖ 아울러 선도사업자가 제출한 "공급망 안정화 계획"의 이행을 위하여 필요한 생산설비 증축, R&D, 비축, 수입처 다변화 등의 지원에 관한 사항을 규정하였습니다.

이번 규정 제정을 통해 방위산업 분야 공급망 안정화 선도사업자를 추가적으로 선정하고, 공급망 안정화 지원을 시행할 계획입니다.

참고 방위사업청 누리집〉업무·정책〉법령(방위사업청 행정규칙) 「방위산업 공급망 안정화 선도사업자 운영규정」 제정(2024. 11. 13.)

〈 방위산업공급망 안정화 선도사업자 운영규정 〉

추진배경	「공급망안정화법」 제정(2024. 6. 27.) 및 공급망 안정화 지원 필요성 증가
주요내용	• 국방기술진흥연구소 평가위원회, 방위사업청 관리위원회를 통해 선도사업자 선정 • 선정된 선도사업자에 대한 중간평가 및 필요 시 특별평가 실시 • 선도사업자에 대한 생산시설, R&D, 비축, 수입처 다변화 등 지원
시행일	2024년 11월 13일

2025년부터
이렇게 달라집니다

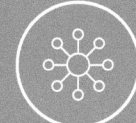

10
행정·안전·질서

01 법무부

자세한 내용은 P.339

형사공탁 악용을 막는 「형사소송법」, 「공탁법」 개정

시행일: 2025년 1월 17일

기존

- 형사공탁 제도를 악용하여 피해자 의사와 상관없이 감형을 받거나(소위 '기습공탁'), 감형을 받은 후 공탁금을 몰래 회수해가는 사례(소위 '먹튀공탁') 발생

변경

- 판결 전 형사공탁 시 법원이 피해자 의견을 의무적으로 청취하도록 하였습니다.
  * 「형사소송법」에 신설
- 형사공탁금의 회수를 원칙적으로 제한하도록 하였습니다.
  * 「공탁법」에 신설

02 법무부

자세한 내용은 P.340

「범죄피해자 보호법」 및 시행령·시행규칙 시행

시행일: 2025년 3월 21일

- 「범죄피해자 보호법」 및 같은 법 시행령·시행규칙이 시행됩니다.

- 구조금이 약 20% 증가하여 직접 지원 확대
- 피해자의 구조금 관리능력 부족 시 분할 지급 가능
- 구상권 행사 시 가해자 보유재산 조회 가능
- 외국인도 상호보증 없이 구조금 지급
- 장해·중상해구조금 신청 후 피해자가 사망한 경우 유족이 수령 가능

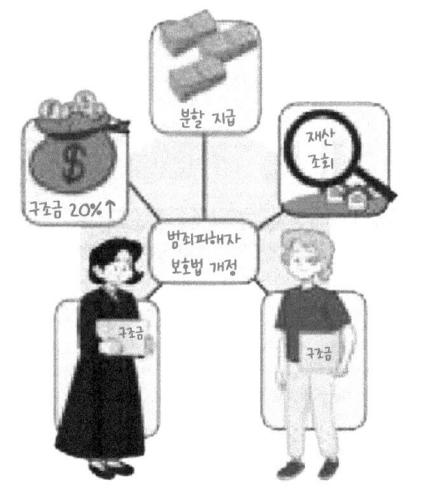

03 행정안전부

자세한 내용은 P.349

17세 이상 국민 누구나 모바일 주민등록증 발급

시범발급(2024년 12월 27일), 전면발급(2025년 1분기 중)

- 2025년 1분기*부터 17세 이상 국민 누구나 휴대전화에 저장해 사용할 수 있는 모바일 주민등록증 발급이 가능해집니다.
    * 실제 발급 시기는 추후 공지 예정

04 행정안전부

자세한 내용은 P.350

공공서비스 맞춤 안내(혜택알리미) 서비스 개시

시행일: 2025년 중

- 2025년부터 정부가 국민 상황에 맞는 공공서비스를 선제적으로 안내하는 '혜택알리미'를 개시합니다.

  - 민간 앱(은행앱, 네이버 등)을 통해 이용
  - 2025년 청년, 구직, 출산, 전입(이사) 4개 분야 800여개 공공서비스
    → 2026년까지 3,300여 개 공공서비스로 확대 계획

05 행정안전부

고향사랑기부금 연간 상한액 2,000만원으로 확대

시행일: 2025년 1월 1일

자세한 내용은 P.351

기존
- 고향사랑기부금 연간 상한액은 500만원이었습니다.

변경
- 고향사랑기부금 연간 상한액이 2,000만원으로 확대됩니다.
- 이에 따라 세액공제 혜택도 강화되어 기부금 10만원까지 전액 공제, 초과분에 대해 16.5% 세액공제가 적용됩니다.

06 해양수산부

어선원 안전·보건 관리체계 구축 제도 시행

시행일: 2025년 1월 3일

자세한 내용은 P.358

- **어업 재해율을 낮추고, 어선원의 안전·보건 증진 등을 위한 관리체계가 시행됩니다.**
  어선원 안전·보건 기준 준수, 위험성 평가 이행, 선내 안전보건표지 설치·부착

07 해양수산부

소형어선(2명 이내) 탑승 시 구명조끼 착용 의무화

시행일: 2025년 10월 19일

자세한 내용은 P.359

- 2025년 10월 19일부터 2인 이하 소규모어선 승선 시 구명조끼(구명의)를 상시 착용해야 합니다. 또한 구명조끼 착용에 대한 선장의 책임을 강화하고, 위반하면 300만원 이하의 과태료가 부과됩니다.

08 경찰청

음주운전 후 음주측정방해행위 처벌

시행일: 2025년 6월

자세한 내용은 P.361

- 음주운전 후 추가로 술을 마시는 등 음주 측정을 방해하는 행위가 금지됩니다.
    * 위반 시 1년 이상 5년 이하 징역, 500만원 이상 2,000만원 이하의 벌금

09 소방청

연립주택 및 다세대주택 간이스프링클러 등 설치 의무화

시행일: 2024년 12월 1일

- **다세대·연립주택 등 공동주택**에 소화기, 단독경보형감지기(연동형), 주택전용 간이스프링클러설비, 유도등, 완강기 등의 설치가 의무화됩니다.

10 소방청

차량소화기 의무화, 5인승 이상 승용자동차로 확대

시행일: 2024년 12월 1일

기존

- 7인승 이상 승용자동차, 승합자동차, 화물자동차, 특수자동차에는 차량소화기를 의무적으로 설치해야 했습니다.

변경

- **이제 5인승 이상 승용자동차에도 차량소화기를 설치해야 합니다.**

11 재외동포청

재외동포 국내 정착 지원사업 시행

자세한 내용은 P.369

시행일: 2025년 1월 1일

- 2025년부터 국내 체류 동포들이 국내에 성공적으로 정착할 수 있도록 지원합니다.

  - 동포 맞춤형 교육 프로그램 개발 및 운영
  - 지역별 국내동포 정착지원
  - 국내 소재 동포 관련 민간단체 사업지원
  - 국내 체류 동포 정주 현황 파악 및 실태조사
  - 지방자치단체·관계기관 협업 네트워크 구축
  - 국내동포 정착지원 안내서 제작·배포

12 재외동포청

한국 휴대전화 없는 재외국민의 국내 온라인 서비스 접근성 향상

자세한 내용은 P.370

시행일: 2025년 1월 1일

- 한국 휴대전화 없는 재외국민도 비대면 신원확인 시스템으로 민간 전자서명 인증서 발급이 가능해집니다.

  - 전자여권과 해외체류정보를 활용한 신원확인 정보 제공으로 재외국민 민간 전자서명인증서 발급 지원
  - 전자정부, 금융, 의료·교육 등 각종 민간 온라인 서비스를 쉽고 편리하게 이용

13 공정거래위원회

소비자 우롱하는 '눈속임 상술(다크패턴)'에 대한 규율 확대

자세한 내용은 P.371
시행일: 2025년 2월 14일

- 2025년 2월 14일 「전자상거래법」이 시행되며 온라인 눈속임 상술, 일명 다크패턴에 대한 규율이 가능해집니다.
- 통신판매업자는 재화 등의 정기결제 대금이 증액되거나 유료 정기결제로 전환되는 경우 소비자의 동의를 받아야 합니다.
- 불필요한 지출이나 서비스 가입 등을 유도하는 행위도 금지됩니다.

14 공정거래위원회

경제적 대가를 받고 제품 추천·보증을 하는 경우 표시 의무화

자세한 내용은 P.372
시행일: 2024년 12월 1일

- 블로그, 인터넷 카페 등 문자 매체에서 제품을 추천·보증하는 경우 제목 또는 첫 부분에 경제적 이해관계 표시문구를 명시해 광고임을 알 수 있게 해야 합니다.

www.moj.go.kr
법무부

형사공탁 악용을 막는 「형사소송법」, 「공탁법」 개정

법무부 형사법제과(☎ 02-2110-3307)
법무심의관실(☎ 02-2110-3164)

실무상 피고인이 형사공탁 제도를 악용하여 피해자의 의사에 반해 감형을 받거나(소위 '기습공탁'), 감형을 받은 후 공탁금을 몰래 회수해 가는 사례(소위 '먹튀공탁')가 발생하여 왔습니다.

이에 피해자의 의사가 반영되지 않은 상태에서 양형이 이루어지는 것을 방지하고자 판결 선고가 임박한 시점에 형사공탁을 하였을 때, 법원이 피해자 의견을 의무적*으로 청취하는 규정을 「형사소송법」에 신설하였습니다.

  * 다만, 피해자의 의견을 청취하기 곤란한 특별한 사정이 있는 경우 예외 인정

또한, 피해자가 공탁금을 수령하기도 전에 이를 몰래 회수해 가는 것을 차단하기 위해 형사공탁금의 회수를 원칙적*으로 제한하는 규정을 「공탁법」에 신설하였습니다.

  * 다만, 피공탁자가 공탁물 회수에 동의하거나 확정적으로 수령거절하는 경우, 무죄판결·불기소결정(기소유예 제외)이 있는 경우에만 예외적으로 회수 허용

개정법률은 2025년 1월 17일부터 시행되어 앞으로 형사공탁 제도의 빈틈을 악용하는 사례가 차단될 것으로 기대됩니다.

> **참고** 법무부 누리집〉보도자료〉"피해자를 괴롭히던 기습공탁부터 먹튀공탁까지, 형사공탁제도 악용 막는다(2024. 9.)"

〈「형사소송법」, 「공탁법」 시행〉

추진배경	피고인이 형사공탁 제도를 악용하여 피해자의 의사에 반하여 감형을 받거나 감형을 받은 후 공탁금을 몰래 회수해가는 사례 발생
주요내용	• (형사소송법) 피고인이 형사공탁을 한 경우 법원이 판결 선고 전에 피해자 등의 의견을 의무적으로 청취하는 규정 신설 ※ 다만, 피해자의 의견을 청취하기 곤란한 특별한 사정이 있는 경우 예외 인정 • (공탁법) 형사공탁금의 회수를 원칙적으로 제한하는 규정 신설 ※ 다만, 피공탁자가 공탁물 회수에 동의하거나 확정적으로 수령거절하는 경우, 무죄판결·불기소결정(기소유예 제외)이 있는 경우에만 예외적으로 회수 허용
시행일	2025년 1월 17일

「범죄피해자 보호법」 및 시행령·시행규칙 시행

법무부 인권구조과(☎ 02-2110-4252)

「범죄피해자 보호법」(2024년 9월 20일) 및 같은 법 시행령·시행규칙이 2025년 3월 21일부터 시행됩니다.

❖ 구조금 산정 시 기준금액에 곱하는 개월 수 상향으로 구조금액이 약 20% 증가하여, 범죄피해자에 대한 직접 지원이 확대됩니다.

❖ 연령, 장애, 질병 등으로 구조금 관리능력이 부족한 범죄피해자에게 구조금을 분할하여 지급할 수 있는 근거 규정이 마련되었습니다.

❖ 구조금 지급 후 구상권 행사 시 가해자 보유재산을 조회할 수 있도록 함으로써, 가해자에 대한 철저한 구상권 행사가 가능합니다.

❖ 외국인이 국민의 배우자 또는 국민과 혼인관계(사실혼 포함)에서 출생한 자녀를 양육하고, 적법한 체류자격이 있는 경우에는 상호보증 없이도 구조금을 받을 수 있도록 하였습니다.

❖ 장해·중상해구조금을 신청한 피해자가 구조금 지급 전 사망한 경우에도 유족이 구조금을 받을 수 있도록 개선하였습니다.

이번 개정으로 구조금 제도의 사각지대가 해소되고, 가해자에 대한 충실한 구상권 행사가 가능하게 되어 범죄피해자 보호·지원이 보다 두텁게 강화될 것으로 기대합니다.

> **참고** 법무부 누리집〈보도자료〉 "「범죄피해자 보호법」 개정안 국회 본회의 통과"

〈「범죄피해자 보호법」 및 시행령·시행규칙 시행〉

추진배경	범죄피해자에 대한 직접 지원 확대, 구조금 지급 방법 개선
주요내용	구조금 액수 상향, 구조금 분할지급 제도 신설, 구조금 지급 후 구상권 행사 시 가해자 보유재산 조회 등
시 행 일	2025년 3월 21일

모바일 등기신청 도입 및 신탁등기 주의사항 신설

법무부 법무심의관실(☎ 02-2110-3164)

「부동산등기법」(2024년 9월 20일 일부개정)이 2025년 1월 13일부터 전면 시행됩니다.

❖ 이 법률이 시행되면, 관할 등기소에 방문할 필요 없이 모바일 애플리케이션을 이용하여 계약 현장에서 바로 등기신청을 할 수 있게 됩니다.

  * 등기신청 시 필요한 행정정보는 행정정보 공동이용 연계를 이용하여 관공서에서 관할 등기소로 직접 제공 예정

❖ 모든 부동산 신탁등기에 부동산 거래 시 신탁원부를 확인하도록 주의사항이 부기됩니다.

【 갑 구 】 (소유권에 관한 사항)				
순위번호	등기목적	접 수	등기원인	권리자 및 기타사항
2	소유권이전	2013년 5월 15일 제41234호	2010년 12월 5일 매매	소유자 김○○ 600100-1000000 서울특별시 서초구 서초대로★★길 60, 101동 201호(서초동, ○○아파트)
3	소유권이전	2019년 7월 15일 제21234호	2019년 7월 10일 신탁	수탁자 한국○○신탁회사 123171-0000000 경기도 성남시 분당구 돌마로★★★(정자동)
	신탁			신탁원부 제2019-5호
3-1	3번 주의사항			이 부동산에 관하여 매매·임대차 등의 법률행위를 하는 경우에는 신탁원부를 통하여 신탁의 목적, 수익자, 신탁재산의 관리·처분 등에 관한 신탁조항을 확인할 필요가 있음 2024년 5월 1일 부기

❖ 상속·유증사건의 경우 상속인의 생활주거지나 직장 인근 등기소 등 전국 모든 등기소에서 등기사무가 가능해집니다.

이를 통해 국민의 등기절차상 편익이 증진되고, 신탁부동산 거래 시 발생할 수 있는 사기피해를 상당 부분 예방할 수 있을 것으로 기대됩니다.

10 행정·안전·질서

> 참고 법무부 누리집〉보도자료〉"「부동산등기법」개정안 국회 본회의 통과"

〈「부동산등기법」 개정 〉

추진배경 관할 등기소 방문에 따른 시간적·경제적 부담을 완화하고, 부동산 거래안전을 위해 신탁등기를 보완하는 등 국민의 편익 증진 및 피해 방지 관점에서 기존 등기제도를 개선

주요내용
① 모바일 신청 도입 등 전자신청 방법 개선
② 신탁등기에 신탁 부동산 거래 시 신탁원부를 확인하도록 주의사항 부기
③ 관련 사건이나 상속·유증 사건에 대한 관할의 특례 마련 등

시 행 일 2025년 1월 31일

www.moj.go.kr
법무부

「민사소송 등에서의 전자문서 이용 등에 관한 법률」 시행

법무부 법무심의관실(☎ 02-2110-3164)

「민사소송 등에서의 전자문서 이용 등에 관한 법률」이 2025년 1월 31일부터 시행됩니다.

❖ 현재 전자소송을 하는 국민들은 소송에 필요한 각종 공문서(주민등록등·초본, 사업자등록증, 토지·건축물대장등)를 법원에 제출하기 위해 번거로운 절차*를 거치고 있습니다.

   * ① 각각의 문서를 발행하는 행정·공공기관을 직접 방문하거나 온라인으로 문서를 발급받아 ② 이를 일일이 전자문서화 한 다음, ③ 전자소송시스템에 직접 올려야 함

❖ 이 법률이 시행되면, 전자소송 이용자가 전자소송시스템을 통해 행정·공공기관에서 발급하는 공문서의 등재를 신청하면,

   - 법원행정처장은 공문서를 기관으로부터 전자문서를 제공 받아 시스템에 등재하고, 이 등재로써 이용자가 법원에 해당 문서를 제출한 것으로 간주하고,

❖ 전자소송 이용자의 신청에 따라 전자문서로 제공된 공문서를 법원행정처장이 전자소송시스템에 등재한 경우, 이용자가 등재를 신청한 때에 접수된 것으로 봅니다.

이를 통해 원스톱(ONE-STOP) 시스템이 구축되어 전자소송을 이용하는 국민의 편의가 증진되고 행정업무도 보다 효율화되어 디지털플랫폼 정부 구현에도 한 걸음 나아갈 것이 기대됩니다.

> **참고** 법무부 누리집〉보도자료〉"「민사소송 등에서의 전자문서 이용 등에 관한 법률」개정안 국회 본회의 통과"

〈「민사소송 등에서의 전자문서 이용 등에 관한 법률」 시행〉

추진배경	전자소송 이용자가 소송절차에 필요한 각종 공문서를 발행기관으로부터 직접 발급하여 이를 전자문서화한 다음 전자소송시스템상에서 제출해야 하는 불편함을 개선할 필요
주요내용	전자소송 이용자가 행정·공공기관을 일일이 방문하지 않고 전자소송시스템상에서 신청만으로 소송 필요 공문서가 법원에 바로 제출될 수 있도록 함
시 행 일	2025년 1월 31일

법인 지점·분사무소 등기부 폐지 등 법인등기 제도 개선

법무부 상사법무과(☎ 02-2110-3167)
법원행정처 공탁법인심의담당실(☎ 02-3480-1879)

법인등기 제도를 개선하는 「상법」, 「민법」, 「법인의 등기사항 등에 관한 특례법」, 「상업등기법」 개정법률이 2025년 1월 31일부터 시행됩니다.

❖ 이번 개정안이 시행되면 모바일 등기신청 등으로 국민의 등기신청 편익이 증진되고, 지점 등기부 폐지 및 사무소 등 이전등기 절차 간소화를 통해 국민의 등기신청 부담이 완화될 것으로 기대됩니다.

지점·분사무소 등기부를 폐지하여 법인이 지점·분사무소를 설치한 경우 본점·주사무소 소재지에서 등기하도록 하였습니다.

❖ 지점·분사무소 등기부를 별도로 마련한 이유는 과거 종이등기부 시절 지점·분사무소의 소재지에서 법인의 영업활동을 지원하고 법인에 대한 정보를 공시하기 위한 것이었습니다.

❖ 그런데, 2002년 등기부의 전산화가 이루어졌으며, 인터넷의 보급으로 관할에 관계없이 등기사항증명서를 발급받을 수 있게 되었으므로, 지점·분사무소 등기부를 유지할 실익이 없어졌습니다.

❖ 개정안 시행으로 지점·분사무소 등기부가 폐지되면, 등기절차가 간소화되어 국민의 등기신청 부담이 완화되고, 등기부의 불일치가 원천적으로 차단되어 등기의 신뢰성이 더욱 제고될 것입니다.

모바일 전자신청의 도입을 통해 전자신청의 접근성을 제고하고, 관할 등기소 방문에 따른 불편함을 최소화하였습니다.

❖ 업무환경이 개인용 컴퓨터(PC) 기반에서 모바일 기반으로 변화되는 점을 고려하여, 모바일 기기를 이용한 전자신청을 도입할 예정입니다. 등기신청 시 필요한 행정정보는 행정정보공동이용 연계를 이용하여 관공서에서 관할 등기소로 직접 제공할 수 있도록 개선할 예정입니다.

  * 2008년 등기 전자신청 제도(PC 기반)가 도입되었음에도 불구, 행정정보의 전자제출에 한계가 있어 현재까지 전자신청 이용률이 저조한 상황

❖ 개정안이 시행되면, 관할 등기소에 방문할 필요 없이 모바일 기기를 이용하여 등기신청을 할 수 있게 됩니다.

회사·법인이 주소를 이전한 경우 기존 등기기록을 폐쇄하고 다시 개설할 필요 없이, 기존 등기기록에 변경사항만 등기하도록 하여 절차를 간소화하였습니다.

❖ 회사·법인이 주소를 이전한 경우 등기기록의 폐쇄·개설 절차를 거칠 필요 없이 기존의 등기기록을 타 관할의 등기소로 전송 후 기존 등기기록에는 변경사항만을 등기하도록 할 예정입니다.

❖ 개정안이 시행되면 2건의 등기절차가 1건의 등기절차로 간소화되고, 등록면허세 및 등기신청 수수료도 이중 납부할 필요가 없어 신청인의 경제적 부담이 감소될 것입니다.

> 참고 : 법무부 누리집〉보도자료〉"법인등기 제도 개선을 위한 「상법」, 「민법」 등 4개 법률 개정안 국회 본회의 통과"

〈 법인 지점·분사무소 등기부 폐지 등 법인등기 제도 개선 〉

추진배경	지점·분사무소 등기부 분리 운영에 따른 등기신청 부담, 변화된 모바일 환경에도 불구하고 등기신청 시 등기소 방문이 필요하여 개선 필요
주요내용	• 법인 지점·분사무소 등기부 폐지 • 법인·상업등기에 대한 모바일 전자신청의 도입 등 국민의 접근성 향상 • 본·지점, 사무소 이전등기 절차의 간소화
시 행 일	2025년 1월 31일

https://whatsnew.moef.go.kr
10 행정·안전·질서

범죄피해자 일상 회복을 위한 생계 지원 강화

법무부 인권구조과(☎ 02-2110-3746)

2025년 1월부터 범죄피해자 일상 회복을 위한 생계비 지원금액을 월 100만원에서 120만원(2인 기준)으로 인상하였습니다.

또한, 살인, 강도, 상해 등 강력범죄로 인한 신체적·정신적 피해가 장기간 지속되는 점을 고려하여 실질적인 범죄피해자 지원을 위해 생계 지원 기간을 2배로 연장(최대 6개월 → 12개월)하였습니다.

앞으로도 범죄피해자와 유가족이 일상에 조속히 복귀할 수 있도록 꾸준히 생계 지원을 강화해나가겠습니다.

[범죄피해자 생계비 지급액 인상 및 지급 기간 연장]

구분		2024	2025(안)
생계비	1인	600,000원	700,000원
	2인	1,000,000원	1,200,000원
	2인 초과	300,000원	400,000원
	지원 기간	최대 3개월 (특별결의 3개월 추가 연장가능)	최대 6개월 (특별결의 6개월 추가 연장가능)

〈 범죄피해자 일상 회복을 위한 생계 지원 강화 〉

- **추진배경** 범죄피해자보호기금 중 생계비 등 직접지원 비율이 낮다는 지적
- **주요내용** 범죄피해자 생계비 상한을 보건복지부 긴급복지 기준(2024년 1인 713,100원)에 맞추고, 지원 기간을 2배로 연장하는 등 범죄피해자 직접 지원 강화
  * 생계비 10만원 인상(60 → 70만원), 지원기간 연장(최대 6 → 12개월)
- **시행일** 2025년 1월

「수용자 의료관리지침」 개정

법무부 의료과(☎ 02-2110-3617)

「수용자 의료관리지침」(법무부예규 제1353호)이 2024년 12월 31일부터 개정됩니다.

❖ 교정시설 규제약물*을 명시하여 오남용 의약품의 기준을 명확히 세웠습니다.

   * 오남용 우려가 커 교정시설에서 제한적으로 사용하는 약물

❖ 외부에서 유입되는 마약류 의약품을 차단하기 위해 가족 등에 의한 의약품 교부신청 시 조제된 의약품 제출을 금지하고, 처방전 제출을 원칙으로 하였습니다.

❖ 교부허가의약품* 심사 시 절차의 기본원칙을 신설하여 규제약물에 대한 실질적 감정 기준을 마련하고, 의약품 전반에 대한 관리·점검, 심사 절차를 강화하였습니다.

   * 소장의 허가를 받아 외부에서 반입하여 수용자에게 교부하는 의약품

이를 통해 본 지침이 수용자 의약품 오남용 방지에 큰 역할을 할 것으로 기대됩니다.

〈 「수용자 의료관리지침」 개정 〉

추진배경	재검토 기한(2024. 12. 31.) 도래에 따라 국정감사·순회·특별 점검 시 지적 사항 및 교정 의료 현장의 변화 반영
주요내용	교정시설 규제약물 명시, 가족 등에 의한 의약품 반입 절차 강화 등을 통한 의약품 오남용 방지 대책 마련 등을 규정
시 행 일	2024년 12월 31일

모바일 외국인등록증 도입

법무부 이민정보과 (☎ 02-2110-4099)

외국인도 모바일 신분증을 발급받아 사용할 수 있습니다.

> ※ (신분증) 모바일 외국인등록증, 모바일 영주증, 모바일 국내거소신고증 등 3종이며, 실물 신분증과 효력이 동일함

❖ 본인 명의 스마트폰에 칩이 내장된 실물 외국인등록증을 접촉하거나, 출입국·외국인관서에서 본인확인 후 모바일 신분증 발급용 QR코드 촬영으로 발급이 가능합니다.

❖ 모바일 외국인등록증을 발급받은 외국인은 모바일 신분증 앱을 이용하여 온·오프라인에서 신원을 증명할 수 있습니다.

> ※ 모바일 신분증 앱의 QR코드를 촬영해 개인정보 노출 우려 없이 간편하게 신원정보 확인 가능

외국인을 대상으로 모바일 신분증을 발급하여 디지털 불평등을 해소하고, 개인정보 제공 시 필요한 정보만 제공가능하도록 하여 개인정보보호가 강화되며, 자연재해 및 감염병 등 위기상황 시 외국인 대상으로 효과적인 정보전달이 가능할 것으로 기대됩니다.

〈 모바일 외국인등록증 도입 〉

주요내용	• 본인 명의의 스마트폰에 칩이 내장된 실물 외국인등록증을 접촉하거나 모바일 신분증 발급용 QR코드를 촬영하여 발급 • 모바일 외국인등록증을 발급받은 외국인은 모바일 신분증 앱을 이용하여 온·오프라인에서 신원증명 가능
시행일	2025년 상반기

17세 이상 국민 누구나 모바일 주민등록증 발급

행정안전부 주민과(☎ 044-205-3155)
행정안전부 디지털보안정책과(☎ 044-205-2751)

2024년 12월 27일부터 시범발급 기간을 거친 후 2025년 1분기*부터는 17세 이상 국민 누구나 모바일 주민등록증을 발급받을 수 있습니다.

  * 실제 발급 시기는 추후 공지 예정

❖ 모바일 주민등록증을 발급받으면 실물 주민등록증을 들고 다닐 필요 없이 휴대전화에 저장해 편리하게 사용할 수 있습니다.

❖ 모바일 주민등록증은 읍·면·동 주민센터를 방문하여 본인 확인을 거친 뒤 발급받을 수 있으며, 발급 방법에는 IC 주민등록증을 통한 방법과 QR코드를 통한 방법이 있습니다.

❖ IC 주민등록증*을 신청·발급받으면 휴대전화 분실이나 기기 변경 시에도 읍·면·동 주민센터 방문 없이도 모바일 주민등록증을 다시 발급받을 수 있습니다.

  * 모바일 주민등록증 발급에 필요한 보안사항을 전자적으로 저장한 집적회로(IC, Integrated Circuit) 칩이 내장된 주민등록증

❖ 모바일 주민등록증이 도입되더라도 실물 신분증(IC 주민등록증 포함)과 주민등록 확인서비스는 계속하여 사용할 수 있습니다.

❖ 모바일 주민등록증은 공공기관, 금융기관 등 실물 신분증이 사용되는 모든 곳에서 동일하게 사용할 수 있습니다.

참고 행정안전부 누리집〉보도자료〉"전 국민 모바일 주민등록증 시대 열린다."

〈 17세 이상 국민 누구나 모바일 주민등록증 발급 〉

추진배경	실물 주민등록증을 소지하지 않고 휴대전화에 안전하게 저장하여 편리하게 사용할 수 있도록 모바일 신분증 도입
주요내용	17세 이상 국민 누구나 발급을 희망하는 경우 모바일 주민등록증 발급
시행일	시범발급(2024년 12월 27일), 전면발급(2025년 1분기 중)

10 행정·안전·질서

공공서비스 맞춤 안내(혜택알리미) 서비스 개시

행정안전부 공공서비스통합과(☎ 044-205-2806)

국민 스스로 본인 상황에 맞는 공공서비스를 일일이 알아보지 않아도 정부가 알아서 챙겨주는 '혜택알리미' 서비스가 2025년부터 개시됩니다.

❖ 혜택알리미는 국민이 자주 사용하는 민간 앱(은행앱, 네이버 등)을 통해 이용*할 수 있으며,

  * 민간 앱에서 '혜택알리미' 서비스 동의 및 이용이 가능하며, 한 번 동의하면 탈퇴 시까지 알림서비스를 지속 제공

❖ 2025년부터 청년, 구직, 출산, 전입(이사) 4개 분야 800여개 공공서비스를 시작으로 2026년까지 3,300여개 공공서비스가 추천 가능하도록 확대해 나갈 계획입니다.

참고 행정안전부 누리집〉보도자료〉"몰라서 못 받던 혜택, 정부가 알아서 챙겨준다."

〈 혜택알리미 서비스 제공 〉

추진배경	국민들이 정부 혜택을 놓치지 않도록 공공서비스를 안내하는 맞춤형 알림서비스 필요
주요내용	개인 상황과 자격 요건을 정부가 직접 수집·분석하여 받을 수 있는 공공서비스를 선제적으로 추천하는 '혜택알리미' 구축
시 행 일	2025년 중

고향사랑기부금 연간 상한액 2,000만원으로 확대

행정안전부 균형발전진흥과(☎ 044-205-3507)

고향사랑기부제도* 활성화 및 지방자치단체의 고향사랑기부금 모금 자율성 확대를 위해 「고향사랑기부금에 관한 법률」을 개정하여 2025년 1월 1일부터 고향사랑기부금 연간 상한액이 상향됩니다.

* (고향사랑기부제도) 개인이 주소지 외 지자체에 상한액 한도 내에서 기부 시, 기부자는 답례품과 세액공제 혜택을 받고, 지자체는 이를 모아 주민복리 증진 사업을 추진

❖ 현재 연간 500만원으로 설정되어 있는 개인의 고향사랑 기부 상한액이 2025년부터는 연간 2,000만원으로 확대됩니다.

고향사랑 기부 상한액을 2,000만원까지 확대하면서 기부금 증가분에 대한 세액공제 혜택도 2025년 1월 1일부터 함께 제공됩니다.

❖ 현재 최대 500만원까지 적용되는 세액공제 혜택은 「조세특례제한법」 개정으로 최대 2,000만원까지 혜택 범위*가 확대됩니다.

* 기부금 10만원까지 전액 세액공제, 10만원 초과분에 대해서 16.5% 세액공제, 최대 2,000만원까지 세액공제 제공
(예시) 2,000만원 기부 시, 10만원까지 10만원, 초과분 1,990만원에 대해 약 328만원 세액공제되어 총합 약 338만원 세액공제

참고 행정안전부 누리집〉뉴스·소식〉보도자료〉"[보도자료] 고향사랑 기부제 활성화에 박차, 「고향사랑 기부금에 관한 법률」개정안 국회 통과"

〈 고향사랑기부 연간 상한액 상향 〉

추진배경	고향사랑기부 제도 활성화와 지자체 고향사랑 기부금 모금 자율성 확대
주요내용	• 연간 고향사랑 기부상한액을 500만원에서 2,000만원으로 확대 • 고향사랑 기부상한액을 2,000만원으로 확대함에 따라 관련 세액공제 혜택 확대
시행일	「고향사랑기부금법」 제8조제3항 2025년 1월 1일부터 시행

10 행정·안전·질서

주소정보시설 개선으로 건물·장소를 더 쉽게 찾을 수 있습니다

행정안전부 주소생활공간과(☎ 044-205-3558)

기존에 사용하던 주소정보시설물(건물번호판, 기초번호판, 사물주소판 등)이 눈에 잘 띌 수 있도록 하고, 사용자의 편의성을 높이는 한편, 산업계의 주소정보시설물 제작비용 절감 등 위해 개정된 「주소정보시설규칙」이 시행됩니다.

❖ 이번 시행을 통해서 주소정보시설의 바탕색이 현행 '남색'에서 보다 눈에 띄는 '청색'으로 바뀌고, 보다 직관적으로 번호를 인식할 수 있도록 기초번호는 위로, 도로명은 아래로 배치됩니다.

구분	건물번호판	사물주소판*	기초번호판**	국가지점번호판
현행	13-84	101호	745	라마 2120 0425
개정	13-84	101호	745	라마 2120 0425

* 사물주소: 건물이 아닌 시설물(또는 장소)의 위치 정보, 버스정류장·전기차충전소 등 23종
** 기초번호: 도로구간을 20m 간격으로 나누고, 간격마다 오른쪽 짝수, 왼쪽 홀수로 부여한 번호, 건물이 없는 외곽 도로변에 시설물(판)을 설치하여 정확한 위치 파악 가능

❖ 또한, 휠체어 이용자, 노인, 어린이 등 사회적 약자를 고려해 설치 높이 하한을 현행 1.8m에서 1.5m로 조정하여 누구나 주소정보시설물을 쉽게 볼 수 있도록 개선되고,

❖ 기존의 유료 서체를 무료 서체인 '한길체'*로 사용하도록 하여 시설물 제작비용을 절감할 수 있게 되었으며, 내구성 향상을 위해 시설물의 표면을 '코팅' 처리하도록 하였습니다.
* 2021년 행정안전부, 국토교통부, 한국디자인진흥원이 표지판용으로 공동 개발한 무료 서체

개정된 주소정보시설규칙은 신규 설치 또는 노후화 등으로 교체 설치되는 시설부터 적용되어, 일괄 교체로 인한 불편함이나 별도의 비용이 발생하지 않습니다.

> **참고** 주소정보시설물 개정 전·후 비교

❖ 일반형

구분	현행	개정
건물 번호판	통일로7가길 13-84	13-84 통일로7가길
사물 주소판	101호	101호
기초 번호판	구축세종로 745	745 구축세종로
국가지점 번호판	라마 2120 0425	라마 2120 0425

❖ 지능형

QR코드		점자형 (+긴급구조+QR)	조명형 (태양광 센서등)
387 화랑로	387 화랑로	745 구축세종로	387 화랑로

분야별(부처별) 달라지는 주요제도

전국적인 안전문화 붐조성을 위한 안전 한바퀴 추진

행정안전부 안전문화교육과(☎ 044-205-4273)

2025년부터, 전국적인 안전문화 붐조성을 위해 매월 4일 안전점검의 날*과 연계하여 전국 동시 안전문화 캠페인인 「안전 한바퀴」를 추진합니다.

* (관련법령) 재난 및 안전관리 기본법 시행령 제73조의6(안전점검의 날 등)

❖ 「안전 한바퀴」는 1년 한 해 동안 동네 한바퀴를 돌며 일상생활 속 안전 위험요소를 발굴하고 개선하는 안전실천운동입니다.

행정안전부와 지자체 등 유관기관이 공동으로 공통주제*를 선정하여

* 예시) 4월: 산불, 7월: 수상안전, 12월: 다중시설 화재

❖ 매월 지역 주민과 함께 지자체별 캠페인을 실시하고,

❖ 반기별로는 행정안전부, 지자체, 민간단체(안문협 등)가 함께하는 민·관 합동 캠페인을 전개할 계획입니다.

이를 통해 범국민적 안전의식 함양 및 안전한 문화가 조성·확산될 것으로 기대됩니다.

〈 안전 한바퀴 추진 〉

추진배경	국민안전의식 체화 유도를 위한 범국민적 안전실천운동 필요
주요내용	• 매월 4일 안전점검의 날과 연계, 전국 동시 안전문화 캠페인인 「안전 한바퀴」 추진 • 매월 지역 주민과 함께 지자체별 안전문화 캠페인 실시, 반기별로는 행안부, 지자체, 민간단체가 참여하는 공동 캠페인 전개
시 행 일	2025년

외국인에 대한 포용적인 재난안전 정보 제공

행정안전부 재난정보통신과(☎ 044-205-5289)

국내 체류 외국인의 안전 강화를 위해 재난문자 및 재난안전포털의 정보를 자동 번역하여 다국어로 제공합니다.

❖ Emergency Ready App을 통해 외국어 재난문자를 5종에서 19종으로 확대하고,

> ※ 국내 체류 외국인(251만명, 2023년 기준)의 96% 이상 서비스 혜택
> (제공 언어) 중국어, 베트남어, 영어, 태국어, 러시아어, 우즈베크어, 따갈로그어, 네팔어, 인도네시아어, 일본어, 크메르어, 몽골어, 미얀마어, 신할리어, 벵골어, 우루두어, 프랑스어, 아랍어, 스페인어

❖ 여러 사이트(6종*)에 분산된 재난·안전정보를 재난안전포털로 연계·통합하여 다국어로 제공합니다.

> * 국민재난안전포털, 안전디딤돌, 안전신문고, 안전교육플랫폼, 생활안전지도, 어린이놀이시설시스템

〈 외국인에 대한 포용적인 재난안전 정보 제공 〉

추진배경	기후변화 등 국내 체류 외국인의 재난·안전 정보 요구가 증가함에 따라 재난문자 및 재난·안전 정보 맞춤형 서비스 제공 필요
주요내용	• Emergency Ready App을 통해 재난문자 다국어(19개 언어) 서비스 확대 • 재난안전포털(6종)을 연계·통합하여 다양한 재난·안전 정보 제공
시행일	2025년 8월부터 시범 서비스 제공

10 행정·안전·질서

적의 직접적인 위해행위로 인한 피해 지원 근거 마련

행정안전부 민방위과(☎ 044-205-4367)

「민방위기본법」개정(2024. 12. 3.)으로 북의 오물·쓰레기풍선 살포 등과 같은 직접적인 위해행위로 우리 국민이 피해를 입을 경우 지원받을 수 있게 됩니다.

❖ 국가 또는 지방자치단체는 평시 통합방위사태 또는 민방위사태*에 이르지 아니한 적의 직접적인 위해행위로 인해 생명, 신체 또는 재산 피해를 입은 국민에 대해 지원할 수 있는 근거를 마련하였습니다.

  * ① 전시·사변 ② 통합방위사태 ③ 국가적 재난

❖ 세부적인 지원 기준·절차 및 방법은 「민방위기본법 시행령」에(2025년 중 개정) 담길 예정입니다.

참고 행정안전부 누리집〉보도자료〉"[보도자료] 오물·쓰레기 풍선 등으로 발생한 피해 지원 가능, 「민방위기본법」 개정안 국회 통과(2024. 11. 14.)"

〈 적의 직접적인 위해행위로부터 피해 지원 근거 마련 〉

추진배경	북 오물·쓰레기 풍선 살포 등 적의 직접적인 위해행위로부터 발생한 피해를 지원하여 국민 안전에 기여
주요내용	• 평시 통합방위사태 또는 민방위 사태에 이르지 아니한 적의 직접적인 위해행위로 인해 생명, 신체 또는 재산 피해를 입은 국민에 대해 지원 • 적의 직접적인 위해행위 유형과 피해 지원 기준·절차 및 방법은 시행령에 규정
시행일	2025년 중

풍수해 생활권 종합정비사업 확대 추진

행정안전부 재난경감과 (☎ 044-205-5152)

풍수해 생활권 종합정비사업이 2025년부터 확대됩니다.

❖ 부처별 개별 정비사업에서 재해예방사업 간 통합·연계 추진을 위한 풍수해 생활권 종합정비사업이 확대*됩니다.

  * (신규 개소수) 2024년 18개소 → 2025년 35개소

  - 풍수해 생활권 종합정비 신규사업 확대로 기후 위기 대응력을 강화하고, 복합 재해 위험요인을 근본적으로 해소합니다.

❖ 재해요인 일괄 해소를 통해 예방 효과를 극대화하고 중복 투자를 방지하여 예산을 절감*할 수 있습니다.

  * 설계감리·시설용량 조정 등 중복구간 비용 절감 등 △0.2조원

❖ 또한, 기존에 부처별 실시하던 예방사업을 통합 추진하여 공사기간 단축으로 주민 불편이 줄어 듭니다.

〈 풍수해 생활권 종합정비사업 확대 추진 〉

추진배경	• 극한호우·이상강우 등으로 재난의 강도가 강해지면서, 하천범람·침수 및 토석류 유출까지 발생하는 복합피해 급증 • 각 부처 소관 시설 간 연계 기능 강화 등을 통해 지역단위 종합정비로 재해예방사업의 패러다임 변환 필요
주요내용	풍수해 생활권 종합정비사업 신규 지구 확대* 추진을 통한 기후 위기 대비 생활권 주변 복합 재해피해 위험요인 근본적 해소 * (신규 개소수) 2024년 18개소 → 2025년 35개소
시행일	2025년 1월 1일

어선원 안전·보건 관리체계 구축 제도 시행

해양수산부 어선안전정책과(☎ 044-200-5408)

기존 「어선안전조업법」이 「어선안전조업 및 어선원의 안전·보건 증진 등에 관한 법률」(2024년 1월 2일 제정)로 바뀌어 2025년 1월 3일부터 시행됩니다.

❖ 「선원법」과 「산업안전보건법」에서 규정하고 있는 어선원의 안전·보건 증진 및 재해예방에 관한 사항을 이 법에 일률적으로 규정하여,

– 어선원에 대한 관리·감독 체계를 일원화함으로써 어업 재해율을 낮추고 어선원의 안전·보건 증진에 기여하는 등 어선원의 안전사고를 예방하기 위한 제도가 시행됩니다.

❖ 법 시행 이후 어선소유자는 어선원 안전·보건 기준 준수, 위험성평가 이행, 선내 안전보건표지 설치·부착 등을 이행하여야 합니다.

– 다만, 법에서 명시한 이행사항에 어려움이 없도록 현장 컨설팅 지원사업(2025년 예산 18억원 반영) 등을 추진할 예정입니다.

❖ 또한, 어선원의 안전·보건 관리 감독을 전담하는 '어선원안전감독관'을 배치하고 2025년부터 '어선원안전감독관'(10명)이 재해사고 조사 등을 수행하게 됩니다.

이를 통해 어선어업에 부합한 안전·보건 관리체계를 구축하고, 어선원의 재해예방 및 작업환경이 개선될 것으로 기대됩니다.

> **참고** 의원입법 개정된 사항으로 별도 보도자료는 없으며, 현재 하위법령 5건 제·개정 중으로 입법 절차에 맞춰 보도자료 배포 예정

< 「어선안전조업 및 어선원의 안전·보건 증진 등에 관한 법률」 시행 >

추진배경	어업 재해율을 낮추고 어선원의 안전·보건 증진 등을 위한 「어선안전조업법」이 시행
주요내용	어선원 안전·보건 기준 준수, 위험성평가 이행, 선내 안전보건표지 설치·부착 의무 등 어선원의 안전·보건 및 재해예방 관리체계 규정
시행일	2025년 1월 3일

소형어선(2명 이내) 탑승 시 구명조끼 착용 의무화

해양수산부 어선안전정책과(☎ 044-200-5523)

2025년 10월 19일부터 어선원의 안전관리 강화를 위해, 2인 이하 소규모 어선에 승선하는 어선원들은 구명조끼를 착용해야 합니다.

❖ 그간 어선에서는 태풍·풍랑 특보나 예비특보 발효 중에 외부에 노출된 갑판에 있는 경우에만 구명조끼 착용을 의무화했으나,

❖ 승선인원이 2명 이하인 어선은 실족 등으로 해상추락 사고가 발생할 경우 추락한 인원을 구조하기 어려워 큰 인명피해로 이어질 수 있기 때문에 구명조끼를 상시 착용하도록 착용 의무가 강화됩니다.

❖ 또한, 승선원의 구명조끼·구명의 착용에 대한 선장의 책임을 강화하였고, 구명조끼를 착용하지 아니한 경우에는 300만원 이하의 과태료가 부과됩니다.

> **참고** 어선안전조업법 제24조(구명조끼 등의 착용) 및 같은법 시행령 제13조(구명조끼 등의 착용 요건 등)

〈 「어선안전조업법」개정 사항 〉

구분	현행	개정(2025. 10. 19. 시행)
어선안전조업법 제24조	• 어선에 승선하는 자는 기상특보 시 구명조끼를 착용 • 〈신설〉	• 어선에 승선하는 사람은 기상특보가 발효되거나 승선 인원이 소규모인 경우 구명조끼 또는 구명의를 착용 • 선장은 어선에 승선하는 사람에게 구명조끼 또는 구명의 착용에 대한책임 부여
같은법 시행규칙 제13조	• 태풍·풍랑 특보 또는 예비특보 발효 중에 외부에 노출된 갑판에 있는 경우 • 〈신설〉	• 태풍·풍랑 특보 또는 예비특보 발효 중에 외부에 노출된 갑판에 있는 경우 • 어선에 승선하는 인원이 2명 이하인 경우

해운분야 안전투자 공시제도 도입

해양수산부 해사안전정책과(☎ 044-200-5846)

해운선사의 자발적 안전분야 투자 확대를 독려하여 해양사고를 저감하고, 안전투자 정보에 대한 국민의 알권리 보장을 위한 「해운분야 안전투자 공시제도」가 새롭게 도입됩니다.

❖ 동 제도는 시민재해 우려가 있는 여객선과 대형사고(폭발·오염) 위험이 있는 위험화물운반선 소유자에게 적용됩니다.

　* 「주식회사 등의 외부감사에 관한 법률」에 따라 외부감사를 받는 사업자로서, 해상여객운송사업자 18개社 및 해상화물운송사업자 64개社 적용(2024년 11월 기준)

❖ 적용 선사는 안전활동과 관련된 지출 또는 투자내역을 공시해야하며, 공시내역은 해양수산부 해양안전종합정보시스템 등*에서 확인할 수 있습니다.

　* www.gicoms.go.rk(해양안전종합정보시스템) 또는 mtis.komsa.or.kr(해양교통안전정보시스템)

안전투자 공시제도는 「해사안전기본법」 제16조 및 부칙 제1조에 따라 2025년 7월 26일부터 시행됩니다.

참고 법제처 국가법령정보센터〉법령〉해사안전기본법

〈 해운분야 선박안전공시제도 시행 〉

추진배경	안전활동에 대한 선사의 자발적 투자 확대를 통한 해양사고 저감 및 안전중심의 사회적 가치실현을 위한 제도적 장치 마련 필요
주요내용	• (공시대상) 시민재해 우려가 있는 여객선 및 대형사고(화재·폭발) 위험이 있는 위험화물운송선박 등 취약분야 대상 우선 도입 • (기대효과) 안전중심 경영문화 정착, 안전관리 수준이 높은 선사의 시장경쟁력 확보 및 노후설비 교체 유도 등을 통한 사고 저감
시행일	2025년 7월 26일

음주운전 후 음주측정방해행위 처벌

경찰청 교통안전과(☎ 02-3150-2309)

음주운전 후 추가음주 등 음주운전 여부 확인을 위한 음주측정을 방해하는 행위를 금지하는 도로교통법이 시행됩니다.

❖ 이 법률이 시행되면, 이른바 '술타기 수법'과 같이 자동차를 운전한 운전자가 음주측정을 곤란하게 할 목적으로 추가로 술을 마시거나 혈중알코올농도에 영향을 줄 수 있는 의약품을 사용하는 행위가 금지됩니다

❖ 위반 시 원칙적으로 1년 이상 5년 이하의 징역이나 500만원 이상 2천만원 이하의 벌금에 처해지며, 운전면허 취소·운전면허 결격제도 등에 있어서도 음주측정 거부행위자와 동일한 행정처분이 이루어집니다.

이를 통해 음주측정 방해행위자에 대한 처벌공백을 메우고, 법질서를 확립하여 음주운전을 예방할 것으로 기대됩니다.

참고 개정 도로교통법 제44조 제5항, 제80조의2 제1항, 제82조 제2항 제3호, 제5호, 제6호, 제93조 제1항, 제148조의2 제1항·제2항, 제156조(2024년 11월 14일 국회 제12차 본회의 의결)

〈 개정 「도로교통법」 시행 〉

추진배경	연예인의 음주운전 후 추가로 술을 마시는 음주측정 방해행위로 이에 대한 처벌이 필요하다는 여론 대두
주요내용	• 이른바 '술타기 수법'과 같이 자동차를 운전한 운전자가 음주운전 후 추가음주 등 음주운전 여부 확인을 위한 음주측정을 방해하는 행위를 금지 • 위반 시 원칙적으로 1년 이상 5년 이하의 징역이나 500만원 이상 2천만원 이하의 벌금에 처해지며, 운전면허 취소·운전면허 결격제도 등에 있어서도 음주측정 거부행위자와 동일한 행정처분이 이루어짐
시행일	2025년 6월경(2024. 11. 14. 국회 제12차 본회의 의결)

자동차운전면허시험에 사용되는 차종 확대

경찰청 교통기획과(☎ 02-3150-0659)

환경규제와 기술 발전에 따른 교통환경 변화*에 대응하기 위해 기존 제1종 대형면허 및 제1종 보통면허 시험에 사용되던 차량 규격 및 채점 기준을 개정하여 다양한 차종을 사용할 수 있도록 「도로교통법 시행규칙」이 개정됩니다.

* ① (1종 대형) 시판 버스 대형화로 기능시험 기준 통과 어려워 신규 도입 불가하여 기존 노후 차량을 이용 중
  ② (1종 보통) 환경규제로 인한 1톤 경유 화물차 단산

❖ ▲1종대형 '승합' → '승합·화물', ▲1종보통 '화물' → '승합·화물'로 차종 추가하고, 제원을 일부 완화하여 시험용 차량 기준 변경할 계획입니다.

❖ 또한, 내연기관과 달리 RPM이 없는 전기자동차의 특성을 반영하여, 긴급제동장치가 작동할 때를 엔진 4천RPM 이상 회전 시로 동일하게 보아, 감점 사유로 규정함으로써,

  – 전기자동차도 기능시험에 사용할 수 있도록 하였습니다.

「도로교통법 시행규칙」은 2024년 10월 말 중 개정하여 입법예고를 거친 후 2025년 초부터 시행 예정입니다.

〈 자동차운전면허시험에 사용되는 차종 확대 〉

추진배경	환경 규제와 기술 발전에 따른 교통환경 변화에 대응하기 위해, 기존 제1종 대형면허 및 제1종 보통면허 시험에 사용되던 차종을 확대할 필요성 제기
주요내용	• ▲1종대형 '승합' → '승합·화물', ▲1종보통 '화물' → '승합·화물'로 기능시험용 차종 확대 • 긴급제동장치가 작동할 때를 엔진 4천RPM 이상 회전 시로 동일하게 보아, 감점 사유로 규정함으로써, 전기자동차도 기능시험에 사용 가능케 함
시행일	2025년 초부터 시행 예정

경비업무의 종류에 혼잡·교통유도경비업무 신설

경찰청 범죄예방정책과(☎ 02-3150-1331)

경비업무의 종류에 '혼잡·교통유도경비업무'가 신설되는 등 개정 「경비업법」이 2025년 1월 31일 시행됩니다.

※ 경비업무의 종류: 5종(시설·호송·신변·기계·특수) → 6종(혼잡·교통유도경비업무 추가)

❖ 이 법률이 시행되면, 도로에 인접한 공사장·행사장 등에서 교통으로 인하여 발생하는 위험을 방지하기 위해, 전문 경비원을 배치할 수 있습니다.

❖ 혼잡·교통유도경비업무를 영위하려는 법인은, 자본금(1억)과 복장·분사기·경적·무전기·경광봉 등을 갖추고, 주사무소를 관할하는 시도경찰청에 허가를 받아야 합니다.

이를 통해 공사현장 및 지역축제 등 각종 행사장의 안전관리에 있어, 민간경비업이 부족한 경찰력을 보완하고 국민안전확보에 큰 기여를 할 것으로 기대됩니다.

참고 법제처국가법령정보정보센터(law.go.kr) 〉「경비업법」, 「경비업법 시행령」, 「경비업법 시행규칙」 검색

〈 경비업무 종류에 혼잡·교통유도경비업무 추가 〉

추진배경	건설·도로공사현장 및 경기대회, 지역축제 등 각종 행사장의 안전관리에 있어 민간경비업이 부족한 경찰력을 보완
주요내용	• 경비업무의 종류에 '혼잡·교통유도경비업무' 추가 • 경비지도사·일반경비원 교육 과목에 '혼잡·교통유도경비업무' 관련 내용 반영
시 행 일	2025년 1월 31일부터 시행 예정

연립주택 및 다세대주택 간이스프링클러 등 설치 의무화

소방청 소방분석제도과(☎ 044-205-7522)

다세대·연립주택 등 공동주택에서 화재발생 시 인명과 재산 피해 최소화를 위해 소방시설 설치가 의무화됩니다.

❖ 의무화되는 소방시설은 소화기, 단독경보형감지기(연동형), 주택전용 간이스프링클러설비, 유도등, 완강기(3층 이상) 등 입니다.

※ 기존에는 주택으로 분류되어, 소화기와 단독경보기만 설치(2012년 2월 5일 시행)

	기 존	개 선(2024. 12.부터)
대상	• 일반소방대상물(주택, 다세대·연립주택)	• 특정소방대상물(다세대·연립주택 추가)
시설	• 주택용소방시설(소화기, 단독경보형감지기)	• 소방시설(소화기, 연동형 단독경보형감지기, 주택전용 간이스프링클러설비, 유도등, 완강기 등)

2024년 12월 이후 신축하는 대상물이나, 증축 또는 용도변경을 하는 경우부터 적용됩니다.

❖ 기존의 다세대·연립주택에 대한 소급 적용은 하지 않습니다.

〈 연립·다세대주택의 간이스프링클러설비 등 설치 의무화 〉

추진배경	주거공간에 대한 화재피해 저감을 위한 대책 필요
주요내용	연립·다세대주택에 대한 소방시설 설치의무를 위하여 특정소방대상물에 포함하고, 간이스프링클러설비 등 설치 의무화함.
시행일	2024년 12월 1일

차량용소화기 의무화, 5인승 이상 승용자동차로 확대

소방청 소방분석제도과(☎ 044-205-7522)

차량화재 시 신속한 대응을 위하여 5인승 이상 승용자동차에도 차량용소화기를 의무적으로 설치 또는 비치해야 합니다.

구분	변경 전	변경 후	비고
규정	자동차 및 자동차부품의 성능과 기준에 관한 규칙 제57조(소화설비)	소방시설 설치 및 관리에 관한법률 제11조 (자동차에 설치 또는 비치하는 소화기)	변경
소관부처	국토교통부	소방청	변경
소화기 비치	7인승 이상 승용자동차 승합자동차, 화물자동차, 특수자동차	5인승 이상 승용자동차 승합자동차, 화물자동차, 특수자동차	강화

❖ 차량용소화기는 일반분말소화기의 성능시험뿐만 아니라 진동시험과 고온시험에 검증된 소화기를 의미하며, 용기 표면에 '자동차 겸용' 표시가 되어 있는 소화기를 비치해야 합니다.

※ 일반 분말소화기와 에어로졸식 소화용구는 차량용소화기가 아니므로 구매 시 유의

의무 설치대상은 2025년 12월부터 제작·수입·판매 또는 소유권 변동으로 등록된 차량부터 적용되며 기존 등록차량은 소급 적용되지 않습니다.

참고 소방청 누리집〉알림/소식/〉보도자료〉"[보도자료] 차량용 소화기, 이제는 선택이 아닌 필수입니다!(2024. 3. 24. 게재)"

〈 차량용소화기 의무설치 대상 확대 〉

- **추진배경** 차량화재는 승차정원과 상관없이 엔진과열 등 기계적 요인과 부주의 등의 원인으로 발생하여 화재 시 신속대응을 위해 도입
- **주요내용** 기존에는 승합자동차, 화물자동차, 특수자동차, 7인승 이상 승용자동차에 비치하던 소화기를 5인승 이상 승용자동차까지 의무 확대
- **시행일** 2024년 12월 1일

10 행정·안전·질서

건축물의 제연설비 설치기준 개선 및 신뢰성 강화

소방청 소방분석제도과(☎ 044-205-7532)

건물에서 화재발생 시 유해가스를 외부로 배출하는 제연설비의 설치 방법과 검증하는 절차가 다음과 같이 강화됩니다.

❖ 일반적으로 제연설비의 덕트는 천장 내부에 설치되어 작동 여부 점검이 어렵습니다. 이를 개선하기 위해 별도의 점검구를 반자(천장) 및 덕트에 설치해야 합니다.

❖ 또한 설치된 제연설비의 성능을 꼼꼼하게 검증하기 위해서, 건축물 준공 전에 전문가가 한번 더 검증하는 절차가 신설되어 제연설비에 대한 신뢰성이 더욱 향상됩니다.

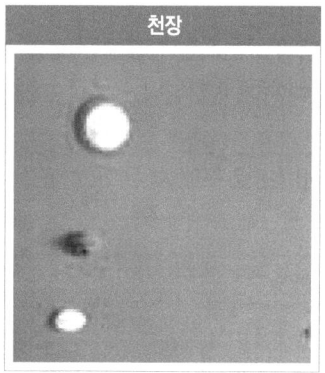
천장

천장 점검구

2024년 10월 이후 신축·증축·용도변경에 따라 제연설비가 새로이 설치되는 경우에 적용됩니다.

❖ 기존의 건축물은 소급적용은 하지 않습니다.

〈 제연설비 화재안전성능 강화 〉

추진배경	제연설비의 성능 개선을 위해 설치 기준 강화
주요내용	반자 및 덕트에 댐퍼용 점검구 설치, 제연구역 인근에 수동기동장치 설치, 준공 전 성능확인 절차 마련
시행일	2024년 10월 1일 * 세부내용 신구대조표 참조

장기재직 소방공무원 국립묘지(국립호국원) 안장

소방청 보건안전담당관(☎ 044-205-7428)

장기 재직한 소방공무원이 국립묘지에 안장될 수 있도록 「국립묘지의 설치 및 운영에 관한 법률」이 개정됩니다.

❖ 소방이나 경찰공무원으로 30년 이상 재직하고 정년퇴직 요건에 해당하는 경우 국가보훈부의 안장대상심의위원회 심의를 거쳐 국립묘지(국립호국원)에 안장될 수 있습니다.

이를 통해 소방공무원의 충의와 위훈을 기리고 국민들에게 존경과 존중받을 수 있는 예우와 추모 문화를 조성할 수 있는 계기가 될 수 있을 것으로 기대됩니다.

〈 장기재직 소방, 경찰공무원 국립묘지 안장범위 확대 〉

추진배경	소방, 경찰공무원 국립묘지 안장범위 확대(2022년 8월 9일 대통령 지시)
주요내용	소방, 경찰공무원으로 30년 이상 재직하고 정년퇴직 시 국가보훈부의 안장대상 심의위원회 심의를 거쳐 국립묘지(국립호국원)에 안정될수 있도록 법령 개정
시행일	「국립묘지의 설치 및 운영에 관한 법률」개정안 시행일(2025. 2. 28.)부터 시행(단, 이 법 시행 이후 사망한 사람부터 적용)

국가 공인 민간봉사단체 '해양재난구조대' 정식 출범

해양경찰청 수색구조과(☎ 032-835-2246)

「해양재난구조대법」(2024년 1월 2일 제정)이 2025년 1월 3일부터 시행됩니다.

❖ 최근 해상 조난사고 발생 시 활발한 구조활동*을 하는 민간해양구조대가 그간** 조직 설치·운영 근거가 없다가 내년 1월부터 국가의 체계적인 지원관리를 받는 해양재난구조대로 정식 출범합니다.

  * 최근 5년간(2019~2023) 해상조난사고 시 민간해양구조대, 어선, 여객선 등 민간구조세력에 의한 구조율이 전체 선박사고(평균 3,865척)의 약 40%(1,694척) 차지

  ** 현행 「수상구조법」에는 '민간해양구조대원'의 정의와 처우만을 규정하고 있음

❖ 이에 따라, 해양경찰청장은 해수면에서 해양경찰의 수난구호 및 조난사고의 대응·예방 활동에 관한 업무지원을 위해 해양재난구조대를 설치할 수 있습니다.

❖ 또한 해양재난구조대의 날 개최, 해양재난구조대원에 대한 관리·지원 및 교육·훈련, 경비 지급, 포상 및 재해보상 등이 가능해져, 해양 인명구조의 민관협력이 활성화될 것입니다.

이를 통해 해양재난구조대원들 스스로가 조직에 대한 자긍심을 가지면 구조활동 참여에 대한 동기부여와 책임감이 생겨 안전한 바다 환경 조성에 기여할 것으로 기대됩니다.

참고 국가법령정보센터 누리집〉법령〉"해양재난구조대의 설치 운영에 관한 법률" 게시"

〈「해양재난구조대법」 시행〉

추진배경	해양 민간구조세력의 체계적인 지원관리와 적극적인 구조 참여를 위해 「해양재난구조대의 설치 및 운영에 관한 법률」이 시행
주요내용	해양재난구조대의 조직 설치, 기념행사 지정·운영, 대원의 위촉, 임무와 조직 구성, 대원의 소집, 관리지원 및 교육훈련, 보상 및 지원 등을 규정함
시행일	2025년 1월 3일

재외동포 국내 정착 지원사업 시행

재외동포청 동포지원제도과(☎ 032-585-3184)

2025년부터 재외동포청은 국내 체류 동포들이 성공적으로 모국 사회에 적응하여 정착할 수 있도록 지원할 계획입니다.

❖ 국내 체류 중인 동포들의 특성을 고려하여, 원활한 국내 적응을 위한 맞춤형 교육 프로그램을 개발하여 보급할 계획입니다.

❖ 또한, 동포 다수 거주지역을 중심으로 각 지자체와의 협업을 통해 지역별 특성을 고려한 동포 지원 사업을 수행하여 국내 정착에 실질적 도움을 드리겠습니다.

〈 재외동포 국내 정착 지원사업 시행 〉

추진배경	국내 정착을 원하는 동포들의 사회적응 및 정착 지원
주요내용	• 동포 맞춤형 교육 프로그램 개발 및 운영 • 지역별 국내동포 정착 지원 • 국내 소재 동포 관련 민간단체 사업 지원 • 국내 체류 동포 정주 현황 파악을 위한 실태조사 추진 • 지방자치단체·관계기관 협업 네트워크 구축 • 국내동포 정착 지원 안내서 제작·배포
시행일	2025년 1월 1일

10 행정·안전·질서

한국 휴대전화 없는 재외국민의 국내 온라인 서비스 접근성 향상

재외동포청 재외동포서비스지원센터(☎ 02-6399-7172)

한국 휴대전화 없는 재외국민도 재외공관 방문없이 전자여권과 해외 체류 정보를 활용한 비대면 신원확인 시스템(재외동포인증센터)*으로 민간 전자서명 인증서(은행, 토스 등) 발급이 가능해집니다.

* 기존 공동(금융) 인증서와 달리 재외국민이 직접 원거리 재외공관 방문 없이도 민간 전자서명 인증서를 발급받을 수 있도록 지원하는 신원확인 시스템

❖ 이제 재외국민은 ① 재외국민 등록, ② 주민등록번호 보유, ③ 유효한 전자여권을 보유하면, 안면인증 등을 통해 은행·토스 앱에서 '재외국민용 전자서명 인증서'를 발급받을 수 있습니다.

❖ 또한, 발급받은 인증서를 통해 국내 ▲ 전자정부 서비스 ▲ 금융 ▲ 의료 ▲ 교육 ▲ 쇼핑 등 국내 각종 온라인 서비스를 휴대폰 본인확인 없이도 더 쉽고 편리하게 이용하실 수 있게 됩니다.

재외동포인증센터 서비스는 2024년 11월 시범서비스를 시작하며, 정식 서비스는 2025년 1월부터 시작할 예정입니다.

* 정식 서비스 개시 후, 재외국민 아이핀(I-PIN) 발급 서비스도 추가 개시 예정(2025년 2월)

참고 재외동포청 누리집〉보도자료〉"[보도자료] 재외동포인증센터 시범서비스 개시 기념행사 개시" 정식 서비스 개시 및 이용서비스 안내 예정

〈 재외국민 민간 전자서명인증서 발급 지원 서비스 개시 〉

추진배경 한국 휴대전화 없는 재외국민이 비대면 신원확인으로 국내 각종 온라인 서비스를 더 쉽고 편리하게 이용할 수 있도록 지원 필요

주요내용
- 전자여권과 해외체류정보를 활용한 신원확인 정보 제공으로 재외국민 민간 전자 서명인증서 발급 지원
- 재외국민이 인증서 발급으로 △전자정부, △금융, △의료·교육 등 각종 민간 온라인 서비스를 쉽고 편리하게 이용

시행일 2025년 1월 1일(단, 2024년 11~12월 간 시범서비스 개시)

소비자 우롱하는 '눈속임 상술(다크패턴)'에 대한 규율 확대

공정거래위원회 소비자거래정책과(☎ 044-200-4446)

「전자상거래법」(2024년 2월 13일 제정)이 2025년 2월 14일부터 시행됩니다.

❖ 이 법률이 시행되면, 그간 소비자 피해가 다수 발생했던 6개 유형의 다크패턴*에 대한 규율이 가능해집니다.

 * 숨은갱신, 순차공개가격책정, 특정옵션 사전선택, 잘못된 계층구조, 취소·탈퇴 방해, 반복간섭

❖ 향후 통신판매업자는 재화 등의 정기결제 대금이 증액되거나 재화 등이 무상으로 공급된 후 유료 정기결제로 전환되는 경우,

 - 그 증액 또는 전환이 이루어지기 전 변동 전후의 가격 등에 대한 소비자의 동의를 받아야 합니다.

❖ 또한, 소비자의 착각·부주의를 유발하여 불필요한 지출 또는 서비스 가입 등을 유도하는 행위를 금지함에 따라,

 - 의무 위반 시 시정조치 및 과태료(5백만원 이하) 부과가 가능하고 요건 충족 시 과징금 및 고발도 검토할 수 있습니다.

이를 통해, 향후 다크패턴 관련 소비자 피해를 예방하고 전자상거래 시장 신뢰 및 소비자 권익이 향상될 것으로 기대됩니다.

> **참고** 공정거래위원회 누리집>보도자료)"「전자상거래법 개정안 및 소비자기본법 개정안」국회 본회의 통과"

〈「전자상거래 등에서의 소비자 보호에 관한 법률」 시행〉

추진배경	코로나19 이후 전자상거래 및 모바일 앱 사용이 증가하면서 온라인 다크패턴으로 인한 소비자 피해 급증
주요내용	통신판매업자에게 재화 등이 무상으로 공급된 후 유료 정기결제로 전환되는 경우 등에 전환 이전에 소비자 동의를 받도록 하고, 소비자의 원치 않는 지출이나 서비스 가입을 유도하는 행위 등을 금지
시행일	2025년 2월 14일

경제적 대가를 받고 제품 추천·보증을 하는 경우 표시 의무화

공정거래위원회 소비자정책총괄과(☎ 044-200-4414)

「추천·보증 등에 관한 표시·광고 심사지침」을 개정하여 2024년 12월 1일부터 시행합니다.

❖ 문자 매체를 통해 추천·보증 등을 하는 경우 게시물의 제목 또는 첫 부분에 경제적 이해관계 표시 문구를 공개*하도록 하여 소비자들이 보다 쉽게 '광고'임을 알 수 있도록 하였습니다.

  * 추천·보증인이 광고주로부터 현금이나 해당 상품, 상품권, 적립포인트, 할인혜택 등 경제적 대가를 받거나 광고주로부터 직접 고용된 상태에서 추천·보증, 공동구매 주선 등을 하는 경우 이와 같은 경제적 이해관계를 명확히 표시하여야 함

❖ 또한, 상품후기 작성과 관련, 사전에 대가를 받지는 않으나 구매링크 등을 통한 매출실적에 따라 수수료를 받거나, 후기 작성 후 구매 대금을 환급받는 등 경제적 대가를 미래·조건부로 받는 경우에도 경제적 이해관계를 공개하도록 하였습니다.

❖ '소정의 수수료를 지급받을 수 있음' 등의 조건부·불확정적 표현을 사용하지 않도록 하였습니다.

참고 공정거래위원회 누리집〉공정위소식〉보도〉"[보도자료] 추천·보증 등에 관한 표시·광고 심사지침 개정(2024. 11. 15.)"

〈「추천·보증 등에 관한 표시·광고 심사지침」개정〉

추진배경	블로그 등 문자 매체의 경제적 이해관계 공개 방식을 개선하고 경제적 이해관계 의미의 명확성을 제고할 필요성 제기
주요내용	• 블로그·인터넷카페 등 문자 중심 매체를 통해 추천·보증 등을 하는 경우 게시물의 제목 또는 첫 부분에 경제적 이해관계 표시문구를 공개 • 경제적 대가를 미래·조건부로 받는 경우에도 경제적 이해관계를 공개하도록 하고, '소정의 수수료를 지급받을 수 있음'과 같은 조건부·불확정적인 표현은 사용하지 않도록 함
시행일	「추천·보증 등에 관한 표시·광고 심사지침」개정안 2024년 12월 1일 부터 시행

ESG경영 관련 행위의 하도급 법령 위반 여부에 대한 지침 명확화

공정거래위원회 기업거래정책과(☎ 044-200-4954)

ESG 관련 해외 규제 강화 및 하도급대금 연동제 도입과 같은 경영환경 변화를 반영하여 부당한 경영간섭*에 해당하지 않는 예시를 하도급거래공정화지침에 구체화함으로써 규제 불확실성을 개선합니다.

  * 하도급법 제18조(부당한 경영간섭의 금지) 제2항 제3호에 따르면 원사업자는 정당한 사유 없이 수급사업자에게 경영상의 정보를 요구하여서는 아니 됨

❖ ESG 관계 법령 등 준수를 위해 협력사에 필요한 최소한의 정보를 요구하는 행위는 부당한 경영간섭에 해당하지 않음을 명시하여 수출기업들의 ESG 관련 규제 부담과 위험을 줄이고자 합니다.

❖ 또한 연동제와 관련된 의무를 준수하기 위해 필요한 최소한의 자료를 요구하는 행위도 부당한 경영간섭에 해당하지 않음을 예시하여 연동제 도입 관련 법적 불안정성을 완화합니다.

참고 공정거래위원회 누리집〉보도자료〉"'하도급거래공정화지침' (예규)개정안 행정예고"

〈 하도급 거래환경 변화에 따른 규제 불확실성 개선 〉

- **추진배경** ESG 관련 해외 규제 강화 및 하도급대금 연동제 도입 등 하도급거래를 둘러싼 경영 환경 변화
- **주요내용** ESG 관계 법령 및 하도급대금 연동제 관련 의무 준수를 위해 필요한 최소한의 정보를 요구하는 행위는 부당한 경영간섭에 해당하지 않음을 명시하여 기업들의 규제 준수 관련 리스크 완화
- **시행일** 2025년 1월 1일 예정

10 행정·안전·질서

재외국민 본인확인서비스 인증서 발급으로 국내 인터넷서비스 활용 가능

방송통신위원회 디지털이용자기반과 (☎ 02-2110-1521)

해외체류 우리 국민(약 251만명)이 전자여권·해외체류정보 등으로 비대면 본인 확인이 가능해집니다.

❖ 국내 휴대폰이나 신용카드가 없는 재외국민의 경우, 본인확인수단이 없어 그동안 국내 디지털 서비스를 이용하기 위해서는 재외공관을 직접 방문해야 하는 번거로움이 있어 왔으나,

　* 현재 재외국민은 국내 디지털 서비스 이용을 위해 국내 휴대전화 가입을 유지하거나, 공동(금융)인증서 발급을 위해 먼 거리에 있는 재외공관을 방문해야 함

❖ 이제는 전자여권·해외체류정보 및 안면인식 등을 포함한 비대면 신원확인을 통해 본인확인수단(인증서)을 발급받아 국내 디지털 서비스를 바로 이용할 수 있게 됩니다.

정부민원서비스·전자상거래·인터넷뱅킹 및 온라인 증권 등 재외국민의 서비스 사각지대를 해소하여 이들이 편리하고 안전하게 인터넷을 이용할 수 있는 환경을 조성하는 한편,

❖ 재외국민의 불편해소에 따른 각종 비용절감과 경기진작 등의 효과도 추가적으로 발생할 전망입니다.

　* 재외공관 방문 감소(약 8만건) 및 국내 휴대전화 유지기간 감소에 따른 비용절감(약 98억원), 국내 온라인 서비스 이용증가에 따른 경기진작(약 92억원) 기대

참고 인포그래픽

〈 재외국민 비대면 신원확인방법 〉

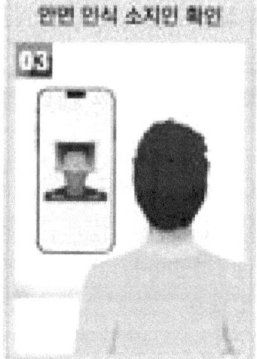

참고 : 방송통신위원회 누리집>보도자료)"재외국민도 이제 한국 휴대전화 없이도 재외공관 방문 없이도 국내 온라인 서비스를 쉽고 편리하게!(2024. 11. 28.)"

〈 재외국민 비대면 신원확인을 통한 인증서 발급 〉

추진배경 한국 휴대전화가 없는 해외체류 국민의 비대면 신원확인 불편 해소

주요내용
- 한국 휴대전화가 없는 해외체류 우리 국민(약 251만명)이 국내 관공서나 재외공관을 직접 방문하지 않더라도,
- '전자여권, 해외체류정보 및 안면인식' 등을 포함한 비대면 신원확인을 통해 본인확인수단(인증서)을 발급받아 국내 디지털 서비스를 편리하게 이용

시행일 2024년 11월 28일~

10 행정·안전·질서

갱신제도 도입 등 원자로조종면허 관리체계 개선

원자력안전위원회 안전정책과(☎ 02-397-7264)

갱신제도 도입 등 원자로조종면허* 관리체계 개선을 위해 「원자력안전법」 및 하위법령이 개정되어 2024년 11월 1일부터 시행됩니다.

* 원전 등 원자로 시설 운영에 필수적인 면허로 원자로조종감독자면허(SRO, Senior Reactor Operator)와 원자로조종사면허(RO, Reactor Operator)가 있으며, 해당 면허 보유자만이 원자로시설의 주제어실에서 원자로 반응도 및 출력을 직접 조종하는 업무 또는 감독하는 업무 수행 가능

❖ 그동안 보수교육 이수만으로 면허의 효력을 유지할 수 있었으나, 앞으로는 면허 취득 이후 6년마다 경력(또는 경력인정시험), 보수교육 이수 및 신체검사 합격의 갱신요건을 갖춰 갱신해야 합니다.

❖ 또한, 면허 취득 시 별도 합격 기준 없이 건강진단서 등을 제출만 하면 되었으나, 앞으로는 「의료법」에 따른 병원 등에서 원자력안전법령의 합격 기준에 만족하는지 신체검사를 받아야 합니다.

❖ 이를 통해 적정 요건을 갖춘 인력들이 원자로의 운전 업무를 수행하도록 함으로써 원자로시설의 안전성이 한층 제고될 것으로 기대됩니다.

참고
- 원자력안전위원회 누리집〉알림마당〉보도자료 "원자로 조종 자격 취득·유지, '깐깐'해진다(2024. 10. 31.)"
- 국가법령정보센터〉법령〉원자력안전법, 원자력안전법 시행령 및 시행규칙(2024. 11. 1. 시행)

〈 원자로조종면허 갱신제도 도입 등 관리체계 개선 〉

추진배경	전문성이 높은 원자로조종면허의 취득 당시 능력과 신체상태의 유지여부에 대한 철저한 관리를 통해 원자로 운전의 안전성 제고
주요내용	• 원자로조종면허 취득 이후 매 6년마다 면허 요건 업무 경력 3년 이상(또는 경력인정시험 합격), 보수교육 2회 이상 이수 및 신체검사 합격의 요건을 갖춰 갱신 • 원자로조종면허 취득 시 「의료법」에 따른 병원 등에서 원자력안전법령의 합격 기준에 만족하는지 신체검사 실시
시행일	2024년 11월 1일

핵연료주기시설 허가체계 개편

원자력안전위원회 안전정책과(☎ 02-397-7264)

핵연료주기시설*의 허가체계를 개편하는 「원자력안전법 일부개정법률」(2024년 10월 22일 공포)이 2025년 10월 23일에 시행됩니다.

  * 핵연료의 원료가 되는 물질(통상 우라늄)의 채광부터 사용 후 최종 폐기될 때까지의 과정에서 핵연료 물질의 정련·변환·가공 및 사용후핵연료 처리를 위한 시설

❖ 그동안 핵연료주기시설은 그 종류에 따라 핵연료물질의 정련·변환·가공 시설은 원자력안전위원회로부터 사업 허가를, 사용후핵연료 처리 시설은 주무부처 장관으로부터 사업 지정을 받도록 하였으나,

– 앞으로는 핵연료주기시설도 대형 원자력발전소와 마찬가지로 원자력안전위원회로부터 건설허가와 운영허가를 받아야 하는 한편,

– 건설 및 운영 허가 신청 시 국제원자력기구(IAEA)의 안전기준에 맞춰 예비안전성분석보고서 및 최종안전성분석보고서를 제출하여야 합니다.

이를 통해 원자력안전위원회가 일관되고 체계적이며, 국제기준에 부합하는 안전규제를 이행할 수 있을 것으로 기대됩니다.

- 원자력안전위원회 누리집〉알림마당〉보도자료〉"핵연료 제조시설 안전성 허가 절차 건설·운영 단계별로 적용한다(2024. 10. 21.)"
- 국가법령정보센터〉법령〉원자력안전법(2025. 10. 23. 시행)

〈 핵연료주기시설 허가체계 개편 〉

추진배경 「원자력안전법」의 목적과 안전규제 취지에 맞게 대형 발전용원자로시설 등과 같이 핵연료주기시설의 허가체계 개편 등

주요내용
- 핵연료주기에 대한 사업의 허가·지정을 시설의 건설·운영 허가로 개편
- 건설·운영 허가 신청 시 예비·최종 안전성분석보고서 제출 의무화

시행일 2025년 10월 23일

마이데이터 제도(개인정보 전송요구권) 시행

개인정보보호위원회 범정부마이데이터추진단(☎ 02-2100-3171)

기존 공공·금융 분야에서 제한적으로 시행되던 마이데이터 제도가 2025년 3월 전 분야로 확대되어 본격 시행됩니다.

❖ 국민은 본인이 원하는 곳으로 개인정보를 이동시켜 자신의 통제권 하에 개인정보를 관리하고 처리할 수 있으며, 맞춤형 서비스 등을 제공받을 수 있습니다.

❖ 기업은 전송받은 다양한 분야의 데이터를 융합하여 혁신적 비즈니스를 창출하고, 해외진출 기회 확대로 기업 경쟁력을 강화할 수 있습니다.

전 분야 마이데이터 제도 시행을 통해 정보주체의 개인정보 자기결정권이 강화되고, 데이터 활용 생태계가 한 단계 진보하는 계기가 될 것으로 기대됩니다.

〈 마이데이터 제도(개인정보 전송요구권) 시행 〉

추진배경	정보주체의 개인정보 자기결정권 강화 및 한국 데이터 활용 생태계의 발전을 위한 전분야 마이데이터 제도 마련 및 추진
주요내용	기존 금융·공공 분야에서 시행되던 마이데이터 제도가 전분야로 확대되어 시행 • 개인별 특성에 맞는 맞춤형 서비스를 통한 국민 편익 증대 및 전송받은 데이터 융합을 통한 기업의 혁신적 비즈니스 창출, 해외진출 기회 확대 등
시행일	2025년 3월 13일

분야별 달라지는 주요제도
신구대비표

01 금융·재정·조세

기획재정부

구 분	변경 전	변경 후	관련 법규(제도 시행일)
			관계 부서
R&D 세액공제 점감구조 도입	◆ R&D 세액공제 • (점감구조) 　- (일반) 　　: 8~15%	◆ 세액공제율 하락폭 축소 • (점감구조 도입) 　- (일반) 　　: 8~20% 　- (신성장·원천기술) 　　: 20, 25% 　- (국가전략기술) 　　: 30, 35% ☞ (참고) 기획재정부 누리집〉보도자료〉2024년 세법개정안 발표('24.7월)	조세특례제한법 ('25.1.1.)
			기획재정부 조세특례 제도과 (044-215-4131)
R&D 세액공제 적용대상 확대	◆ R&D 세액공제 적용 비용 • 인건비 　- 국가전략기술, 신성장·원천기술과 일반 R&D 공동 수행 → 일반 R&D 공제율 적용 • 소프트웨어 대여·구입비 　- 문화상품 제작목적 한정	◆ 적용범위 확대 • 인건비 　- 주된 시간을 국가전략기술, 신성장·원천기술 R&D 투입 → 투입시간만큼 안분 • 소프트웨어 대여·구입비 　- 요건 삭제 ☞ (참고) 기획재정부 누리집〉보도자료〉2024년 세법개정안 발표('24.7월)	조세특례제한법 ('25.1.1.)
			기획재정부 조세특례 제도과 (044-215-4131)
투자세액공제 점감구조 도입 및 추가분 공제율 상향	◆ 투자세액공제 • (점감구조) 　- (중견) 　　: 일반 5% 　　　신성장 6% 　　　국가전략 15%	◆ 세액공제율 하락폭 축소 • (점감구조 도입) 　- (중견) 　　: 일반 5%, 7.5% 　　　신성장 6%, 9% 　　　국가전략 15%, 20%	조세특례제한법 ('25.1.1.)

기획재정부

구 분	변경 전	변경 후	관련 법규(제도 시행일) / 관계 부서
	• (증가분) : 3%/국가전략 4%	• (증가분) : 10% ☞ (참고) 기획재정부 누리집〉보도자료〉2024년 세법개정안 발표 ('24.7월)	기획재정부 조세특례제도과 (044-215-4131)
인구감소지역 주택 취득자에 대한 양도소득세 및 종합부동산세 과세특례 신설	(신 설)	◆ 1주택자가 '24.1.4.~'26.12.31. 인구감소지역 내 1채의 주택(공시가격 4억원 이하) 취득 시 1세대 1주택 특례 적용 ☞ (참고) 기획재정부 누리집〉보도자료〉2024년 세법개정안	조세특례제한법 ('25.1.1.) 기획재정부 재산세제과 (043-215-4312, 4313)
비수도권 소재 준공 후 미분양주택에 대한 양도소득세 및 종합부동산세 과세특례 신설	(신 설)	◆ 기존 1주택자가 준공 후 미분양주택을 취득하는 경우 1세대 1주택 특례를 적용 ☞ (참고) 기획재정부 누리집〉보도자료〉2024년 세법개정안	조세특례제한법 ('25.1.1.) 기획재정부 재산세제과 (043-215-4312, 4313)
장기일반민간임대주택에 대한 장기보유특별공제 특례 적용기한 연장	◆ 장기일반민간임대주택 등에 대한 양도소득세 과세특례 • 임대기간 중 발생한 양도차익에 장기보유특별공제율 70% 적용 • (적용기한) '24.12.31.	◆ 장기일반민간임대주택 등에 대한 양도소득세 과세특례 • 임대기간 중 발생한 양도차익에 장기보유특별공제율 70% 적용 • (적용기한) '27.12.31. ☞ (참고) 기획재정부 누리집〉보도자료〉2024년 세법개정안	조세특례제한법 ('25.1.1.) 기획재정부 재산세제과 (043-215-4313)

01 금융·재정·조세

기획재정부

구 분	변경 전	변경 후	관련 법규(제도 시행일)
			관계 부서
부동산 양도금액 연금 계좌 납입 시 양도소득세 과세특례 신설	(신 설)	◆ 부동산(주택, 토지, 건물) 양도금액 연금계좌 납입 시 해당 부동산 양도소득세액에서 연금계좌납입액(1억원 한도)의 10%를 세액공제 • (적용기한) '27.12.31. ☞ (참고) 기획재정부 누리집〉보도자료〉2024년 세법개정안	조세특례제한법 ('25.1.1.)
			기획재정부 재산세제과 (043-215-4313)
기업의 출산 관련 지원금 비과세	◆ 근로소득에서 비과세되는 출산수당 • (대상) 본인 또는 배우자의 출산과 관련하여 사용자로부터 지급받는 급여 (신 설)	◆ 비과세 한도 폐지 • ❶ 근로자 본인 또는 배우자의 출산과 관련하여, ❷ 출생일 이후 2년 이내*에, ❸ 공통 지급규정에 따라 사용자로부터 지급(2회 이내) 받는 급여 * '24년 수당 지급 시에는 '21.1.1. 이후 출생자에 대한 지급분 포함 - (제외) 친족인 특수관계자가 출산과 관련하여 지급받는 경우	소득세법 ('25.1.1.)
	• (한도) 월 20만원 ※ 6세 이하 자녀에 대한 양육수당 비과세(월20만원)는 현행 유지	• 전액 비과세(한도 없음) ☞ (참고) 기획재정부 누리집〉보도자료〉2024년 세법개정안 보도자료	기획재정부 소득세제과 (044-215-4211)
자녀세액공제 금액 확대	◆ 자녀세액공제 • (공제대상자녀) 기본공제 대상자인 8세 이상의 자녀 또는 손자녀	◆ 공제금액 확대 • (좌동)	소득세법 ('25.1.1.)

01 금융·재정·조세

기획재정부

구 분	변경 전	변경 후	관련 법규(제도 시행일) / 관계 부서
	• (공제금액) 　- (첫째) 15만원 　- (둘째) 20만원 　- (셋째 이후) 30만원/인	- 25만원 - 30만원 - 40만원/인 ☞ (참고) 기획재정부 누리집〉보도자료〉2024년 세법개정안 보도자료	기획재정부 소득세제과 (044-215-4211)
근로장려금(EITC) 맞벌이 가구의 소득상한금액 인상	◆ 근로장려금 지급기준 (기준금액 미만 지급) 	가구 유형	총소득 기준
---	---
단독가구	2,200만원
홑벌이가구	3,200만원
맞벌이가구	3,800만원	 ◆ 총급여액에 따른 맞벌이가구 근로장려금 산정식 	총급여액 등	근로장려금
---	---
800만원 미만	총급여액 등×800분의 330
800만원 이상 1천700만원 미만	330만원
1천700만원 이상 4천400만원 미만	330만원-(총급여액 등-1천700만원)× 2천100분의 330		◆ 맞벌이가구 총소득기준금액 인상 | 가구 유형	총소득 기준
---	---
단독가구	2,200만원
홑벌이가구	3,200만원
맞벌이가구	4,400만원	 ◆ 맞벌이가구 소득요건 상향에 따른 장려금 산정식 수정 	총급여액 등	근로장려금
---	---
800만원 미만	총급여액 등×800분의 330
800만원 이상 1천700만원 미만	330만원
1천700만원 이상 4천400만원 미만	330만원-(총급여액 등-1천700만원)× 2천700분의 330	 ☞ (참고) 기획재정부 누리집〉보도자료〉2024년 세법개정안 보도자료	조세특례제한법 ('25.1.1.) 기획재정부 소득세제과 (044-215-4215)
국채 등 비과세 관련 국외투자기구의 비과세 신청 및 원천징수 절차 간소화	◆ 국외투자기구를 통한 투자시 비거주자·외국법인의 국채 등 비과세 신청방법 • 사모국외투자기구를 통해 투자하는 경우: 하위투자자별 (실질귀속자별) 비과세 신청 • 공모국외투자기구 또는 하위투자자를 입증하기 어려운 사모국외투자기구를 통해 투자하는 경우: 국외투자기구가 비과세 신청	◆ 사모국외투자기구도 공모국외투자기구와 동일한 절차 적용 • 사모·공모국외투자기구를 통해 투자 시: 국외투자기구를 실질귀속자로 간주, 국외투자기구가 비과세 신청	소득세법, 법인세법, 소득세법 시행령, 법인세법 시행령 ('25.1.1. 이후 지급하는 분)

01 금융·재정·조세

기획재정부

구 분	변경 전	변경 후	관련 법규(제도 시행일) / 관계 부서
	◆ 국외투자기구 투자자 중 거주자·내국법인 포함시 소득지급자 원천징수 • 공모국외투자기구: 면제 • 사모국외투자기구: 원천징수	• 사모·공모국외투자기구 모두 원천징수 면제 ☞ (참고) 기획재정부 누리집〉보도자료〉"2024년 세법개정안 발표"	기획재정부 국제조세제도과 (044-215-4653)
전자기부금영수증 발급 활성화	(신 설)	◆ 기부금영수증 발급액이 일정 규모 이상인 기부금 단체의 경우 전자기부금영수증 발급하도록 함 ☞ (참고) 기획재정부 누리집〉보도자료〉"2024년 세법개정안 발표"	법인세법 ('25.1.1.) 기획재정부 법인세제과 (044-215-4223)
해외금융계좌 신고의무 대상 정비	◆ 해외금융계좌 신고의무 면제 대상 • 단기체류 외국인 거주자 • 국내 거소를 둔 기간의 합계가 183일 이하인 재외국민 • 국가·지자체·공공기관 등 〈추 가〉	◆ 신고의무 면제대상 조정 • (좌 동) • 183일 이하 → 182일 이하 • (좌 동) • 조세조약에 따라 체약상대국 거주자로 인정된 거주자 • 해외신탁명세서 제출자 ☞ (참고) 기획재정부 누리집〉보도자료〉"2024년 세법개정안 발표"	국제조세조정에 관한 법률 ('25.1.1. 이후 신고의무가 발생하는 분) 기획재정부 국제조세제도과 (044-215-4651)

01 금융·재정·조세

기획재정부

구 분	변경 전	변경 후	관련 법규(제도 시행일)
			관계 부서
해외금융계좌 신고의무 위반 시 과태료 완화	◆ 해외금융계좌 신고의무 불이행 등에 대한 과태료 • 미신고·과소신고한 경우: 10~20%(누진율), 20억원 한도 • 미소명·거짓소명한 경우: 20%	◆ 과태료 인하 • 과태료율 및 한도 인하: 10~20%(누진율) → 10%(단일율) 20억원 한도 → 10억원 한도 • 과태료율 인하: 20% → 10% ☞ (참고) 기획재정부 누리집〉보도자료〉"2024년 세법개정안 발표"	국제조세조정에 관한 법률 시행령 ('25.1.1. 이후 신고의무가 발생하는 분)
			기획재정부 국제조세제도과 (044-215-4651)
국채 등 비과세 관련 비거주자·외국법인의 직접 경정청구 근거 마련	◆ 비거주자·외국법인의 국채 등 이자·양도소득 비과세 (신 설)	◆ 비거주자·외국법인의 직접 경정청구 근거 마련 • (경정청구) 원천징수의무자 외 비거주자·외국법인이 직접 경정청구 가능 ☞ (참고) 기획재정부 누리집〉보도자료〉"2024년 세법개정안 발표"	소득세법, 법인세법, 소득세법 시행령, 법인세법 시행령 ('25년 1.1. 이후 경정청구하는 분)
			기획재정부 국제조세제도과 (044-215-4653)
외국인 직업운동가에 대한 원천징수 강화	◆ 거주자의 원천징수(예납적) 대상 사업소득의 원천징수세율 • 지급액의 3% – 다만, 계약기간 3년 이하 외국인 직업운동가: 20%	◆ 외국인 직업운동가에 대한 원천징수 확대 • (좌 동) – 외국인 직업운동가: 20% * 계약기간에 상관없이 적용 ☞ (참고) 기획재정부 누리집〉보도자료〉"2024년 세법개정안 발표"	소득세법 ('25.1.1. 이후 지급하는 분)
			기획재정부 국제조세제도과 (044-215-4653)

01 금융·재정·조세

기획재정부

구 분	변경 전	변경 후	관련 법규(제도 시행일) / 관계 부서
해외신탁 자료 제출의무 부여	(신설)	◆ 거주자·내국법인의 해외신탁 자료 제출의무 • (신탁설정·이전 시) 거주자·내국법인이 해외신탁을 설정하거나 해외신탁에 재산을 이전하는 경우 → 위탁자는 건별 1회 자료 제출 • (신탁설정 이후) 거주자·내국법인인 위탁자가 신탁재산을 실질적으로 지배·통제하는 경우 → 위탁자는 매년 자료 제출 ☞ (참고) 기획재정부 누리집〉보도자료〉"2023년 세법개정안 발표"	국제조세조정에 관한 법률 ('25.1.1. 이후 개시하는 과세연도에 자료 제출 의무가 발생하는 분) 기획재정부 국제조세제도과 (044-215-4651)
소득산입보완규칙의 시행	◆ 글로벌최저한세의 시행시기 • 소득산입규칙: '24.1.1. • 소득산입보완규칙: '24.1.1.	◆ 글로벌최저한세의 시행시기 • (좌 동) • 소득산입보완규칙: '25.1.1. ☞ (참고) 기획재정부 누리집〉보도자료〉2023년 세법개정안('23. 7월)	국제조세조정법 ('24.1.1.) 기획재정부 신국제조세규범과 (044-215-4663)

기획재정부

구 분	변경 전	변경 후	관련 법규(제도 시행일) / 관계 부서
수소제조용 석유가스 (LPG) 부탄에 대한 환급 특례 신설	◆ LPG부탄 개별소비세 환급 • 환급대상 　- 가정용 부탄 • 환급세액 　- 가정용 부탄 세액과 프로판 세액의 차액* 　* 275(부탄) - 14(프로판) = 261원/kg	◆ LPG부탄 개별소비세 환급 • 환급대상 　- 가정용 부탄 　- 수소제조용 부탄 • 환급세액 　- 가정용 부탄 세액과 프로판 세액의 차액* 　- 수소제조용 부탄 세액과 프로판 세액의 차액* 　* 275(부탄) - 14(프로판) = 261원/kg ☞ (참고) 기획재정부 누리집〉보도자료〉2024년 세제개편안 발표 ('24.7월)	개별소비세법 ('25.4.1.) 기획재정부 환경에너지세제과 (044-215-4331)
친환경차 개별소비세 감면 적용기한 연장 및 재설계	◆ 친환경차 개별소비세 감면 • (적용대상) 하이브리드차, 전기차, 수소전기차 • (감면한도) 　- 하이브리드차: 대당 100만원 　- 전기차: 대당 300만원 　- 수소전기차: 대당 400만원 • (적용기한) '24.12.31.	◆ 적용기한 2년 연장 및 하이브리드차 감면한도 축소 • (좌 동) • (좌 동) 　- 100만원 → 70만원 • (좌 동) • '26.12.31. ☞ (참고) 기획재정부 누리집〉보도자료〉2024년 세제개편안 발표 ('24.7월)	조세특례제한법 ('25.1.1.) 기획재정부 환경에너지세제과 (044-215-4333)

01 금융·재정·조세

기획재정부

구 분	변경 전	변경 후	관련 법규(제도 시행일)
			관계 부서

무자료 유류 판매자에 대한 교통·에너지· 환경세 부과	◆ 교통·에너지·환경세 부과대상
	
	• (원칙) 휘발유·경유 등 과세물품을 반출하는 자
	• (특례) 판매자 등
	  - 가짜석유제품을 판매하거나 판매하기 위해 보관하는 자
	  - 등유, 부생연료유, 용제를 경유를 연료로 사용하는 차량 또는 기계의 연료로 판매한 자
	
	〈추 가〉
	
	• (이중과세방지) 이하자 중 일방 과세 시 재차 과세하지 않음
	  - 제조자등
	  - 판매자등
	
	〈추 가〉
		◆ 부과대상 확대
		
		• (좌동)
		
		• (좌동)
		
		- 무자료 유류를 판매하거나 판매하기 위해 보관하는 자
		
		• (좌동)
		
		- 면세유 반입자·양수자*
		* 면세유 용도변경에 따른 추징대상
		
		☞ (참고) 기획재정부 누리집〉보도자료〉2024년 세제개편안 발표 ('24.7월)
			교통·에너지·환경세법
			('25.1.1.)
			
			기획재정부
			환경에너지세제과
			(044-215-4331)

수출입신고필증 발급 대상 확대	◆ 신고 명의인에게만 수출입신고필증 발급이 가능해, 관세사 등을 통해 수출입 신고한 화주의 필증 발급 불편	◆ 신고 명의인이 아닌 화주에게 수출입신고필증 발급 가능 ☞ (참고) 기획재정부 정부누리집〉보도자료〉「2024년 세법개정안 발표」	관세법 ('25.1.1.) 기획재정부 관세제도과 (044-215-4417)

01 금융·재정·조세

기획재정부

구 분	변경 전	변경 후	관련 법규(제도 시행일) / 관계 부서
계약 내용과 다른 물품 관세환급 반입장소 추가	◆ 지정 반입장소 ① 보세구역(보세구역 외 세관장 허가를 받은 장소 포함) ② 자유무역지역 중 관세청장이 고시하는 장소	◆ 지정 반입장소 ① 좌동 ② 좌동 ③ 통관우체국 ☞ (참고) 기획재정부 정부누리집〉보도자료〉「2024년 세법개정안 발표」	관세법 ('25.1.1.) 기획재정부 관세제도과 (044-215-4412)
세무조사 사전통지 기간 합리화	◆ 세무조사 사전통지 기간 • 납세자에게 15일 전에 조사 대상 세목, 조사기간 및 조사사유 등을 통지 • (신설)	◆ 사전통지 기간 조정 • 20일 전에 통지 • 불복 청구등의 재조사결정에 따른 재조사의 경우에는 7일 전 통지 ☞ (참고) 기획재정부누리집〉보도자료〉2024년 세법개정안	국세기본법 ('25.1.1.) 기획재정부 조세법령운용팀 (044-215-4151)
협정관세 사후적용 신청 대상 확대	◆ 수입신고수리 후 기간과 관계없이 세관장이 수입자가 신고한 품목분류를 변경하여 관세를 징수하는 경우에만 협정관세 사후적용 신청을 허용	◆ 품목분류 사전심사 결정의 변경 등 사유로 수입자가 부족세액을 수정신고하는 때에도 사후적용을 신청할 수 있도록 허용 ☞ (참고) 기획재정부 누리집〉보도자료〉"2024 세법개정안 발표"	자유무역협정의 이행을 위한 관세법의 특례에 관한 법률 ('25.1.1.) 기획재정부 자유무역협정 관세이행과 (044-215-4471)

01 금융·재정·조세

기획재정부

구 분	변경 전	변경 후	관련 법규(제도 시행일) / 관계 부서
원산지 등 사전심사 제도 개선	◆ (활용대상) 협정에서 사전심사에 관한 사항을 정한 경우에만 신청 가능	◆ 협정에서 정하지 않은 경우에도 사전심사 신청 가능	자유무역협정의 이행을 위한 관세법의 특례에 관한 법률 ('25.1.1.)
	◆ (심사범위)	◆ '실행 관세율 등 그 밖에 협정에서 정하는 사항' 추가 ☞ (참고) 기획재정부 누리집〉보도자료〉"2024 세법개정안 발표"	자유무역협정의 이행을 위한 관세법의 특례에 관한 법률 시행령 ('25년 시행일)
			기획재정부 자유무역협정 관세이행과 (044-215-4471)
사전심사서 내용 변경 대상 확대	◆ 협정에 따라 사전심사서의 근거가 되는 사실관계 또는 상황의 변경 등이 있는 경우에만 사전심사서의 내용을 변경 가능	◆ 사전심사서 내용 변경 관련 규정이 없는 협정의 경우에도 국내법에 근거하여 내용을 변경할 수 있도록 허용 ☞ (참고) 기획재정부 누리집〉보도자료〉"2024 세법개정안 발표"	자유무역협정의 이행을 위한 관세법의 특례에 관한 법률 ('25.1.1.)
			기획재정부 자유무역협정 관세이행과 (044-215-4471)
부정행위에 따른 가산세율 상향 조정	◆ (부정 과소신고*시) 부족세액의 40% * ① 원산지 증명서 거짓작성, 위·변조 ② 원산지증빙서류 파기 ③ 기타부정한 행위	◆ 부족세액의 60%	자유무역협정의 이행을 위한 관세법의 특례에 관한 법률 ('25.1.1.)
			기획재정부 자유무역협정 관세이행과 (044-215-4471)

기획재정부

구 분	변경 전	변경 후	관련 법규(제도 시행일)
			관계 부서
RCEP 원산지 자율증명 제도 확대	◆ 원산지 인증수출자만 자율증명 가능	◆ 일본·호주·뉴질랜드와 수출입하는 물품의 경우 인증수출자 외에도 모든 수출자·생산자가 자율증명 가능 ☞ (참고) 기획재정부 누리집〉보도자료〉"내년부터 일본 수출 시 원산지 증명이 간소화된다" ('24.11.14.)	자유무역협정의 이행을 위한 관세법의 특례에 관한 법률 시행규칙 ('25년 시행일) 기획재정부 자유무역협정 관세이행과 (044-215-4472)
창업중소기업 세액감면 제도 합리화	◆ 창업중소기업 세액감면 • (감면율) 업종·지역별 차등 - 수도권 과밀억제권역 밖: (일반) 5년간 50%(청년 등) 5년간 100% - 고용증대 추가감면: 상시근로자 증가율×50%	◆ 감면율 정비 등 제도 합리화 • ❶ 업종 우대감면율 적용기한 종료 ❷ 수도권 감면율 축소 ❸ 고용증대 추가감면 상향 - 과밀억제권역 아닌 수도권:(일반) 5년간 50%→25%(청년 등) 5년간 100%→75% - 고용증대 추가감면: 상시근로자 증가율×100% • (감면한도) 연간 5억원 ☞ (참고) 기획재정부 누리집〉보도자료〉2024년 세법개정안 발표 ('24.7월)	조세특례제한법 ('25.1.1.) 기획재정부 조세특례제도과 (044-215-4132)
수도권 내 이전에 대한 지방이전지원세제 감면 대상 축소	◆ 공장을 지방으로 이전한 기업에 대해 소득·법인세 감면 • (감면율) 이전지역에 따라 차등 - 수도권내(과밀억제권역 밖):5년 100% + 2년 50%	◆ 이전지역 범위 합리화 - 수도권 인구감소지역 :5년 100% + 2년 50% ☞ (참고) 기획재정부누리집〉보도자료〉2024년 세법개정안 발표 ('24.7월)	조세특례제한법 ('25.1.1.) 기획재정부 조세특례제도과 (044-215-4133)

01 금융·재정·조세

기획재정부

구 분	변경 전	변경 후	관련 법규(제도 시행일)
			관계 부서
질병치료 목적의 동물 혈액 부가가치세 면제	◆ 사람의 혈액에 대해서만 부가가치세 면제 • (대상) 혈액	◆ 면제 대상 추가 • (대상) 치료·예방·진단용동물의 혈액 추가 ☞ (참고) 기획재정부 누리집〉보도자료〉2024년세법개정안 보도자료	부가가치세법 ('25.1.1.)
			기획재정부 부가가치세제과 (044-215-4322)
전자세금계산서 세액공제 적용기한 연장	◆ 공급가액 3억원 미만 개인사업자는 건당 200원 세액공제(연간 한도 100만원)	◆ 적용기한 연장 ☞ (참고) 기획재정부 누리집〉보도자료〉2024년세법개정안 보도자료	부가가치세법 ('25.1.1.)
			기획재정부 부가가치세제과 (044-215-4321)
외국인 숙박 부가가치세 환급 대상 확대	◆ 외국인관광객 등이 공급받은 숙박용역에 대한 부가가치세 환급 • (대상) 관광호텔 외 호텔업	◆ 환급 대상 확대 • (대상) 휴양콘도미니엄업 추가 ☞ (참고) 기획재정부 누리집〉보도자료〉2024년세법개정안 보도자료	조세특례제한법 ('25.1.1.)
			기획재정부 부가가치세제과 (044-215-4323)

01 금융·재정·조세

기획재정부

구 분	변경 전	변경 후	관련 법규(제도 시행일) / 관계 부서
종업원 할인금액에 대한 근로소득 비과세 기준 마련	(신설)	◆ 종업원등에 대한 할인금액을 근로소득으로 규정 • (종업원등) 자사 및 계열사의 종업원 • (대상금액) 종업원등이 자사·계열사의 재화 또는 용역을 시가*보다 할인하여 공급받은 경우 할인받은 금액 　* 할인적용 전 판매가격 또는 쇼핑몰 등 고시가격을 기준으로 하되, 동일기간 일반소비자에게 판매한 가격이 있는 경우 시가로 인정 • (적용요건) 일반소비자와 차별하여 종업원등에게만 적용되는 할인금액 일 것	소득세법 ('25.1.1.)
		◆ 할인금액 중 비과세금액 • (비과세 금액) Max(시가의 20%, 연 240만원) • (비과세대상 요건) 　❶ 종업원등이 직접 소비목적으로 구매 　❷ 일정기간* 동안 재판매 금지 　　* 구체적인 기간은 대통령령으로 위임 　❸ 공통 지급기준에 따라 할인금액 적용 ☞ (참고) 기획재정부 누리집〉보도자료〉2024년세법개정안 보도자료	기획재정부 소득세제과 (044-215-4211)

01 금융·재정·조세

기획재정부

구 분	변경 전	변경 후	관련 법규(제도 시행일)
			관계 부서

전자세금계산서 및 전자계산서 발급 세액 공제 적용기한 연장	◆ 전자세금계산서·전자계산서 세액공제
	• (공제방식) 부가가치세(전자세금계산서), 종합소득세(전자계산서)에서 공제
	• (적용대상) ❶ 또는 ❷
	  ❶ 직전연도 공급가액 또는 사업장별 총수입금액 3억원 미만 개인사업자
	  ❷ 신규 사업자(개인)
	• (공제금액) 건당 200원
	  – 연간 100만원 한도
	• (적용기한) '24.12.31.
		◆ 적용기한 연장
		
		• (좌동)
		
		• '27.12.31.
		
		☞ (참고) 기획재정부 누리집〉보도자료〉2024년세법개정안 보도자료
			소득세법
			('25.1.1.)
			
			기획재정부
			소득세제과
			(044-215-4212)

납세조합 세액공제 적용기한 연장 및 공제율 조정 등	◆ 납세조합* 원천징수 제도 *세원포착이 어려운 업종의 납세자 등이 스스로 조합을 결성하여 원천징수·납부할 수 있도록 하는 제도 • (징수·납부) 납세조합조합원*의 소득세를 매월 징수·납부(다음 달 10일까지) *(근로자) 국외 외국법인 등으로부터 받는 근로소득이 있는 자 (사업자) 농축수산물 판매업자(복식부기 의무자 제외), 노점상인	◆ 세액공제·교부금 합리화 • (좌동)	소득세법 ('25.1.1.)

01 금융·재정·조세

기획재정부

구 분	변경 전	변경 후	관련 법규(제도 시행일)
			관계 부서
	• (조합 교부금) 매월 징수·납부한 소득세액의 2~10%* * 조합원 1인당 30만원 한도 ※ (국세청 고시) 소득세액의 2% • (조합원 세액공제) 매월 소득세액의 5%* * 조합원 1인당 100만원/연 한도 - (적용기한) '24.12.31.	• (근로자) 교부금 하한 축소*(소득세액의 2~10% → 1~10%) * 조합원 1인당 30만원 한도 유지 (사업자) 교부금 폐지 • 근로자 공제율 축소: 소득세액의 5% → 3% * 조합원 1인당 100만원/연 한도 유지 - (근로자) '27.12.31. (사업자) 적용기한 종료 ☞ (참고) 기획재정부 누리집〉보도자료〉2024년세법개정안 보도자료	기획재정부 소득세제과 (044-215-4212)
전자기부금영수증 발급 활성화	◆ 기부금영수증 발급방법 • 종이영수증 또는 전자기부금영수증 중 선택	◆ 전자기부금영수증 발급 의무화 • (대상) 직전연도 기부금영수증 발급 합계액이 일정 금액* 이상인 법인 * 구체적 금액은 대통령령으로 위임 • (발급기한) 기부받은 날이 속하는 연도의 다음 연도 1월 10일 ☞ (참고) 기획재정부 누리집〉보도자료〉2024년세법개정안 보도자료	소득세법 ('25.1.1.)
			기획재정부 소득세제과 (044-215-4212)

01 금융·재정·조세

기획재정부

구 분	변경 전	변경 후	관련 법규(제도 시행일) / 관계 부서
벤처기업 주식매수선택권 행사이익 비과세특례 연장	◆ 벤처기업 주식매수선택권 과세특례 ❶ 행사이익 비과세 특례 (§16의2) - (대상) 비상장·코넥스 상장 - (특례내용) 벤처기업으로부터 부여받은 주식매수선택권 행사이익(시가-매수가액) 연간 2억원 한도* 비과세 *벤처기업별 총 누적한도 5억원 ❷ 행사이익 소득세 분할납부 특례(§16의3) - (대상) 비상장·상장벤처기업 - (특례내용) 행사이익(§16의2에 따른 비과세 이익 제외) 소득세 5년간 분할납부 ❸ 적격주식매수선택권* 과세특례(§16의4) *3년간 행사가액 합계 5억원 이하, 행사후 1년간 보유 등 - (대상) 비상장 벤처기업 - (특례내용) 행사 시 행사이익에 대해 납부하지 않고 양도시 양도소득 (양도가액-행사가액)으로 납부 가능 ◆ (적용기한) '24.12.31.	◆ 적용기한 연장 • (좌동) ◆ '27.12.31. ☞ (참고) 기획재정부 누리집〉보도자료〉2024년세법개정안 보도자료	조세특례제한법 ('25.1.1.) 기획재정부 소득세제과 (044-215-4215)

01 금융·재정·조세

기획재정부

구 분	변경 전	변경 후	관련 법규(제도 시행일) / 관계 부서
성과공유제 중소기업의 경영성과급 소득세 감면 적용기한 연장	◆ 성과공유 중소기업*이 지급하는 경영 성과급**에 대한 세액공제 등 　* 경영성과급 지급 등을 통해 근로자와 성과를 공유하고 있거나 공유하기로 약정한 중소기업 　** 경영목표 설정 및 목표 달성에 따른 성과급 지급을 사전 서면 약정하고 근로자에게 지급하는 성과급 ❶ 경영성과급을 지급한 중소기업에 대한 소득·법인세 세액공제 　- (공제율) 15% 공제 　- (적용기한) '24.12.31. ❷ 성과공유 중소기업에 종사하는 근로자*에 대한 소득세 감면 　* 총급여 7천만원 이상인 자, 최대주주 등 제외 　- (감면대상소득) 성과공유제를 통한 경영성과급 지급액 　- (감면율) 소득세 50% 상당 세액감면 　- (적용기한) '24.12.31.	◆ 적용기한 연장 등 • 공제율 인하 및 적용기한 연장 　- 15% → 10% 　- '27.12.31. • 적용기한 연장 • (좌동) 　- '27.12.31. ☞ (참고) 기획재정부 누리집〉보도자료〉2024년세법개정안 보도자료	조세특례제한법 ('25.1.1.) 기획재정부 소득세제과 (044-215-4215)

01 금융·재정·조세

기획재정부

구 분	변경 전	변경 후	관련 법규(제도 시행일)
			관계 부서
중소·중견기업 핵심인력 성과보상기금 만기수령액 중 기업납입금에 대한 소득세 감면요건 완화 및 제도 연장	◆ 핵심인력 성과보상기금 수령액에 대한 소득세 감면 • (감면대상) 성과보상기금의 공제사업에 가입한 중소·중견기업 근로자 • (감면요건) 성과보상기금에 5년 이상 가입한 중소·중견기업 근로자 • (감면율) – (청년) 　중소기업: 90% 　중견기업: 50% – (그 외) 　중소기업: 50% 　중견기업: 30% • (감면대상소득) 만기 수령한 공제금 중 기업기여금 • (적용기한) '24.12.31.까지 가입한 경우	◆ 감면대상 범위 위임근거 마련, 감면요건 완화 및 적용기한 연장 • 성과보상기금의 대통령령으로 정하는 공제사업에 가입한 중소·중견기업 근로자 • 5년 이상 → 3년 이상 • (좌동) • '27.12.31.까지 가입한 경우 ☞ (참고) 기획재정부 누리집〉보도자료〉2024년세법개정안 보도자료	조세특례제한법 ('25.1.1.) 기획재정부 소득세제과 (044-215-4215)

01 금융·재정·조세

기획재정부

구 분	변경 전	변경 후	관련 법규(제도 시행일)
			관계 부서
노란우산공제 세제지원 강화	◆ 소기업·소상공인 공제부금 (노란우산공제)에 대한 소득공제 • (공제부금 납입한도) 분기별 300만원(연 1,200만원) • (공제적용 소득) ❶ 또는 ❷ ❶ (개인사업자) 사업소득 ❷ (총급여 7천만원 이하 법인대표자) 근로소득 • (소득공제 한도) 	사업(근로)소득금액	공제한도
---	---
4천만원 이하	500만원
4천만원-1억원	300만원
1억원 초과	200만원		◆ 적용대상 확대 및 공제한도 상향 • (좌 동) • 법인대표자 적용기준 완화 ❶ (좌 동) ❷ 총급여 7천만원 → 8천만원 이하 법인대표자 • 소득공제 한도 상향 | 사업(근로)소득금액	공제한도
---	---
4천만원 이하	600만원
4천만원-1억원	400만원
1억원 초과	200만원	 ☞ (참고) 기획재정부 누리집〉보도자료 〉2024년세법개정안 보도자료	조세특례제한법 ('25.1.1.) 기획재정부 소득세제과 (044-215-4212)
결혼세액공제 신설	(신 설)	◆ 결혼세액공제 • (적용대상) 혼인신고를 한 거주자 • (적용연도) 혼인신고를 한 해(생애 1회) • (공제금액) 50만원 • (적용기간) '24~'26년 혼인신고 분 ☞ (참고) 기획재정부 누리집〉보도자료 〉2024년세법개정안 보도자료	조세특례제한법 ('25.1.1.) 기획재정부 소득세제과 (044-215-4211)

01 금융·재정·조세

기획재정부

구 분	변경 전	변경 후	관련 법규(제도 시행일)
			관계 부서
상가임대료 인하 임대사업자에 대한 세액공제 적용기한 연장	◆ 상가임대료 인하 임대사업자의 임대료 인하액 세액공제 • (공제액) 임대료 인하액의 70%(종합소득금액 1억원 초과시 50%) • (임대인)「상가임대차법」상 부동산임대업 사업자등록을 한 임대사업자 • (임차인)「소상공인기본법」상 소상공인, 임대차 계약기간이 남은 폐업 소상공인 • (적용기한) '24.12.31.	◆ 적용기한 연장 • (좌동) • 2025.12.31. ☞ (참고) 기획재정부 누리집〉보도자료〉2024년세법개정안 보도자료	조세특례제한법 ('25.1.1.) 기획재정부 소득세제과 (044-215-4212)
중증장애인 직계존속 부양가구에 대한 근로장려금 지원 강화	◆ 근로장려금 지급대상 홀벌이 가구*의 부양직계존속 거주요건 * 배우자 또는 부양가족이 있는 가구로서 신청인 본인만 총급여액 3백만원 이상 소득자인 가구 • 주민등록표상 동거가족 • 해당 거주자의 주소나 거소에서 현실적으로 생계를 같이 하는 직계존속 〈추가〉	◆ 직계존속이 장애인인 경우 거주요건 완화 • (좌동) - 장애인이 질병 치료·요양 목적 일시퇴거시 거주요건 적용 배제 (부양가족 인정) ☞ (참고) 기획재정부 누리집〉보도자료〉2024년세법개정안 보도자료	조세특례제한법 ('25.1.1.) 기획재정부 소득세제과 (044-215-4215)

01 금융·재정·조세

기획재정부

구 분	변경 전	변경 후	관련 법규(제도 시행일) / 관계 부서
반기 근로장려금 지급액 및 지급 유보 요건 정비	◆ 반기 근로장려금 지급금액 • (상반기분) 총지급금의 35% • (하반기분) 총지급금의 35% ◆ 반기 근로장려금 지급유보 요건 • 상반기 근로장려금이 15만원 미만인 경우 • 하반기 근로장려금 환급 시, 환수가 예상되는 경우	◆ 하반기 지급금액 명확화 • (좌 동) • 연간 산정액에서 상반기지급금액(35%)을 차감한 금액 ◆ 장려금 지급유보 요건 조정 • (좌 동) • 상반기 근로장려금 지급 시, 정산에 따른 환수가 예상되는 경우 ☞ (참고) 기획재정부 누리집〉보도자료〉2024년세법개정안 보도자료	조세특례제한법 ('25.1.1.) 기획재정부 소득세제과 (044-215-4215)
건설기계 처분이익 사업소득 분할 과세특례 신설	(신 설)	◆ 건설기계 처분이익 사업소득에 대한 과세특례 • (적용대상) 건설기계* 1대를 양도한 후 해당 과세기간에 다른 건설기계를 대체취득한 사업자 　*「건설기계관리법 시행령」별표1에 따른 건설기계 　- 과세특례 적용 시 5년 이내 중복 적용 불가 • (과세특례) 양도차익에서 대체취득분에 해당하는 금액 중 1,000만원 초과분(=❶×❷-1,000만원)을 3년 분할 산입 ※ ❶×❷이 1,000만원 미만인 경우 특례 적용 불가) ❶ 기존자산 양도가액 - 기존자산 장부가액 ❷ 신규자산 취득가액 / 기존자산 양도가액(※ 100분의 100 한도)	조세특례제한법 ('25.1.1.)

01 금융·재정·조세

기획재정부

구 분	변경 전	변경 후	관련 법규(제도 시행일) / 관계 부서
		○ (사후관리) 총수입금액 전액 산입 전 폐업 등의 경우 미산입금액 전액 총수입금액 산입 후 해당 세액 및 이자상당 가산액 추가 납부 ☞ (참고) 기획재정부 누리집>보도자료 >2024년세법개정안 보도자료	기획재정부 소득세제과 (044-215-4212)
성실사업자 등에 대한 의료비 등 세액공제 사후관리 합리화	◆ 성실사업자 등에 대한 의료비 등 세액공제 사후관리 기준 • (대상) ❶ 일정 요건*을 갖춘 성실사업자 및 ❷ 성실신고 확인대상사업자 *(의료비·교육비) 수입금액이 직전 3개 과세기간 연평균 50% 초과 등(월세) 종합소득금액 7천만원 이하 등 • (추징기준) 다음 중 하나에 해당시 공제세액 전액 추징 성실 사업자·성실신고 확인대상 사업자: 1) 수입금액 20% 이상과소신고 2) 필요경비 20% 이상과대계상	◆ 추징기준 합리화 • (좌동) • 추징기준 변경(수입·경비 → 소득) 성실 사업자: 사업소득금액 20% 이상과소 신고 성실신고 확인대상 사업자: 사업소득금액 10% 이상과소 신고* *성실신고 확인비용 세액공제 추징 기준(소득금액)과 일원화 ☞ (참고) 기획재정부 누리집>보도자료 >2024년세법개정안 보도자료	조세특례제한법 ('25.1.1.) 기획재정부 소득세제과 (044-215-4212)
소비자 상대업종 추가	◆ 소비자 상대업종 • 소매업, 숙박 및 음식점업 등 199개 업종 〈추가〉	◆ 대상 업종 추가 • (좌동) • 애완동물 장묘·보호서비스업, 유사의료업 ☞ (참고) 기획재정부 누리집>보도자료 >2023년 세법개정 후속 시행령 개정안 보도자료	소득세법 시행령 ('25.1.1.) 기획재정부 소득세제과 (044-215-4213)

01 금융·재정·조세

기획재정부

구 분	변경 전	변경 후	관련 법규(제도 시행일)
			관계 부서
현금영수증 의무발행 업종 확대	◆ 현금영수증 의무발행*대상 * 건당 거래금액 10만원 이상 현금거래 시 소비자 요구 없더라도 현금영수증을 의무적으로 발급 ❶ 변호사 등 전문직 ❷ 병·의원, 약사업, 수의사업 등 ❸ 일반교습학원, 외국어학원 등 ❹ 가구소매업, 전기용품·조명장치 소매업, 의료용기구 소매업 등 일부 소매업 ❺ 골프장운영업, 예식장업 등 기타 업종 * 전체 125개 업종 〈추 가〉	◆ 의무발행대상 확대 • (좌동) • 13개 업종* 추가 및 1개 업종 정정** * ① 여행사업, ② 기타 여행보조 및 예약 서비스업, ③ 수영장운영업, ④ 스쿼시장 등 그 외 기타 스포츠시설 운영업, ⑤ 실외경기장 운영업, ⑥ 실내경기장 운영업, ⑦ 종합스포츠시설 운영업, ⑧ 볼링장 운영업, ⑨ 스키장운영업, ⑩ 의복 액세서리 및 모조 장신구 소매업, ⑪ 컴퓨터 및 주변기기 수리업, ⑫ 앰뷸런스 서비스업, ⑬ 애완동물 장묘 및 보호서비스업 ** 독서실운영업에 스터디카페 포함 ☞ (참고) 기획재정부 누리집〉보도자료〉2023년 세법개정 후속 시행령 개정안 보도자료	소득세법 시행령 ('25.1.1.) 기획재정부 소득세제과 (044-215-4213)

01 금융·재정·조세

기획재정부

구 분	변경 전	변경 후	관련 법규(제도 시행일)
			관계 부서
수영장·체력단련장 시설이용료 신용카드 소득공제 적용 확대	◆ 신용카드등 사용금액 소득공제 • (공제대상) 총급여의 25% 초과 사용금액 • (기본공제) — (공제율) 결제수단별 차등 | 구분 | 공제율 | |---|---| | ❶ 신용카드 | 15% | | ❷ 현금영수증·체크카드 | 30% | — (공제한도) (7천만원 이하) 300만원 (7천만원 초과) 250만원 • (추가공제) — (공제율) | 항목 | 공제율 | |---|---| | ❶ 전통시장·대중교통 | 40% | | ❷ 도서·공연·박물관·미술관·영화관람료* (추가) | 30% | * 총급여 7,000만원 이하만 적용 — (공제한도) (7천만원 이하) 300만원 (7천만원 초과) 200만원	◆ 추가공제 적용대상 확대 • (좌 동) • (좌 동) • (추가공제) — (공제율) | 항목 | 공제율 | |---|---| | ❶ 전통시장·대중교통 | 40% | | ❷ 도서·공연·박물관·미술관·영화관람료* — 수영장·체력단련장 시설이용료 | 30% | * 총급여 7,000만원 이하만 적용 — (좌 동) (7천만원 이하) 300만원 (7천만원 초과) 200만원 ☞ (참고) 기획재정부홈페이지〉보도자료〉2024년 세법개정안 보도자료	조세특례제한법 ('25.1.1.) 기획재정부 소득세제과 (044-215-4211)

기획재정부

구 분	변경 전	변경 후	관련 법규(제도 시행일)
			관계 부서
통합심층평가의 제도화 : 조세·재정지출 평가의 연계	(신설)	◆ 재정사업과 조세지출을 대상으로 통합심층평가 도입	국가재정법 ('25.3월~4월)
			기획재정부 재정제도과 (044-215-5491)

01 금융·재정·조세

국세청

구 분	변경 전	변경 후	관련 법규(제도 시행일) / 관계 부서
현금영수증 의무발행업종 확대	◆ 현금영수증 의무발행*대상 * 건당 거래금액 10만원 이상 현금거래 시 소비자 요구 없더라도 현금영수증을 의무적으로 발급 ① 변호사 등 전문직 ② 병·의원, 약사업, 수의사업 등 ③ 일반교습학원, 외국어학원 등 ④ 가구소매업, 전기용품·조명장치 소매업, 의료용기구 소매업 등 일부 소매업 ⑤ 골프장운영업, 예식장업 등 기타 업종 *전체 125개 업종	◆ 의무발행대상 확대 • (좌동) • 13개 업종 추가* 및 1개 업종 정정** * ① 여행사업, ② 기타 여행보조 및 예약 서비스업, ③ 수영장운영업, ④ 스쿼시장 등 그 외 기타 스포츠시설 운영업, ⑤ 실외경기장 운영업, ⑥ 실내경기장 운영업, ⑦ 종합 스포츠시설 운영업, ⑧ 볼링장 운영업, ⑨ 스키장운영업, ⑩ 의복 액세서리 및 모조 장신구 소매업, ⑪ 컴퓨터 및 주변기기 수리업, ⑫ 앰뷸런스 서비스업, ⑬ 애완동물 장묘 및 보호서비스업 ** 독서실운영업에 스터디카페 포함	소득세법 시행령 ('25.1.1.) 국세청 부가가치세과 (044-204-3222)
인적용역의 부가가치세 면제범위 확대	제42조【저술가 등이 직업상 제공하는 인적용역으로서 면세하는 것의 범위】 2. 개인, 법인 또는 법인격 없는 사단·재단, 그 밖의 단체가 독립된 자격으로 용역을 공급하고 대가를 받는 다음 각 목의 인적 용역	제42조【저술가 등이 직업상 제공하는 인적용역으로서 면세하는 것의 범위】 • (좌동)	부가가치세법 시행령 ('25.1.1.)

국세청

구 분	변경 전	변경 후	관련 법규(제도 시행일)
			관계 부서
	(신 설)	◆ 면제범위 확대 • 「직업안정법」에 따른 근로자 공급용역 • 다른사업자의 사업장(다른 사업자가 제공하거나 지정한 경우로서 그 사업자가 지배·관리하는 장소를 포함한다)에서 그 사업자의 시설 또는 설비를 이용하여 물건의 제조·수리, 건설, 그 밖에 이와 유사한 경우로서 기획재정부령으로 정하는 작업을 수행하기 위한 단순 인력 공급용역(「파견근로자 보호 등에 관한 법률」에 따른 근로자 파견은 제외한다)	국세청 부가가치세과 (044-204-3227)

01 금융·재정·조세

관세청

구 분	변경 전	변경 후	관련 법규(제도 시행일)
			관계 부서
「관세조사 중지 사전승인제도」 시행	제36조(관세조사의 중지 및 재개) ① 세관장은 다음 각 호의 어느 하나에 해당하는 사유로 관세조사(재조사를 포함한다)를 중지하려는 때에는 관세청장에게 보고하고 승인을 받아 조사대상자에게 별지 제11호서식의 관세조사 중지 통지서를 발송해야 한다. 다만, 재조사 시에는 별지 제11호의2서식의 관세조사(재조사) 중지 통지서를 사용한다.	제36조(관세조사의 중지 및 재개) ① 세관장은 다음 각 호의 어느 하나에 해당하는 사유로 관세조사(재조사를 포함한다)를 중지하려는 때에는 관세청장에게 보고하고 승인을 받아 조사대상자에게 별지 제11호서식의 관세조사 중지 통지서(재조사 시에는 별지 제11호의2서식을 사용한다)를 발송해야 한다. 다만, 세관장이 동일한 관세조사 건에 대해 3회를 초과하여 중지(조사대상자의 요청에 의한 중지는 제외한다)하는 경우에는 납세자보호관등의 사전승인을 받아야 한다. ☞ (참고) 관세법령정보포털〉행정규칙〉관세조사 운영에 관한 훈령 (발령일자 '24.10.31.)	관세조사 영에 관한 훈령 ('25.1.1.)
			관세청 기업심사과 (042-817-0000)

01 금융·재정·조세

조달청

구 분	변경 전	변경 후	관련 법규(제도 시행일)
			관계 부서
차세대 나라장터 개통	◆ '02년 개통된 나라장터는 노후화 심각 • 사용자 급증에 따른 처리속도 저하, 검색 불편, 수기처리 과다 등 이용자 불편 • 산재된 조달데이터의 접근성 저하	◆ 디지털 신기술을 이용한 사용자 친화형으로 전면 개편 • 클라우드 등을 이용한 사용자 편의성 극대화 및 안정적 서비스 제공 • 공공조달데이터를 조달데이터허브로 일원화하여 새로운 비즈니스 모델 개발 등	('24. 상반기)
	◆ 공공기관이 자체조달시스템을 개별 운영하여 문제점 발생 • 기업불편, 운영·유지비용 중복투자, 보안취약 등	◆ 25개 공공기관 조달시스템을 나라장터로 통합하여 공공조달플랫폼 일원화 • 기업불편, 운영·유지비용 중복투자, 보안취약 등 해소	조달청 차세대 추진단 (042-724-6344)
조달기업공제조합 설립을 통한 저렴한 보증수수료 제공 등 조달기업의 금융부담 완화	◆ 조달계약을 체결한 기업이 반드시 제출해야하는 보증서 관련하여, 보증수수료가 비싼 민간 보증기관만 이용 가능하여 비용부담이 큰 상황 ◆ 조달기업 상호 간 협동을 통한 기업 성장지원 및 경제활동 진흥의 필요성 대두	◆ 계약·입찰·선금 등 각종 보증서 발급 시 타 공제조합 및 민간 보증회사 대비 20%이상 낮은 보증수수료 제공 ◆ 경영상담·진단·교육, 기술향상 및 교육훈련 지원을 통한 기업경쟁력 제고 ☞ (참고) '조달청 누리집〉보도자료) "조달기업의 보증수수료 부담 확 줄어든다.('24.7.5.)"'	조달사업법 및 시행령 국가계약법 시행령 지방계약법 시행령 ('25.1월)
			조달청 구매총괄과 (042-724-7266)

조달청

구 분	변경 전	변경 후	관련 법규(제도 시행일)
			관계 부서
혁신제품 임차 시범구매 도입	◆ 혁신제품 시범구매가 '구매' 기반 테스트 방식만 존재 [국가계약법 시행령] 제26조(수의계약에 의할 수 있는 경우) ① 법제7조제1항 단서에 따라 수의계약을 할 수 있는 경우는~(생략) 5. 제1호부터~(생략) 사. 「조달사업에 관한 법률」 제27조제1항에 따른 <u>혁신제품을 구매하려는 경우</u>	◆ 임차 시범구매 도입 [국가계약법 시행령] 제26조(수의계약에 의할 수 있는 경우) ① 법제7조제1항 단서에 따라 수의계약을 할 수 있는 경우는~(생략) 5. 제1호부터~(생략) 사. 「조달사업에 관한 법률」 제27조제1항에 따른 <u>혁신제품을 구매·임차하려는 경우</u>	국가계약법 시행령 ('25.1월)
			조달청 신성장 판로지원과 (042-724-7564)
「조달청 안전관리물자 품질관리 업무규정」 개정	125 품명 및 19 세부품명	275개 세부품명 ※ 전문 개정 내용은 없으며 [별표]안전관리물자 지정 품목 변경	조달청 안전관리물자 품질관리 업무규정 ('25.1.1.)
			조달청 조달품질원 품질총괄과 (054-716-8021)

01 금융·재정·조세

금융위원회

구 분	변경 전	변경 후	관련 법규(제도 시행일) / 관계 부서
중도상환수수료 산정방식 합리적 개편	◆ 구체적인 산정기준 없이 획일적으로 중도상황수수료 부과	◆ 중도상환수수료에 ❶ 자금운용 차질에 따른 손실비용 및 ❷ 대출관련 행정·모집비용 등 실비용 外에 다른 비용 부과 금지 ☞ (참고) 금융위원회 누리집〉보도자료〉"중도상환수수료 제도개선을 위한「금융소비자보호 감독규정」개정안 금융위원회 의결('24.7.10.)"	금융소비자보호에 관한 감독규정 ('25.1.13.) 금융위원회 가계금융과 (02-2100-2523)
「서민의 금융생활 지원에 관한 법률」 개정안 시행	◆ 금융회사의 공통출연요율을 연이율 0.1% 이하에서 시행령에서 정하도록 위임	◆ 금융회사 중 은행권 공통출연요율 하한기준을 연이율 0.06% 이상으로 신설 ☞ (참고) 국민참여입법센터〉입법현황〉국회입법현황〉"서민의 금융생활 지원에 관한 법률 일부개정법률안(대안)"(의안번호 2203269)	서민의 금융생활 지원에 관한 법률 ('25.3.21.) 금융위원회 서민금융과 (02-2100-2613)
청년도약계좌 가입자 혜택 강화	◆ 정부기여금 소득구간별 월 기여금 적용한도 (월40~70만원) 및 매칭비율(3~6%) 상이하게 적용 (신 설)	◆ 정부기여금 소득구간별 월 기여금 적용한도 확대 (월 70만원) 및 확대된 구간에 대한 매칭비율(3%) 추가로 적용 ☞ (참고) 금융위원회 누리집〉보도자료〉하반기 운영점검회의 보도자료 ◆ 청년도약계좌 성실납입시(2년 이상, 누적 800만원 이상) 신용점수 추가 가점(최소 5~10점 이상) 부여 ☞ (참고) 금융위원회 누리집〉보도자료〉청년도약계좌 도입 1년 보도자료	-

01 금융·재정·조세

금융위원회

구 분	변경 전	변경 후	관련 법규(제도 시행일)
			관계 부서
	(신설)	◆ 청년도약계좌 만기 전 납입액 일부 인출이 가능한 부분인출서비스를 도입(2년 이상 가입자로 누적 납입원금의 최대 40%이내) ☞ (참고) 기획재정부 누리집〉보도자료〉경제관계장관 회의 보도자료	금융위원회 청년정책과 (02-2100-1686)
은행권 스트레스완충자본 제도 시행	(신설)	◆ 위기상황분석(스트레스테스트) 결과 보통주자본비율 하락수준에 따라 추가자본(최대 2.5%p) 적립 ◆ 스트레스완충자본을 포함한 최저 자본규제비율 미준수 시 이익배당 등 제한 ☞ (참고) 금융위원회 정부누리집〉보도자료〉"은행권 스트레스 완충자본 도입(은행업감독 규정 등 규정변경 예고)"	은행업감독규정 및 금융지주회사 감독규정 ('24.12.31.)
			금융위원회 은행과 (02-2100-2953)
SNS로 불법추심을 당한 경우에도 채무자대리인 선임 지원	◆ 채무자대리인 신청 시, 전화번호 등 불법사금융업자의 특정 정보를 필수로 입력 • SNS 등을 통한 불법사금융 피해를 입은 경우에는 채무자대리인 신청에 한계	◆ SNS, 모바일메신저 아이디(ID)만으로도 채무자대리인을 선임을 신청할 수 있도록 채무자대리인 신청 요건 완화	('24.11.)
			금융위원회 가계금융과 (02-2100-2511)
불법사금융 피해신고·상담은 금융감독원 ☎1332	◆ 불법사금융 피해신고·상담 기관이 여러기관에 설치·운영되고 있으나 관련 정보 피해자들이 알기 어려워 불법사금융 피해를 당하고도 어떻게 대처해야하는지 몰라 피해를 입는 피해자들이 지속 발생	◆ 불법사금융 피해 발생 시, 금융감독원 1332로 전화하면 피해자에게 필요한 피해대응 방법을 종합적으로 한번에 안내받을 수 있음	('25.1월)
			금융위원회 가계금융과 (02-2100-2511)

02. 교육·보육·가족

교육부

구 분		변경 전	변경 후	관련 법규(제도 시행일)
				관계 부서
2025학년도 고등학교 신입생 대상 고교학점제 전면시행	수업량	◆ 교과 180단위 ※ 선택 과목당 5단위 내외 이수/1단위 17회 수업 ◆ 창의적 체험활동 24단위 (408시간) ※ 자율활동, 동아리활동, 봉사활동, 진로활동/주당 평균 4시간(학기당 4학점)	◆ 교과 174학점 ※ 선택 과목당 4학점 내외 이수/1학점 16회 수업 ◆ 창의적 체험활동 18학점(288시간) ※ 자율·자치활동, 동아리활동, 진로활동/주당 평균 3시간(학기당 3학점)	초중등교육법 ('25.3월) 교육부 2022개정교육 과정지원팀 (044-203-6729)
	과목 선택 및 학사 운영	◆ 같은 학년 학생들이 진학 계열별 유사한 과목 수강 (학급별 시간표)	◆ 학생의 진로와 적성에 따라 과목을 선택하여 수강(개인별 시간표)	('25.3월) 교육부 2022개정교육 과정지원팀 (044-203-6729)
	학점이수 인정기준 및 최소 성취 수준 보장 지도	◆ 별도 이수 기준 부재(과목 수업 종료 시 인정)	◆ 과목별 이수 기준 적용 ※ 과목 출석률 2/3 + 학업 성취율 40% 이수기준 충족: 학점 취득 미충족: 최소성취수준 보장지도 등을 통한 학점 취득	('25.3월) 교육부 기초학력진로교육과 (044-203-6740)

02. 교육·보육·가족

교육부

구 분		변경 전	변경 후	관련 법규(제도 시행일)
				관계 부서
	졸업 요건	◆ 각 학년 수업일수의 2/3 이상 출석 시 학교 졸업	◆ 3년간 최소 192학점 이상 취득 시 졸업 ※ 법령상 학년 진급 요건은 현행 유지 (각 학년 수업일수의 2/3 이상 출석 하면 진급)	초중등교육법 ('25.3월)
				교육부 기초학력진로교육과 (044-203-6742)
	평가	◆ 상대평가 등급 병기(9등급) ※ 체육·예술·교양 교과(군) 과목, 과학탐구실험, 진로 선택 과목은 절대평가 성취 도만 기재	◆ 상대평가 등급 병기(5등급) ※ 체육·예술·교양 교과(군) 과목, 과학탐구실험, 사회·과학 융합 선택 과목*은 절대평가 성취도만 기재 *2022 개정 교육과정 보통교과 〈표5〉 기준, 151과목 중 9과목	2028 대학입시제도 개편 확정안 ('25.3월)
		◆ 과목별 5단계 성취도(A~E) ※ 체육·예술 교과(군)·과학탐구 실험·진로 선택 과목 3단계 (A~C), 교양 교과(군) P	◆ 과목별 5단계 성취도(A~E) ※ 체육·예술 교과(군)·과학탐구실험 3단계(A~C), 사회·과학 융합 선택 과목 5단계(A~E), 교양 교과(군) P	교육부 교실혁신지원과 (044-203-6744)
	학습 공간	◆ 학교교실, 오프라인 수업	◆ 인근 학교, 대학 및 지역사회 기관, 온라인으로 수업장소 확장	('25.3월)
				교육부 2022개정교육 과정지원팀 (044-203-6729)
늘봄학교 지원대상 2학년까지 확대		◆ 2024년 2학기부터 전국 모든* 초등학교 1학년 대상 운영 *약 6,100개	◆ 2025년 1학기부터 초등학교 2학년 까지 지원 대상 확대 ☞ (참고)교육부 누리집〉늘봄학교	('25.3월)
		◆ 초등학교 '방과후'와 '돌봄'을 통합·개선한 단일체제로 정규 수업 외에 학교와 지역사회의 다양한 교육자원을 연계하여 학생 성장·발달을 위한 종합 교육프로그램 제공	◆ 정규수업 외에 학교와 지역사회의 다양한 교육자원을 연계하여 학생 성장·발달을 위한 종합 교육프로그램 제공 ☞ (참고)교육부 누리집〉늘봄학교	

교육부

구 분	변경 전	변경 후	관련 법규(제도 시행일)
			관계 부서
	• '24년 희망하는 모든 초등학교 1학년에게 맞춤형 프로그램을 연간 매일 2시간 무료 제공 • 지자체·공공기관·대학·기업 등과 연계해 양질의 프로그램을 제공하며, 사교육비 경감 등 학부모님의 부담 감소 예정	• '25년 희망하는 초등학교 1~2학년 모두 늘봄학교에 참여 가능하고, 맞춤형 프로그램이 연간 매일 2시간 무료 제공 ☞ (참고)교육부 누리집〉늘봄학교 • 지역대학, 공공기관과의 협력을 강화하여 질 높은 교육프로그램 공급 대폭 확대 예정 ☞ (참고)교육부 누리집〉늘봄학교	교육부 늘봄학교정책과 (044-203-6604)
지역혁신중심 대학지원체계 전면시행	◆ 중앙부처 중심의 대학지원	◆ 지자체 주도로 지역발전계획과 연계한 대학지원 - 지역별 RISE 5개년('25~'29) 계획에 따라 사업수행 대학 공모·선정을 통해 시행	지역혁신중심 대학지원 체계 ('25.1월)
			교육부 지역인재정책과 (044-203-6241)
국가장학금 지원	◆ 국가장학금 I유형, 다자녀 장학금: (지원대상) 학자금 지원 대상 8구간 이하 대학생(약 100만명) ◆ 대학생 근로장학금: (지원인원) 약 14만명 (지원단가) 교내 9,860원 / 교외 12,220원 〈신설〉	◆ 국가장학금 I유형, 다자녀 장학금: (지원대상) 학자금 지원 대상 9구간 이하 대학생(약 150만 명) ◆ 대학생 근로장학금: (지원인원) 약 20만명 (지원단가) 교내 10,030원 / 교외 12,430원 ◆ 주거안정장학금(신설): 원거리 진학으로 통학이 어려운 저소득(기초·차상위) 대학생에게 연간 최대 240만원의 주거 관련 비용 지원	('25.3월)
			교육부 청년장학지원과 (044-203-6272)

02. 교육·보육·가족

교육부

구 분	변경 전	변경 후	관련 법규(제도 시행일) / 관계 부서
맞춤형 학업성취도 자율평가 전 학년 (초3~고2) 확대 실시	◆ 초3·5·6, 중1·3, 고1·2 7개 학년 대상 맞춤형 학업성취도 자율평가 실시	◆ 초4, 중2 포함하여 초3~고2 전 학년 대상 맞춤형 학업성취도 자율평가 실시	('25.3~4월) 교육부 기초학력진로교육과 (044-203-6735)
표준보육과정(0~2세) 일부개정 시행	◆「제4차 어린이집 표준보육과정(보건복지부 고시 제2020-75호)」적용	◆「표준보육과정(교육부 고시)」 '25.3.1.부터 시행	영유아보육법 시행규칙 별표 8의4 ('25.3.1.) 교육부 영유아지원관 교육보육과정지원과 (044-203-7128)

농림축산식품부

구 분	변경 전	변경 후	관련 법규(제도 시행일) / 관계 부서
농번기 돌봄지원 대상 연령 및 돌봄기간 확대	◆ 돌봄 대상연령: 2세~초2 ◆ 돌봄방 운영기간: 4~8개월	◆ 돌봄 대상연령: 2세~초4 ◆ 돌봄방 운영기간: 4~10개월	('25.1월) 농림축산식품부 농촌여성 정책팀 (044-201-1566)

02. 교육·보육·가족

여성가족부

구 분	변경 전	변경 후	관련 법규(제도 시행일) / 관계 부서
아이돌봄서비스 정부지원 확대	◆ 아이돌봄서비스 지원 • (지원가구) 11만 가구 • (지원대상) 기준 중위소득 150%이하 가구	◆ 아이돌봄서비스 지원 • (지원가구) 12만 가구 • (지원대상) 기준 중위소득 200% 이하 가구 • 영아돌봄 수당 신설(시간당 1,500원)	아이돌봄 지원법 ('23.10.12.) 여성가족부 가족문화과 (02-2100-6365)
양육비 선지급제 도입	〈신규〉	◆ 양육비를 못 받고 있는 한부모가족에게 국가가 양육비를 우선 지급하고, 이를 비양육자에게 회수하는 양육비 선지급제 도입	양육비 이행확보 및 지원에 관한 법률 ('25.7.1.) 여성가족부 가족지원과 (02-2100-6347)

한부모가족 아동양육비 등 지원 확대	◆ 저소득 한부모가족 지원
	• (아동양육비) 월 21만원
	  * 청소년한부모는 월 35만원
	• (학용품비) 중·고등학생 자녀
	• (소득기준) 자동차 재산의 소득환산율 기준 완화
	  * 월 4.17% 적용: 차량가액 500만원 미만 또는 차령 10년이상
		◆ 저소득 한부모가족 지원
		• (아동양육비) 월 23만원
		  * 청소년한부모는 월 37만원
		• (학용품비) 초·중·고등학생 자녀
		• (소득기준) 자동차 재산의 소득환산율 기준 완화
		  * 월 4.17% 적용: 차량가액 1,000만원 미만 또는 차령 10년이상
			2025년도 한부모가족 지원대상자의 범위 고시
			('25.1.1.시행)
			
			여성가족부
			가족지원과
			(02-2100-6351)

불법촬영물 등 디지털성범죄 피해 지원 강화	◆ 삭제지원 주체 국가에 한정 ◆ 디지털성범죄피해자지원센터 설치 근거 부재 ◆ 피해자 신상정보 삭제지원 근거 부재 ◆ 지역특화상담소 14개소 운영	◆ 삭제지원 주체 지방자치단체까지 확대 ◆ 디지털성범죄피해자지원센터 설치 근거 신설 ◆ 불법촬영물 뿐 아니라 피해자 신상정보도 신속 삭제 지원 ◆ 지역특화상담소 15개소(1개소 추가, 강원) 운영	성폭력방지법 ('25.4.17.) 디지털성범죄방지과 (02-2100-6161) ('25.1월) 디지털성범죄방지과 (02-2100-6167)

02. 교육·보육·가족

여성가족부

구 분	변경 전	변경 후	관련 법규(제도 시행일)
			관계 부서
	◆ 온라인성착취 예방교육 콘텐츠 제작(3종)	◆ 딥페이크 등 디지털성범죄 예방교육 콘텐츠 제작(5종)	디지털성범죄방지과 (02-2100-6575)
저소득 한부모가족 주거지원 확대	◆ 한부모가족복지시설 입소 대상 • 소득인정액이 기준 중위소득 100% 이하인 무주택 한부모가족 • 「위기임신보호출산법」상의 위기임산부는 소득수준 관계없이 입소 가능	◆ 한부모가족복지시설 입소 대상 • 소득인정액이 기준 중위소득 100% 이하인 무주택 한부모가족 • 다만, 아래 요건에 해당하는 한부모 및 미혼자(사실혼 관계에 있는 자 제외)는 소득수준 관계없이 입소 가능 - 「위기임신보호출산법」상의 위기임산부 - 「한부모가족지원법」상의 한부모(미혼자 포함)이며, 임신중이거나 출산 후 1년 이내 해당하는 출산지원시설 입소 희망자 - 「인구감소지역법」상의 '인구감소지역'에 설치·운영 중인 한부모가족복지시설에 입소 희망자	2025년도 한부모가족 지원대상자의 범위 고시 ('25.1.1.시행)
			여성가족부 가족지원과 (02-2100-6348)
인구감소지역 청소년 성장 지원	〈신규〉	◆ 청소년을 위한 건강한 성장 환경을 조성하고 지역 균형 발전을 위해 '인구감소지역청소년 성장지원' 시범사업을 추진	인구감소지역 지원 특별법 ('25. 상반기)
			여성가족부 청소년정책과 (02-2100-6234)
여성청소년 생리용품 지원	◆ 1인당 지원금액(월) 13,000원	◆ 1인당 지원 금액(월) 14,000원 (1,000원 인상)	「청소년복지 지원법」 제5조 ('25.1.1)
			여성가족부 청소년정책과 (02-2100-6242)

여성가족부

구 분	변경 전	변경 후	관련 법규(제도 시행일) / 관계 부서
가정 밖 청소년 자립지원수당 지급 확대	◆ 청소년쉼터, 청소년자립지원관 퇴소 가정 밖 청소년의 안정적인 자립기반 마련을 지원하기 위해 자립지원수당 지급(월 40만원, 최장 60개월)	◆ 가정 밖 청소년 자립지원수당 월 지급단가를 월 40만원에서 월 50만원으로 인상하고, 2025년 신규 지원자를 포함하여 대상자를 확대 (340명 → 440명)	자립지원수당 관련지침 *청소년사업안내(II) ('25.1.1.) / 여성가족부 청소년자립지원과 (02-2100-6278)
여성폭력 피해자 광역단위 통합지원사업 확대	◆ ('24년) 5개소* 운영 * 서울·부산·대전·울산·경기	◆ 11개소* 운영 * 공모를 통해 선정 예정('24.12월중)	성폭력방지 및 피해자 보호 등에 관한 법률 ('25.1.1.) / 여성가족부 권익정책과 (02-2100-6307)
미성년 성폭력피해자 자립 지원 강화	◆ 미성년 성폭력피해자 퇴소 자립지원금 5백만원 지급 〈신규〉	◆ 미성년 성폭력피해자 퇴소자립지원금 10백만원 지급 ◆ 미성년 성폭력피해자 퇴소자립지원수당 월 50만원씩 최대 5년간 지원	성폭력방지 및 피해자 보호 등에 관한 법률 ('25.1.1.) / 여성가족부 성폭력방지과 (02-2100-6396)
성범죄자 취업제한 점검·확인결과 공개방법 개선	◆ 성범죄의 경력자 점검·확인결과를 여성가족부장관이 구축·운영하는 전용 웹사이트를 통해 공개해야 한다. 이 경우 공개기간은 3개월 이상으로 한다. 〈신규〉	◆ 성범죄의 경력자 점검·확인결과를 해당 기관의 누리집을 통해 공개하고 여성가족부장관에게 제출해야 한다. 이 경우 공개기간은 3개월 이상 12개월 이하로 한다. ◆ 여성가족부장관은 제1항에 따라 제출받은 각 기관의 점검·확인 결과를 종합하여 전용 웹사이트를 통해 그 현황을 공개할 수 있다.	아동·청소년의 성보호에 관한 법률 시행령 ('25.1.1.) / 여성가족부 아동청소년성보호과 (02-2100-6416)

02. 교육·보육·가족

여성가족부

구 분	변경 전	변경 후	관련 법규(제도 시행일)
			관계 부서
기업 인사담당자 대상 다양성 교육	◆ 전문 인력, 자원 등 여건이 어려운 중소기업 대상으로 성별 다양성 및 일·생활 균형 조직문화 확산에 한계	◆ 지역 소재 중소기업 중심으로 HR 관계자 및 CEO 대상 다양성 제고 교육 확대 시행 • ('24년) 100개사 → ('25년) 400개사 • 기업 유형·규모별 맞춤형 심화 교육 제공	양성평등기본법 ('25.1.1.)
			여성가족부 여성인력 개발과 (02-2100-6197)
직업교육훈련 참여촉진 수당 신설 및 고부가 직업교육훈련 확대	◆ 고부가가치 직업교육훈련 확대 • 경력단절여성 등의 기술 및 숙련수준 제고를 위한 신기술·고부가가치 직업교육훈련 (AI·SW·바이오·반도체 등) 과정 확대	◆ 직업교육훈련 참여촉진 수당 신설 및 고부가 직업교육훈련 확대 • 직업교육훈련 참여기간 동안 경력단절여성 등이 경제적 부담을 덜고 교육 및 구직활동에 집중할 수 있도록 직업교육훈련 참여촉진 수당을 신설 • 경력단절여성 등의 기술 및 숙련수준 제고를 위한 고부가가치 직업교육훈련 과정 확대	- ('25.1.1.)
			여성가족부 경력단절여성지원과 (02-2100-6204)

해양수산부

구 분	변경 전	변경 후	관련 법규(제도 시행일)
			관계 부서
늘봄학교와 연계한 초등 해양교육 강화	(신설)	◆ 해양교육 프로그램과 초등 늘봄학교 프로그램을 연계하여 최대 900차시 (학기당 8~40차시) 제공 ◆ 8개 기관이 12개 지역을 맡아 34개교 (학급)에 늘봄학교 해양교육 프로그램 제공	('25.3월)
			해양수산부 해양정책과 (044-200-5226)

03. 보건·복지·고용

과학기술정보통신부

구 분	변경 전	변경 후	관련 법규(제도 시행일)
디지털배지 기반 통합 취업지원서비스 개시	◆ 채용시장에서 취준생은 개별 기관별로 증명서를 발급 받아야하고, 채용기업은 제출된 이력서 검증에 많은 시간과 비용 소요	◆ 통합 취업지원서비스(디지털배지 고용24)를 통해 취준생은 클릭 한번으로 디지털 이력서를 생성하여 채용기업 등에 간편하게 제출 가능하고, 제출된 이력서에 대한 신뢰 검증 가능	('25. 초)
			과학기술정보통신부 디지털사회기획과 (044-202-6132)

농림축산식품부

구 분	변경 전	변경 후	관련 법규(제도 시행일)
여성농업인 특수건강검진 확대	◆ 검진대상인원: 3만명 ◆ 검진시행 지자체: 50개 시·군	◆ 검진대상인원: 5만명 ◆ 검진시행 지자체: 150개 시·군	('25.1월)
			농림축산 식품부 농촌여성 정책팀 (044-201-1566)

03. 보건·복지·고용

보건복지부

구 분	변경 전	변경 후	관련 법규(제도 시행일) / 관계 부서
모든 가임기 남녀에게 임신 사전건강관리 지원	◆ 임신 계획 단계 부부에게 필수 가임력 검진비를 지원 - ▲ 여성 13만원(난소기능검사(AMH), 부인과 초음파), ▲ 남성 5만원(정액검사)	◆ 20~49세 가임기 남녀에게 필수 가임력 검진비를 지원(주기별 1회, 최대 3회) (동 일) ☞ (참고) e보건소 공공보건포털〉의료비지원〉임신 사전건강관리 지원	모자보건법 ('25.1.1.) 보건복지부 출산정책과 (044-202-3403, 3404)
중증장애인생산품 우선구매 비율 상향 (1% → 1.1%)	◆ 중증장애인생산품 구매목표 비율은 공공기관별 총구매액(제품과 노무용역 등의 서비스에 대한 총구매액이며, 공사는 제외)의 100분의 1 이상이 되어야 한다.	◆ 공공기관별 총구매액(제품과 노무용역 등의 서비스에 대한 총구매액이며, 공사는 제외)의 <u>100분의 2의 범위에서 보건복지부장관이 정하는 비율 이상</u> • 공공기관의 중증장애인생산품 구매목표 비율은 100분의 1.1로 한다 ('25.1.1.)부터 적용). ☞ (참고) 「중증장애인생산품 우선구매 특별법」제7조제3항 및 「중증장애인생산품 구매목표 비율 및 생산시설 지정 등에 관한 기준」제2조	중증장애인생산품 우선구매 특별법 중증장애인생산품 구매목표 비율 및 생산시설 지정 등에 관한 기준 ('25.1.1.) 보건복지부 장애인자립기반과 (044-202-3325, 3330)
디딤씨앗통장 (아동발달지원계좌) 지원대상 확대	◆ 지원대상 • 보호대상아동 및 기초생활수급가구 아동(만0~17세)	◆ 지원대상 • 보호대상아동, 기초생활수급가구 아동, 차상위계층 아동(만0~17세) ☞ (참고) 보건복지부 누리집〉정책〉인구아동〉아동보호자립〉디딤씨앗통장	「아동복지법 시행규칙」 제19조제1항4호 ('25.1.1.) 보건복지부 아동보호 자립과 (044-202-3431, 3439)

03. 보건·복지·고용

보건복지부

구 분	변경 전	변경 후	관련 법규(제도 시행일)
			관계 부서
응급구조사 업무범위 확대	◆ 현행 14종 가. 심폐소생술의 시행을 위한 기도유지(기도기(airway)의 삽입, 기도삽관(intubation), 후두마스크 삽관 등을 포함) 나. 정맥로의 확보 다. 인공호흡기를 이용한 호흡의 유지 라. 약물투여: 저혈당성 혼수 시 포도당의 주입, 흉통 시 니트로글리세린의 혀아래(설하) 투여, 쇼크 시 일정량의 수액 투여, 천식발작 시 기관지 확장제 흡입 마. 2급 응급구조사의 업무 (10종)	◆ 19종(5종 추가) ※ 추가 5종 ① 심정지 시 에피네프린 투여 ② 아나필락시스 쇼크 시 자동주입펜을 이용한 에피네프린 투여 ③ 정맥로의 확보 시 정맥혈 채혈 ④ 심전도 측정 및 전송(의료기관 안에서는 응급실 내에 한함) ⑤ 응급 분만 시 탯줄 결찰 및 절단(현장 및 이송 중에 한하며, 지도의사의 실시간 영상의료지도 하에서만 수행) ☞ (참고) 보건복지부 누리집>보도자료>"[보도자료] 병원 전 응급환자 중증도 분류 기준을 제도화 하고, 응급 구조사 업무범위를 확대"	응급의료에 관한 법률 시행규칙 ('25.1.1.) 보건복지부 재난의료대응과 (044-202-2649, 2647)
국가건강검진 검사 항목 확대	(신 설) ◆ 54·66세 여성(총 2회)대상 골다공증 검사 실시 ◆ 20, 30, 40, 50, 60, 70세 대상 우울증 검사 실시(해당 연령을 시작으로 10년 동안 1회)	◆ 생애 1회 56세 대상 C형간염 검사 실시 ◆ 54·60·66세 여성(총 3회)대상 골다공증 검사 실시 ◆ 20~34세 대상 2년에 1회 실시(40, 50, 60, 70세는 10년에 1회 실시) ◆ 기존 우울증검사에 더해 조기정신증 검사 추가 실시	('25.1.1.) 보건복지부 건강증진과 (044-202-2828)

03. 보건·복지·고용

고용노동부

구 분	변경 전	변경 후	관련 법규(제도 시행일) / 관계 부서
육아휴직 급여인상 및 사후지급 폐지, 육아기 근로시간 단축 급여 기준금액 상한액 상향	◆ 육아휴직 급여 월 최대 150만원(통상임금 80%) ◆ 자녀 생후 18개월 내 부모가 모두 육아휴직 시 첫 달 육아휴직 급여 200만원 상한 ◆ 한부모 근로자 첫 3개월 육아휴직 급여 250만원 상한 ◆ 육아휴직 중 75% 지급, 육아휴직 종료 후 해당 사업장에 복직하여 6개월 이상 계속 근무한 경우 25% 사후지급	◆ 육아휴직 급여 월 최대 250만원(통상임금 100%) ◆ 자녀 생후 18개월 내 부모가 모두 육아휴직 시 첫 달 육아휴직 급여 250만원 상한 ◆ 한부모 근로자 첫 3개월 육아휴직 급여 300만원 상한 ◆ 육아휴직 중 전액 지급(100%)	고용보험법 시행령 ('25.1.1.) 고용노동부 여성고용정책과 (044-202-7412)
	◆ 육아기 근로시간 단축 급여액 중 매주 최초 10시간 단축분 급여 계산 시 적용되는 기준금액(월 통상임금 100%) 상한액: 200만원	◆ 육아기 근로시간 단축 급여액 중 매주 최초 10시간 단축분 급여 계산 시 적용되는 기준금액(월 통상임금 100%) 상한액: 220만원	고용보험법 시행령 ('25.1.1.) 고용노동부 여성고용정책과 (044-202-7476)
「육아지원 3법」 개정 시행	◆ 육아휴직 • 기간: 1년 • 분할횟수: 2회 ◆ 배우자 출산휴가 • 절차: 휴가 청구 • 기간: 10일 • 기한: 배우자가 출산한 날부터 90일 이내 청구	◆ 육아휴직 • 기간: 1년(부모 각각 3개월 이상 사용하거나, 한부모 또는 중증 장애아동 부모는 1년 6개월) • 분할횟수: 3회 ◆ 배우자 출산휴가 • 절차: 휴가 고지 • 기간: 20일 • 기한: 배우자가 출산한 날부터 120일 이내 사용	남녀고용평등법 · 고용보험법 · 근로기준법 ('25.2.23.)

고용노동부

구 분	변경 전	변경 후	관련 법규(제도 시행일)
			관계 부서
	• 분할횟수: 1회 • 정부지원: 5일 ◆ 난임치료휴가 • 기간: 3일(유급 1일) • 정부지원: 없음 ◆ 육아기 근로시간 단축 • 대상 자녀 연령: 8세(초2) 이하 • 기간: 1년(육아휴직 미사용 기간 가산 시 최대 2년) • 최소 사용기간: 3개월 ◆ 출산전후휴가 • 기간: 90일(다태아 출산 시 120일) • 정부지원: 우선지원대상기업 근로자 90일, 대규모기업 근로자 30일	• 분할횟수: 3회 • 정부지원: 20일 ◆ 난임치료휴가 • 기간: 6일(유급 2일) • 정부지원: (신설) 2일 ◆ 육아기 근로시간 단축 • 대상 자녀 연령: 12세(초6) 이하 • 기간: 1년(육아휴직 미사용기간 2배 가산 시 최대 3년) • 최소 사용기간: 1개월 ◆ 출산전후휴가 • 기간: 90일(미숙아 출산 시 100일, 다태아 출산 시 120일) • 정부지원: 우선지원대상기업 근로자 100일, 대규모기업 근로자 40일	고용노동부 여성고용정책과 (044-202-7476, 7412, 7471)
「출산육아기 대체인력, 업무분담지원금」 지원확대	◆ 출산전후휴가, 육아기 단축에 따른 대체인력 고용에 대해 월 80만원 지원 ◆ 육아기 단축에 따른 업무분담자에게 금전적 지원을 한 중소기업 사업주에게 월 최대 20만원 지원	◆ 육아휴직, 출산전후휴가, 육아기 단축에 따른 대체인력의 고용 또는 (파견)사용에 대해 월 120만원 지원 ◆ 육아휴직, 육아기 단축에 따른 업무분담자에게 금전적 지원을 한 중소기업 사업주에게 월 최대 20만원 지원 ☞ (참고) 고용노동부 누리집〉뉴스·소식〉기타 "2025년 고용장려금 지원 제도(예정)"	고용보험법 시행령 ('25.1.1.) 고용노동부 일가정양립추진단 (044-202-7474)

03. 보건·복지·고용

고용노동부

구 분	변경 전	변경 후	관련 법규(제도 시행일)
			관계 부서
「청년일자리도약장려금」 확대 개편	◆ 5인 이상 우선지원대상기업에서 만 15~34세의 취업애로 청년을 정규직으로 채용 후 6개월 이상 고용유지 시 최장 2년간 최대 1,200만원을 지원	◆ 사업주 및 근로자를 지원하여 청년 신규 일자리 창출을 통한 청년고용 활성화 • (유형1) 5인 이상 우선지원대상기업에서 취업애로청년을 정규직으로 채용하고 6개월 이상 고용유지시 최장 1년간 최대 720만원 지원 • (유형2) 5인 이상 빈일자리 업종의 우선지원대상기업에서 청년을 정규직으로 채용 후 6개월 이상 고용유지 시 최장 1년간 최대 720만원 지원하고, 해당 빈일자리 기업에서 18개월 이상 재직한 청년에게 최대 480만원을 지원	고용정책기본법 청년고용촉진특별법 ('25.1.1. 예정) 고용노동부 공정채용 기반과 (044-202-7441)
「상습 임금체불 근절법」 시행	(신설)	◆ 상습체불 사업주*에 대해 신용제재, 정부지원 제한, 공공입찰 불이익 *(상습체불 사업주) 1년간 ❶ 근로자 1인당 3개월분 임금 이상 체불(퇴직금 제외) 또는 ❷ 5회이상 체불 &체불총액 3천만원(퇴직금 포함) 이상 ◆ 명단공개 사업주에 대한 반의사불벌죄 배제 및 출국금지 ◆ 체불*로 손해를 입은 경우 임금 등의 3배 이내 손해배상 청구 *❶명백한고의로 체불 또는 ❷1년간 임금 등을 체불한 개월 수가 3개월 이상 또는 ❸체불 총액이 3개월 이상의 통상임금인 경우 ☞ (참고) 국가법령정보센터〉개정 「근로기준법」	개정 근로기준법 시행 ('25.10.23.) 고용노동부 근로기준정책과 (044-202-7529)

고용노동부

구 분	변경 전	변경 후	관련 법규(제도 시행일)
			관계 부서
폭염·한파에 대한 사업주의 보건조치 명확화	(신설)	◆ 사업주로 하여금 '폭염·한파에 근로자가 장시간 노출됨으로써 발생하는 건강장해'를 예방하도록 의무를 명확화	산업안전 보건법 ('25.6.1.)
			고용노동부 직업건강 증진팀 (044-202-8891)
장애인 표준사업장 무상지원금 '도약지원형' 신설	◆ 표준사업장 무상지원에 따른 고용의무기간(7년) 종료에도 불구, 지원 한도의 제약으로 추가지원 불가하여 내용 연수가 지난 노후화된 장비 교체 및 추가 채용 등에 어려움이 있음	◆ 표준사업장 무상지원금 한도(10억) 전액 지원 사업장에 대한 지원한도 확대를 통해 추가 5억원을 지원하여 노후시설·장비를 수리·개선하고, 장애인을 추가 고용할 수 있도록 함	장애인 표준사업장에 대한 지원규정 ('25.1. 예정)
			고용노동부 장애인고용과 (044-202-7485)
국민내일배움카드 취약계층 지원수준 확대	◆ 기간제·파견·단시간·일용근로자, 고용위기지역 및 특별고용지원업종종사자에 대한 계좌추가지원 한도 100만원	◆ 기간제·파견·단시간·일용근로자, 고용위기지역 및 특별고용지원업종종사자에 대한 계좌 추가지원 한도를 200만원으로 상향 ☞ (참고) 고용노동부 누리집〉정보공개〉예산·법령정보〉훈련·예규·고시〉국민내일배움카드 운영 규정 일부 개정	국민내일배움카드 운영규정 ('25.1.1. 예정)
			고용노동부 인적자원개발과 (044-202-7318)
'중장년 경력지원제' 신설	(신설)	◆ 주된 업무에서 퇴직한 사무직 등 중장년에게 일경험을 쌓을 수 있도록 지원하여 취업가능성을 제고 • (지원내용) – (참여자) 월 최대 150만원 – (참여기업) 월 최대 40만원	고용상 연령차별금지 및 고령자고용촉진에 관한 법률 ('22.6.10.)
			고용노동부 고령사회인력정책과 (044-202-7459)

03. 보건·복지·고용

고용노동부

구 분	변경 전	변경 후	관련 법규(제도 시행일)
			관계 부서
「사업주자격 정부인정제」 도입	(신 설)	◆ 정부로부터 인정받은 사업주자격에 대해 인정서를 발급하고 자격증 등에 인정마크 기재 허용 ☞ (참고) 고용노동부 누리집〉정보공개〉예산·법령 정보〉입법·행정예고〉"[행정] 사업주자격 인정 규정 제정안 행정예고('24.11.12.~12.3.)"	「사업주자격 인정 규정」 ('24.12월)
			고용노동부 직업능력평가과 (044-202-7288)
빈일자리 재직청년 기술연수 신설	(신 설)	◆ 빈일자리 재직청년 기술연수 신규 도입 • (운영기관) 「고등교육법」 제2조 제1호~제4호·제6호 대학, 직업능력개발훈련법인 등 • (연수대상) 빈일자리 업종 재직 2년 이상 청년 • (연수유형) 국내연수 • (지원내용) 훈련비, 임금 및 대체인력 인건비 등 ☞ (참고) 한국산업인력공단 누리집〉HRDK 소식·홍보〉공지사항〉빈일자리 재직청년 기술연수 모집공고	고용보험법 ('24.5.17.) 고용보험법시행령 ('24.7.1.) 사업주 직업능력개발 훈련 지원규정 ('24.1.1.)
			고용노동부 기업훈련지원과 (044-202-7295)
뿌리산업분야 교육센터 구축	(신 설)	◆ 뿌리산업분야 주문식 훈련을 위한 폴리텍 교육센터(뿌리산업교육센터) 3개소 구축 ☞ (참고) 한국폴리텍대학누리집〉과정 안내(예정)	국민평생 직업능력개발법 ('23.7.4.)
			고용노동부 직업능력정책과 (044-202-7274)

고용노동부

구 분	변경 전	변경 후	관련 법규(제도 시행일) / 관계 부서
중소기업 채용 관리 솔루션 활용 지원	(신설)	◆ 중소기업 등이 민간의 채용관리 솔루션을 도입·활용한 경우 사용료의 80% 지원(최대 40만원)	채용 절차의 공정화에 관한 법률 ('25.3월 예정) / 고용노동부 공정채용 기반과 (044-202-7344)
2025년 적용 최저임금	◆ 2024년 최저임금: 시간급 9,860원 월 환산액 2,060,740원 (주 40시간 기준)	◆ 2025년 최저임금: 시간급 10,030원 월 환산액 2,096,270원 (주 40시간 기준) ☞ (참고) 고용노동부 누리집〉정보공개〉법령정보〉훈령·예규·고시	2025년 적용 최저임금 고시 ('25.1.1.) / 고용노동부 근로기준정책과 (044-202-7555)
근로자 생활안정자금 (융자) 이차보전 지원	(신설)	◆ 이차보전 도입 • (지원대상) 중위소득 이하 근로자 • (지원요건) 혼례, 영·유아 자녀 양육 비용 • (지원한도) 500만 원 ~ 1,000만 원 범위 • (이차보전율) 대출금리의 3% 이내	근로복지사업 운영규정 ('25.1.) / 고용노동부 퇴직연금복지과 (044-202-7561, 7562)
산재근로자 생활안정자금 '자녀양육비' 융자종류 신설	◆ 융자 종류 • 의료비, 혼례비, 장례비, 취업안정자금, 주택이전비, 차량구입비	◆ 융자 종류 • 의료비, 혼례비, 장례비, 취업안정자금, 주택이전비, 차량구입비, 자녀양육비 ☞ (참고) 근로복지공단 근로복지넷 누리집〉생활안정자금〉산재근로자생활안정자금	산재근로자 생활지원규정 ('25.1.1.) / 고용노동부 산재보상 정책과 (044-202-8837)

03. 보건·복지·고용

고용노동부

구 분	변경 전	변경 후	관련 법규(제도 시행일) / 관계 부서
「산업재해근로자의 날」 법정기념일 지정	(신설)	◆ 매년 4월 28일을 산업재해근로자의 날, 해당일로부터 1주간을 산업재해근로자 추모 주간으로 함	산업재해보상보험법 ('25.1월) / 고용노동부 산재보상 정책과 (044-202-8837)
위험성평가 인정사업장 심사·관리 강화	◆ 인정기준 70점 이상 ◆ 심사항목 및 가중치 • 위험성평가 실행 수준 50% • 구성원의 참여·이해 수준 20% ◆ 인정사업장 사후점검 대상: 20% 범위 내 실시 ◆ 인정취소 사유 • 거짓·부정한 방법으로 인정 • 중대재해 발생 • 중대산업재해 • 산업재해 공표 사업장 • 사후심사 결과 인정기준 점수 미충족	◆ 인정기준 90점 이상 ◆ 심사항목 및 가중치 • 위험성평가 실행 수준 60% • 구성원의 참여·이해 수준 25% ◆ 인정사업장 사후점검 대상: 모든 사업장 ◆ 인정취소 사유 추가 • 사후점검 거부 • 심사·점검 시 지적사항 미이행 ☞ (참고) 고용노동부 누리집〉정보공개〉예산·법령정보〉훈령·예규·고시〉「사업장 위험성평가에 관한 지침」	사업장 위험성평가에 관한 지침 ('25.1.1.) / 고용노동부 산재예방지원과 (044-202-8923)
건설업 산업안전보건관리비 평균 19% 인상	◆ 고시 별표1에 따라 '13년 인상된 계상 요율 적용	◆ 기존 대비 평균 19% 상승폭을 적용한 별표1 계상요율표 인상 ☞ (참고) 고용노동부누리집〉정보공개〉법령정보〉입법·행정예고	건설업 산업안전보건관리비 계상 및 사용기준 ('25.1.1.) / 고용노동부 건설산재예방정책과 (044-202-8938)

구 분	변경 전	변경 후	관련 법규(제도 시행일)
			관계 부서
국민취업지원제도 청년 특화 취업지원 프로그램	〈신규〉	◆ 청년 특화 취업지원 프로그램 신설 • (대상) 역량강화 프로그램 참여 후 빈일자리 업종에 취업한 II 유형 청년 • (지원 내용) 훈련참여수당 (월 20만원, 최대 120만원) 및 취업성공수당(40만원) 지원	구직자 취업촉진 및 생활안정지원에 관한 법률 ('25.1.1.) 고용노동부 국민취업지원기획팀 (044-202-7195)
국민취업지원제도 소상공인 특화 취업지원 프로그램	〈신규〉	◆ 소상공인 특화 취업지원 프로그램 신설 • (대상) 희망리턴패키지 재취업 기본 교육을 이수하고 국민취업지원제도에 참여하는 폐업(예정) 소상공인 • (지원 내용) 특화 취업지원 서비스 지원(고용부) 및 국민취업연계수당 지원(중기부, 월 20만원, 최대 6개월)	구직자 취업촉진 및 생활안정지원에 관한 법률 ('25.1.1.) 고용노동부 국민취업지원기획팀 (044-202-7375)

여성가족부

구 분	변경 전	변경 후	관련 법규(제도 시행일)
			관계 부서
인구감소지역 청소년 성장 지원	〈신규〉	◆ 청소년을 위한 건강한 성장 환경을 조성하고 지역 균형 발전을 위해 '인구감소지역청소년 성장지원' 시범사업을 추진	인구감소지역 지원 특별법 ('25. 상반기) 여성가족부 청소년정책과 (02-2100-6234)
기업 인사담당자 대상 다양성 교육	◆ 전문 인력, 자원 등 여건이 어려운 중소기업 대상으로 성별 다양성 및 일·생활 균형 조직문화 확산에 한계	◆ 지역 소재 중소기업 중심으로 HR 관계자 및 CEO 대상 다양성 제고 교육 확대 시행 • (2024년) 100개사 → (2025년) 400개사 • 기업 유형·규모별 맞춤형 심화 교육 제공	양성평등기본법 ('25.1.1.) 여성가족부 여성인력 개발과 (02-2100-6197)

03. 보건·복지·고용

해양수산부

구 분	변경 전	변경 후	관련 법규(제도 시행일) / 관계 부서
해기사 면허 승급을 위한 승무경력기간 조정	◆ 해기사 면허를 취득·승급을 위해 요구되는 승무경력기간이 국제협약 대비 장기 • 지정교육기관(대학) 졸업생의 경우 선장·기관장까지 소요되던 기간이 4년~9년	◆ 국제협약 기준에 부합하게 승무경력기간 최대 50% 단축·조정 • 지정교육기관(대학) 졸업생의 경우 선장·기관장까지 소요기간이 2년~3년으로 단축 • 그 외의 경우에도 선박 규모 및 직급 등을 고려 유사 비율로 조정 ☞ (참고) 해양수산부 누리집〉정책자료〉법령정보〉법령〉선박직원법 시행령	선박직원법 시행령 ('24.12.17.) 해양수산부 선원정책과 (044-200-5741)
어업활동 대체 인력 인건비 지원 확대	◆ 지원금액 • 영어를 대행한 대체인력에게 1일 100,000원(국고 50,000원) 이내로 시·도지사가 정하는 금액	◆ 지원금액 확대 • 영어를 대행한 대체인력에게 1일 120,000원(국고 60,000원) 이내로 시·도지사가 정하는 금액 ☞ (참고) 해양수산부누리집〉정보공개〉국고보조금정보〉"2025년 보조사업사업시행지침"	('25.1.1.) 해양수산부 소득복지과 (044-200-5465)
「선내 안전·보건 및 사고예방 기준」 시행	(신설)	◆ 선박별로 안전관리체계를 구축하고, 선원의 안전과 위생을 제고하기 위한 세부기준을 규정 ☞ (참고) 해양수산부 정부누리집〉보도자료〉"선내 안전·보건 및 사고예방기준 제정"	선내 안전·보건 및 사고예방 기준 ('25.1.25.) 해양수산부 선원정책과 (044-200-5742)

국가보훈부

구 분	변경 전	변경 후	관련 법규(제도 시행일)
			관계 부서
보훈대상자 자녀의 기업체 보훈특별고용 지원연령 상향	◆ 보훈대상자 자녀의 기업체 보훈특별고용 지원 상한연령을 35세까지로 제한 (35세 이전 신청서 제출 시 38세까지 지원)	◆ 보훈대상자 평균연령 및 청년 기준 연령 상향에 따른 자녀 취업지원 상한연령을 39세로 확대 ☞ (참고) - 국가유공자법 시행령 공포(대통령령 제34996호, 2024.11.12., 일부개정) - 5·18유공자법 시행령 공포(대통령령 제34998호, 2024.11.12., 일부개정) - 특수임무유공자법 시행령 공포(대통령령 제34998호, 2024.11.12., 일부개정)	국가유공자 등 예우 및 지원에 관한 법률 시행령 등 3개 법률 시행령 ('25.1.1.)
			국가보훈부 생활안정과 (044-202-5651)

03. 보건·복지·고용

식약처

구 분	변경 전	변경 후	관련 법규(제도 시행일) / 관계 부서
식약처, 신규 위생용품 안전관리 강화	(신설)	◆ 문신용 염료와 구강관리제품의 사전 안전관리 실시와 상시 안전관리 체계 구축 ☞ (참고) 국가법령정보센터〉법령〉위생용품 관리법(법률 제19474호.)	위생용품관리법 시행령 및 시행규칙 ('25.6.14) 식약처 위생용품정책과 (043-719-1745)
국내 최초 생약 및 한약(생약)제제 품질관리 지원 전문기관 '생약안전연구원' 설립	(신설)	◆ 국내 최초 생약 및 한약(생약)제제의 품질관리 전문기관 설립	('25.4월 예정) 식약처 한약정책과 (043-719-3352)
「디지털의료제품법」 시행	(신설)	◆ 인공지능 등 첨단 디지털기술이 적용된 디지털의료제품을 위한 새로운 규제체계 마련 ☞ (참고) 식품의약품안전처 정부누리집〉보도자료〉"식약처, 세계 첫 「디지털의료제품법」 본격 시행을 위한 하위 규정 입법 예고"	디지털의료제품법 ('25.1.24.) 식품의약품안전처 디지털의료제품TF (043-719-3779)
맞춤형건강기능식품 제도 마련	◆ 맞춤형건강기능식품시범사업 운영	◆ 맞춤형건강기능식품 법제화 추진	건강기능식품법 시행령 및 시행규칙 ('25. 1월 예정) 식약처 건강기능식품정책과 (043-719-2451)

식약처

구 분	변경 전	변경 후	관련 법규(제도 시행일) / 관계 부서
화장품 안전성 평가 도입 기반 마련	(신설)	◆ 화장품 안전성 평가 제도를 시행하기 전 안정적 제도 도입을 위한 기반 마련 • 화장품 업계를 대상으로 컨설팅, 가이드라인 마련, 기술지원 등 지원 체계 구축	('25.1월~) 식약처 화장품정책과 (043-719-3412)
백신 임상시험 검체 분석 자동화시스템 구축	◆ 임상시험 검체 분석 과정 전반을 시험자가 수동으로 수행 • 시료분주, 반응, 세척, 측정 등	◆ 검체분석 자동화시스템 도입으로 시험자의 개입을 최소화하여 분석의 신속성 및 분석결과의 정확도 향상 • 소요시간 1/5 단축, 정확도 2~4배 향상	('25.7월) 식약처 바이오의약품정책과 (043-719-3310)
유럽 의료기기법(MDR) 시행에 따른 국내 의료기기 업체 수출지원	(신설)	◆ 유럽의료기기법(MDR) 및 유럽의료기기전문가그룹(MDCG) 요구사항 등 관련 규제정보 분석 및 품목별 맞춤형 해외 인증 사례에 관한 MDR 인증 주요 사항의 정보 제공 • (예) 소프트웨어, 기계·기구, 의료용품, 치과재료 품목 대상 맞춤형 MDR 규제정보에 관하여 실사례 중심의 정보 제공 ◆ 유럽의료기기법(MDR) 관련 맞춤형 교육을 통해 실무적인 전문인력을 양성 • (예) 임상평가보고서, 시판 후 감시활동 등 MDR 인증을 위한 핵심 요구사항 관련 실무적인 지식 함량을 위하여 업계 수준별 맞춤형 교육 수행	'25.1월 식품의약품안전처 의료기기 정책과 (043-719-3757)
의료제품 분야 국제표준화 회의 국내 개최	(신설)	◆ 의료제품분야 국제표준화 활동 강화 및 국제표준 선도 활동 지원을 위한 2025년도 국제표준화 회의 국내 개최	'25.2월, 9월 식품의약품안전처 의료기기 허가과 (043-719-5355)

03. 보건·복지·고용

질병관리청

구 분	변경 전	변경 후	관련 법규(제도 시행일) / 관계 부서
C형간염 항체검사 국가건강검진 도입	(신설)	◆ 56세 대상 C형간염 항체검사 국가건강검진 도입 ☞ (참고) 질병관리청 누리집〉보도자료(전체)〉"2025년부터 국가건강검진에 C형간염 항체검사 도입"	건강검진 실시기준 ('25.1.1. (예정)) 질병관리청 감염병관리과 (043-719-7159)
「손상 예방 및 관리에 관한 법률」 시행	(신설)	◆ 중앙손상관리센터가 설치되어 손상예방 관련 교육·홍보, 조사·통계 등을 수행하며 손상예방관리사업의 효율적 추진을 지원하고 국가손상관리위원회 설치 및 「제1차 손상관리종합계획」('26~'30) 수립·발표 ☞ (참고) 질병관리청 누리집〉알림·자료〉보도자료〉"「손상 예방 및 관리에 관한 법률」국회 본회의 통과(12.20.수)"	손상 예방 및 관리에 관한 법률 ('25.1.24.) 질병관리청 손상예방정책과 (043-719-7414)
후천성면역결핍증 확인검사기관 확대	◆ HIV 확인검사기관이 공공기관(질병관리청, 보건환경연구원)으로 한정 ※ 확인검사기관: 「에이즈예방법 시행규칙」 제7조제2항 1. 질병관리청 2. 보건환경연구원 3. 질병관리청장이 지정·고시하는 확인검사기관	◆ HIV 확인검사기관을 의료기관까지 확대 • 신속한 검사 결과 통보로 감염인 조기 치료 연계 ※ 확인검사기관: 「에이즈예방법 시행규칙」 제7조제2항, 동법 제3호에 따른 「후천성면역결핍증 확인검사기관 지정 고시」 1. 질병관리청 2. 보건환경연구원 3. 진단검사의학과 전문의 상근 의료기관 4. 진단검사의학과 개설 의과대학 5. 진단검사의학과 전문의 상근 수탁검사기관 ☞ (참고) 질병관리청 누리집〉보도자료〉"적극적인 질병관리 규제혁신으로 민생은 불편 없이, 신산업은 더 성장하게"	「후천성 면역결핍증 확인검사 기관 지정 고시」 ('25년 중 제정한 날) 질병관리청 진단분석국 바이러스분석과 (043-719-8192)

재외동포청

구 분	변경 전	변경 후	관련 법규(제도 시행일) / 관계 부서
사할린동포 영주귀국 및 정착 지원 강화	◆ 사할린동포 영주귀국 지원 대상은 사할린동포와 그 배우자 및 사할린동포의 직계비속 1명과 그 배우자	◆ 사할린동포 영주귀국 지원 대상은 사할린동포와 그 배우자 및 사할린동포의 자녀와 그 배우자 ☞ (참고) 재외동포청 누리집〉보도자료〉"[보도자료] 사할린동포, 자녀 모두와 함께 영주귀국한다 ('24.1.16.)"	사할린동포 지원에 관한 특별법 및 동법 시행령 ('25.1.1.)
	◆ 영주귀국 사할린동포와 동반가족에 대한 실태조사 미실시	◆ 영주귀국 사할린동포와 동반가족에 대한 실태조사 2년마다 실시 ☞ (참고) 재외동포청 누리집〉보도자료〉"[보도자료] 영주귀국 사할린동포 생활 실태조사, 내년 첫 실시('24.7.9.)"	재외동포청 아주러시아동포과 (032-585-3288)

04. 문화·체육·관광

문체부

구 분	변경 전	변경 후	관련 법규(제도 시행일) / 관계 부서
통합문화이용권 1인당 지원금이 연간 14만원 (7.7% 증)으로 인상	◆ 통합문화이용권 1인당 지원금 • 지원금 1인당 연간 13만 원	◆ 통합문화이용권 1인당 지원금 • 지원금 1인당 연간 14만 원 ☞ (참고) 문화누리카드 누리집 (www.mnuri.kr)	문화예술 진흥법 ('25.2.1.) 문화체육관광부 문화정책과 (044-203-2516)
청소년의 '법 위반 유발 행위'에 따른 게임물관련 사업자 행정처분 면제	◆ (대상영업) 인터넷컴퓨터게임시설제공업(PC방) ◆ (위반사항) 게임물 이용 등급 위반 제공	◆ (대상영업) 게임물관련사업자 • 청소년게임제공업, 일반게임제공업, 인터넷컴퓨터게임시설제공업 등 확대 ◆ (위반사항) 게임물 이용등급 위반, 청소년 출입 제한 영업장 및 출입시간 준수 위반 확대	게임산업진흥에 관한 법률 ('25.4.23.) 문화체육관광부 게임콘텐츠산업과 (044-203-2447)
대중문화예술분야 불공정행위를 근절할 대중문화예술산업발전법 개정	(신설) ◆ 대중문화예술인이 대중문화예술기획업자에게 회계 내역을 요구하는 경우 지체없이 공개	◆ 불공정행위의 확인 필요시 문체부 장관이 관련자에게 보고·자료제출·출석을 요청할 수 있도록 규정 ◆ 대중문화예술인이 대중문화예술기획업자에게 회계내역 및 보수에 관한 사항은 요구하는 경우 지체없이 제공, 요구가 없는 경우에도 대통령령에 따라 정기적으로 제공하도록 함	대중문화예술산업발전법 ('25.4.23.) 문화체육관광부 대중문화산업과 (044-203-2462)
문화산업 완성보증 확대 개편	◆ 기존 문화산업 완성보증은 판매계약이 체결된 프로젝트의 제작(완성)에 대한 제한적 보증으로, 기획·개발 및 유통 등 제작 외 단계에는 보증이 불가하다는 한계	◆ 완성보증의 명칭 및 정의 등을 수정하여 제작·유통 등 전 단계에 보증 공급이 가능하도록 개정 ◆ 문화산업보증을 운영할 수 있는 기관에 한국무역보험공사를 추가하고 정부의 출연 근거 마련	문화산업진흥 기본법 ('25.4.23.)

04. 문화·체육·관광

문체부

구 분	변경 전	변경 후	관련 법규(제도 시행일)
			관계 부서
		☞ (참고) 문화체육관광부 정부누리집) 보도자료) "문화산업 완성보증 확대개편(가칭)" (11월 말 보도 예정)	문화체육관광부 콘텐츠금융지원과 (044-203-2582)
수영장·체력단련장 시설이용료 소득공제 시행	(신설)	◆ 수영장 및 체력단련장(헬스장) 시설 이용료에 대해 소득공제 시행(단, 개인 훈련비 등 '강습료' 제외)	「조세특례제한법」 ('25.7월 예정)
			문화체육관광부 스포츠산업과 (044-203-3157)

인구감소지역에 소규모 관광단지 제도 도입	◆ (지정기준)
	• 규모: 50만㎡이상
	• 필수시설: 3종 이상
	  – 공공편익시설, 관광숙박시설, 운동·오락·휴양·문화시설
	
	◆ (지정·조성계획 승인권자)
	• 시·도지사
	  – 지정 전 문체부 사전협의
	
	◆ (세제혜택)
	• 개발부담금 면제, 취득세 감면, 관광기금 융자우대 등
		◆ (지정기준)
		• 규모: 5만㎡이상 30만㎡미만
		• 필수시설: 2종 이상
		  – 공공편익시설, 관광숙박시설
		
		◆ (지정·조성계획 승인권자)
		• 시·군·구청장
		  – 지정 전 시·도지사 사전협의
		
		◆ (세제혜택) 좌동
		* 인구감소지역에 한하여 적용
			관광진흥법 ('25.4.23.)

			문화체육관광부 관광개발과 (044-203-2892)

04. 문화·체육·관광

해양수산부

구 분	변경 전	변경 후	관련 법규(제도 시행일) / 관계 부서
해양레저관광산업 육성을 위한 근거법령 마련	(신 설)	◆ 해양레저관광 종합계획 수립, 해양레저관광 기반 조성사업 지원, 해양레저관광 상품 개발 지원, 해양레저관광자원의 보호·관리, 실태조사 및 통계 구축, 민간기관 및 단체의 육성·지원 등 신규 제정	해양레저관광진흥법 ('25.1.31.) / 해양수산부 해양레저 관광과 (042-200-5252)

국가유산청

구 분	변경 전	변경 후	관련 법규(제도 시행일) / 관계 부서
「국가유산영향진단」 시행	◆ 국가유산 주변지역에서 개발행위 시 「매장유산법」에 따라 매장유산의 분포 여부 확인을 위한 지표조사와 유존지역 협의를 실시하고, 「문화유산법」에 따라 문화유산 보존 영향 검토 절차를 이행해야하는 등 허가절차가 복잡하고 이원화되어 있었음	◆ 규제절차들을 '국가유산영향진단'으로 통합하여 기존 최소 40일 이상 소요되던 처리기간을 최소 10일 이상으로 단축 ☞ (참고) 국가유산청 누리집〉보도자료〉"「국가유산영향진단법」통과…기존 40일 이상 → 최소 10일로 처리기간 간소화 되는 '국가유산영향진단' 도입"	국가유산영향진단법 ('25.2.14.) / 국가유산청 역사유적과 (042-481-4994)

재외동포청

구 분	변경 전	변경 후	관련 법규(제도 시행일) / 관계 부서
재외동포와의 소통 플랫폼 신규 개설·운영	(신 설)	◆ 소통 플랫폼을 통해 ▲동포사회 소개, ▲공공외교 관련 콘텐츠, ▲재외동포정책, ▲특집 프로그램 등의 콘텐츠들을 24시간 방영	('25.6.1.) / 재외동포청 대변인실 (032-585-3244)

05. 환경·기상

환경부

구 분	변경 전	변경 후	관련 법규(제도 시행일)
			관계 부서
배출권거래제 소량배출사업장 과태료 부과기준 완화	◆「온실가스 배출권의 할당 및 취소에 관한 지침」제23조(할당 취소 사유인 전체 또는 일부 사업장 폐쇄의 기준) 5. 법 제12조에 따른 배출권(영 제18조에 따른 무상·유상 할당 비율을 모두 포함한 배출권 수량을 말한다)의 할당을 받은 사업장을 물리적으로 제거하거나 그 사용을 중단하는 등의 이유로 해당 사업장의 온실가스 배출량을 해당 이행연도 명세서에 보고하지 않은 경우	◆「온실가스 배출권의 할당 및 취소에 관한 지침」제23조(할당 취소 사유인 전체 또는 일부 사업장 폐쇄의 기준) 5. 법 제12조에 따른 배출권(영 제18조에 따른 무상·유상 할당 비율을 모두 포함한 배출권 수량을 말한다)의 할당을 받은 사업장을 물리적으로 제거하거나 그 사용을 중단하는 등의 이유로 해당 사업장의 온실가스 배출량을 해당 이행연도 명세서에 보고하지 않은 경우 단, 동일 업무를 수행하는 소량배출사업장의 주소가 변경되었으나 명세서에 동일 사업장으로 보고하는 경우는 제외한다. ☞ (참고) 현행「온실가스 배출권의 할당 및 취소에 관한 지침(환경부 고시)」개정 예정(~'25.2월)	온실가스 배출권의 할당 및 취소에 관한 지침 ('25.2월 예정) 환경부 기후경제과 (044-201-6581)
배출권 이월제한 기준 완화	◆할당대상업체에 대한 이월 승인 기준 • 계획기간 내 이월 - 4차 이행연도 배출권과 상쇄배출권(KAU, KCU)의 순매도량의 3배만큼 이월 - 무상 할당량이 배출량보다 적은 업체의 경우, 보유한 배출권 및 상쇄배출권 • 계획기간 간 이월 - 배출권과 상쇄배출권(KAU25, KCU25)의 순매도량의 3배만큼 이월	◆할당대상업체에 대한 이월 승인 기준 • 계획기간 내 이월 - 4차 이행연도 배출권과 상쇄배출권(KAU, KCU)의 순매도량의 5배만큼 이월 - 무상 할당량이 배출량보다 적은 업체의 경우, 보유한 배출권 및 상쇄배출권 • 계획기간 간 이월 - 배출권과 상쇄배출권(KAU25, KCU25)의 순매도량의 5배만큼 이월	제3차 국가 배출권 할당계획 ('25~)

05. 환경·기상

환경부

구 분	변경 전	변경 후	관련 법규(제도 시행일)
			관계 부서
	- 무상 할당량이 배출량보다 적은 업체의 경우, 보유한 배출권 및 상쇄배출권	- 무상 할당량이 배출량보다 적은 업체의 경우, 보유한 배출권 및 상쇄배출권 ☞ (참고) 환경부 누리집〉보도·설명〉 "미래세대를 위한 구조개혁 및 녹색 선순환체계 구축"	환경부 기후경제과 (044-201-6593)
배출권 위탁거래 도입	◆ 할당대상업체 등 배출권을 거래하려는 시장참여자는 배출권거래소(한국거래소)를 통해 직접 거래만 가능	◆ 배출권중개회사가 시장참여자를 대신하여 배출권의 거래, 거래신고 등을 수행하는 위탁거래 도입 ☞ (참고) 환경부 누리집〉보도·설명〉 "온실가스 배출권거래제도 개선… 배출권 시장은 활짝 열고, 과잉할당은 줄인다"	온실가스 배출권의 할당 및 거래에 관한 법률 및 같은 법 시행령 ('25.2월)
			환경부 기후경제과 (044-201-6593)
중소·중견기업 성장지원을 위한 녹색전환보증 시행	(신설)	◆ 녹색산업 분야 담보력이 열악한 중소·중견기업이 기업 성장에 필요한 자금을 원활하게 조달할 수 있도록 보증 제공(녹색전환보증 사업 시행) ☞ (참고) 환경부 누리집〉보도·설명〉 녹색전환보증 시행 관련 보도자료 배포 예정('25년 1월)	환경기술 및 환경산업 지원법 (개정 예정)
			환경부 녹색산업혁신과 (044-201-6706)

05. 환경·기상

구 분	변경 전	변경 후	관련 법규(제도 시행일)
			관계 부서
「공공부문 바이오가스 생산목표제」 시행	(신 설)	◆ 「공공부문 바이오가스 생산목표제」 시행 • (대상) 전국 지자체 • (유기성폐자원) 하수찌꺼기, 분뇨, 가축분뇨, 음식물류폐기물 • (생산목표) 유기성폐자원 발생량의 '50%'를 바이오가스로 생산 • (달성방법) 직접생산, 위탁생산, 실적 거래 ☞ (참고) 환경부 누리집〉보도·설명) "2050년까지 하수찌꺼기 등 유기성폐자원 80% 바이오가스로 생산한다"	유기성 폐자원을 활용한 바이오가스의 생산 및 이용 촉진법 ('23.12.31.)
			환경부 생활하수과 (044-201-7027)
신규화학물질 등록기준 조정	◆ 연간 0.1톤 이상의 신규화학물질 제조·수입 전 등록 의무	◆ 연간 1톤 이상의 신규화학물질 제조·수입 전 등록 의무	화학물질등록평가법 ('25.1.1.)
			환경부 화학물질 정책과 (044-201-6784)
	◆ 화학물질 신고 시 후속절차 부재 ◆ 등록한 물질의 유해성 심사 결과만 공개	◆ 신고한 화학물질에 대한 후속 절차로 적정성 검토 절차 신설 ◆ 기업이 등록·신고한 정보를 공개하고, 공개된 유해성 정보에 대한 제3자의 수정·보완 절차 신설 ◆ 등록·신고하였으나 유해성을 확인하기 곤란한 물질의 기준을 명시하고, 사업자의 예방관리책무 신설 ☞ (참고) 환경부 누리집〉보도자료) "화평법·화관법 등 5개 환경 법안 국회통과"	화학물질등록평가법 ('25.8.7.)
			환경부 화학물질 정책과 (044-201-6784)

05. 환경·기상

환경부

구 분	변경 전	변경 후	관련 법규(제도 시행일)
			관계 부서
화학물질 위험도 등에 따른 안전관리 체계 개선	◆ 영업허가 제도 • 유해화학물질 취급 시 영업허가 대상 ◆ 취급시설 검사제도 • 영업허가 여부에 따라, 취급시설 검사 실시(1·2년)	◆ 영업허가 제도 정비 • 물질별 규정수량 기준으로 영업허가, 영업신고로 차등화 ◆ 취급시설 검사제도 합리화 • 유해화학물질의 취급량, 위험도에 따라 취급시설 검사 주기 차등화(1~4년) ☞ (참고) 환경부 누리집〉보도자료 〉 "화평법·화관법 등 5개 환경 법안 국회통과"	화학물질관리법 ('25.8.7.) 환경부 화학안전과 (044-201-6840)
탄소중립포인트제 인센티브 지급항목 개편	(신 설)	◆ 청년세대의 참여 독려 및 혜택 강화를 위해 '공영 자전거 이용' 및 '잔반제로 실천' 항목에 대해 인센티브 지급 ☞ (참고) 현행「탄소중립포인트 제도 운영에 관한 규정(환경부 고시)」개정 예정(~'25.2)	「탄소중립포인트 제도 운영에 관한 규정」 ('25.2월) 환경부 기후적응과 (044-201-6953)
다자녀가구 대상 전기자동차 보조금 지원 확대 등	(지침 6p) 3. 보조금 지원 기준 및 단가 3-1. 전기승용차 …(생 략)… • 다자녀가구*에 해당하는 개인이 구매 시 해당 차량 국비 지원액의 10% 추가지원 * 다자녀가구 정의는 지자체별 관련 조례에 따르되, 조례 미비 시 18세 이하 자녀 3명 이상인 경우 추가지원	(지침 6p) 3. 보조금 지원 기준 및 단가 3-1. 전기승용차 …(생 략)… • 다자녀가구(18세 이하 자녀 2명 이상)에 해당하는 개인이 구매 시 자녀 수에 따라 국비 최대 300만원* 추가지원 * (2자녀)100만원, (3자녀)200만원, (4자녀 이상)300만원 ☞ (참고) 무공해차 통합누리집〉정보마당〉법령·지침·가이드라인〉 "2024년 전기자동차 보급사업 보조금 업무처리지침"	전기자동차 보조금 업무처리지침 ('24.11.4.)

05. 환경·기상

환경부

구 분	변경 전	변경 후	관련 법규(제도 시행일) / 관계 부서
	(지침 12p, 14p) 4. 보조금 집행 절차 …(생략)… • 구매지원 신청인 등은 전기자동차를 등록한 후 10일 이내에 보조금 집행을 위한 증빙서류*를 관할 지방자치단체/한국환경공단에 제출해야 함 　*출고증빙(세금계산서 등), 자동차 등록증, 택배 물량일 경우 화물사업차 운송사업 허가증 등	(지침 12p, 14p) 4. 보조금 집행 절차 …(생략)… • 구매지원 신청인 등은 전기자동차를 등록한 후 10일 이내에 보조금 집행을 위한 증빙서류*를 관할 지방자치단체/한국환경공단에 제출해야 함 　*출고증빙(세금계산서 등), 자동차 등록증(또는 자동차등록원부(갑)), 택배 물량일 경우 화물사업차 운송사업 허가증 등 ☞ (참고) 무공해차 통합누리집〉정보마당〉법령·지침·가이드라인〉"2024년 전기자동차 보급사업 보조금 업무처리지침"	환경부 대기미래 전략과 (044-201-6882)
국가하천 승격에 따른 하천관리 강화	◆ 국가하천 81곳, 3,802km	◆ 국가하천 89곳, 4,069km ☞ (참고) 환경부고시 제2024-36호 (국가하천 지정·변경)	환경부고시 제2024-36호 ('25.1.1.) 환경부 하천계획과 (044-201-7705)
가축분뇨 배출·처리에 대한 규제 합리화	◆ 액비 살포 시 흙을 갈거나 로터리 작업 시행 의무 (신설)	◆ 로터리작업 등 뿐만 아니라 점적관수 등 다른 수단을 이용하여 액비가 흘러내리지 않도록 하는 것 가능 ◆ 초지, 시험림, 골프장뿐만 아니라 농작물 재배업에 사용되는 땅으로 농작물이 식재되어있거나 시설이 토지에 고정되어 있는 경우 등에는 흙을 갈거나 로터리 작업을 하지 않을	가축분뇨법 시행규칙 ('25년 1월 중 고시한 날)

05. 환경·기상

환경부

구 분	변경 전	변경 후	관련 법규(제도 시행일)
			관계 부서
	◆ 가축분뇨 및 퇴·액비 관리대장을 매일 작성 (신 설)	수 있으며, 다른 수단을 이용하여 액비가 흘러내리지 않도록 하는 조치 가능 ◆ 퇴·액비를 자가·위탁처리하거나 퇴·액비를 생산·처분·살포하여 관리대장에 변동사항이 발생할 때마다 작성 ◆ 가축분뇨 정화처리업자는 3개월마다 방류수 수질기준 측정 ☞ (참고) 환경부 누리집〉보도자료〉 "가축분뇨법 시행규칙 개정 추진('24.6.4.)"	환경부 수질수생태과 (044-201-7076)
폐수관로 기술진단 의무화	(신 설)	◆ 폐수관로 기술진단 제도 도입 • 공공폐수처리시설 설치·운영자는 5년마다 폐수관로 기술진단 실시 → 환경부장관 통보 • 기술진단결과 관리상태가 적정하지 아니한 경우 개선계획 수립 및 시행 등 필요한 조치 ☞ (참고) 환경부 누리집〉법령·정책〉 현행법령〉"물환경보전법"	물환경보전법 ('25.1.24.) 환경부 수질수생태과 (044-201-7068)
완충저류시설 기술진단 의무화	(신 설)	◆ 완충저류시설 기술진단 제도 도입 • 지자체장은 5년마다 관할 완충저류시설에 대하여 기술진단 실시 • 기술진단결과 관리상태가 적정하지 아니한 경우 개선계획 수립 및 시행 등 필요한 조치 → 환경부장관 통보	물환경보전법 ('25.1.24.)

05. 환경·기상

환경부

구 분	변경 전	변경 후	관련 법규(제도 시행일) / 관계 부서
		☞ (참고) 환경부 누리집〉법령·정책〉현행법령〉"물환경보전법"	환경부 수질수생태과 (044-201-7068)
정수장 위생안전 인증제 시행	(신설)	◆ 정수장 위생안전 인증의 신청과 인증기준, 인증의 유효기간 및 갱신, 인증표시 및 인증을 받지 않은 자의 유사 표시 제한, 인증취소 근거 등을 규정	수도법 ('25.1.24.)
		☞ (참고) 환경부 누리집〉보도·설명〉"(참고) 수도법 등 2개 환경법안 국회 통과"	환경부 수도기획과 (044-201-7119)
수도사업 통합 기반 마련	(신설)	◆ 둘 이상의 지자체가 수도사업의 운영·관리를 일원화할 수 있도록 법적 근거 마련	수도법 ('25.4.23.)
		☞ (참고) 환경부 누리집〉 보도·설명〉"환경영향평가법 등 5개 환경법안 국회 통과"	환경부 수도기획과 (044-201-7121)
환경영향평가, 유연성 높인다	(신설)	◆ 자연환경이나 생활환경에 미치는 영향이 중대할 것으로 예상되는 심층평가 대상의 결정 및 절차 등 규정	환경영향평가법 및 시행령 ('25.10.23.)
		☞ (참고) 환경부 누리집〉알림·홍보〉그림자료〉"환경법 개정안을 알려줘!, 환경영향평가법, 주요 개정 내용과 기대효과"	환경부 국토환경정책과 (044-201-7271)

05. 환경·기상

환경부

구 분	변경 전	변경 후	관련 법규(제도 시행일)
			관계 부서
	(신설)	◆ 자연환경과 생활환경에 미치는 영향이 경미할 것으로 예상되는 신속평가 대상의 결정 및 절차 등 규정 ☞ (참고) 환경부 누리집〉알림·홍보〉그림자료〉"환경법 개정안을 알려줘!, 환경영향평가법, 주요 개정 내용과 기대효과"	환경영향평가법 및 시행령 ('25.10.23.)
			환경부 국토환경정책과 (044-201-7271)
시·도 조례에 따른 환경영향평가 대상사업 확대 시행	◆ 소규모-조례 환경영향평가 중복되는 경우 • <u>소규모 환경영향평가 실시</u>	◆ 소규모-조례 환경영향평가 중복되는 경우 • 조례 환경영향평가 실시 * 국가 또는 지자체 등에서 시행하는 공공사업 제외 ☞ (참고) 환경부 누리집〉보도·설명〉"환경영향평가법 등 3개 환경법안 국회 통과"	환경영향평가법 ('25.2.21.)
			환경부 국토환경정책과 (044-201-7275)
야생동물 영업(판매·수입·생산·위탁관리) 허가제도 시행	(신설)	◆ 일정규모 이상의 야생동물 판매·수입·생산·위탁관리 영업을 하고자 하는 자는 지자체장의 허가를 받아야 함 ☞ (참고) 국가법령정보센터〉"야생생물 보호 및 관리에 관한 법률 제22조의5"	야생생물법 ('25.12.14.)
			환경부 생물다양성과 (044-201-7243)

05. 환경·기상

환경부

구 분	변경 전	변경 후	관련 법규(제도 시행일) / 관계 부서
야생동물 수입·유통 관리 강화	(신설)	◆ 백색목록(법정관리종 외 야생동물 중 환경에 미치는 영향 및 안정성을 고려하여 지정된 야생동물)에 해당되는 야생동물을 수입·반입·양도·양수·보관(폐사)하려는 자는 누구든지 지자체장에게 신고하여야 함 ☞ (참고) 국가법령정보센터〉"야생생물 보호 및 관리에 관한 법률 제22조의2"	야생생물법 ('25.12.14.) 환경부 생물다양성과 (044-201-7243)
종이팩 재활용방법 확대	◆ 재활용의무생산자가 종이팩을 재활용을 하려는 경우, 화장지 또는 재생종이 제조 등의 방법만 가능	◆ 종이팩 재활용 시, 건축자재 또는 성형제품 제조도 가능 ☞ (참고) 환경부 누리집〉법령·정책) 입법예고 "자원의 절약과 재활용촉진에 관한 법률 시행규칙('24.9.20.~10.30.)"	자원의 절약과 재활용 촉진에 관한 법률 시행규칙 ('25. 상반기) 환경부 자원재활용과 (044-201-7386)
환경보건이용권 시행	◆ 취약계층 대상 환경보건 서비스를 지원하는 사업별로 대상자 개별 선정·지원	◆ 환경보건이용권을 통해 실내환경을 통해 실내환경 측정·컨설팅, 진료비 지원, 건강나누리캠프 등 원하는 서비스를 선택하여 이용 ☞ (참고) 환경부 누리집〉보도자료) "어린이 등 환경성질환 취약계층 대상 환경보건이용권 제도 시행"	환경보건법 ('25. 상반기) 환경부 환경보건 정책과 (044-201-6762)

05. 환경·기상

환경부

구 분	변경 전	변경 후	관련 법규(제도 시행일)
			관계 부서
'환경조사 – 분쟁조정 – 피해구제' 원스톱 서비스 시행	◆ 법률·기관 개별적으로 건강영향조사 청원, 환경분쟁 조정, 환경오염·석면·살생물제품 피해구제 운영 	구분	관련법률(소관기관)
---	---
건강영향조사 청원	환경보건법 (환경부)
환경분쟁조정	환경분쟁조정법 (환경분쟁 조정위원회)
환경오염 피해구제	환경오염 피해구제법 (환경부, 기술원)
석면 피해구제	석면피해구제법 (환경부, 기술원)
살생물제품 피해구제	화학제품안전법 (환경부, 기술원)		◆ 건강피해조사 청원, 환경분쟁 조정, 환경오염·석면·살생물제품 피해구제 업무를 중앙환경분쟁조정피해구제위원회가 통합하여 처리 ☞ (참고) 환경부 누리집〉보도자료〉 ①"환경분쟁조정법 등 6개 환경법안 국회 통과, ②"중앙환경분쟁조정위원회에서 환경피해 통합해 처리"	환경분쟁조정법, 환경보건법, 환경오염 피해구제법, 석면피해구제법, 화학제품안전법 ('25.1.1)
			환경부 환경피해 구제과 (044-201-6815) 중앙환경분쟁조정피해 구제위원회 (044-201-7972)

해양수산부

구 분	변경 전	변경 후	관련 법규(제도 시행일)
			관계 부서
해양 기후변화 감시예측 정보 통합생산	◆ 해양 기후변화 정보를 연구 성격으로 단발적 생산	◆ 우리나라 해역과 극지의 다양한 기후요소에 대한 전월 감시정보 및 1개월(주간)·3개월(월간) 예측정보를 지속 생산하여 제공	기후변화 감시예측법 ('24.10.25.)
			해양수산부 기후환경 국제전략팀 (044-200-6268)
「해양이용영향평가법」 시행	(신설)	◆ 해역이용영향평가의 명칭이 해양이용영향평가로 변경하고 평가 항목 사전 조정, 공공기관이 평가대행자를 선정하는 평가대행자 선정위탁 등 신규 제도 규정	해양이용영향평가법 ('25.1.3.)
			해양수산부 해양보전과 (044-200-5861)

05. 환경·기상

해양수산부

구 분	변경 전	변경 후	관련 법규(제도 시행일) / 관계 부서
갯벌생태해설사 양성교육 실시	(신 설)	◆ 갯벌생태해설사 양성기관 지정 완료('24.10.)에 따라 2025년 갯벌생태해설사 교육과정 운영 및 해설사 인력 최초양성(연간 50명)	「갯벌법」 제29조 ('25.3.1.) / 해양수산부 해양생태과 (044-200-5327)
「선박재활용법」 시행	(신 설)	◆ 선박의 유해물질목록 관리, 선박검사, 선박재활용시설 인증, 선박재활용계획의 승인, 출입검사 및 항만국통제, 검사 대행 등을 규정	선박재활용법 ('25.6.26.) / 해양수산부 해사산업기술과 (044-200-5882)
환경친화적 선박 및 기자재 인증제도 확대·개선	◆ 환경친화적 선박 및 기자재 인증 신청 자격 • 특정 사업자만 가능 (신 설)	◆ 환경친화적 선박 및 기자재 인증 신청 자격 • 친환경선박을 보유하려는 선주 또는 해당 선박을 건조하는 조선소 누구나 가능 ◆ 친환경선박 자기적합성선언 제도 도입 • 국내 조선소가 외국적 친환경선박을 건조하는 경우 해당 선박에 친환경선박 기술·기자재가 적용되었음을 직접 선언할 수 있도록 제도 도입	환경친화적 선박의 기준 및 인증에 관한 규칙 ('25. 상반기 법령개정시) / 해양수산부 해사산업기술과 (044-200-5838)

05. 환경·기상

기상청

구 분	변경 전	변경 후	관련 법규(제도 시행일)
			관계 부서
위험기상을 빠르게 알리는 긴급재난문자 확대	◆ 일부지역 운영 • 수도권·경북·전남권	◆ 운영 지역 전국 확대 및 대설 안전 안내문자 추가 실시	- (전국 확대) ('25.5월) (대설 추가) ('25.11월) 기상청 예보정책과 (02-2181-0493)
선제적 폭염 정보 제공	◆ 폭염 영향예보 1일 전 제공 (신 설)	◆ 폭염 영향예보 2일 전 제공 ◆ 최대 5일까지 폭염 발생가능성을 재난 관계기관에 시범 제공	- ('25.6월) 기상청 영향예보지원팀 (02-2181-0268)
「해수면 온도에 대한 기후예측」 시범 서비스	(신 설)	◆ 기후위기에 적극 대응하기 위해 한반도 주변 해역의 해수면 온도 3개월 예측 정보를 시범 서비스 ☞ (참고) 기상청 누리집〉알림·소식〉보도자료)"「기후변화감시예측법」 10월 25일 시행"	기후·기후변화 감시 및 예측 등에 관한 법률 ('25.11.23.) 기상청 해양기상과 (042-481-7406)
도로위험 기상정보 정규 서비스	◆ 「도로위험 기상정보 서비스」 시험운영	◆ 도로위험 기상정보 정규 서비스 ◆ 「도로위험 기상정보 서비스」 확대 ※ 고속도로 대상노선: (2024년) 7개 → (2025년) 12개	- ('25.12월) 기상청 관측정책과 (042-481-7341)

기상청

구 분	변경 전	변경 후	관련 법규(제도 시행일)
지진해일 특·정보 체계 개선	◆ 지진해일 예측값 기준 특·정보 발표 ◆ 지진해일정보 발표 시 재난문자 미송출	◆ 지진해일 관측값을 반영한 특·정보 발표 확대 ◆ 지진해일정보 발표 시 재난문자(안전안내문자) 송출	('25년 하반기)
			기상청 지진화산감시과 지진화산정책과 (02-2181-0783, 02-2181-0763)

06. 산업·중소기업·에너지

과학기술정보통신부

구 분	변경 전	변경 후	관련 법규(제도 시행일) / 관계 부서
모바일·스마트기기 등 방송통신기자재의 충전 및 데이터 전송 방식 일원화	(신설)	◆ 모바일·스마트기기등 무선 방송통신기자재를 유선방식으로 충전하거나 유선방식으로 충전과 데이터 전송을 동시에 하는 경우 USB C형 리셉터클 커넥터 장착 의무화 • (USB C형 의무장착 대상기자재) 휴대폰, 태블릿, 디지털 카메라, 헤드폰, 헤드셋, 휴대용 비디오 게임기, 휴대용 스피커, 전자책리더, 키보드, 마우스, 휴대용 네비게이션 장치, 이어폰, 노트북 등 13종 ☞ (참고) 과학기술정보통신부 누리집〉법령〉입법행정예고 「모바일·스마트기기 등 방송통신기자재의 충전 및 데이터 전송 방식에 관한 기술기준」 제정(안) 행정예고('25.2월 시행 예정)	모바일·스마트기기 등 방송통신기자재의 충전 및 데이터 전송 방식에 관한 기술기준 ('25.2월 예정) 과학기술정보통신부 디지털기반안전과 (044-202-6433)

06. 산업·중소기업·에너지

산업통상자원부

구 분	변경 전	변경 후	관련 법규(제도 시행일) / 관계 부서
「국가자원안보 특별법」 시행	(신설)	◆ 자원안보위기를 예방·대비하고 위기 발생 시 신속하고 효율적으로 대응하기 위하여 조기경보체계, 각종 긴급 대응조치 등 규정 ☞ (참고) 산업통상자원부 누리집〉보도자료〉"「국가자원안보 특별법」 국회 통과", "「국가자원안보 특별법 시행령·시행규칙」 제정안 입법예고 실시"	국가자원안보 특별법 ('25.2.7.) 산업통상자원부 자원안보 정책과 (044-203-5251)
통상조약 등에 따른 피해 기업 대상 기술·경영 혁신 지원	◆ FTA 이행으로 매출액 또는 생산량이 10% 이상 감소(또는 예상)한 기업 대상 융자 및 상담지원	◆ 통상조약 등의 이행에 따른 상품·서비스 무역의 변화로 매출액 또는 생산량이 5% 이상 감소하거나 감소할 우려가 있는 기업 대상 융자 및 전문 컨설팅사를 통한 기술·경영 혁신 지원 ☞ (참고) 산업통상자원부 누리집〉예산·법령〉최근 개정법령〉「통상환경변화 대응 및 지원 등에 관한 법률」	통상환경변화 대응지원법 ('25.1.1.) 산업통상자원부 통상협정 활용과 (044-203-5766)
「이산화탄소저장활용법」 시행	(신설)	◆ 이산화탄소 포집, 수송부터 온실가스 감축에 필수적인 저장소 확보, 활용기업 지원 등 이산화탄소 포집·저장·활용산업 육성을 위한 지원 근거 마련 ☞ (참고) 산업통상자원부누리집〉보도자료〉"「이산화탄소 포집·수송·저장 및 활용에 관한 법률안」 국회 통과"	이산화탄소 저장활용법 ('25.2.7.) 산업통상자원부 에너지기술과 (044-203-5157)
「전기산업발전기본법」 시행	(신설)	◆ 5년마다 전기산업발전기본계획과 매년 연도별 시행계획을 수립하도록 규정	전기산업발전기본법 ('25.1.10.)

06. 산업·중소기업·에너지

산업통상자원부

구 분	변경 전	변경 후	관련 법규(제도 시행일) / 관계 부서
		◆ 4월 10일을 법정 기념일인 '전기의 날'로 정하고 포상, 학술대회 및 국제교류, 전기산업 육성 및 홍보 등의 행사를 할 수 있는 근거 마련 ◆ 전기산업의 지원 및 기반조성을 위하여 전문인력 양성, 국제협력 및 해외시장 진출, 디지털 전환 촉진 등 전기산업을 발전·육성시키기 위한 다양한 지원사업 근거를 규정 ☞ (참고) 산업통상자원부 누리집〉알림·뉴스〉「전기산업발전 기본법」의 시행령(안) 입법예고 실시"	산업통상자원부 전력산업정책과 (043-203-3886)
빈곤층 등 도시가스요금 경감 지원 대신신청	◆ 산업부 고시에 근거하여 도시가스요금 경감 지원 ◆ 사회적 배려대상자 등 경감 대상자가 직접 가스요금 경감을 신청해야 함	◆ 빈곤층 등 모든 국민에게 에너지가 보편적으로 공급될 수 있도록 도시가스요금 경감 등 지원을 할 수 있는 법적 근거 마련 ◆ 가스도매사업자, 시·도지사 또는 시장·군수·구청장이 요금경감 대상자를 대신하여 요금경감을 신청할 수 있음	도시가스 사업법 ('25.3.21.) 산업통상자원부 가스산업과 (044-203-5236)
「산업집적활성화 및 공장설립에 관한 법률」 시행	◆ 관리기관이 입주기업체를 위하여 지원하는 사업에 신재생에너지 관련 사업이 없음 ◆ 시·도지사가 수립하는 산업단지 구조고도화계획에 신재생에너지 이용 및 보급 촉진 방안, 온실가스 감축 방안 없음	◆ 관리기관이 신재생에너지 이용 및 보급 촉진을 위한 시설 개선 및 확충 등을 지원할 수 있는 근거 마련 ◆ 시·도지사가 수립하는 산업단지 구조고도화계획에 신재생에너지 이용 및 보급 촉진 방안, 온실가스 감축 방안을 포함하도록 의무화	산업집적화 및 공장설립에 관한 법률 ('25.3.21.)

06. 산업·중소기업·에너지

산업통상자원부

구 분	변경 전	변경 후	관련 법규(제도 시행일) / 관계 부서
	◆ 국가 또는 지방자치단체가 신재생에너지 이용 및 보급 촉진을 위한 시설 설치 사업자에게 비용 보조 불가	◆ 국가 또는 지방자치단체가 신재생에너지 이용 및 보급 촉진을 위한 시설을 설치하는 사업자에게 비용을 보조할 수 있는 근거 마련	산업통상자원부 입지총괄과 (044-203-4409)
「광산안전법」 시행	(신설)	◆ 산업통상자원부장관이 광산안전 관리직원 선임·해임신고 및 대리자 선임신고 업무를 관련 법인 또는 단체에 위탁할 수 있도록 하고, 필요한 비용을 지원할 수 있는 근거를 마련	광산안전법 ('25.2.21.)
		☞ (참고) 「광산안전법」 개정에 따라 「광산안전법」 시행령 및 「광산안전법」 시행규칙 입법예고 실시하여 하위법 개정안 진행중	산업통상자원부 석탄산업과 (044-203-5264)

06. 산업·중소기업·에너지

해양수산부

구 분	변경 전	변경 후	관련 법규(제도 시행일) / 관계 부서
항만배후단지 업무지원·편의시설 입주자격 확대	◆ 업무지원시설·편의시설 부지에 주차장 운영업 1종에 한해 입주를 허용	◆ 기존의 주차장 운영업 외에 고용알선업, 편의점, 음식점 등 15개 업종과 관리기관이 해양수산부장관과 협의하여 정하는 업종의 입주를 추가로 허용 ☞ (참고) 해양수산부 누리집〉정책자료〉법령정보〉행정예고〉「1종 항만배후단지관리지침」 일부개정안 행정예고('24.11)	1종 항만배후단지 관리지침 ('24.12월 중 고시한 날) 해양수산부 항만물류기획과 (044-200-5755)
「항만기술산업의 육성 및 지원에 관한 법률」 시행	(신설)	◆ 항만기술산업 육성계획 수립·시행, 기술개발 표준화 등 산업육성 기반을 마련하고, 항만시설 사용료 감면, 항만배후단지 입주자격 완화 등 직접적 산업지원 근거 마련 ☞ (참고) 해양수산부 누리집〉보도자료〉"국내 항만기술산업의 체계적인 육성을 위한 제도적 근거 마련"	항만기술산업의 육성 및 지원에 관한 법률 ('25.1.24.) 해양수산부 항만개발과 (044-200-5941)
해양수산 창업투자 지원사업 신규 추진	(신설)	◆ 민간투자를 유치한 우수기업에 대하여 수출 시제품 개발, 인증, 해외시장 발굴 등을 위한 사업화 자금지원 ◆ 해양수산분야 난제해결을 위한 딥테크 분야 발굴·선정 및 기업의 딥테크 기술개발·해외진출 지원	('25년 1분기) 해양수산부 해양수산 과학기술정책과 (044-200-6225)

중소벤처기업부

구 분	변경 전	변경 후	관련 법규(제도 시행일) / 관계 부서
점포철거비 확대 등 소상공인 폐업 지원	◆ 개인 사업자 폐업이 급격히 증가하는 등 최근 폐업 위기에 내몰리는 소상공인이 급증	◆ 소상공인의 원활한 폐업지원을 위해 폐업 점포철거·원상복구비 지원 수준을 현실화하고, 사업정리 컨설팅, 법률자문, 채무조정 등 원스톱 패키지 지원 ☞ (참고)중소벤처기업부 누리집〉보도자료〉"[보도자료] 금융 3종세트, 판로확대, 폐업시 취업지원… '위기의 자영업자' 촘촘하게 끝까지 챙긴다('24.7.3.)"	소상공인 보호 및 지원에 관한 법률 등 ('25. 중) 중소벤처기업부 소상공인 재도약과 (044-204-7853, 7838, 7860)
소상공인 특화 취업 프로그램 신설	◆ 개인 사업자 폐업이 증가하고 있으나 소상공인의 재도약을 위한 취업 지원 등을 지원하는 데 한계	◆ 취업 마인드셋 중심 프로그램으로 개편하고, 폐업초기 단계부터 재취업 희망 소상공인 정보를 연계하여 신속 지원 서비스를 제공 ☞ (참고)중소벤처기업부 누리집〉보도자료〉"[보도자료] 금융 3종세트, 판로확대, 폐업시 취업지원… '위기의 자영업자' 촘촘하게 끝까지 챙긴다('24.7.3.)"	소상공인 보호 및 지원에 관한 법률 등 ('25년 중) 중소벤처기업부 소상공인 재도약과 (044-204-7853, 7838, 7860)
소상공인 스마트· 디지털화 지원	◆ 우수대부업자가 유지 요건에 약간 미달하더라도 일률적으로 선정 취소를 하여야 하는바 저신용층 신용공급을 지원하는 데 한계	◆ 서빙로봇, 키오스크 렌탈 비용의 70% 지원 및 전통시장별 수준에 따른 맞춤형 지원 예정 ☞ (참고)중소벤처기업부 누리집〉보도자료〉"[보도자료] 금융 3종세트, 판로확대, 폐업시 취업지원… '위기의 자영업자' 촘촘하게 끝까지 챙긴다('24.7.3.)"	소상공인 보호 및 지원에 관한 법률 등 ('25년 상반기) 중소벤처기업부 디지털소상공인과 (044-204-7875, 7896, 7282)

06. 산업·중소기업·에너지

통계청

구 분	변경 전	변경 후	관련 법규(제도 시행일)
			관계 부서
지역경제 정책지원을 위한 분기 지역내총생산(GRDP) 공표	◆ 연간 지역소득(GRDP)만 작성 및 공표 • 잠정은 익년도 12월, 확정은 익익년도 8월 공표	◆ 분기 GRDP 공표 • 속보성 지표를 활용하여 지역 성장률을 분기별로 작성 및 공표 • 정부가 추진하는 국가균형발전 정책지원 등 가능 ☞ (참고) 통계청 누리집〉보도자료) 통계청, 신속한 지역경제 동향 파악을 위해 분기 지역내총생산(GRDP) 개발 추진 ('24.1.)	('25.6월) 통계청 소득통계과 (042-481-2338)

06. 산업·중소기업·에너지

특허청

구 분	변경 전	변경 후	관련 법규(제도 시행일) / 관계 부서
특허·실용신안 우선심사 신청대상 확대	◆ 반도체, 디스플레이, 이차전지 기술분야의 우선심사 신청 대상이 소재·부품·장비, 제조 또는 설계 분야로 한정	◆ 반도체, 디스플레이 기술분야의 우선심사 대상은 기존 분야에 더해 성능 검사·평가 기술로까지 확대 ◆ 이차전지 기술분야의 우선심사 대상을 기존 분야에 더해 성능 검사·평가, 제어관리, 재활용 기술로까지 확대 ※ (근거) 첨단기술과 관련된 특허·실용신안등록출원의 우선심사 대상은 특허법 시행령(제9조제1항제2호의3) 및 실용신안법 시행령(제5조제2호의2) 상에 규정되어 있으며, 특허청장에 의한 지정공고를 통해 우선심사 대상 및 신청기간을 정함 ◆ 바이오, 첨단로봇, 인공지능 기술 분야가 우선심사 신청대상으로 새롭게 포함 ☞ (참고) 특허청 누리집〉주요제도〉특허/실용신안제도〉우선심사제도	특허법시행령, 실용신안법시행령 (지정공고일: *반도체·디스플레이: ('24.11.1.) **이차전지·바이오·첨단로봇·인공지능: (2025년 1월 15일 예정) 특허청 특허제도과 (042-481-8243)
특허·실용신안 발명자 정정제도 개선	◆ 발명자 정정은 특허 출원 이후 어느 시기에나 가능하고, 설정등록 전에는 보정서만 제출하면 정정 가능	◆ 특허출원인은 특허결정 때부터 설정등록 전까지는 발명자를 추가할 수 없고 발명자의 동일성이 유지되는 경우*에만 발명자 정정이 가능 • 발명자의 개명, 단순오타, 주소변경, 외국인의 경우 음역상의 차이 등 ☞ (참고) 특허청 누리집〉책자/통계〉산업재산권 법령체계도	특허법시행규칙, 실용신안법시행규칙 ('24.11.1.) 특허청 특허제도과 (042-481-8153)

07. 국토·교통

국토교통부

구 분	변경 전	변경 후	관련 법규(제도 시행일)
			관계 부서
주택 청약시 비아파트 무주택 간주 기준 완화	◆ 면적 60m² 이하, 금액(공시가격): 수도권 1.6억원, 지방 1억원 이하 주택 또는 분양권을 소형·저가주택으로 규정하여 청약시 주택을 소유하지 않은 것으로 간주	◆ 비아파트의 경우 면적: 85m² 이하, 금액(공시가격): 수도권 5억원, 지방 3억원 이하 주택 또는 분양권에 대하여 청약시 주택을 소유하지 않은 것으로 간주	주택공급에 관한 규칙 ('24.12월)
		☞ (참고) 국토교통부 누리집〉정책자료〉법령정보〉입법예고·행정예고「주택공급에 관한 규칙」일부개정령안 입법예고(국토교통부 공고제2024-1279호)	국토교통부 주택기금과 (044-201-3351)
드론·로봇으로 택배물품 배송위한 등록요건 마련	(신설)	◆ 드론·실외이동로봇을 이용하여 택배물품 배송 가능	생활물류서비스산업발전법 ('25.1.17.)
		☞ (참고) 국토교통부 누리집〉입법예고「생활물류서비스산업발전법 시행령」개정안 입법예고	국토교통부 생활물류정책팀 (044-201-4153)
도시계획시설에 더욱 다양한 편익시설 설치 허용	◆ 23종의 도시계획시설에 편익시설 설치허용 ◆ 도시계획시설별로 허용하는 편익시설의 종류를 나열하여 규정	◆ 40종의 도시계획시설에 편익시설 설치허용 ◆ 편익시설로 허용체계 변경 • 근린생활시설 모두 허용 • 기존 허용시설 유지 • 허용시설 외 시설도 필요할 경우 도시계획위원회 심의를 통해 허용	도시계획시설규칙 ('25.1월 중 고시한 날)
			국토교통부 도시활력지원과 (044-201-3722)
노후 저층주거지 개선 위한 뉴·빌리지 사업 본격 추진	◆ 도시·주거환경 개선이 필요한 지역을 대상으로 지자체 사업 공모를 거쳐 사업지별 국비 최대 150억 지원	◆ 도시·주거환경 개선이 필요한 지역을 대상으로 지자체 사업 공모를 거쳐 사업지별 국비 최대 150억 지원	국토교통부 도시활력지원과 (044-201-4934)

국토교통부

구 분	변경 전	변경 후	관련 법규(제도 시행일) / 관계 부서
공공건축물 제로에너지건축물 인증 의무등급 상향	◆ 법에서 정한 건축물은 에너지효율등급 인증 또는 제로에너지건축물 인증을 받아 그 결과를 표시하여야 함	◆ 법 제17조제6항에 따라 대통령령으로 정하는 제로에너지건축물 인증등급 이상을 취득하여야 하는 대상을 명시함 * (예) 1천m² 이상 업무시설 용도의 공공건축물 신축 시 시행령에 따라 제로에너지건축물 인증 4등급 이상을 받아야함 ☞ (참고) 국토교통부 누리집〉뉴스·소식〉보도자료〉"제로에너지건축물 인증 취득, 내년부터 더 빠르고 간편하게!"	녹색건축물 조성 지원법 시행령 ('25.1.1. 시행예정)
	〈신규〉	◆ 다만, 인증을 받아야하는 건축물의 건축 목적, 기능, 설계조건 또는 시공 여건상의 특수성으로 인하여 인증등급을 받는 것이 불합리하다고 인정되는 경우 인증등급을 완화하여 적용 가능	녹색건축물 조성 지원법 시행령 ('25.1.1. 시행예정)
			국토교통부 녹색건축과 (044-201-4091)
디지털 트윈국토 기반 공장 인허가 사전진단 서비스 제공	◆ 사전진단과 같은 절차 없이 관련 복합 민원전체 절차, 서류를 개인이 준비하여 신청해야 하며 이 과정에서 미비서류 등 보완을 위해 지자체 수차례 방문으로 처리함에 따라 민원 신청 업무 불편 지속 발생	◆ 복잡한 공장 인허가 과정을 온라인으로 사전진단 서비스를 제공함에 따라 그간 인허가 과정에서 겪던 민원 어려움을 해소하고 시간, 비용을 획기적으로 절감	-
			국토교통부 국가공간정보센터 (044-201-3487)
			산업통상 자원부 입지총괄과 (044-203-4435)

07. 국토·교통

국토교통부

구 분	변경 전	변경 후	관련 법규(제도 시행일) / 관계 부서

도시형 생활주택 (소형주택) 건축면적 제한 완화	◆ 주택법 시행령 제10조제1항에서 규정하는 도시형 생활주택의 유형 및 조건
	
	1. 소형주택
	  가. 전용 60m² 이하
	  나. 독립된 욕실, 부엌 설치
	  다. 지하층에 세대 설치 금지
	2. 단지형 연립주택: 소형주택이 아닌 연립주택
	3. 단지형 다세대주택: 소형주택이 아닌 다세대주택
		◆ 수요가 많은 중소형 평형으로 구성된 아파트형 도시형 생활주택이 공급될 수 있도록 주거전용면적(60m²) 제한을 삭제
		
		◆ 소형주택의 전용면적이 삭제됨에 따라 모든 도시형 생활주택이 소형주택으로 분류되는 부작용을 방지하기 위해 기존의 소형 주택 중 건축법상 아파트가 5층 이상의 소형주택을 '아파트형 주택'으로, 연립·다세대주택인 4층 이하의 소형주택은 기존 분류체계를 따라 '단지형 연립', '단지형 다세대'에 포함
		
		* 주택법 시행령 제10조제1항(개정)
		1. 아파트형 주택 : 공동주택 중 아파트로서 다음 요건을 모두 갖춘 도시형 생활주택
		  가. 독립된 욕실, 부엌 설치
		  나. 지하층에 세대 설치 금지
		2. 단지형 연립주택: 공동주택 중 연립주택인 도시형 생활주택
		3. 단지형 다세대주택: 공동주택 중 다세대주택인 도시형 생활주택
			주택법 시행령 ('24.12월 말 공포한 날부터)
			
			국토교통부 주택건설 공급과 (044-201-3369)

공동주택 장기수선계획의 수립기준 현실화	◆ 수선공사 항목 중 공사가 실제 이루어지지 않거나, 수선주기 「공사방법」내용이 현실과 괴리	◆ 수선항목·방법·주기 및 수선율 등을 실제 공사사례 분석을 통해 사회적·기술적 환경변화를 고려하여 현실에 맞게 조정 • [공사항목 조정] 항목 통합(지붕방수, 페인트칠), 삭제(계단 논슬립, 배수관(강관), 보일러수관) 등 • [수선주기 조정] 페인트칠, 자전거 보관소 등 11개 항목에 대한 수선주기 조정, 피뢰설비, 배관 등 8개 항목에 대해 전면교체를 부분수선으로 변경 등	공동주택관리법 시행규칙 ('24.12월 말 공포한 날부터)

07. 국토·교통

국토교통부

구 분	변경 전	변경 후	관련 법규(제도 시행일) / 관계 부서
	(신 설)	◆ 피난시설(방화문, 옥상 비상문자동개폐장치), 전기자동차 고정형충전기를 장기수선계획 수립기준에 반영	국토교통부 주택건설 공급과 (044-201-3376)
공공공사 주요 구조부 동영상 촬영 의무화	◆ 건설사업관리기술인은 특히 중요하다고 판단되는 시설물에 대하여는 시공자가 공사과정을 비디오카메라 등으로 촬영토록 하여야 함	◆ 건설사업관리기술은 「건설기술진흥법 시행령」별표 8에 따른 주요 구조부에 대하여 시공자가 공사과정을 비디오카메라 등(촬영일자가 표시된 사진 및 동영상을 말한다)으로 촬영토록 하여야 한다. ☞ (참고) 별표 8, ① 건축물, ② 플랜트, ③ 교량, ④ 터널, ⑤ 도로, ⑥ 철도, ⑦ 공항, ⑧ 쓰레기·폐기물처리장, ⑨ 상·하수도, ⑩ 하수·오수처리장, ⑪ 배수펌프장, ⑫ 항만·어항, ⑬ 하천, ⑭ 댐, ⑮ 옹벽, ⑯ 절토사면, ⑰ 공동구, ⑱ 삭도 주요 구조부	건설공사 사업관리방식 및 업무수행지침 ('24.1월 중) 국토교통부 건설안전과 (044-210-4592)
성범죄자 등 강력범죄자의 배달업 종사제한 기간 마련	(신 설)	◆ 범죄의 경중에 따라 배달업 종사제한 기간을 최대 20년의 범위 안에서 규정 ☞ (참고) 국토교통부 누리집)입법예고)"「생활물류서비스산업발전법 시행령」개정안 입법예고"	생활물류서비스 산업발전법 ('25.1.17.) 국토교통부 생활물류정책팀 (044-201-4158)
성범죄자 등 강력범죄자의 장애인콜택시 운전자격 제한	(신 설)	◆ 성범죄자·마약사범 등 강력범죄자에 대해 전과별로 4~20년 특별교통수단 운전자격 제한 신설 ☞ (참고) 국토교통부 누리집)입법예고)"「교통약자 이동편의 증진법 시행령」개정안 입법예고"	교통약자법 ('25.1.17.) 국토교통부 생활교통복지과 (044-201-4772)

07. 국토·교통

국토교통부

구 분	변경 전	변경 후	관련 법규(제도 시행일)
			관계 부서
장애인콜택시 통합예약시스템 시범운영 실시	(신설)	◆ 전국 어디서나 원스톱 예약으로 장애인콜택시(특별교통수단)를 이용할 수 있는 전국 통합예약 시스템을 시범 운영	('25.5월)
			국토교통부 생활교통복지과 (044-201-4772)
승용차(비사업용) 최초 검사주기 완화 및 수검기간 확대	• 비사업용 승용차 검사 유효기간 - 2년[신조차(新造車)로서 법 제43조제5항에 따라 신규검사를 받은 것으로 보는 자동차의 최초 검사 유효기간은 <u>4년</u>]	• 비사업용 승용차 검사 유효기간 - 2년[신조차(新造車)로서 법 제43조 제5항에 따라 신규검사를 받은 것으로 보는 자동차의 최초 검사 유효기간은 <u>5년</u>]	자동차관리법시행규칙 ('25.1.1.)
	• 정기검사의 기간을 검사 유효기간만료일 <u>전후 각각 31일</u> 이내로 함	• 정기검사의 기간을 검사 유효기간 만료일 <u>전 90일 이내, 후 31일 이내</u>로 함	국토교통부 자동차운영보험과 (044-201-3858)
자동차등록번호판 봉인제 폐지	• 자동차등록번호판에 봉인을 하고 운행해야 하며, 위반시 벌칙 부과	• 해당 내용 삭제	자동차관리법동 시행령· 시행규칙 자동차등록령 등 ('25.2.21.)
	• 봉인부착위치, 발급절차, 발급수수료, 말소등록 시 봉인 반납 및 봉인 미부착 운행시 과태료 부과 등	• 해당 내용 삭제	국토교통부 자동차운영보험과 (044-201-3860)
	◆ 전기자동차의 배터리에 대해 제작자가 자동차 안전기준에 적합하게 제작하였음을 '<u>스스로</u>' 인증(자기인증)	◆ 전기자동차의 배터리에 대해 정부가 직접 사전에 안전성 시험을 실시하여 안전성 인증	자동차관리법 ('25.2.17.)

국토교통부

구 분	변경 전	변경 후	관련 법규(제도 시행일)
			관계 부서
전기차 배터리 안전성 인증제 및 이력관리제 시행		☞ (참고) 국토교통부 누리집)보도자료)"정부가 직접 전기차 배터리 인증 및 이력관리… 11일부터 자동차관리법 하위법령 입법예고"(11.10.)	국토교통부 자동차 정책과 (044-201-3846)
	(신설)	◆ 전기자동차 배터리에 대해 식별번호를 부여하고, 이를 자동차등록원부에 별도로 등록하여 이력관리 기반 마련	자동차관리법 ('25.2.17.)
			국토교통부 자동차 정책과 (044-201-3846)
레벨4 자율주행차 판매·운행제도 마련	(신설)	◆ 자동차 자기인증에 적용할 안전기준이 없는 자율주행차의 경우에도 국토교통부의 성능인증 및 적합성 승인을 거쳐 판매·운행 가능	자율주행자동차 상용화 촉진 및 지원에 관한 법률 ('25.3.20.)
			국토교통부 자율주행 정책과 (044-201-3848)
「안성 – 구리 고속도로」 개통	(신설)	◆ 국내 최초 제한속도 120km/h, 숲구간 배수성포장, 단일 노선 역대 최대규모 사업비(7.4조원)가 투입된 안성-구리 고속도로(72.2km) 개통	– ('25.1.1.)
			국토교통부 도로건설과 (044-201-3889)
교통약자(노인, 장애인, 국가유공자 등)의 승차권 구매 접근성 강화	(신설)	◆ 신형 자동발매기를 설치하여 휠체어 접근성 향상, 음성 및 자막제공, 직원호출(영상통화)기능 제공 등 승차권 구매접근성 강화	– ('25. 중)
			국토교통부 철도운영과 (044-201-4632)

07. 국토·교통

국토교통부

구 분	변경 전	변경 후	관련 법규(제도 시행일) 관계 부서
철도종사자 음주·약물 상태로 업무 시 처벌 실효성 강화	(신설) ◆ 철도종사자가 술을 마시거나 약물을 사용한 상태에서 업무를 한 경우 3년 이하의 징역 또는 3천만원 이하의 벌금	◆ 철도운영자는 철도종사자가 술을 마시거나 약물을 사용한 상태에서 업무를 하였다는 사실을 알게 된 경우 수사기관에 즉시 신고 ◆ 철도종사자가 술을 마시거나 약물을 사용한 상태에서 업무를 한 경우 5년 이하의 징역 또는 5천만원 이하의 벌금	철도안전법 ('25. 중) 철도안전 정책과 (044-201-4617)
K-패스 다자녀 가구 혜택 및 적용 지역 확대	◆ 월 15회 이상 대중교통 이용시, 이용 금액의 일정 비율(일반-20%, 청년-30%, 저소득-53%)을 최대 60회까지 환급 지원 | K-패스	적립률	₩2,000원 기준
---	---	---
일반	20%	400원
청년*	30%	600원
저소득**	53%	1,070원
비고	이동거리 무관 (15회 이상 이용 시 최대 60회까지)	| *(청년) 청년기본법상 만 19~34세 **(저소득) 기초생활보장법상 수급자 및 차상위계층 ◆ '24년 189개 시·군·구 참여	◆ 월 15회 이상 대중교통 이용 시, 이용 금액의 일정 비율(일반-20%, 청년-30%, 저소득-53%, 2자녀-30%, 3자녀↑-50%)을 최대 60회까지 환급 지원 | K-패스	적립률	₩2,000원 기준
---	---	---
일반	20%	400원
청년*	30%	600원
저소득**	53%	1,070원
2자녀	30%	600원
3자녀↑	50%	1,000원
비고	이동거리 무관 (15회 이상 이용 시 최대 60회까지)	| *(청년) 청년기본법상 만 19~34세 **(저소득) 기초생활보장법상 수급자 및 차상위계층 ◆ '25년 210개 시·군·구 참여	대중교통법 제10조의 12 ('25.1.1.) 국토교통부 대도시권광역 교통위원회 광역교통경제과 (044-201-5082)

해양수산부

구 분	변경 전	변경 후	관련 법규(제도 시행일) / 관계 부서
「자율운항선박법」 시행으로 무인선박시대 기반 마련	(신설)	◆ 한국형 자율운항선박의 기술개발 촉진 및 상용화 지원을 위해 실증 규제 완화 등을 포함한 「자율운항선박법」 본격 시행 ☞ (참고) 해양수산부 누리집〉정책자료〉법령정보〉「자율운항선박 개발 및 상용화 촉진에 관한 법률」	자율운항선박법 ('25.1.3.) 해양수산부 스마트해운물류팀 (044-200-6201)
노후 국고여객선 적기대체 건조를 위한 펀드 도입	◆ 노후 국고여객선을 전액 국비로 대체 건조	◆ 국가가 선박건조비의 30%를 출자하여 선박투자회사를 설립하고, 선박투자회사는 나머지 70%를 민간자본으로 유치하여 자회사인 선박대여회사를 통해 선박을 건조하여 국가에 장기 용선 ☞ (참고) 해양수산부 누리집〉알림·뉴스〉보도자료〉국고여객선 펀드 신설 보도자료(예정)	「해운법」 및 「선박투자회사법」 ('25.3월) 해양수산부 연안해운과 (044-200-5731)
지방관리항만 재개발 사무의 지방 이양	◆ 지방관리항만의 개발·관리 등 일반적인 업무는 시·도지사에서 시행하나, 항만재개발 사무는 국가에서 직접 시행하여 관리의 이원화 발생	◆ 지방관리항만 재개발 사업계획의 수립, 준공 등 사업단계 인허가 사무를 시·도지사에게 이양함에 따라 • 지방관리항만의 관리주체가 일원화되어 지방관리항만의 개발·관리와 재개발 사업이 더욱 조화를 이룰 수 있을 것으로 기대	항만재개발법 ('25.5.1.) 해양수산부 항만연안재생과 (044-200-5986)
제3차 연안정비 기본계획(변경) 수립	◆ 연안침식 등 재해방지를 위해 수중방파제 등 구조물 설치하는 방안으로 연안정비사업 시행(선적 방어)	◆ 연안재해 피해가 높은 지역을 대상으로 완충구역을 확보(면적 방어), 블루카본 등 그린인프라 도입 확대 등 연안정비사업 체계 개선	('25. 2분기) 해양수산부 항만연안재생과 (044-200-5985)

07. 국토·교통

해양수산부

구 분	변경 전	변경 후	관련 법규(제도 시행일)
			관계 부서
항만운송(관련) 사업 등록 전산화	◆ 민원인이 직접 관리청에 방문하여 민원처리(업등록, 등록증 재발급, 변경신고 등)	◆ 비대면 민원 신청기능 도입을 통한 민원인의 불필요한 방문 제거	('25. 상반기)
	◆ 관리청의 등록관리가 아날로그 방식(수기, 엑셀 등)으로 처리되어 체계적인 업무처리 곤란	◆ 체계화된 전산 시스템 도입을 통해 업등록, 변경신고, 등록증 재발급, 통계관리 등 제반업무의 효율성 향상	해운물류국 항만물류산업과 (044-200-5774)
항만건설장비 (지반개량기) 교육기관 지정·운영	◆ 항만건설장비는 건설기계 조종사면허를 취득한 사람이 조종하고 있으나, 지반개량기의 경우 건설기계와 조종방법이 상이하여 교육 방법 개선 필요	◆ '한국항만연수원'을 항만건설장비 교육기관으로 지정하고, 지반개량기 조종 교육장비를 설치	항만건설장비 교육기관 지정 고시 ('25.6월 예정)
		◆ 지반개량기 조종 자격 교육과목을 개설하여 조종 자격 취득 후 장비회사에서 별도 교육없이 전문 조종능력 습득	해양수산부 항만기술안전과 (044-200-5957)

	구 분	변경 전	변경 후	
2025년 신조 국고여객선 투입으로 선박·이용객 안전 확보	선명	웨스트 프론티어	해랑1호	「해운법」 제15조의2 ('25.10월)
	속도	16노트	18노트	
	총톤수	140톤	260톤	
	운항시간	1시간 50분	1시간 30분	
	여객정원	180명	200명	
	엔진마력	720×2 마력	1,800×2 마력	
	선명	(구) 섬사랑 2호	(신) 섬사랑 2호	해양수산부 연안해운과 (044-200-5738)
	속도	10노트	14노트	
	총톤수	101톤	180톤	

해양수산부

구 분		변경 전	변경 후	관련 법규(제도 시행일)
	운항시간	3시간	2시간	관계 부서
	여객정원	50명	80명	
	엔진마력	486x2 마력	1,000x2 마력	

08. 농림·수산·식품

농림축산식품부

구 분	변경 전	변경 후	관련 법규(제도 시행일) / 관계 부서
생활인구 유입을 위한 빈집 활용 지원 신설	(신 설)	◆ 농촌 생활인구 유입 확대와 빈집 활용에 대한 민간의 관심을 접목시키기 위해서 농촌 빈집 거래를 활성화하고 민간과 함께 빈집을 재생하는 사업을 신설 ☞ (참고) 농림축산식품부 누리집> 보도자료>'농촌 빈집 재생과 체류형 복합단지로 농촌 생활인구 시대 본격화 시동' ('24.9.8)	('25.상반기) 농림축산식품부 농촌재생지원팀 (044-201-1542)
개사육농장주 및 개식용 도축상인 전·폐업 지원	(신 설)	◆ 개식용종식법에 따라 '27.2월부터 개식용 목적 사육·도살 등이 금지되며 '25년부터 개사육농장주 및 도축 상인에 대한 전·폐업을 지원 ☞ (참고) 농림축산식품부 누리집>보도자료>"농식품부, 2027년 개식용종식 로드맵 제시"	개식용종식법 ('24.8.7.) 농림축산 식품부 개식용종식추진단 (044-201-2282)
산업단지 내 수직농장 입주허용 (「산업입지법 시행령」 및 「산업집적법 시행령」 개정)	(신 설)	◆ 산업단지 내 건축물 형태의 수직 농장(또는 식물공장)이 입주할 수 있는 법적 근거 신설 ☞ (참고) 누리집>보도자료>"[보도자료] 수직농장, 산업단지에서 농산업의 새로운 미래를 연다! 오늘부터 관련 개정 법령 시행"	산업입지법 시행령 및 산업집적법 시행령 ('24.11.12.) 농림축산식품부 스마트농업정책과 (044-201-2415)
농업용 지게차 건설기계에서 농업기계로 전환 (「농업기계화 촉진법 시행규칙」 개정)	◆ 농업에 활용되는 지게차가 건설기계로 분류 • 각종 규제의 대상, 농업기계 혜택에서 배제	◆ 농업기계화 촉진법 시행규칙 개정으로 2톤 미만의 농업용 지게차를 농업기계로 포함 • 건설기계관리법상 정기검사, 조정 면허 대상에서 제외되고, 농기계 융자 지원, 세제혜택, 농기계 임대사업소 임대 등 농업기계로 지원 가능	농업기계화 촉진법 시행규칙 ('25.상반기)

08. 농림·수산·식품

농림축산식품부

구 분	변경 전	변경 후	관련 법규(제도 시행일)
			관계 부서
		☞ (참고) 농림축산식품부 누리집>보도 자료>보도자료 배포(예정)	농림축산식품부 첨단기자재 종자과 (044-201-1896)
농업수입안정보험 확대	◆ 9개 품목(마늘, 양파, 양배추, 포도, 콩, 감자(가을), 고구마, 옥수수, 보리) 대상으로 시범사업 운영	◆ 2024년 시범사업 품목을 본사업으로 전환하고, 쌀, 단감, 무(가을), 배추(가을), 복숭아, 감귤(만감류), 감자(봄고랭지) 품목을 시범사업으로 운영	수입안정보험 사업시행지침 ('25.1월)
			농림축산식품부 재해보험정책과 (044-201-1792)
농작물재해보험 대상 품목·지역 확대	◆ 73개 품목 대상으로 농작물 재해보험 운영	◆ 녹두, 생강, 참깨 품목을 새로 도입하여 76개 품목 대상 농작물재해보험 운영	농작물재해보험 사업시행지침 ('25.1월)
			농림축산식품부 재해보험정책과 (044-201-1728)
수직농장 농지 입지규제 완화	◆ 비닐하우스나 고정식 온실 형태가 아닌 수직농장은 농지전용 절차를 거쳐 농업진흥구역을 제외한 지역에서만 설치 가능	◆ 계획적 입지(농촌산업지구, 농촌융복합산업지구, 스마트농업 육성지구)는 농지전용 절차 없이 수직농장 설치 가능	농지법 시행령 ('25.1.3.)
			농림축산식품부 농지과 (044-201-1739)
농촌체류형 쉼터 도입	(신설)	◆ 농지에 전용 없이 가설건축물로 설치하는 농촌 체험형 거주 시설(임시숙소) '농촌체류형 쉼터' 도입	농지법 시행령· 시행규칙 ('25.1월)
			농림축산식품부 농지과 (044-201-1734)

08. 농림·수산·식품

농림축산식품부

구 분	변경 전	변경 후	관련 법규(제도 시행일) / 관계 부서
K-미식 장 벨트 관광 프로그램 운영	◆ K-미식벨트 1개소 조성	◆ K-미식 장 벨트 관광 상품운영 ◆ K-미식벨트 3개소 신규 조성(김치, 전통주, 인삼)	운영계획 수립 ('25.상반기) 농림축산식품부 식품외식산업과 (044-201-2155)
벼 재배면적 조정제 시행	(신설)	◆ '25년 벼 재배면적 8만ha 감축을 목표로 벼 재배농가 전체 대상 정률적 감축 의무 부과	제도 시행 ('25.1월) 농림축산식품부 식량정책과 (044-201-1829)
농식품 바우처 본사업 추진	◆ (방식) 공모를 통해 일부 기초 지자체 선정('24년 24개) ◆ (지원대상) 기초생활수급·차상위계층 가구 (기준 중위소득 50% 이하) ◆ (지원금액) 월 4만원/1인가구, 월 8만원/4인가구 ◆ (지원기간) 3~8월(6개월)	◆ (방식) 전국 본사업 추진 ◆ (지원대상) 생계급여(기준 중위소득 32% 이하) 중 임산부·영유아·초중고생이 있는 가구 ◆ (지원금액) 월 4만원/1인가구, 월 10만원/4인가구 ◆ (지원기간) 3~12월(10개월)	농식품 바우처 사업시행지침 ('25.1월) 농림축산식품부 식생활 소비정책과 (044-201-2274)
스마트과수원 특화단지조성	(신설)	◆ 과수원의 기계화·무인화·재해예방 등을 통한 과수산업의 안정적인 생산기반 확보 및 생산성 제고를 위해 스마트과수원 특화단지조성 사업 20ha 규모 3개소 지원	사업시행지침 ('25.1.1.) 농림축산식품부 원예경영과 (044-201-2254)

08. 농림·수산·식품

농림축산식품부

구 분	변경 전	변경 후	관련 법규(제도 시행일) / 관계 부서
농촌형 비즈니스 모델 발굴 지원	(신 설)	◆ 농촌의 유·무형 자원을 활용한 창업 콘테스트를 개최하고 우수 아이디어 대상 교육, 컨설팅, 자금 등 사업화 전 과정 지원	('25.3월) 농림축산식품부 농촌경제과 (044-201-1584)
반려동물 영업자 CCTV 설치의무장소 구체화 및 전 업종으로 확대	◆ 반려동물 영업장 내 고정형 정보처리장치를 설치해야 하는 업종은 5종(판매업, 장묘업, 위탁관리법, 미용업, 운송업)으로 설치 장소도 총 6개 공간으로 한정 • (판매)경매실, 준비실, (장묘)화장(火葬)시설 등 동물의 사체 또는 유골의 처리시설, (위탁관리)위탁관리실, (미용)미용작업실, (운송)차량 내 동물이 위치하는 공간	◆ 반려동물 영업장 내 고정형 정보처리장치를 설치해야 하는 업종을 전체 8개 업종으로 확대 • (기존) 동물판매, 장묘, 위탁관리, 미용, 운송 → (추가) 동물생산, 수입, 전시 설치장소도 확대 및 구체화 해 6개 공간 → 14 • (판매)사육실, 격리실, (생산) 사육실, 격리실, 분만실, (수입) 사육실, 격리실, (전시) 전시실, 휴식실 ☞ (참고) 농식품부 누리집>보도자료>"「동물보호법 시행령, 시행규칙 개정안 입법예고」(2.6.~3.19.)"	동물보호법 시행령 ('25.4월) 농림축산식품부 반려산업동물의료팀 (044-201-2660)
동물병원 진료비 게시 대상 항목 확대	◆ 동물병원의 진료비 의무 게시 항목 11종 • 진찰·상담료3(초진, 재진, 상담), 입원비1(입원), 백신접종비5(개 종합백신, 고양이 종합백신, 광견병백신, 켄넬코프백신, 인플루엔자백신), 검사비2(전혈구 검사, X-ray 검사)	◆ 동물병원의 진료비 의무 게시 항목 20종 * 진찰·상담료3(초진, 재진, 상담), 입원비1(입원), 백신접종비6(개 종합백신, 고양이 종합백신, 광견병백신, 켄넬코프백신, 인플루엔자백신, 개 코로나바이러스백신), 검사비7(전혈구 검사, X-ray 검사, 혈액화학검사, 전해질검사, 초음파검사, CT검사, MRI검사), 예방비3(심장사상충, 외부기생충, 광범위 구충) ☞ (참고) 농림축산식품부 누리집>보도자료>"농식품부, 동물진료비용, "얼마예요? 묻지말고 "어딨어요? 확인해요"	('25.1.1.) 농림축산식품부 반려산업동물의료팀 (044-201-2652)

08. 농림·수산·식품

농림축산식품부

구 분	변경 전	변경 후	관련 법규(제도 시행일) / 관계 부서
제1회 국가 '동물보호의 날' 시행	(신설)	◆ 동물보호법 개정('24.1.2.)을 통해 '25년부터 10월 4일을 법정 '동물보호의 날'로 지정	('25.1월) 농림축산식품부 동물복지 정책과 (044-201-2616)
7년 만의 단가 인상으로 친환경농가 소득 지원 강화	◆ 직불금 단가 ① 논 단가 (유기: 70만원, 무농약: 50, 유기지속: 35) ② 유기지속 단가 (유기 단가의 50%) ③ 유기전환기(무농약 단가) ◆ 지급 상한면적 • 농가당 0.1~5ha	◆ 직불금 단가 ① 논 단가 (유기: 95만원, 무농약: 75, 유기지속: 57) ② 유기지속 단가 (유기 단가의 60%) ③ 유기전환기(유기 단가) ◆ 지급 상한면적 • 농가당 0.1~30ha	농업농촌공익직불법 ('25. 상반기) 농림축산 식품부 친환경농업과 (044-201-2434)
기본형 공익직불제 면적직불금 지급단가 인상	◆ 기본형 공익직불제 면적직불금 단가: 100~205만원/ha 	구분	0.1~2ha	2~6ha	6ha 이상	 |---|---|---|---| 	진흥논밭	205	197	189	 	비진흥논	178	170	162	 	비진흥밭	134	117	100		◆ 기본형 공익직불제 면적직불금 단가: 136~215만원/ha 	구분	0.1~2ha	2~6ha	6ha 이상	 |---|---|---|---| 	진흥논밭	215	207	198	 	비진흥논	187	179	170	 	비진흥밭	150	143	136	 ☞ (참고) 농림축산식품부 누리집〉보도자료) "2025년 농식품부 예산안 18조 7,496억원 편성"	농업농촌공익직불법 ('25.3월) 농림축산식품부 공익직불정책과 (044-201-1772)
청년농업인의 융복합 사업 확장을 위한 제도 개선	◆ 영농정착지원사업 수혜 시 가공 및 체험사업에서 자가생산 농산물만 활용가능	◆ 외부에서 조달한 농식품 원료도 가공 및 체험사업에서 사용가능하도록 허용	영농정착지원사업지침 ('24.12월 개정 이후)
	◆ 후계농자금을 활용하여 가공·제조용 시설을 설치할 수 있는 지역이 제한(현재는 보전관리·생산관리·농림지역만 가능)	◆ 「국토의 계획 및 이용에 관한 법률」 및 「농지법」 등 관련 법령의 기준을 준수하다면 설치 가능 ☞ (참고) 농식품부 누리집〉보도자료) [보도자료] 청년들과 함께 만든 '농업·농촌 청년정책 추진방향' 발표	후계농업경영인 육성사업 지침 ('24.12월 개정 이후) 농림축산식품부 청년농육성정책팀 (044-201-1595)

08. 농림·수산·식품

농림축산식품부

구 분	변경 전	변경 후	관련 법규(제도 시행일) / 관계 부서
수출지원사업 신청 방식 간소화	◆ 수출지원사업 신청 시, 서류 양식을 출력하여 작성·제출 • 7단계: ① 작성서식 내려받기 ② 문서작성 프로그램 실행 ③ 신청서 작성 ④ 날인·서명 ⑤ 작성서식 스캔 ⑥ 시스템에 파일 올리기 ⑦ 제출	◆ 온라인으로 직접 작성·제출 가능 ◆ 제출된 자료의 보관·이력 관리 수월 • 4단계: ① 사업신청시스템 내 신청서 클릭 ② 본인 인증 ③ 온라인 작성 ④ 제출	수출종합지원시스템 ('25.1.1.) 농림축산식품부 농식품수출진흥과 (044-201-2172)
K-푸드의 글로벌 경쟁력 제고를 위한 남도국제미식 산업박람회 개최	(신 설)	◆ K-푸드 글로벌 경쟁력 제고를 위한 남도국제미식산업박람회 전남 목포시 개최('25.9~10월)	농림축산식품부 식품외식산업과 (044-201-2155)
그린바이오 벤처기업 전문 육성기관 구축	(신 설)	◆ 그린바이오 기업 전문 보육시설인 그린바이오 벤처 캠퍼스를 통해 벤처기업의 창업과 성장 지원 ☞ (참고) (운영주체 및 기업입주문의) 한국농업기술진흥원 누리집	농림축산식품부 그린바이오산업팀 (044-201-2137)
그린바이오산업 전방위적 지원 강화	(신 설)	◆「그린바이오산업 육성에 관한 법률」및 하위법령 시행 • 그린바이오 육성지구, 기업 신고제 등 산업기반 조성 정책 강화 • 그린바이오 기업 지원 강화한 그린바이오제품 상용화지원 사업 실시 ☞ (참고) 법제처 국가법령정보센터) 그린바이오산업 육성에 관한 법률, 시행령 및 시행규칙 제정안	그린바이오산업법 ('25.1.3.) 그린바이오산업팀 (044-201-2137)

08. 농림·수산·식품

농림축산식품부

구 분	변경 전	변경 후	관련 법규(제도 시행일) / 관계 부서
중소 식품기업, 식품진흥원 공유주방(공장)으로 제품 생산 가능	(신설)	◆ 식품진흥원 시설장비 임대를 통한 중소·식품기업의 제품 직접 생산 추진	('25.1월) 국가식 클러스터추진팀 (044-201-2182)
동물용 백신에 시드 로트 시스템(Seed Lot System) 도입	◆ 동물용 백신 품목허가 시 완제품에 대해서만 제조사의 품질시험 결과를 국가가 심사(검증)	◆ 동물용 백신 품목허가 시 완제품뿐만 아니라 원료(seed)에 대한 품질시험 결과도 국가가 심사(검증) ☞ (참고) 농림축산식품부 누리집 > 보도자료) "동물용 백신 품질관리의 핵심, 종자(시드) 관리 제도 신규 도입"	시범운영 ('25.1.1.) 의무화 ('26.1.1.) 농식품부 조류인플루엔자방역과 (044-201-2552)
위험도 기반 소(牛) 브루셀라병 예찰 체계로 개편	◆ 정기(일제) 예찰 체계 ◆ 모든 농장의 위험도를 동일하다고 가정 ◆ 많은 검사량으로 인한 중복 검사 가능성 ◆ 낮은 브루셀라병 검출율	◆ 위험도 기반 예찰 체계 ◆ 농장별로 위험도에 차이가 있다고 가정 ◆ 적은 검사량으로도 충분한 민감도(정확도) 달성 가능 ◆ 고위험 지역 중심의 검사와 저위험 지역 검사 면제 등으로 효율화 ☞ (참고) '25년 가축방역사업 실시요령 (배포예정)	가축방역사업실시요령 ('25.1.1.) 농림축산식품부 구제역방역과 (044-201-2535)
신종 해외 가축질병 유입차단을 위한 예찰·방제 실시	(신설)	◆ 신규 유입 우려 가축전염병의 국내 유입 조기 파악·대응을 위한 매개곤충 예찰·방제 ☞ (참고) '25년 가축방역 사업 실시요령	4~11월까지 예찰·방제 농림축산식품부 구제역방역과 (043-201-2535)

농림축산식품부

구 분	변경 전	변경 후	관련 법규(제도 시행일)
			관계 부서
전략작물직불금 대상 품목 확대 및 직불금 단가 인상	◆ 2024년 대상품목 및 직불금 단가 • (동계작물) 밀, 보리 등 동계 식량·사료 작물(50만원/ha) • (하계작물) 두류·가루쌀 (200만원/ha), 하계조사료 (430만원/ha), 옥수수(100만원/ha)	◆ 2025년(정부안) 대상품목 및 직불금 단가 • (동계작물) 밀(100만원/ha), 보리, 호밀 등 동계 식량·사료 작물(50만원/ha) • (하계작물) 두류·가루쌀(200만원/ha), 하계조사료(500만원/ha), 옥수수·깨(100만원/ha) • 하계작물에 깨 신규 추가	전략작물직불사업시행 지침서 ('25.1.1.)
			식량산업과 (044-201-1835)
저탄소 축산활동 지원 프로그램 확대	◆ 저메탄사료 급여(한·육우, 젖소) 및 질소저감사료(돼지) 급여 시에만 지원	◆ 분뇨 처리방식 개선 활동도 신규로 지원하고, 질소저감사료 지원대상 축종 확대(2024: 돼지 → 2025: 한·육우, 산란계 추가)	- ('25.1월~)
	◆ 4월부터 참여 희망 농가 모집 등	◆ 사업 전년도에 참여 희망 농가를 모집함으로써 연중 이행 유도	농림축산식품부 축산환경자원과 (044-201-2353)
친환경축산직불금 지급 단가·한도 인상 및 유기지속 신규 도입	◆ 품목별 지급단가 인상 • 한우 17만원/마리, 우유 50원/리터, 계란 10원/개 등 ◆ 농가당 지급한도 3천만원 ◆ 수급기간 5개년(총5회)	◆ 품목별 지급단가 인상 • 한우 37만원/마리, 우유 122원/리터, 계란 20원/개 등 ◆ 농가당 지급한도 5천만원 ◆ 유기지속 신규도입 • 직불금을 5개년간 지급받은 농가에도 친환경축산물을 생산한다면 유기 직불금의 50% 수준에서 지속적으로 유기지속 직불금을 지급함	「농업·농촌 공익기능 증진 직접지불제도 운영에 관한 법률」 시행령
			농림축산식품부 축산환경자원과 (044-201-2352)
가축개량기관 지정 요건 상 인력의 자격요건 완화	◆ 「국가기술자격법」에 따른 축산산업기사의 자격을 취득한 후 가축육종·유전 분야에서 2년 이상 종사한 경력이 있는 사람	◆ 「국가기술자격법」 제9조에 따른 축산산업기사 소지자로서 가축육종·유전 분야에서 2년 이상의 실무 경력(자격 취득 전의 경력을 포함한다)이 있는 사람	축산법 시행령 ('25.3월)
			농림축산식품부 축산정책과 (044-201-2317)

08. 농림·수산·식품

농림축산식품부

구 분	변경 전	변경 후	관련 법규(제도 시행일) / 관계 부서
가축검정기관 지정 요건 상 인력의 자격요건 완화	◆ ① 가축육종·유전분야 석사 이상 학력이 있는 사람 ② 축산학과(대학) 졸업 후 3년이상 경력이 있는 사람 ③ 축산기사 이상 자격이 있는 사람	◆ ①~③ 현행과 같음 ④ <u>축산산업기사(가축육종·유전분야 종사 경력 2년 이상) 신설</u>	축산법 시행령 ('25.3월) 농림축산식품부 축산정책과 (044-201-2317)
음식점 전자메뉴판 (태블릿 PC) 원산지 표시 방법 개선	◆ 음식점에서 메뉴판에 원산지를 표시할 경우 음식명의 옆 또는 아래에 원산지를 표시	◆ 음식점에서 전자메뉴판을 사용하여 원산지를 표시할 경우 통신판매 원산지 표시 규정과 동일하게 음식명의 옆·위·아래 또는 별도의 창을 통한 표시 허용 ☞ (참고) 농림축산식품부 누리집>국민소통>법령정보>입법·행정예고	원산지표시법 시행규칙 ('24.12월 개정 예정) 농림축산식품부 농축산위생품질팀 (044-201-2276)
물류기기 임차비용 지원 확대 및 통합관리시스템 개편	◆ 농업계에서 사용하는 물류기기 전체 물량의 약 16.7% 지원하였으며 통합관리시스템은 보조사업신청, 정산 등 단순 기능을 제한적으로 활용	◆ 지자체와의 협업을 통해 물류기기 임차비용 지원을 대폭 확대(농업계 전체 사용물량의 약 70% 지원)하고 물류기기통합관리시스템을 구축하여 입출고 내역, 지역별 재고현황 등을 관리하여 농산물 성출하기 납품 지연 방지	물류기기공동이용지원 사업시행지침 ('25.1.1.) 농림축산식품부 유통정책과 (044-201-2219)

08. 농림·수산·식품

해양수산부

구 분	변경 전	변경 후	관련 법규(제도 시행일) / 관계 부서
소규모어가 직불금 지급대상 확대	◆ 어항 배후의 상업·공업지역 어업인은 소규모어가 직불 지급대상에서 제외	◆ 어항 배후의 상업·공업지역 어업인까지 소규모어가 직불 지급대상으로 편입 ☞ (참고) 해양수산부 누리집〉보도자료〉"어항 배후 상·공업지역의 소규모어가도 수산직불금을 받을 수 있게 된다"	수산직불제법 ('24.10.22.) 해양수산부 수산직불제팀 (044-200-5452)
양식업 면허 심사·평가제 시행	(신설)	◆ 양식업 면허 유효기간 만료 전 심사·평가 실시 • (대상) 어류·패류 등 양식 면허 * '25년 평가 대상: '26.7월~'27.6월 내 면허가 만료되는 자 • (수행기관) 국립수산과학원 • (평가항목) 어장환경, 관리실태 • (평가결과) 평가항목 모두 적합한 경우 면허 발급 1순위, 미달 시 면허 결격* * 어장환경평가에서 미달등급을 받은 자가 어장환경개선조치를 이행('26.2월까지)하는 경우 면허 발급 가능	양식산업발전법 ('25.1월) 해양수산부 어촌양식정책과 (044-200-5623) 국립수산과학원 해양환경연구과 (051-720-2530)
감척어선을 활용한 불법·폐어구 수거사업 본격 추진	(신설)	◆ 감척어선을 활용하여 중국 불법어구 철거, 침적 폐어구 등 상시 수거체계 구축 ☞ (참고) 해양수산부 누리집〉알림·뉴스〉보도자료 "감척어선을 활용한 중국 '불법범장망 수거사업' 본격 추진"	감척어선 공공활용 사업 ('25.1월) 해양수산부 어업정책과 (044-200-5521)

08. 농림·수산·식품

해양수산부

구 분	변경 전	변경 후	관련 법규(제도 시행일)
			관계 부서
우리나라 연근해 수역 참다랑어 어획한도량 증가	◆ 우리나라 어획한도 • 748톤(소형어 718톤, 대형어 30톤) ◆ 변환계수 적용한도 • 소형어 어획한도량의 최대 40%에 대하여 변환계수 적용 가능	◆ 우리나라 어획한도 • 1,219톤(소형어 718톤, 대형어 501톤) ◆ 변환계수 적용한도 폐지(변환계수 무제한 적용 가능)	참다랑어 자원의 보존과 관리에 관한 고시 ('25.1.1.) 해양수산부 어업정책과 (044-200-5522)
어선원보험 적용범위를 3톤 미만 어선까지 확대	◆ 어선원보험 당연가입 대상 제외 • 3톤 미만의 어선 • 가족어선원만 승선하는 어선, 내수면어선, 양식장관리선, 시험·연구·교습 어선 등	◆ 어선원보험 당연가입 대상 제외 • (삭제) 3톤 미만의 어선 • 가족어선원만 승선하는 어선, 내수면어선, 양식장관리선, 시험·연구·교습 어선 등	어선원 및 어선 재해보상보험법 시행령 ('25.1.1.) 소득복지과
수산종자생산업 허가종류 확대	◆ 종자생산업 허가종류 • 5개 업종: 육상수조식·육상축제식·밧줄식·말목식·뗏목식	◆ 종자생산업 허가종류 확대 • 기존 5개 업종+해상축제식	수산종자산업육성법 시행령·시행규칙 ('25.1.1.) 해양수산부 양식산업과 (044-200-5683)
친환경 수산물 배합사료 직불제 지원 확대	◆ 사업대상 및 지원조건 • (사업대상) 넙치·가자미·돔·볼락류 4개 어종 • (지원조건) 전주기 배합사료 사용 어가	◆ 사업대상 및 지원조건 • (사업대상) 전체 해수면 양식어종 • (지원조건) 전주기 배합사료 사용 + 생사료 혼용 어가 ☞ (참고) 해양수산부 누리집〉보도자료〉친환경 수산물 배합사료 직불제 제도 개선('24.12월 예정)	배합사료 직불제 사업시행지침 ('25.1.1.) 양식산업과

산림청

구 분	변경 전	변경 후	관련 법규(제도 시행일) / 관계 부서
임산물 명예감시원 운영을 통한 민간 감시기능 강화	(신 설)	◆ 임산물 명예감시원의 임무, 신청, 위촉, 교육훈련, 활동방법, 활동비 지급 등 임산물 명예감시원의 운영에 관한 세부사항을 규정 ☞ (참고) 산림청 누리집〉행정예고〉「임산물 명예감시원 운영 요령」 제정 고시안 행정예고	임산물 명예감시원 운영 요령 ('24.11월) 산림청 사유림 경영소득과 (042-481-4206)

농촌진흥청

구 분	변경 전	변경 후	관련 법규(제도 시행일) / 관계 부서
「비료 공정규격 설정」 고시 일부개정 시행	(신 설) • 식용곤충인 '흰점박이꽃무지'의 사육과정에서 발생하는 부산물(분)을 비료로 판매할 수 없음(비료관리법 제4조)	◆ '흰점박이꽃무지분' 비료 신설 • 규제개선('흰점박이꽃무지'의 사육과정에서 발생하는 부산물(분)을 비료로 제조·판매 허용) ☞ (참고) 농촌진흥청 누리집〉행정/정보〉법령정보〉농촌진흥청 법령〉「비료 공정규격 설정」 일부개정	「비료 공정규격 설정」 고시 ('25.1.6.) 농촌진흥청 농자재산업과 (063-238-0828)
국고보조금 시범사업 온라인 의무교육 전환	(신 설)	◆ 농업분야 신기술의 현장 적용을 위해 추진하는 국고보조 시범사업이 온라인 교육을 이수 받은 농업경영체만 선정되도록 변경 ☞ (참고) 2025년 농촌지도사업 시행지침에 대상사업, 선정기준 등 규정	농촌지도사업 시행지침 ('25.1.1.) 농촌진흥청 기술보급과 (063-238-0971)

08. 농림·수산·식품

농촌진흥청

구 분	변경 전	변경 후	관련 법규(제도 시행일) / 관계 부서
노지 스마트기술 융복합 실증모델 확산 사업 추진	(신설)	◆ 시설 위주의 스마트농업을 노지 재배로 확대 • 개선된 빅데이터와 인공지능 등 2세대 스마트기술을 융복합 투입	농촌지도사업시행지침 ('25.1.1.) 농촌진흥청 기술보급과 (063-238-0978)
우수 치유농업시설 인증제도 실시	(신설)	◆ 치유농업시설의 사회복지서비스 제도와의 연계 및 국민 신뢰도 제고를 위하여 우수 치유농업시설 인증제 도입 ☞ (참고) 「우수 치유농업시설 인증제 운영고시」 제정·시행 ('24.12.10.)	우수 치유농업시설 인증제 운영 고시 ('24.12.10.) 농촌진흥청 농촌자원과 (063-238-1025)
고령자 등 영양 취약계층 식품 소비정보 서비스 제공	(신설)	◆ 저작이 불편하여 음식 섭취가 어려운 고령자를 돕기 위하여 저작단계(3단계)에 따른 식품 조리방법을 서비스 ☞ (참고) 농업과학도서관 누리집〉소장자료검색〉통합검색 ① 건강백세! 고령자가 먹기 좋은 안내서, ② 건강백세! 이해하기 쉬운 고령자 영양안내서 ③ 건강백세! 씹고 삼키기 어려운 고령자를 위한 과일 제공 안내서	('25.1월 중) 농촌진흥청 식생활영양과 (063-238-3580)

09. 국방·병무

국방부

구 분	변경 전	변경 후	관련 법규(제도 시행일) / 관계 부서
2025년 병 봉급 인상	◆ 2024년 병 봉급 	구분	봉급액(원)
---	---
병장	1,250,000
상병	1,000,000
일병	800,000
이병	640,000		◆ 2025년 병 봉급 | 구분	봉급액(원)
---	---
병장	1,500,000
상병	1,200,000
일병	900,000
이병	750,000	 * 공무원 보수규정[별표13] 군인의 봉급표 수정 : 인사혁신처 소관 법령(대통령령) 개정을 통해 반영 예정	공무원 보수규정 ('25.1.1.) 국방부 복지정책과 (02-748-6614)
장병내일준비적금 재정지원금 인상	◆ 조세특례제한법 제91조의19 (장병내일준비적금에 대한 비과세) ① 가입 당시 현역병 등 대통령령으로 정하는 요건을 충족하는 사람(이하 이 조에서 '현역병등'이라 한다)이 대통령령으로 정하는 장병내일준비적금(이하 이 조에서 "장병내일준비적금"이라 한다)에 2023년 12월 31일까지 가입하는 경우 가입일부터「병역법」에 따른 복무기간 종료일까지 해당적금(모든 금융회사에 납입한 금액의 합계액 기준으로 월 40만원을 한도로 한다)에서 발생하는 이자소득에 대해서는 소득세를 부과하지 아니한다. 다만, 복무기간이 24개월을 초과하는 경우 비과세 적용기간은 24개월을 초과하지 못한다.	◆ 조세특례제한법 제91조의19 (장병내일준비적금에 대한 비과세) ① 가입 당시 현역병 등 대통령령으로 정하는 요건을 충족하는 사람(이하 이 조에서 '현역병등'이라 한다)이 대통령령으로 정하는 장병 내일준비적금(이하 이 조에서 "장병내일준비적금"이라 한다)에 2023년 12월 31일까지 가입하는 경우 (중략) 발생하는 이자소득에 대해서는 소득세를 부과하지 않는다. 다만, 복무기간이 24개월을 초과하는 경우 비과세 적용기간은 24개월을 초과하지 못한다. 1. 2024년 12월 31일 이전에 납입하는 금액: 월 40만원 2. 2025년 1월 1일 이후에 납입하는 금액: 월 55만원	조세특례 제한법 ('25.1.1.) 국방부 복지정책과 (02-748-6614)

09. 국방·병무

국방부

구 분	변경 전	변경 후	관련 법규(제도 시행일)
			관계 부서
군인의 공무상 재해 추정 제도(공상추정제) 시행	◆ 유해·위험환경에서 근무하다가 질병 발생 시 군인이 직접 근무환경·직무와 질병 간 인과관계를 입증	◆ 질병, 대상직무, 기준(근무기간 등)을 모두 충족한 경우 공무상 질병으로 추정하여 군인의 입증책임 경감	군인 재해보상법 ('25.1.17.)
	◆ 공무상 사고로 인한 부상임이 명백하더라도 군인재해보상심의회 심의를 거쳐 공무상 요양비 지급	◆ 공무상 사고로 인한 부상임이 의무기록 등을 통해 확인될 경우 군인재해보상심의회 심의 생략	국방부 군인재해 보상과 (02-748-6851)
동원훈련 및 동미참훈련 명칭변경	• 동원훈련 • 동미참훈련	• 동원훈련 I 형 • 동원훈련 II 형	예비군 교육훈련 훈령 (훈령 개정 후, '25.1월)
			국방부 예비전력과 (02-748-5245)
동원훈련 II 형 훈련비, 작계훈련 교통비 지급	• 동원훈련 II 형 훈련비 및 작계훈련 교통비: 미지급	• 동원훈련 II 형 훈련비(4일): 40,000원(1일 10,000원) • 작계훈련 교통비(2회): 1회당 3,000원	('25.1.1.)
			국방부 예비전력과 (02-748-5244)

09. 국방·병무

병무청

구 분	변경 전	변경 후	관련 법규(제도 시행일) / 관계 부서
「20세 병역판정검사 후 입영」 시범 실시	◆ 모든 병역의무자가 19세에 병역판정검사를 받은 후 별도로 현역병 입영 신청	◆ 19세가 아닌 20세에 병역판정검사를 받고 별도 신청 없이 사전에 신청한 희망 입영월에 입영	제도개선 ('25.1월) / 병무청 병역판정검사과 (042-481-2918)
사회복무요원 국외여행 허가 추천서 온라인 발급	◆ 사회복무요원이 복무기관 담당자로부터 서면 추천서를 발급받아, 국외여행허가 신청 시 허가기관(지방병무청)에 직접 제출	◆ 사회복무포털-병무행정 시스템 연계로 복무기관에서 전자추천서를 발급하여 허가기관(지방병무청)에 온라인으로 제출	제도개선 ('25.1.1.) / 병무청 국외자원관리과 (042-481-2965)
공군 병 모집 시 한국사·한국어능력시험 가산점 등 폐지	◆ 각 군 모집병 선발 시 군 임무수행과 관련성이 적은 가산점 항목, 병역의무자의 부담으로 작용	◆ 각 군과 협의를 통해 군 임무수행과 관련성이 적고 병역의무자 부담이 되었던 일부 가산점 항목 폐지 • 폐지 가산점 항목(접수회차) - 해군병 '컴퓨터속기 또는 한글속기', 해병대 병 '공인회계사' ('24.10회차) - 공군 병 '한국사·한국어 능력시험' ('25.6회차)	제도개선 ('24.10월 / '25.6월) / 병무청 현역입영과 (042-481-2720)
사회복지시설, 특수학교 등 사회복무요원 특별 휴가 확대	◆ 사회복지시설, 특수학교 등 격무·기피기관에서 복무하는 사회복무요원의 사기진작을 위해 복무기관의 장이 연 10일 이내 범위에서 특별휴가를 자율적으로 부여(복무기관별 차이)	◆ 사회복지시설, 특수학교 등 복무기관의 장은 매년 특별휴가 실시계획을 수립한 후 연 10일의 특별휴가를 균등하게 부여	사회복무요원 복무관리 규정 ('25.1.1.) / 병무청 사회복무관리과 (042-481-3010)

09. 국방·병무

병무청

구 분	변경 전	변경 후	관련 법규(제도 시행일) / 관계 부서
여군예비역 전체 병력동원소집 지정	◆ 희망자 및 비상근예비군에 선발된 사람에 한하여 병력동원 소집지정	◆ 동원 보류자를 제외한 전체를 동원 지정	제도개선 ('25.1.1.) 병무청 동원관리과 (042-481-2769)
병역기피 등 병역법 위반자 수형사유 병역감면 제외	◆ 병역기피·감면 목적의 신체 손상 또는 속임수로 징역형을 선고받은 사람만 병역감면 (보충역 또는 전시근로역 편입) 대상에서 제외	◆ 병역의무를 기피하거나 감면받을 목적으로 도망 또는 행방을 감추거나 정당한 사유없이 의무이행일에 현역병 입영, 사회복무요원 소집 등을 기피하여 징역형을 선고받은 사람 등도 병역감면(보충역 또는 전시근로역 편입) 대상에서 제외	병역법시행령 ('25.1.3.) 병무청 병역판정검사과 (042-481-2968)

09. 국방·병무

방위사업청

구 분	변경 전	변경 후	관련 법규(제도 시행일) / 관계 부서
소기업·창업기업 등에 대한 입찰참가 지원 및 방산기업 재정부담 완화	◆ 물품 납품실적 인정 기간은 3년으로 제한	◆ 입찰참가 업체에 대한 물품 납품실적 평가 시 추정가격이 10억원 이상인 경우 창업기업 및 소기업·소상공인의 물품 납품실적 인정 기간은 최근 5년으로 확대하여 입찰참가 기회 확대 ※ 창업기업 및 중·소기업, 소상공인 여부는 「중소기업제품 공공구매 종합정보망」에 등재된 자료로 확인	• 청 물품 적격심사 기준 • 중소기업자간 경쟁제품 중 물품의 구매에 관한 계약이행 능력 심사 세부 기준 ('25.2월 예정) 방위사업청 계약제도 발전과 (02-2079-6914)
	◆ 개산계약의 경우 정산원가가 확정될 때까지 정산유보금(계약금액의 10% 이내)을 제외하고 납품대가 지급이 가능함에도, 정산원가 산정 결과 계약금액 초과가 확인된 경우에도 명확한 규정 부재로 정산유보금 지연 지급	◆ 정산결과 계약담당공무원이 확정한 원가가 계약금액을 초과하는 것이 확인된 경우에는 원가정산 확정 수정계약 체결 전에도 해당 유보금을 조기 지급	계약특수 조건 표준 ('25.2월 예정) 방위사업청 계약제도 발전과 (02-2079-6912)
	◆ 現 계약특수조건 표준 상 지체상금 부과 유보를 위한 보증서를 금융기관과 일부 특정 공제조합 발급분에 대해서만 인정함에 따라 중소기업의 선택권 제약	◆ 보증서 발급 인정기관을 모든 공제조합까지 확대하여 중소기업의 보증 부담 완화 ☞ (참고) 방위사업청 누리집〉업무·정책〉법령(방위사업청 행정규칙) 개정('25.2월 예정)	계약특수 조건 표준 ('25.2월 예정) 방위사업청 계약제도 발전과 (02-2079-6912)
함정 성능보장과 승조원의 안전보장 강화	◆ 함정의 성능발휘 및 적기인도를 위해 함정 탑재장비의 성능보장 및 품질보증이 전제되어야 하며, 함정 승조원의 안전관리 예방 차원에서도 사전 예방정비 강화 필요	◆ 함정 건조업체는 시운전 기간 중 함정에 탑재되는 장비에 대해 장비별 정비계획 및 주기에 따라 예방정비를 실시하고, 그 결과를 매월 제출하도록 하여 함정 성능보장 및 안전사고 예방	계약특수 조건 표준 ('25.2월 예정)

09. 국방·병무

방위사업청

구 분	변경 전	변경 후	관련 법규(제도 시행일) / 관계 부서
		☞ (참고) 방위사업청 누리집〉업무·정책〉법령(방위사업청 행정규칙)「계약특수조건 표준」 개정('25.2월 예정)	방위사업청 계약제도 발전과 (02-2079-6912)
상생발전을 위한 국방과학기술료 고시 개정	◆ 기술료 산정방법 • 기술료 산정 시 기준(조달가, 수출가 등) 적용이 어렵거나 기준 및 산식이 복잡하여 현실성 및 예측가능성이 부족	◆ 기술료 산정방법 개선 • 방산물자 등의 수출 시 경상기술료 기준을 '순수출가'로 현실화 하고, 기본기술료 산정시 가중치를 '범위형'에서 '고정값'으로 구체화	국방과학 기술료 산정·징수 방법 및 징수절차 등에 관한 고시 ('25.1.1.)
	◆ 연구개발 참여업체의 기여도 반영 • 방산물자 등을 수출하는 경우, 개조/개량 등 업체 기여도가 있음에도 반영 근거 없음	◆ 연구개발 참여업체의 기여도 반영 근거 마련 • 수출을 위해 성능/형상 등이 변경된 경우, 기술료 산정 시 업체기여도를 반영할 수 있도록 근거 마련	
	◆ 기술료 감면조건 • 수출물량에 따른 감면조건은 국내운용 및 전력화 계획수량 파악이 제한적·유동적임에 따라, 실무상 적용에 한계	◆ 기술료 감면조건 현실화 • 국내운용/전력화 계획대비 수출물량에 따른 감면조항 삭제	
	(신설)	◆ 기술료 징수한도에 대한 제외조항 마련 • 국가예산이 투입된 연구개발성과의 수혜가 국가와 국내 방산업체 등에 환류되어야 한다는 측면을 고려, 기술도입국에 의한 제3국 수출 등 일부사유는 기술료 징수한도 미적용 ☞ (참고) 방위사업청 누리집〉방위사업청 뉴스〉보도자료〉상생발전을 위한 국방과학 기술료 고시 개정('24.11.15.)	방위사업청 기술정책과 (02-2079-6388)

09. 국방·병무

방위사업청

구 분	변경 전	변경 후	관련 법규(제도 시행일)
			관계 부서
방위산업기술 보호기반 강화를 위한 「방위산업기술 보호법」 개정	◆ 방산기술 국외 유출 처벌 • 20년 이하의 징역 또는 20억원 이하의 벌금(임의적 병과)	◆ 방산기술 국외 유출 처벌 강화 • 1년 이상의 유기징역 및 20억원 이하의 벌금(필요적 병과)	「방위산업기술 보호법」 ('25.6월)
	(신설)	◆ 방산기술 유출 및 침해 금지 행위 추가 • 권한이 소멸됨에 따라 반환이나 삭제를 요구받고도 이를 거부 또는 기피하거나 그 사본을 보유하는 행위	
	(신설)	◆ 방산기술 보호지침의 제정 근거 • 방위사업청장은 방산기술의 유출 방지·보호를 위해 필요한 방법·절차 등에 관한 지침을 정하여야 함	방위사업청 기술보호과 (02-2079-6292)
	(신설)	◆ 방산기술 보호지원 전담기관 지정 근거 • 방위사업청장은 방산기술 유출 방지 및 보호를 위해 방위사업청의 출연기관을 전담기관을 지정할 수 있음 ☞ (참고) 「방위산업기술 보호법 일부개정법률안」, '24.11.8. 국회 통과)공포 후 6개월이 경과한 날부터 시행	
방위산업 분야 공급망 안정화 선도사업자 운영규정 제정	(신설)	◆ 공급망 안정화 선도사업자 선정 • 국방기술진흥연구소에서 업체의 신청을 받아 평가위원회를 개최하고, 방위사업청(방위산업진흥국장)이 관리위원회를 개최하여 선도사업자 최종 선정	경제안보를위한 공급망안정화 지원기본법 ('24.6.27.)
	(신설)	◆ 선도사업자에 대한 중간평가 및 특별평가 • 선도사업자 유효기간의 절반이 경과하는 날부터 중간평가 대상으로 설정하여 중간평가 실시	

09. 국방·병무

방위사업청

구 분	변경 전	변경 후	관련 법규(제도 시행일)
			관계 부서
	(신설)	◆ 공급망 안정화 지원 • 「공급망안정화법」제22조 ~ 26조까지의 지원과 공급망 안정화계획 이행에 필요한 지원을 실시	방위사업청 방산정책과 (02-2079-6463)
	(신설)	◆ 선도사업자 선정, 관리, 지원 과정 전반의 사항에 대한 비밀유지 의무를 규정 ☞ (참고) 방위사업청 누리집〉업무·정책〉법령(방위사업청 행정규칙)"방위산업 공급망 안정화 선도사업자 운영규정」제정 ('24.11.13.)	

10. 행정·안전·질서

법무부

구 분	변경 전	변경 후	관련 법규(제도 시행일)
			관계 부서
형사공탁 악용을 막는 「형사소송법」, 「공탁법」 개정	(신설)	◆ 피고인이 형사공탁을 한 경우 법원이 판결 선고 전 피해자 등의 의견을 의무적으로 청취하는 규정 신설 ※ 다만, 피해자의 의견을 청취하기 곤란한 특별한 사정이 있는 경우 예외 인정 ☞ (참고) 법무부 누리집〉보도자료〉 "피해자를 괴롭히던 기습공탁부터 먹튀공탁까지, 형사공탁 제도 악용 막는다('24.9.)"	형사소송법 ('25.1.17.)
			법무부 형사법제과 (02-2110-3307)
	(신설)	◆ 형사공탁금의 회수를 원칙적으로 제한하는 규정 신설 ※ 다만, 피공탁자가 공탁물 회수에 동의하거나 확정적으로 수령거절하는 경우, 무죄판결·불기소결정(기소유예 제외)이 있는 경우 예외적으로 회수 허용 ☞ (참고) 법무부 누리집〉보도자료〉 "피해자를 괴롭히던 기습공탁부터 먹튀공탁까지, 형사공탁 제도 악용 막는다('24.9.)"	공탁법 ('25.1.17.)
			법무부 법무심의관실 (02-2110-3164)
「범죄피해자 보호법 및 시행령·시행규칙 개정	◆ 구조금 산정 시 기준금액에 곱하는 개월 수 • (유족구조금) 유족순위에 따라 24/32/40개월 • (장해구조금) 장해등급에 따라 2/3/4/8/12/16/20/24/28/32/36/40개월 • (중상해구조금) 치료기간에 따라 2~40개월	◆ 구조금 산정 시 기준금액에 곱하는 개월 수 상향(20%) • (유족구조금) 유족순위에 따라 28/38/48개월 • (장해구조금) 장해등급에 따라 3/4/5/10/14/20/24/28/34/38/44/48개월 • (중상해구조금) 치료기간에 따라 2~48개월	범죄피해자 보호법 및 시행령·시행규칙 ('25.3.21. 시행)

10. 행정·안전·질서

법무부

구 분	변경 전	변경 후	관련 법규(제도 시행일) / 관계 부서
	◆ 구조금 일시 지급 • 미성년자 등 구조금 관리 능력이 부족할 수 있는 피해자에게도 다액의 구조금 일시 지급	◆ 구조금 분할지급 제도 신설 • 연령·장애·질병 등 사유로 관리 능력이 부족한 경우 범죄피해자의 신청 또는 지구심의회의 직권으로 분할 지급	법무부 인권구조과 (02-2110-4252)
	◆ 가해자 보유재산 조회 근거 부족 • 구조금 지급 후 구상권 행사 시 가해자 재산을 충분히 조회하기 어려워 구상권 행사 난항	◆ 가해자 보유재산 조회 근거 마련 • 구조금 지급 후 구상권 행사 시 가해자 보유 재산자료·금융정보 등의 제공 요청 가능	
	◆ 외국인은 해당 국가의 상호 보증이 있는 경우에만 구조금 신청 가능	◆ 상호보증이 없는 외국인도 국민의 배우자이거나 국민과 혼인관계(사실혼 포함)에서 출생한 자녀를 양육하고 있고, 일정 체류자격을 갖고 있는 경우에는 구조금 신청 가능	
	◆ 장해·중상해구조금을 신청한 피해자가 구조금 지급 전 범죄피해와 인과관계 없이 사망한 경우, 피해자는 물론 유족도 구조금을 받을 수 없음	◆ 장해·중상해구조금을 신청한 피해자가 구조금 지급 전 범죄피해와 인과관계 없이 사망한 경우, 유족이 구조금을 받을 수 있음 ☞ (참고) 법무부 누리집)보도자료) "「범죄피해자 보호법」 개정안 국회 본회의 통과"	
「부동산등기법」	◆ PC 기반의 전산정보처리 조직을 이용하여 등기신청	◆ 모바일 기기의 애플리케이션을 통하여 등기신청 가능 ☞ (참고) 법무부 정부누리집)보도자료)"「부동산등기법」 개정안 국회 본회의 통과"	부동산등기법 ('25.1.31.)

10. 행정·안전·질서

법무부

구 분	변경 전	변경 후	관련 법규(제도 시행일) / 관계 부서
	〈신규〉	◆ 신탁등기시 신탁재산에 속하는 부동산 거래 주의사항 부기	법무부 법무심의관실 (02-2110-3164)
	〈신규〉	◆ 관련 사건, 상속·유증사건의 등기소 관할 특례 마련	
「민사소송 등에서의 전자문서 이용 등에 관한 법률」	〈신규〉	◆ 전자소송 이용자의 공문서 등재 신청이 있는 경우, 법원행정처장이 해당 문서를 해당 기관에서 전자문서로 제공받아 시스템에 등재 • 법원행정처장이 시스템에 등재한 경우, 이용자가 등재를 신청한 때 접수된 것으로 간주	민사소송 등에서의 전자문서 이용 등에 관한 법률 ('25.1.31.)
		☞ (참고) 법무부 누리집〉보도자료〉 "「민사소송 등에서의 전자문서 이용 등에 관한 법률」 개정안 국회 본회의 통과"	법무부 법무심의관실 (02-2110-3164)
법인등기 제도 개선	◆ 법인(회사)의 본점·주사무소 등기부와 지점·분사무소 등기부가 분리 운영됨에 따라 국민의 등기신청 부담, 등기부 불일치 등의 문제가 발생	◆ 지점·분사무소 등기부가 폐지되면, 등기절차가 간소화되어 국민의 등기신청 부담이 완화되고, 등기부의 불일치가 원천적으로 차단되어 등기의 신뢰성이 더욱 제고	상법, 민법, 법인등기법, 상업등기법 ('25.1.31.)
			법무부 상사법무과 (02-2110-3167) 법원행정처 공탁법인심의담당실 (02-3480-1879)
	◆ 변화된 모바일 환경에도 불구하고 등기신청은 여전히	◆ 관할 등기소에 방문할 필요 없이 모바일 기기를 이용하여 등기신청	상업등기법 ('25.1.31.)

10. 행정·안전·질서

법무부

구 분	변경 전	변경 후	관련 법규(제도 시행일) / 관계 부서
	회사·법인의 소재지를 관할하는 등기소 방문이 필요하여, 국민들에게 불편을 야기		법무부 상사법무과 (02-2110-3167) 법원행정처 공탁법인심의담당실 (02-3480-1879)
	◆ 회사·법인이 주소를 이전한 경우 종전 소재지에서 등기기록 폐쇄 후 새 소재지에서 등기기록을 개설하도록 함으로써, 신청인이 각 관할 등기소를 두 번 방문하는 번거로움	◆ 2건의 등기절차가 1건의 등기절차로 간소화되고, 등록면허세 및 등기신청수수료도 이중 납부할 필요가 없어 신청인의 경제적 부담이 감소	법인등기법, 상업등기법 ('25.1.31.)
			법무부 상사법무과 (02-2110-3167) 법원행정처 공탁법인심의담당실 (02-3480-1879)
범죄피해자 일상 회복을 위한 생계 지원 강화	◆ 범죄피해자 생계비 • 범죄피해자가 상당기간 경제적 활동이 어렵거나 근로능력을 상실한 경우 또는 생계를 책임지던 범죄피해자의 사망으로 가족의 생계가 곤란한 경우 지급 1인 600,000원 2인 1,000,000원 2인 초과 300,000원 지원기간 최대 3개월 (특별결의 3개월 추가 연장가능)	◆ 범죄피해자 생계비 • 범죄피해자가 상당기간 경제적 활동이 어렵거나 근로능력을 상실한 경우 또는 생계를 책임지던 범죄피해자의 사망으로 가족의 생계가 곤란한 경우 지급 1인 700,000원 2인 1,200,000원 2인 초과 400,000원 지원기간 최대 6개월 (특별결의 6개월 추가 연장가능)	범죄피해자에 대한 경제적 지원 업무처리지침 ('25.1월 시행 예정) 법무부 인권구조과 (02-2110-3746)
「수용자 의료관리지침」 개정	◆ 교정시설 오남용 의약품 기준 모호 ◆ 의약품 반입시 절차 명시 미비	◆ 교정시설 규제약물 명시 ◆ 의약품 반입 절차 명시 및 강화 • 가족 등에 의한 의약품 교부신청 절차 강화 • 휴대의약품 교부허가 심사 절차 신설	- ('24.12.31.) 법무부 의료과 (02-2110-3617)

법무부

구 분	변경 전	변경 후	관련 법규(제도 시행일)
모바일 외국인등록증 도입	◆ 체류외국인을 대상으로 실물 외국인등록증만 발급	◆ 모바일 외국인등록증 발급 • 실물 외국인등록증과 함께 본인 명의의 스마트폰에 모바일 외국인등록증도 발급 가능	출입국관리법 ('23.12.14.시행) 법무부 이민정보과 (02-2110-4099)

행정안전부

구 분	변경 전	변경 후	관련 법규(제도 시행일) 관계 부서
17세 이상 국민 누구나 모바일 주민등록증 발급	(신설)	◆ 시장·군수 또는 구청장은 제24조제1항에 따라 주민등록증을 발급받은 사람이 모바일 주민등록증(「전기통신사업법」 제32조의4제1항제1호에 따른 이동통신단말장치에 암호화된 형태로 설치된 주민등록증을 말한다. 이하 같다)의 발급을 신청하는 경우에는 대통령령으로 정하는 바에 따라 이를 발급할 수 있도록 규정 ☞ (참고) 행정안전부 정부누리집) 보도자료)"전 국민 모바일 주민등록증 시대 열린다."	주민등록법 ('24.12.27.) 행정안전부 주민과 (044-205-3155) 디지털보안정책과 (044-205-2751)
공공서비스 맞춤 안내(혜택알리미) 서비스 게시	◆ 국민 스스로 본인에게 맞는 공공서비스(혜택)를 일일이 찾아봐야 하는 불편 발생	◆ 혜택알리미가 개인 상황과 자격을 분석하여 받을 수 있는 공공서비스를 안내 ☞ (참고) 행정안전부 정부누리집) 보도자료)"몰라서 못 받던 혜택, 정부가 알아서 챙겨준다"	행정안전부 공공서비스통합과 (044-205-2806)

10. 행정·안전·질서

행정안전부

구 분	변경 전	변경 후	관련 법규(제도 시행일)
			관계 부서
고향사랑기부금 연간 상한액 2,000만원으로 확대	◆ 개인별 고향사랑 기부금의 연간 상한액은 500만원으로 규정	◆ 개인별 고향사랑 기부금의 연간 상한액은 2천만원으로 확대 ☞ (참고) 행정안전부 누리집〉뉴스·소식〉보도자료〉"[보도자료] 고향사랑 기부제 활성화에 박차, 「고향사랑기부금법」 개정안 국회 통과"	고향사랑 기부금에 관한 법률 제8조제3항 조세특례제한법 제58조 ('25.1.1.)
	◆ 현재 고향사랑 기부금 연간 상한액인 500만원 기준으로 세액공제 기준이 제시되어 500만원 초과한 기부금액에 대한 세액공제 혜택 부재	◆ 세액공제 혜택 소득범위에서 '10만원 초과 5백만원 이하의 금액' 부분을 '10만원 초과 2천만원 이하의 금액' 부분으로 변경	행정안전부 균형발전진흥과 (044-205-3507) 기획재정부 소득세제과
주소정보시설 개선으로 건물, 장소를 더 쉽게 찾을 수 있습니다	◆ 현재 규정 • 바탕색: 남색 • 표기방식: (상단) 도로명 (하단) 기초번호 • 서체: 릭스체(유료) • 설치높이: 1.8m • 표명처리방식: 별도규정 없음	◆ 주소정보시설의 시인성·내구성 강화 • 바탕색: 청색(도로표지판과 통일) • 표기방식: (상단) 기초번호 (하단) 도로명 • 서체: 한길체(무료사용) • 설치높이: 1.5m • 표명처리방식: '코팅' 명문화	「주소정보시설규칙」 ('25.1.1.)
			행정안전부 주소생활 공간과 (044-205-3558)
전국적인 안전문화 붐조성을 위한 안전 한바퀴 추진	(신 설)	◆ 전국적인 안전문화 붐조성을 위해 매월 4일 안전점검의 날과 연계하여 전국 동시 안전문화 캠페인인 안전 한바퀴 추진	행정안전부 안전문화교육과 (044-205-4273)

10. 행정·안전·질서

행정안전부

구 분	변경 전	변경 후	관련 법규(제도 시행일)
			관계 부서
외국인에 대한 포용적인 재난안전 정보 제공	◆ 재난·안전 정보에 대한 외국어 서비스 부족 • 재난정보 3개 언어 • 재난문자 5개 언어	◆ 국내 체류하는 외국인을 고려하여, 재난문자 등 재난·안전 정보를 19개*의 외국어로 번역 * 중국어, 베트남어, 영어, 태국어, 러시아어, 우즈베크어, 따갈로그어, 네팔어, 인도네시아어, 일본어, 크메르어, 몽골어, 미얀마어, 신할리어, 벵골어, 우루두어, 프랑스어, 아랍어, 스페인어 ◆ 분산된 재난·안전정보를 재난안전 포털로 연계·통합 제공	('25.8월부터 시범서비스 제공) 행정안전부 재난정보통신과 (044-205-5289)
적의 직접적인 위해행위로 인한 피해 지원 근거 마련	(신 설)	◆ 평시 통합방위사태 또는 민방위사태에 이르지 아니한 적의 직접적인 위해행위로 인해 생명, 신체 또는 재산 피해를 입은 국민에 대해 지원 ☞ (참고) 행정안전부 누리집)보도자료)"오물·쓰레기 풍선 등으로 발생한 피해 지원 가능,「민방위기본법」개정안 국회 통과"	민방위기본법 시행령 ('25. 중) 행정안전부 민방위과 (044-205-4367)
풍수해 생활권 종합정비사업 확대 추진	◆ '24년 풍수해 생활권 종합정비사업 신규 개소수: 18개소	◆ '25년 풍수해 생활권 종합정비사업 신규 개소수: 35개소	('25.1.1.) 행정안전부 재난경감과 (044-205-5152)

10. 행정·안전·질서

해양수산부

구 분	변경 전	변경 후	관련 법규(제도 시행일) / 관계 부서
어선원보험 적용범위를 3톤 미만 어선까지 확대	◆ 어선원보험 당연가입 대상 제외 • 3톤 미만의 어선 • 가족어선원만 승선하는 어선, 내수면어선, 양식장관리선, 시험·연구·교습 어선 등	◆ 어선원보험 당연가입 대상 제외 • (삭제) 3톤 미만의 어선 • 가족어선원만 승선하는 어선, 내수면어선, 양식장관리선, 시험·연구·교습 어선 등	어선원 및 어선 재해보상보험법 시행령 ('25.1.1) 소득복지과
소형어선(2명 이내) 탑승시 구명조끼 착용 의무화	◆ 어선에 승선하는 자는 기상특보 시 외부에 노출된 갑판에 있는 경우 구명조끼를 착용	◆ 어선에 승선하는 인원이 2명 이하인 경우 기상특보 무관하게 구명조끼 상시 착용 ◆ 승선원의 구명조끼·구명의 착용에 대한 선장의 책임 강화 ☞ (참고) 「어선안전조업법」 제24조 및 같은법 시행령 제13조	어선안전 조업법 ('25.10.19.) 해양수산부 어선안전정책과 (044-200-5523)
「해운분야 안전투자 공시제도」 시행	(신 설)	◆ 시민재해 우려가 있는 여객선과 대형사고(화재·폭발) 위험이 있는 위험화물운송선박 등은 해사안전의 증진을 위하여 선박시설 유지보수 등 해양수산부장관이 인정한 해사안전과 관련한 지출 또는 투자(이하 "안전투자"라 한다)의 세부내역을 매년 공시하여야 한다.	해사안전기본법 ('25.7.26.) 해양수산부 해사안전정책과 (044-200-5817)

경찰청

구 분	변경 전	변경 후	관련 법규(제도 시행일)
			관계 부서
음주운전 후 음주측정 방해행위 처벌	◆ 음주운전 후 음주측정을 곤란하게 할 목적으로 추가로 술을 마시거나 혈중알코올농도에 영향을 줄 수 있는 의약품 등 행안부령으로 정하는 물품을 사용 가능	◆ 음주운전 후 음주측정을 곤란하게 할 목적으로 추가로 술을 마시거나 혈중알코올농도에 영향을 줄 수 있는 의약품 등 행안부령으로 정하는 물품을 사용하는 행위 금지 ☞ (참고) 개정 도로교통법 제44조 제5항, 제80조의2 제1항, 제82조 제2항 제3호, 제5호, 제6호, 제93조 제1항, 제148조의2 제1항·제2항, 제156조 ('24.11.14. 국회 제12차 본회의 의결)	도로교통법 ('25.6월) 경찰청 교통기획과 (02-3150-0603) 교통안전과 (02-3150-2309)
자동차운전면허시험에 사용되는 차종 확대	◆ (차종) ▲ (1종대형) 시험용 차량: 승합 ▲ (1종보통) 시험용차량: 화물 ◆ (제원) **제원(이상)** • 길이 10,150mm • 너비 2,460mm • 축거 4,800mm • 최소회전 7,980mm • 길이 4,650mm • 너비 1,690mm • 축거 2,490mm • 최소회전 5,200mm ◆ 전기자동차 시험용차량 사용 가능	◆ (차종) ▲ (1종대형) 시험용차량: '승합' → '승합·화물' ▲ (1종보통) 시험용차량: '화물' → '승합·화물' ◆ (제원) **제원(이상)** • 길이 10,000mm • 너비 2,450mm • 축거 4,800mm • 최소회전 7,980mm • 길이 4,650mm • 너비 1,690mm • 축거 2,490mm • 최소회전 5,200mm ◆ 전기자동차 시험용차량 사용가능 ☞ (참고) 도로교통법 시행규칙 제70조, [별표24] 참조	도로교통법 시행규칙 ('25. 초) 경찰청 교통기획과 (02-3150-0659) 교통기획과 (02-3150-2251)

10. 행정·안전·질서

경찰청

구 분	변경 전	변경 후	관련 법규(제도 시행일)
			관계 부서
경비업무의 종류에 혼잡·교통유도경비 업무 신설	(신설)	◆ 경비업무에 혼잡·교통유도경비업무 신설 ※ 기존 경비업무 5종(시설·호송·신변·기계·특수) → 혼잡교통유도 경비업무 추가 ☞ (참고) 법제처국가법령정보정보센터(law.go.kr)「경비업법」, 「경비업법 시행령」, 「경비업법 시행규칙」검색	경비업법 ('25.1.31.) 경찰청 범죄예방 정책과 (02-3150-1331)

10. 행정·안전·질서

소방청

구 분	변경 전	변경 후	관련 법규(제도 시행일) / 관계 부서
차량용소화기 의무화, 5인이상 승용자동차로 확대	◆ 차량용소화기 비치의무 • 7인승 이상 승용자동차 • 승합자동차, 화물자동차, 특수자동차 ※ 자동차관리법(국토교통부)	◆ 차량용소화기 비치의무 확대 ('24.12월부터) • 5인승 이상 승용자동차 • 승합자동차, 화물자동차, 특수자동차 ※ 소방시설 설치 및 관리에 관한 법률 (소방청) ☞ (참고) 소방청 누리집〉알림/소식/〉보도자료 "[보도자료] 차량용 소화기, 이제는 선택이 아닌 필수입니다!('24.3.24. 게재)"	소방시설 설치 및 관리에 관한 법률 ('24.12.1.) 소방청 소방분석제도과 (044-205-7522)
「소방시설 설치 및 관리에 관한 법률 시행령」 시행	◆ 특정소방대상물*의 공동주택 범위에 아파트등과 기숙사 해당 • 해당용도에 대한 소방시설 설치의무 부과 *건축물 등의 규모·용도 및 수용인원 등을 고려하여 소방시설을 설치하여야 하는 소방대상물	◆ 특정소방대상물의 공동주택범위에 연립주택과 다세대 주택을 포함함 • 연립·다세대 주택에 대한 간이스프링클러설비 등 설치의무 부과	소방시설 설치 및 관리에 관한 법률 시행령 ('24.12.1.) 소방청 소방분석제도과 (044-205-7522)
건축물의 제연설비 설치기준 개선 및 신뢰성 강화	◆ 댐퍼 • 기준 부재 ◆ 수동기동장치 • 기준 부재	◆ 댐퍼 • 풍도(덕트)에 댐퍼를 설치하는 경우 풍도(덕트) 및 반자에 점검구 설치 ◆ 수동기동장치 • 제연구역 인근에 수동기동장치 설치 – 설치높이: 바닥으로부터 0.8 ~ 1.5m – 기능: 송풍기, 댐퍼 및 제연경계벽 작동	제연설비의 화재안전성능기준 (NFPC 501) ('24.10.1.)

10. 행정·안전·질서

소방청

구 분	변경 전	변경 후	관련 법규(제도 시행일)
			관계 부서
	◆ 성능확인 • 기준 부재	◆ 성능확인 • 제연설비는 설계목적에 적합한지 검토하고 제연설비의 성능과 관련된 건물의 모든 부분(건축설비를 포함한다)이 완성되는 시점에 맞추어 시험·측정 및 조정(이하 "시험 등"이라 한다)을 해야 한다.	소방청 소방분석제도과 (044-205-7532)
장기재직 소방공무원 국립묘지(국립호국원) 안장	(신설)	◆ 제5조(국립묘지별 안장 대상자) 제1항 제4호(신설) 라. 경찰·소방공무원으로 30년 이상 재직하였던 사람으로서 사망한 사람(경찰·소방공무원으로 정년퇴직한 사람에 한정한다). 이 경우 재직기간의 계산은 「공무원연금법」 제25조를 준용한다.	국립묘지의 설치 및 운영에 관한 법률 ('25.2.28.)
			소방청 보건안전 담당관 (044-205-7428)

해양경찰청

구 분	변경 전	변경 후	관련 법규(제도 시행일)
			관계 부서
「해양재난구조대의 설치 및 운영에 관한 법률」 시행	(신설)	◆ 해양 민간구조세력의 체계적인 지원 및 관리를 위해 해양재난구조대의 설치 및 운영의 근거를 마련 ☞ (참고) 국가법령정보센터 누리집〉법령〉"해양재난구조대의 설치 운영에 관한 법률」 게시".	해양재난 구조대법 ('25.1.3.)
			해양경찰청 수색구조과 (032-835-2246)

재외동포청

구 분	변경 전	변경 후	관련 법규(제도 시행일) / 관계 부서
재외동포 국내 정착 지원 사업 시행	(신설)	◆ 국내 체류 동포들이 우리나라의 주요 구성원으로서 성공적으로 정착할 수 있도록 안정적인 정주·정착 지원 및 권익 신장 도모	재외동포 기본법 ('25.1.1.) 재외동포청 동포지원제도과 (032-585-3184)
한국 휴대전화 없는 재외국민의 국내 온라인 서비스 접근성 향상	◆ 한국 휴대전화 없는 재외국민은 기존 인증수단(공동·금융인증서) 발급을 위해, 원거리 재외공관을 방문해야 함 ◆ 국내 온라인 서비스 이용 시, 국내 휴대전화 본인확인 요구로 휴대전화 미보유자는 서비스 이용 불가	◆ 전자여권과 해외체류정보를 활용한 비대면 신원확인 서비스 제공으로 국내 민간 전자서명인증서(국민, 신한, 우리, 하나은행, 토스)를 발급 가능 ◆ 국내 휴대전화 없이도 재외국민 민간 전자서명 인증서를 통해 국내 온라인 서비스 이용 가능 * (예) 재외국민 등록자(주민등록번호 보유자)가 민간 전자서명 인증서를 발급받으면, ▲ 전자정부, ▲ 금융, ▲ 의료, ▲ 교육, ▲ 쇼핑 등 온라인 서비스를 더 쉽고 편리하게 신원확인 후 이용 가능 ☞ (참고) 재외동포청 누리집>보도자료)[보도자료] 재외동포 인증센터 시범서비스 개시 기념행사 개시" 정식 서비스 개시 및 이용서비스 안내 예정	('25.1.1.) 재외동포청 재외동포 서비스지원센터 (02-6399-7172)

10. 행정·안전·질서

공정거래위원회

구 분	변경 전	변경 후	관련 법규(제도 시행일) / 관계 부서
소비자 우롱하는 '눈속임 상술' (다크패턴)에 대한 규율 확대	(신설)	◆ 통신판매업자에게 재화등이 무상으로 공급된 후 유료 정기 결제로 전환되는 경우 등에 전환 이전에 소비자 동의를 받도록 하고, 소비자의 원치 않는 지출이나 서비스 가입을 유도하는 행위 등을 금지 ☞ (참고) 공정거래위원회 누리집〉보도자료〉"「전자상거래법 개정안 및 소비자기본법 개정안」국회 본회의 통과"	전자상거래법 ('25.2.14.) 공정거래위원회 소비자거래정책과 (044-200-4446)
경제적 대가를 받고 제품 추천·보증을 하는 경우 표시 의무화	◆ 문자를 통해 추천·보증을 하는 경우 표시문구는 각 게재물의 첫 부분 또는 끝 부분에 본문과 구분될 수 있도록 게재	◆ 문자를 통해 추천·보증을 하는 경우 표시문구는 각 게시물의 제목 또는 첫 부분에 게재 게시물 제목에 게재하는 경우 표시문구가 생략되지 않도록 제목의 길이를 적절하게 조절	추천·보증 등에 관한 표시·광고 심사지침 ('24.12.1)
	◆ 〈경제적 이해관계가 해당 추천·보증 등의 신뢰도에 영향을 미치는 경우의 예시〉 추가 ◆ 〈경제적 이해관계가 해당 추천·보증 등의 신뢰도에 영향을 미치는 경우의 예시〉 추가	◆ SNS 등에 할인코드나 구매링크 등을 포함하여 상품 추천글을 작성한 후, 이를 통한 판매실적에 따라 수수료를 지급받는 경우 ◆ 자신의 비용으로 상품을 구매하고 해당 상품에 대하여 SNS나 쇼핑몰 등에 추천글을 작성한 후, 구매대금을 환급받는 경우 ◆ '소정의 수수료를 지급받을 수 있음' 등 ☞ (참고) 공정거래위원회 누리집〉공정위소식〉보도〉"[보도자료] 추천·보증 등에 관한 표시·광고 심사지침 개정 ('24.11.15.)"	공정거래위원회 소비자정책총괄과 (044-200-4414)

10. 행정·안전·질서

공정거래위원회

구 분	변경 전	변경 후	관련 법규(제도 시행일)
			관계 부서
ESG경영 관련 행위의 하도급 법령 위반 여부에 대한 지침 명확화	(신설)	◆ ESG 관계법령 등 준수를 위해 필요한 최소한의 정보를 요구하는 경우, 성실한 협의를 거쳐 수급사업자의 의사에 따라 연동계약을 체결 및 이행하기 위해 필요한 최소한의 정보를 요구하는 경우 등은 부당한 경영간섭에 해당하지 않음을 규정 ☞ (참고) 공정거래위원회 정부누리집) 보도자료) "하도급거래공정화지침(예규) 개정안 행정예고"	하도급거래 공정화지침 ('25.1.1. 예정) 공정거래위원회 기업거래정책과 (044-200-4954)

방송통신위원회

구 분	변경 전	변경 후	관련 법규(제도 시행일)
			관계 부서
재외국민 본인확인서비스 인증서 발급으로 국내 인터넷서비스 활용 가능	◆ 한국 휴대전화가 없는 재외국민의 경우, 본인 확인 수단이 없어 국내 디지털 서비스 이용에 어려움이 발생	◆ 해외체류 국민이 전자여권 등을 통해 비대면 신원확인을 하여 본인확인수단(인증서)를 발급받아 국내 디지털 서비스를 편리하게 이용 ('24.11.28. 시행) ☞ (참고) 방송통신위원회 누리집) 보도자료) "재외국민도 이제 한국 휴대전화 없이도 재외공관 방문 없이도 국내 온라인 서비스를 쉽고 편리하게!" ('24.11.28.)	('24.11월) 방송통신위원회 디지털이용자기반과 (02-2110-1521)

10. 행정·안전·질서

원자력안전위원회

구 분	변경 전	변경 후	관련 법규(제도 시행일) / 관계 부서
갱신제도 도입 등 원자로조종면허 관리체계 개선	◆ 3년마다 보수교육만 이수하면 원자로조종면허의 효력 유지 가능 ◆ 원자로조종면허 취득 시 신체검사 합격기준 부재	◆ 원자로조종면허 취득 이후 6년마다 경력, 보수교육 이수 및 신체검사 합격 요건을 갖춰 갱신 ◆ 원자로조종면허 취득 시 신체검사 합격 요건화 ☞ (참고) 원자력안전위원회 누리집〉알림마당〉보도자료) "원자로 조종 자격 취득·유지, '깐깐' 해진다"(2024.10.31.) ☞ (참고) 국가법령정보센터〉법령) 원자력안전법, 원자력안전법 시행령 및 시행규칙	원자력안전법 및 하위법령 ('24.11.1.) 원자력안전위원회 안전정책과 (02-397-7264)
핵연료주기시설 허가체계 개편	◆ 핵연료주기시설의 종류에 따라 원자력안전위원회의 사업 허가, 주무부 장관의 지정으로 허가체계 구분 ◆ 허가서류에 안전성분석보고서가 없어 국제원자력기구(IAEA)의 안전기준과 상이	◆ 시설의 종류에 따른 구분 없이 모든 핵연료주기시설은 원자력안전위원회의 건설·운영 허가를 받아 건설·운영 ◆ 국제원자력기구(IAEA)의 안전기준에 부합하도록 허가서류에 예비·최종 안전성분석보고서 추가 ☞ (참고) 원자력안전위원회 누리집〉알림마당〉보도자료) "핵연료 제조시설 안전성 허가 절차 건설·운영 단계별로 적용한다"(24.10.21.) ☞ (참고) 국가법령정보센터〉법령) 원자력안전법('25.10.23. 시행)	원자력안전법 및 하위법령 (2025.10.23.) 원자력안전위원회 안전정책과 (02-397-7264)

10. 행정·안전·질서

개인정보보호위원회

구 분	변경 전	변경 후	관련 법규(제도 시행일) / 관계 부서
마이데이터 제도 (개인정보 전송요구권) 시행	◆ 전 분야 개인정보 전송요구권 관련 별도 규정 없음	◆ 개인정보 전송요구권에 대한 정보주체의 권리 보장을 위한 법적 근거 마련 • (근거) 개인정보 보호법 제35조의2(개인정보의 전송 요구), 제35조의3(개인정보관리 전문기관), 제35조의4(개인정보 전송 관리 및 지원)	개인정보 보호법 ('25.3.13.)
			개인정보보호위원회 범정부마이데이터 추진단 (02-2100-3171)

2025년부터
이렇게 달라집니다
분야별·부처별·시기별 주요 제도

초판 인쇄 2025년 07월 04일
초판 발행 2025년 07월 14일

저 자 대한민국 정부
발행인 김갑용

발행처 진한엠앤비
주소 서울시 서대문구 독립문로 14길 66 205호(냉천동 260)
전화 02) 364 - 8491(대) / 팩스 02) 319 - 3537
홈페이지주소 http://www.jinhanbook.co.kr
등록번호 제25100-2016-000019호 (등록일자 : 1993년 05월 25일)
ⓒ2025 jinhan M&B INC, Printed in Korea

ISBN 979-11-290-6046-4 (93320) [정가 50,000원]

☞ 이 책에 담긴 내용의 무단 전재 및 복제 행위를 금합니다.
☞ 잘못 만들어진 책자는 구입처에서 교환해 드립니다.
☞ 본 도서는 [공공데이터 제공 및 이용 활성화에 관한 법률]을 근거로 출판되었습니다.